中国人民大学科学研究基金（中央高校基本科研业务费专项资金资助）

项目成果　批准编号：10XNI010

EARLY
GREEK
PHILOSOPHY

早期希腊哲学

[英] 约翰·柏奈特◎著

张家昱◎译

人民出版社

Περὶ μὲν τῶν ὄντων τὴν ἀλήθειαν ἐσκόπουν, τὰ δ᾽ ὄντα ὑπέλαβον εἶναι τὰ αἰσθητὰ μόνον.

他们探求关于存在者的真理，却认为唯有可感事物存在。

——亚里士多德

译者序

　　这是一个现代世界图景已被普遍接受为常识的时代。我们笃信大地、月亮和太阳都近似球体，月球围绕地球旋转，地球以及其他太阳系行星围绕太阳旋转，似乎世界理所当然地如我们当下所认识的这般存在。人们往往将这种对世界的理解作为现成的知识接受下来，甚至很难想象任何其他可能的世界图景，以及先贤们在思想史上筚路蓝缕、扩展人类知识边界的艰辛。倘若我们能够回溯到人类文明的源头，与先哲一道探求并尝试理解我们所在世界的种种可能答案，一定会惊异于人类理性的伟大以及发展出现有知识体系的不易。

　　呈现在大家面前的就是这样一部著作，能够导引我们回顾人类关于世界的最初理解和认识。在这部著作中，作者约翰·柏奈特（John Burnet）对早期希腊哲学中关于世界本原及其生成的种种学说，进行了系统的研究和全景式的呈现。我们借此可以看到，早期哲学家们如何从各自感觉经验的种种现象出发，围绕世界的真相以及人在其中位置等问题，极具想象力地发展出一系列与人们日益深入的经验观察愈加契合的哲学学说。在进入这部著作之前，我们首先对本书作者进行简要介绍。

一、柏奈特的生平和著述

　　约翰·柏奈特是享誉世界的古典学家。1863 年 12 月 9 日，出生于爱丁堡的一个律师家庭，是家中长子。早年先后于爱丁堡皇家高中和爱丁堡大学接受教育，1883 年进入牛津大学贝利奥尔学院学习，在此深受著名古典学家英格拉姆·拜沃特（Ingram Bywater）[①] 的影响，开始从事古典学研究。1887 年离开牛津前往圣安德鲁斯大学任职，担任刘易斯·坎贝尔（Lewis Campbell）[②] 的助教，1892 年从后者手中接任古希腊语讲席教授，直到 1926 年离休。在圣安德鲁斯大学从教期间，于 1916 年当选英国科学院院士。1928 年 5 月 26 日，在圣安德鲁斯逝世，享年 65 岁。

柏奈特最广为人知的学术成果是他在 1900 年到 1908 年间校勘出版的五卷本《柏拉图全集》（*Platonis Opera*）。这套著作被收入《牛津古典文本》（Oxford Classical Texts）系列，在牛津大学出版社 1995 年推出最新的柏拉图著作校勘文本之前，一直是我们从事柏拉图哲学研究所使用的标准本。此外，他还著有《早期希腊哲学》（*Early Greek Philosophy*，1892）、《亚里士多德的〈伦理学〉》（*The Ethics of Aristotle*，1900）、《亚里士多德论教育》（*Aristotle on Education*，1903）、《柏拉图的〈斐多篇〉》（*Plato's Phaedo*，1911）、《希腊哲学：泰勒斯到柏拉图》（*Greek Philosophy: Thales to Plato*，1914）、《柏拉图的〈游序弗伦篇〉，〈苏格拉底的申辩〉和〈克里同篇〉》（*Plato's Euthyphro, Apology of Socrates, and Crito*，1924）、《柏拉图主义》（*Platonism*，1928），等等。

《早期希腊哲学》是柏奈特在希腊早期哲学研究方面的代表作，1892 年首次刊印，先后刊行四版。1908 年修订再版后，随即被移译成法语和德语，成为当时最具影响力的希腊早期哲学研究专著之一。1920 年，柏奈特生前最后修订出版了本书的第三版，1928 年逝世后，他的助手兼同事洛里

[①] 英格拉姆·拜沃特（1840—1914），英国著名古典学家。1863 年入职牛津大学，1893 年至 1908 年任牛津大学钦定希腊语讲席教授（Regius Professor of Greek）。校勘出版《赫拉克利特残篇》（*Heracliti Ephesii Reliquiae*，1877），《亚里士多德：尼各马可伦理学》（*Aristotle, Ethica Nicomachea*，1890），《诗学》（*De Arte Poetica*，1898）等。

[②] 刘易斯·坎贝尔（1830—1908），英国著名古典学家，于 1863 年至 1894 年任圣安德鲁斯大学古希腊语讲席教授。校注出版《柏拉图的〈智者篇〉和〈政治家篇〉》（*The Sophistes and Politicus of Plato*，1867）和《柏拉图的〈泰阿泰德篇〉》（*The Theaetetus of Plato*，1883），与本杰明·乔伊特（Benjamin Jowett）合作出版了《理想国》（*Republic*，1894）的校勘本。

默（W.L. Lorimer）又根据他的遗著，勘定了第三版中的少数讹误，并略作增补，于 1930 年出版了《早期希腊哲学》第四版。呈现在大家面前的中译本便是依据这个最终版本翻译完成的。

二、本书的写作背景和初衷

众所周知，19 世纪的哲学史写作空前繁盛，众多在学术史上具有奠基意义的古代哲学史著作相继问世。例如，里特尔、普莱勒于 1838 年编写出版了《希腊哲学史》（*Historia Philosophiae Graecae*）；策勒在 1844 年至 1852 年间陆续出版了《古希腊哲学史》（*Die Philosophie der Griechen*）第一版（其中讨论早期希腊哲学的第一卷在 1892 年已刊行至第八版）；第尔斯于 1879 年出版了《希腊学述》（*Doxographi graeci*），又于 1903 年编辑出版了《前苏格拉底思想家残篇》（*Die Fragmente der Vorsokratiker*）；此外还有贡珀茨于 1893 年到 1909 年先后出版的三册《古希腊思想家：古代哲学史》（*Griechische Denker: Geschichte der antiker Philosophie*）。这些著作不但在研究方法以及哲学史书写方式上塑造了现代古希腊哲学学科，而且以《前苏格拉底思想家残篇》为代表的很多著作至今依然是我们进行古希腊哲学史研究所依据的权威文本。

此外，同时期还出现了一大批专门服务于哲学史研究的专业期刊，定期刊载最具前沿性的研究论文。很多期刊至今仍在学术共同体内发挥着重要的平台作用，例如，创办于 1841 年的《莱茵语文学博物馆》（*Rheinisches Museum für Philologie*），创办于 1880 年的《希腊研究杂志》（*The Journal of Hellenic Studies*）和《语文学杂志》（*Journal of Philology*），以及创办于 1888 年的《哲学史档案》（*Archiv für Geschichte der Philosophie*）。

可以说，早期希腊哲学研究领域在柏奈特写作《早期希腊哲学》之前已硕果累累。正是为了总结和呈现 19 世纪学者们在早期希腊哲学领域所取得的一系列研究成果，柏奈特着手写作并完成了《早期希腊哲学》。

虽然笔者对这部著作的最初定位只是总结和呈现早期希腊哲学研究领域的最新成果，但正如柏奈特在《早期希腊哲学》第一版"序言"中指出的，他在写作过程中已不满足于单纯对同时代研究者的学术成果进行忠实地报告，更要在行文中有针对性地提出自己的观点。这种定位使这部著作不仅系统地介绍了早期哲学家的具体观点以及后世学者在解读和重构这些观点时产生的各种争论，更基于作者对这些争论问题的扎实研究，创造性地提出了一系列影响深远的新见解。我们在书中随处可见柏奈特与同时代学者的争论，甚至随着新版本的修订、刊印，出现了有来有回的多轮观点交锋。柏奈特对同时代成果的批判性总结和一系列创见，使《早期希腊哲学》一经问世，便成为最具影响力的综合性研究著作，其重要性和影响力可以从多部哲学通史对这部著作的重视中看出。例如，在文德尔班的《哲学史教程》（第二版）、梯利的《西方哲学史》以及基尔克等著的《前苏格拉底哲学家》中，都将柏奈特《早期希腊哲学》列为重要参考著作，① 罗素在其《西方哲学史》中甚至大段摘录了柏奈特著作中的观点。② 时至今日，这部成书于一个世纪前的著作虽然不再具有学术时效性，但鉴于其广泛的学术影响，仍被视为早期希腊哲学研究领域的经典之作。

三、基本内容与核心观点

柏奈特在《早期希腊哲学》中所探讨的是希腊哲学的最初发展阶段。与策勒和第尔斯将"早期希腊哲学"等同于"前苏格拉底哲学"的做法不同，本书作者开篇便将研究对象限定在"传统世界观和生活习俗规则崩塌"之后和"在逻辑学与伦理学产生"之前，③ 即从公元前六世纪到公元前五世纪中叶智者学派兴起之前的古希腊哲学家。这种限定体现了柏奈特对希腊哲学发展过程的整体理解。在他看来，哲学家在传统世界观崩塌后首先对周遭世界展开沉思，集中对宇宙的本原、结构，以及各个部分的生成进行经验

---

① 文德尔班：《哲学史教程》，罗达仁译，商务印书馆 2009 年版，第 40 页；梯利：《西方哲学史》，葛力译，商务印书馆 2000 年版，第 12 页；G.S. 基尔克、J.E. 拉文、M. 斯科菲尔德：《前苏格拉底哲学家》，聂敏里译，华东师范大学出版社 2014 年版，第 716 页。

② 罗素：《西方哲学史》，何兆武、李约瑟译，商务印书馆 2009 年版，第 39、40、61 页。

③ 本书"导言"，第 1 页。

观察和理论研究，而后才逐渐将研究扩展到逻辑学、认识论、伦理学等领域。因而，在希腊哲学的最初阶段，早期哲学家主要将宇宙论作为研究的核心内容，这一阶段形成的一系列宇宙论体系便构成了柏奈特眼中的"早期希腊哲学"。

基于上述对希腊哲学自身发展逻辑以及早期希腊哲学研究主题的理解，柏奈特在这部著作中从泰勒斯开始，先后讨论了米利都学派（第一章）、毕达哥拉斯和克塞诺芬尼（第二章）、赫拉克利特（第三章）、巴门尼德（第四章）、恩培多克勒（第五章）、阿那克萨戈拉（第六章）、毕达哥拉斯主义者（第七章）、芝诺和麦里梭（第八章）、留基波（第九章），以及萨摩斯的希彭、阿波罗尼亚的第欧根尼和雅典的阿凯劳斯（第十章）。笔者明确将原子论者德谟克利特排除在全书讨论之外，因为在他看来，德谟克利特一方面在年龄上比苏格拉底小，在时间上显然不属于早期哲学家；另一方面，"相比于他的前辈们，他还要更加谨慎地应对知识和行动问题"，[①] 没有将自己的研究限制在宇宙论范围内，因而在研究内容和旨趣上也与早期哲学家有明显不同。于是，柏奈特将《早期希腊哲学》的论述限定在公元前六世纪到公元前五世纪中叶，探讨这段时间内古希腊哲学，特别是一系列宇宙论体系的思想发展历程。

柏奈特在这部著作中认为，无论是早期希腊哲学的立论基础，还是评判具有竞争关系的自然哲学体系孰优孰劣的研究方法，都与现代科学本质相同。这是他极具代表性的观点。在他看来，早期希腊哲学家的各种自然哲学体系并不像有些学者所认为的那样不过是史前神话思维的延续，抑或是哲学家仅凭个人想象构造出来的独断学说，而与现代科学类似，是在大量经验观察甚至实验基础上提出的关于世界的整体理解。例如，克塞诺芬尼之所以认为大地曾十分湿润，是因为他在内陆和山区发现水生动植物化石，据此推断大地曾经被水覆盖。另一方面，柏奈特强调，早期希腊的自然哲学体系在被提出后仍要不断接受进一步的经验甚至实验的检验，并随着观察研究的深入和实验方法的创新，接受新体系的批判、补充甚至扬弃。例如，按他的解释，"气"在以阿那克西美尼为代表的早期宇宙论中既包括空气，也包括阴影、真空，但恩培多克勒通过水钟实验使人们认识到，"气"是一种既不同

---

① 本书"导言"，第 1 页，注释①。

于真空，也不同于阴影的有形实体，在此基础上他提出了"四根"学说。柏奈特据此认为，古希腊早期的自然哲学已经像现代科学那样，将经验和实验作为提出和评判理论体系以及更新、发展理论体系的材料来源和立论依据，因而在这个意义上可以被视为现代科学的起源。

柏奈特的上述观点毫不意外地引发了广泛的争论。康福德首先注意到，早期自然哲学中含有很多明显有悖日常经验的论断，因而他并不像柏奈特那样，认为自然哲人构造各种体系的理论基础是日常经验。在康福德看来，早期希腊哲学中存在着很多非科学，甚至是反科学的独断学说。[1] 在对康福德的回应中，弗拉斯特提出一种相对谨慎的观点，他一方面强调早期希腊哲学具有经验主义特征，另一方面又明确主张早期自然哲学家未曾使用甚至根本不理解现代科学的实验方法。[2] 此外，波普尔、基尔克等人还围绕早期希腊哲学的科学价值问题反复争论。[3] 我们可以看到，尽管《早期希腊哲学》这部著作已不再能够充分反映当前的学术争论和学界共识，其中的许多观点经过后学的广泛探讨也不再为学界主流接受，但当我们尝试对某个具体问题的学术史进行梳理时，仍不得不了解柏奈特的观点，因为正是这些观点的提出，才激发起后来的一系列讨论。这也正是《早期希腊哲学》作为一部学术经典著作的价值和意义所在。

四、对材料理解和使用的特点

在对早期希腊哲学家的具体讨论中，柏奈特特别强调残篇的价值和意义。我们可以看到，即便在对古代作家生平和著作的介绍中，作者同样一板

---

[1] Cornford, "Was the Ionian Philosophy Scientific?", *The Journal of Hellenic Studies*, 1942, 62:1-7.

[2] Vlastos, "Review of Cornford: *Principium Sapientiae*", *Gnomon,* 1955, 27.

[3] 参见 Popper, "Back to the Pre-Socratics: The Presidential Address", *Proceedings of the Aristotelian Society*, 1959, 59; Kirk, "Popper on Science and the Presocratics", *Mind*, 1960, 69: 318-339; Popper, "Kirk on Heraclitus, and on Fire as the Cause of Balance", *Mind*, 1963, 72: 386-392; Lloyd, "Popper versus Kirk: A Controversy in the Interpretation of Greek Science", *British Journal for the Philosophy of Science*, 1967, 18: 21-38。

一眼地向我们指明了据以立论的材料来源，以及围绕驳杂材料所进行的审慎考辨。虽然对很多早期希腊哲学家来说，我们甚至缺乏关于其生平著述的明确记载，但柏奈特的考证和甄别向我们展现了一种古典学研究的基本方法，据此能够在庞杂的学述记录中寻得一个相对可信的答案。

在材料的选取和使用方面，柏奈特已经认识到亚里士多德在自己著作中并没有如实呈现早期希腊哲学家观点，因而常批评他在记述前代哲学家时出现时序错乱的错误。[①] 与此同时，作者明确主张柏拉图在其对话作品中关于早期哲学家人物关系及其哲学观点的记述都以史实为基础，不含任何虚构。这种对材料的理解和偏好构成了本书的一大特色，也引出了一系列颇具洞察力且影响深远的观点。例如，在本书第四章关于赫拉克利特的讨论中，柏奈特以柏拉图《智者篇》242d 为依据，否认赫拉克利特持有一种周期性毁灭世界的大火的观念。

事实上，自亚里士多德以降的古代作家几乎都认为赫拉克利特主张世界周期性地在大火中毁灭、重生。虽然策勒已经注意到赫拉克利特对火的一般描述与"世界大火理论"存在矛盾，[②] 但柏奈特并没有止步于揭示它们间的矛盾，更以柏拉图的记述为依据，明确地否认赫拉克利特持有此种理论。柏拉图在《智者篇》242d 中先后论及"温和派"缪斯和"激进派"缪斯，二者都主张存在既是"多"也是"一"。不同的是，"温和派"缪斯认为世界时而在爱神的作用下聚合为一，时而在争斗的作用下分裂为多；"激进派"缪斯则认为世界永远"在分离中被结合在一起"。[③] 在柏奈特看来，文中的"温和派"缪斯指的是恩培多克勒，"激进派"缪斯指的则是赫拉克利特；赫拉克利特显然不像恩培多克勒那样认为"一"与"多"交替出现，而认为世界一直是"一"和"多"的统一体。这样，任何主张赫拉克利特持有"世界大火理论"的主张都将导致世界在周期性大火的作用下时而为"一"，时而为"多"，进而取消赫拉克利特与恩培多克勒的区别。这显然有悖于柏拉图将赫拉克利特与恩培多克勒进行对比的初衷。柏奈特据此否认传统中认为赫拉克利特接受世界大火的观点。在本书第一版提出此种观点之后，很多学者受到

① 例如，本书§10, §61, §84 等。
② 策勒：《古希腊哲学史》第一卷（下），余友辉译，人民出版社 2022 年版，第488页。
③ 见本书§68 和§78。

启发，给出一系列新证据和论证为之辩护。① 时至今日，很多人已经逐渐接受柏奈特的上述观点，基尔克、拉文、斯科菲尔德在《前苏格拉底哲学家》中便明确否认赫拉克利特具有某种世界被火周期性毁灭的观念。②

此外，柏奈特在本书第四章一开始关于巴门尼德生平的探讨中，也强调柏拉图《巴门尼德篇》关于对话背景介绍的真实性。在这篇对话中，小苏格拉底被描述为一个小伙子（*ephebos*），年龄在 18 岁到 20 岁之间。由于苏格拉底在公元前 399 年被判处死刑时刚刚年过 70，可以推断巴门尼德与小苏格拉底的对话发生在前 450 年前后。柏拉图明确表示巴门尼德此时约 65 岁，因而可以推算巴门尼德出生于公元前 515 年前后，这与第欧根尼·拉尔修的记载相差近半个世纪。柏奈特的上述观点也为基尔克、拉文、斯科菲尔德所接受，后者在《前苏格拉底哲学家》中承认，柏拉图在《巴门尼德篇》中关于对话背景信息的介绍较第欧根尼的记载更为可靠。③ 但更多学者倾向于认为我们永远无法真正知晓柏拉图记述的真假，因而在他们关于巴门尼德的研究中，都有意识地回避关于其人生平的讨论。④

柏奈特在书中为我们提供了自己所采用残篇的英文译文，这些残篇的顺序与第尔斯在《前苏格拉底哲学家残篇》中对残篇编排基本一致。"爱菲斯的赫拉克利特"一章是个明显的例外。由于第尔斯没有按照主题对赫拉克利特残篇进行编排，柏奈特在这一章中依照拜沃特的编排顺序给出残篇译文。

在对残篇的翻译中，柏奈特不断提出自己的解读和理解。例如，在对巴门尼德残篇 6 的翻译中，柏奈特将 οἷς νενόμισται τὸ πέλειν τε καὶ οὐκ εἶναι ταὐτὸν καὶ οὐ ταὐτόν 翻译为"他们认为它既是又不是相同的和不相同的（who

---

① 参见 Reinhardt, "Heraklits Lehre vom Feuer", *Hermes*, 1942, 77 (1): 1-27；Kirk, "*Ecpyrosis in Heraclitus: Some Comments*", *Phronesis*, 1959, 4(2): 73-76。

② G.S. 基尔克、J.E. 拉文、M. 斯科菲尔德:《前苏格拉底哲学家》，聂敏里译，华东师范大学出版社 2014 年版，第 276 页。

③ G.S. 基尔克、J.E. 拉文、M. 斯科菲尔德:《前苏格拉底哲学家》，聂敏里译，华东师范大学出版社 2014 年版，第 367 页。

④ 例如: A. A. Long (ed.). *The Cambridge Companion to Early Greek Philosophy*. Cambridge University Press, 1999, Ch. 6; Daniel W. Graham. *Explaining the Cosmos: The Ionian Tradition of Scientific Philosophy*. Princeton University Press, 2006, Ch. 6; John Palmer. *Parmenides and Presocratic Philosophy*. Oxford University Press, 2009。

hold that it is and is not the same and not the same)"。在他看来，不定式 πέλειν καὶ οὐκ εἶναι 的主语是"它"（*it*），这种理解方式使我们不必认定巴门尼德曾用 τὸ οὐκ ἔστιν 代替 τὸ μὴ εἶναι 表达"非存在"的意思。按照柏奈特对这句话的理解，巴门尼德在这里的意思并不是"'存在'（τὸ πέλειν 或 τὸ εἶναι）和'非存在'（τὸ μὴ εἶναι）既相同又不相同"[①]，而是"事物既是又不是相同的，既不是相同的又不是不同的"。由于这种观点暗示某种是 X 的事物可以同时不是 X，它便误入了违反无矛盾律的"是却同时不是"的歧途。于是，句中的 εἶναι 所发挥的是系动词的逻辑功能，因而只能被理解为"是"而非"存在"。为了使这句话与其上下文保持一致，笔者依据柏奈特的上述观点，将巴门尼德残篇 4、5 中提到的"两条路"分别翻译为"它是，而不可能不是"以及"它不是，而必须不是"。类似的，在所有巴门尼德强调系词 εἶναι 或 *is* 的逻辑功能的文本下，我们都按照柏奈特的理解将它们翻译为"是"，而在少数没有刻意强调系词的逻辑功能的论述中，由于"是"和"存在"的相关性，我又遵照汉语表达习惯酌情将它们翻译为"存在"。

五、译本的体例

柏奈特在本书正文中以脚注形式撰写了大量注释，或用以补充佐证其观点的古代原文材料，或向读者呈现相关的学术争论。由于本书初版于 1892 年，所遵循的学术规范与当下通行的格式不同，所以注释中存在着大量没有为读者提供英语译文的古代著作引文，以及诸多在当时广泛使用的人名、书名、期刊名缩写，并且很多文献没有像今天一样提供准确而详实的出版信息。笔者在翻译过程中，本着应译尽译的原则，将书中涉及的所有神名、人名、地名、专著名、论文名、期刊名等专名全部翻译成汉语，并在柏奈特所引古代著作原文后面提供了汉语译文，供读者参考。笔者对古代著作引文的译文皆用方括号标出，与柏奈特本人的行文相区别。

[①] KRS 版便将巴门尼德的这句话翻译为 "to be and not to be are the same and not the same"。参见 G.S. 吉尔克、J.E. 拉文、M. 斯科菲尔德：《前苏格拉底哲学家》，聂敏里译，华东师范大学出版社 2014 年版，第 379 页。

为了避免译本正文中外文与中文混杂的情况，以达成中文版面的整洁性和流畅感，正文中出现的神名、人名、地名、专著名、论文名、期刊名等专名，都被直接翻译成汉语，其外文全名或缩写则被列在全书后面的多个译名对照表之中，读者可以据此查证原著中出现的专名原文。其中，古代人名对照表和现代人名对照表皆按照人名或姓氏的中译名拼音在字母表中顺序排序。例如，"阿波罗尼亚的第欧根尼"没有因其籍贯"阿波罗尼西亚"被归在字母 A 的序列下，而是依照其姓名"第欧根尼"的汉语拼音被归在字母 D 的序列中。对于神名、地名、书名、论文名、期刊名的原文，读者则可依据其汉语拼音在字母表中的顺序，在相应的译名对照表中检索获得。例如，在检索正文中出现的《哲学史讲演录》这部著作的外文书名时，可以根据其汉语拼音在"现代专著名中外文对照表"中的字母 Z 序列中找到。

笔者对《早期希腊哲学》的翻译持续了三年时间。无论是柏奈特在书中信手拈来的各种西文引文，还是他按照 19 世纪学术规范撰写的繁多注释，都让我深感译事艰辛。在整个翻译过程中，聂敏里老师给予了我巨大的支持和鼓励。面对柏奈特《早期希腊哲学》这样一部在古典学术史上具有里程碑意义的著作，没有聂老师的支持和鼓励，我是不可能有勇气独立承担并最终完成这项翻译工作的。此外，还要感谢 John Nugent、Guilio Basilius、葛天勤、陈晨、陈广辉、崔司宇，他们在翻译过程中都热情地给予我各种帮助。张占杰教授和关逸云同学通读了译稿，给出很多中肯的修改建议，向他们的热忱和耐心表示感谢！人民出版社的毕于慧老师是本书的责任编辑，她在对译稿的审校、出版过程中投入了巨大精力，在此对她的辛劳致以诚挚谢意！

受笔者精力和能力所限，本书的翻译一定存在诸多不足甚至错误，恳请读者批评指正！

张家昱

2023 年 5 月 2 日

目　录

第三版前言

　　本书已应邀刊印至第三版，又被译为德文①和法文②，因此，它必定具有一定的价值，尽管我比任何人都清楚它的不足。当前一版是在战争压力下完成的，这大大削减了高校教师的课余时间。正是由于这个原因，它的出版才有了出乎意料的延宕。

　　我试图表明，早期伊奥尼亚的导师们将一个被我们称作科学的新事物带到世上，他们也率先指明了自此一直为欧罗巴所遵循的研究方法。因而正如我在别处所言，我们可以恰切地将科学描述为"以希腊的方式思考世界"。正因如此，科学才只存在于那些曾受到希腊影响的民族中间。

　　在《早期希腊哲学》第一版于二十八年前问世时，书中所讨论的问题在本国仍普遍按照黑格尔的观点看待，我的诸多论断被认为是自相矛盾的。而今，虽然我的部分观点已被大多数人接受，但对于其中两点仍不乏反对意见。首先，我大胆地将巴门尼德称作"唯物主义之父"，但仍有部分人将他视作唯心主义者（这是一个现代术语，在被运用于希腊哲学中时极具误导性），因为"唯物主义究其本质认为物质世界，亦即可感世界，是实在的世界"，③巴门尼德确实否定了可感世界的任何实在性。他无疑是这样做的，因而，倘若我是在这个意义上使用的"唯物主义"这一概念，我的主张自然荒

---

① *Die Anfänge der griechischen Philosophie, aus dem Englischen übersetzt von Else Schenkl* (Berlin，Teubner，1913).

② *L'Aurore de la Philosophie grecque, édition française, par Aug. Reymond* (Paris, Payot, 1919).

③ 斯泰斯：《批评的希腊哲学史》（伦敦，1920），第46页以下。

谬不经。然而，按照我的理解，唯物主义者的"物质"根本不是某个可能的可感对象；它和精神一样，甚至比精神更是一种理性存在（*ens rationis*），巴门尼德的"存在"是理解这种非感性实在的第一次明确尝试。事实上，这便是我书中的主要观点，该论证的要点在于，根据亚里士多德和塞奥弗拉斯特明确的记述（第 305 页以下），我坚持认为（被公认为是唯物主义的）原子论导源于埃利亚学派。如果这一点存在问题，那么围绕这一问题的全部论述则为舛误。

另一个有待人们接受的主张是，那个同上述立场相对的观点——实在在形式之中而不在质料之中被发现，简言之即柏拉图主义的观点——能被回溯到毕达哥拉斯学派，并且这一观点已为苏格拉底所熟知，尽管它直到柏拉图学园时代才被十分清楚地表述出来。我相信，唯有对柏拉图的对话作品作出详细的全新解释，这一主张才能成立，当下我所从事的正是这项工作。有必要明确指出的是，那套于十九世纪盛行的解释以特定假设为基础，而这些假设却缺乏任何证据支持，因而它们本身是极不可靠的。我在此无法铺陈开来，但希望尽早能有机会对此详加讨论。

J.B.

圣安德鲁斯，1920 年 7 月

导　言

Ⅰ. 早期希腊哲学的宇宙论特征

　　直到传统世界观和生活习俗规则崩塌之时，希腊人才意识到有关自然和行为的哲学所寻求满足的那些需要。但它们并不是被同时意识到。在旧的世界观消失之前，祖先的行为准则仍未受到严肃的质疑。因此，最早的哲学家主要围绕周遭世界展开沉思。这样，逻辑学适时地出现了以满足新的需求。此前，对宇宙论的探求已经揭示了科学与常识的巨大差异，这本身就是一个需要解决的问题，这种情况还迫使哲学家们去研究捍卫他们那些与非科学的偏见相悖的观点的方法。再后来，对逻辑问题的普遍兴趣引起了有关知识的起源和有效性的问题；与此同时，传统道德的崩塌又使伦理学得以诞生。因此，在逻辑学与伦理学产生之前的这段时期本身便具有独特性，适合被分开来讨论。①

①　我们将会看到，德谟克利特并不能属于被如此限定的这一时期。虽然此人相比于苏格拉底年纪略小，一般却会被放在"前苏格拉底哲学家"中间讨论。这种做法从根本上模糊了哲学史的发展进程。事实上，德谟克利特活跃于普罗泰戈拉之后。相比于他的前辈们，他还要更加谨慎地应对知识和行动问题。（见波萨：《普罗泰戈拉与德谟克利特》，《哲学史档案》，ii. 第 368 页）

Ⅱ. 传统世界观

尽管如此，我们必须记得，世界在科学和哲学诞生之前久已存在。特别是爱琴海地区，自新石器时代以来便是一个有着高度文明的所在，与埃及和巴比伦文明一样悠久，且在众多重要的方面比二者还更胜一筹。日益清楚的是，后来兴起的希腊文明大体是对爱琴文明的复兴和延续，虽然它从那些文明程度不如自己、并一度阻碍其发展的北方蛮族那里获得了某些新鲜且关键的要素，这是毫无疑问的。地中海地区的原住人口在数量上远胜于入侵者，一定在几代人的时间内将他们同化吸收了。以斯巴达为代表的城邦却属例外，它们刻意抵制了民族融合的进程。无论如何，我们要将希腊艺术与希腊科学归功于希腊的原住民。[1] 一个引人注目的事实是，我们即将讨论的

2

① 见亚瑟·伊万斯：《希腊生活中的克里特和迈锡尼元素》(《希腊研究杂志》第三十二卷，第277页以下)。他主张（第278页）："我们所说的新文明初始时期的人类，并非肤色苍白的北方人——'黄色头发的亚该亚人'及其他——而是基本上有着深色头发、棕色皮肤的人种……我们从克里特和迈锡尼文明的壁画上发现了他们的早期画像。"但是，如果信史时期的希腊人和"米诺斯人"同属一种，亚瑟·伊万斯为什么不将"米诺斯人"直接称作"希腊人"呢？亚该亚人和多里亚人从未特别声称自己是"希腊人"，因为那个将这一名称带到库迈的是博奥蒂亚的格雷斯人，是一个更为古老的族裔。"前希腊（pre-Hellenic）"一词的意涵在我看来同样晦暗不明。如果它指的是，爱琴人在某个无足轻重的亚该亚部落出现之前便已出现，而后整个国家恰巧因这个亚该亚部落而得名，那么这的确是真的，不过和我们的主题无关。另一方面，如果它暗示自石器时代之后，爱琴海地区的人口构成在某一时期发生根本性变化，那么事实并非如此，就像亚瑟·伊万斯主张的那样。最后，如果"前希腊"这个词的意思（很可能）是说希腊语是由北方蛮族带入爱琴海地区的，那么这一猜想缺乏证据，并与一系列推论相悖。诚如我们所知，希腊语和我们的语言一样，其词汇有若干不同来源。它和印度——伊朗语族在语言基本结构上的相似性相较之于印欧语系中任何一个北方语言分支都要明显。例如，增音现象在梵文、古波斯语和希腊语中常见且特有。事实上，在公元前十世纪之前的一千年里，希腊语和古波斯语区别甚微。常见的对颚音类语言（centum）和咝音类语言（satem）的区分完全是误导性的，这一区分是基于次要现象作出的，毕竟罗曼语族的各个分支在信史时期逐渐发展为咝音类语言。[译者按：通常认为，罗曼语族的各个分支是从拉丁语发展而来，而拉丁语属颚音类语言，诸如梵文、古波斯语的东方语言则属咝音类语言。]值得注意的是，在"hundred"（έκατόν=śatam, satem）这个单词中，希腊语同古印度语和古波斯语一样，a 也有浊辅音 n 的音，据此我们将希腊语与古印度语、古波斯语一并归为咝音类语言。

哲学家们无一不是伊奥尼亚人，除了来自阿克拉加斯的恩培多克勒。但这个例外也似是而非。阿克拉加斯由杰拉城的罗德岛殖民者所建，它的 οἰκιστής [建城者] 便是罗德岛人，而罗德岛，尽管理论上由多里亚人统治，却长期以来一直是早期爱琴文明的中心。我们大可认为，在殖民运动中移居海外的主要是地中海地区的原住民，而非新晋的多里亚贵族。虽然毕达哥拉斯在亚该亚人的城市克罗同建立了自己的团体，但他本人却是来自萨摩斯的伊奥尼亚人。

如此一来，我们一定会看到，信史时期最早尝试对世界进行理解的古希腊人并非踏行在一条未曾有人涉足的征途。爱琴艺术的遗迹已清楚地表明，那时的人们已经对现存世界有了一定程度上前后融贯的见解，尽管在相关记载被破译之前，我们尚不能奢求将它详细地复原。呈现在特里亚达修道院石棺上的仪礼便能反映当时对人死后状态的特定看法。可以肯定，爱琴人同古埃及人和古巴比伦人一样，也有展开神学思辨的能力。虽然我们期待日后能发现更多类似的印迹，但当下可以断定的是，唯有将其视作神学思辨的遗存，诸如锡罗斯的裴瑞库德斯的残篇才能被理解。尽管早期文明之间无疑是相互影响的，却没有任何理由认为这种思想源于埃及。如同克里特人乐于借鉴古埃及文明那样，古埃及人很可能也对克里特文明持兼收并蓄的态度，毕竟，海洋文明的某些成果对大河文明来说可能恰好补己之短。

另一方面，北方蛮族的入侵显然有助于希腊天才们的自由发展。这场入侵不但摧毁了早先时代稳固的专制制度，更重要的是，它还遏止了迷信的蔓延——这正是最终扼杀古埃及文明和古巴比伦文明的罪魁祸首。现存遗迹的某些特征表明，爱琴文明的确曾有过最终毁于迷信的可能。另外，对太阳神阿波罗的崇拜似乎是亚该亚人从北方带来的，[①] 据我们所知，所谓奥林匹亚宗教的主要来源正在于此。尽管来自北方，它所承载的艺术形式仍带有地中海各民族的特征；主要凭借这种形式，它为这一地区的人民所接受。对他们来说，它已不再能像传统爱琴宗教极有可能的那般严苛了。也许，正是由于亚该亚人的入侵，希腊人才从未有过祭司阶层，而这很可能又与自由科学在他们中间的兴起息息相关。

3

---

① 　参见法内尔：《希腊城邦的宗教》，第四卷，第 98 页以下。

Ⅲ.荷马

我们看到，上述影响在荷马身上表现得十分明显。虽然身为原住民后裔，使用原住民的语言，①但他却为亚该亚王公贵族的宫廷咏唱，他所赞美的也大多是亚该亚人的诸神和英雄。②因此，传统的世界观在《荷马史诗》中近乎无迹可寻。诸神变成了凡人，先前的一切也荡然无存。当中保留了一些早期信仰和实践活动的蛛丝马迹，却实属罕见。③人们常常提到，荷马从未说起过为凶手净化这种原始习俗。死去的英雄会被火葬，而非像古代的国王那样被埋葬。魂灵几乎没有扮演过任何角色。尽管《伊利亚特》中确实有帕特洛克洛斯的鬼魂——这与荷马描写的唯一的活人献祭过程紧密相关，《奥德赛》第十一卷也有对冥府（Nekyia）的描写，④但这究竟少见。于是，我们可以推断认为，至少在荷马为之表演的亚该亚贵胄阶层，传统的世界观虽会在各处偶然隐现，但却久遭质疑，不再为人笃信。⑤

①　亚瑟·伊万斯（在先前引文中，第 288 页）曾假定存在着"一个为希腊《荷马史诗》接续的早期克里特史诗"。相较于这一假说，文中的观点显然更为简明。一方面，《荷马史诗》所使用的方言在众多方面皆与阿卡狄亚方言（Arcadian）和塞浦路斯方言（Cypriote）相通，而阿卡狄亚人绝非来自北方。另一方面，很多类似的案例表明，被征服一方的吟游诗人会赞美征服者勇武（里奇维：《早期希腊》，第一卷，第 664 页）。这是否能够解释为什么 Ὅμηρος [荷马] 这个词的本义是人质呢？[译者按：作者暗示，由于史诗的创作者属于被亚该亚人征服的克里特文明的遗民后裔，因而被称为"人质"或"俘虏"。]

②　里奇维（《早期希腊》，第一卷，第 674 页）指出，诸如阿基里斯、奥德修斯、艾亚哥斯、艾阿斯、雷欧提斯以及珀琉斯这些亚该亚人名字的含义不能在古希腊语中得到解释。但是诸如赫拉克勒斯、艾瑞克索斯、厄律西克忒同等先民的名字，则可以在古希腊语中理解。阿伽门农和莫内劳斯无疑都是希腊人名，这是由于他们的父亲阿特柔斯通过佩罗普斯与身为先民后裔的公主联姻而得到王位。这只是民族融合过程中的一例，在当时随处可见。

③　在 Διὸς ἀπάτη [宙斯的诡计]（《伊利亚特》xiv.）中有宇宙生成论的痕迹。

④　《奥德赛》第十一卷曾因其中含有俄耳甫斯教（Orphic）的某些观念而被认为成书时间相对较晚。根据我们当下掌握的情况，这一怀疑并无必要。有争议的观点是原始时期提出的，而或许那时爱琴海地区普遍接受这些观点。奥尔甫斯主义究其本质不过是复活了某些原始信仰。

⑤　全文请详见罗德：《灵魂》（第三版），第一卷，第 37 页以下 [=《灵魂》（第一版），第 34 页以下]。

Ⅳ. 赫西俄德

　　至于赫西俄德，则是另一番景象。诸神的故事虽不合常理、惹人生厌，却以一种相对严肃的方式被讲述出来。他笔下的缪斯这样说道："我们知道如何将谎言说得像真的一样，但是如果我们愿意，我们同样会据实相告。"①这就意味着，赫西俄德清楚地知道自己与荷马所塑造的神明形象不同。传统的戏谑消失了，重要的是将有关诸神的事情据实相告。赫西俄德同样明白自己生活在一个稍晚的时代，并且这个时代与荷马的时代相比更加悲凉。在对世界的不同时代进行描述时，他在青铜时代和黑铁时代之间插了第五个时代——英雄时代。这便是荷马歌颂的那个时代。它不但优于位列之前的青铜时代，又远胜作者自己所身处的黑铁时代。②他还意识到自己听众所属的社会阶层也与荷马也有所不同。他讲述的对象是作为先民后裔的牧羊人和农夫，而荷马曾为之表演的亚该亚王公贵族则成了给人带来"坎坷命运"的古早的先人。普通百姓并不关心亚该亚中古时期的恢宏传奇。先民的世界观在他们中间从未湮灭；因而，作为首位为平民代言的诗人，在诗歌中有对先前世界观的呈现便再正常不过了。这便是我们能在赫西俄德的作品中发现那些为荷马所摒弃的古老而野蛮的故事的原因。

　　但如果认为《神谱》只是对旧时迷信的复现就大错特错了。赫西俄德不由自主地受到新思想的影响，并成为新思想的先锋。在他的诗歌中，我们可以发现最终发展为伊奥尼亚科学和历史的雏形；尽管他试图把捉并继承那些古老的观念，但事实上没有任何人比他在加速消弭这些古老观念上做得更多。《神谱》尝试将关于诸神的所有故事简化为一个单一的体系，但由于神话本身天马行空，对神话而言，任何体系化的尝试都是毁灭性的。再者，

5

---

① 赫西俄德，《神谱》27（此句中前半句取自《奥德赛》xix.203）。给荷马予灵感的缪斯同样启迪了赫西俄德，于是，赫西俄德在这里也采用了六音步诗行以及《荷马史诗》中使用的方言。

② 此处蕴含着伟大的历史洞见。率先指出"中古希腊"打破了正常发展顺序的人是赫西俄德，而非我们当代的历史学家。

尽管赫西俄德将先民的精神作为自己创作的主题，但他歌颂的大半仍是亚该亚人的诸神，自始至终与整个系统相抵牾。希罗多德告诉我们，为希腊人创制神谱的是荷马和赫西俄德两人，不但给出了诸神的姓名，还给他们分配了各自所司与专长。[①] 这种说法十分恰切。奥林匹亚众神取代了先前诸神在人们心目中的地位，对此赫西俄德的贡献丝毫不弱于荷马。但普通人很难在这些被人性化的形象中辨识出自己信仰的诸神了——这些神同当地已没有了任何联系，诗歌作品也用它们替代掉旧时人们崇拜的对象。如此6 这般的诸神并不能满足人们的需求，这便是我们在后面将探讨的宗教复兴的奥秘。

V.宇宙生成论

赫西俄德不仅仅通过这种方式展现自己身为时代之子的一面。尽管他在这里看上去只遵循了更为古老的传统，而没有发展自己的思想，他的《神谱》同时是一套宇宙生成论。无论如何，他只简单提到了同宇宙生成密切相关的混沌之神卡俄斯与爱神厄罗斯，而没有将它们真正纳入自己的体系之中。事实上，这二者似乎属于一套更古早的思辨层次。"混沌"这一概念代表了一种明确的描绘事物开端的努力。与其说它是一种缺乏任何形式的混合物，不如说它像其词源所揭示的那样，被理解为一道尚无一物的深沟裂谷。[②] 可以肯定，这一观念并不原始，毕竟原住民尚未感到形成一套有关万物开端的观念的需要；他们想当然地认为世界上存在着某种开端。至于爱神厄罗斯，则无疑被用来解释引发整个产生过程的动力。这些显然是极具思辨性的观念，却在《神谱》中被表述得含混不清。

关于发展宇宙生成论这一伟大活动，我们所掌握的材料贯穿了整个公

---

① 希罗多德，ii.53。

② χάος 一词一定具有"深渊"或"裂口"的意思，例如叙事诗神谱中的 χάσμα πελώριον [巨大的深渊]（残篇 52）。格里姆曾将它类比于斯堪的纳维亚的"金伦加鸿沟"（*Ginnunga-Gap*）。

元前六世纪，并且对埃庇美尼德斯、裴瑞库德斯①以及阿古希劳斯三个人的宇宙生成论体系均有一定了解。如果早在赫西俄德之前便有人对宇宙的生成过程展开思辨，那么最早的俄耳甫斯宇宙论无疑也能被追溯到那个世纪。②这些体系有一个共同特征，他们都回溯到了"深沟裂谷"之前，并将克洛诺斯和宙斯置在首要位置。正是考虑到这一点，亚里士多德才把这些"神学家们"同那些既是神学家又是哲学家、并将至善作为本原的人们区分开来。③但无论如何，这一进程不但与科学背道而驰，还会引发无穷无尽的争论。因而在当下的讨论中，我们并不会主动涉及宇宙生成论者，除非表明他们已对更为严肃的研究产生过影响。

7

VI. 希腊宇宙论的一般特征

正如文学作品中展现的那样，伊奥尼亚人惊异于万物的匆匆易逝。他们对生命的看法极其悲观，但这在一个高度文明却缺乏宗教信念的时代不足为奇。我们可以看到，科洛封的密涅莫斯曾因老之将至而悲不自胜，随后，西蒙尼德于挽歌中将人的生生死死比之于草木荣枯，继荷马之后又一次凭此意象引人共鸣。④人们总是在季节的交替中睹物伤情，而在爱琴海的土地上，生长与衰亡的循环相较于北方更为明显，更为清晰地呈现为冷热、干湿的对立。于是，早期宇宙论者多从这个角度审视世界。在他们看来，日与夜、夏与冬的对立，连同类似的昏睡与清醒、出生与死亡的对立，都是这个世界的鲜明特征。⑤

---

① 有关裴瑞库德斯的其他内容，参见第尔斯，《前苏格拉底哲学家残篇》，71B；《希腊思想家》，第一卷，第85页以下，贡珀茨的有趣记载。

② 这是洛贝克对于由达马斯丘描绘的所谓"叙事诗神谱"的观点。

③ 亚里士多德，《形而上学》N，4.1091b8。

④ 参见布彻，《希腊人的忧郁》，收录于《论希腊智慧》第130页以下。

⑤ 见 J.L. 迈尔斯的论文《希腊科学背景》（《芝加哥大学编年》，第十六卷，第四册）。我们无须像康福德在《从宗教到哲学》第一章中主张的那样，认为有关"对立"的学说源于"宗教表象"。在希腊，这些引人注意的对立物并不一定与这类表象结合在一起。当然，出于诸多现实原因，它们在同农耕相关的巫术中同样重要。

8 　　季节的交替显然因对立双方——冷热、干湿——的此消彼长产生，这一过程自然而然地通过借用一些来自人类社会的术语获得描述。毕竟在早期，人类生活的规律性和稳定性相比于自然的统一性更容易被意识到。人们从一开始便生活在社会规则和风俗习惯中，而周遭世界乍一看却似乎毫无秩序可言。因此，对立双方的此消彼长被表述为不正义（ἀδικία），二者的均衡称作正义（δίκη）。稍晚的 κόσμος 一词同样以这一概念为基础。它原本是指军队纪律，而后引申为城邦有秩序的结构。

　　但这些都还不够，早期的宇宙论者并不满足于将世界视作若干相反者永恒对立的观点。他们认为，这些对立物必然以某种方式共有某种基底，对立双方由之产生，并最终复归于它。他们探寻着这种比对立双方更为基础的东西，它在所有变化中持存，在一种形式中的消亡只是在另一种形式中重现。正是本着这种精神，他们开始了自己的探寻，这可以通过他们将这某种东西称作"永恒"和"不朽"的事实表明。① 如果像人们有时主张的那样，他们的真正兴趣在生长和生成过程中，那么他们便不会将承载了诗意的情感和想象的修辞应用于唯独在动变和衰败的世界中永恒不变的事物上。这正是
9 伊奥尼亚哲人所谓"一元论"的真正含义。②

---

① 亚里士多德，《物理学》Γ，4.203b14 ἀθάνατον γὰρ καὶ ἀνώλεθρον (sc.τὸ ἄπειρον)，ὥς φησιν Ἀναξίμανδρος καὶ οἱ πλεῖστοι τῶν φυσιολόγων [因为（无定）是不朽且不灭的，如阿那克西曼德和大多数自然哲学家所说的]，希波吕特《对各种异端的反驳》i.6, 1 φύσιν τινὰ τοῦ ἀπείρου ...ταύτην δ' ἀίδιον εἶναι καὶ ἀγήρω [这种无定的本性……是经久不变和永恒]。这些修饰语来源于史诗，其中 ἀθάνατος καὶ ἀγήρως [不朽且永恒的] 是一个被用以将人同诸神进行区分的固定短语。

② 亚里士多德将那些假定单一 ἀρχή [本原] 的哲学家同那些假定多个本原的哲学家区分开来（《物理学》A，2.184b15 以下）。有人认为后代学者仅基于亚里士多德的上述区分便将"一元论"归给早期宇宙论者，因而不具有严格的历史性，我们有必要通过援引前亚里士多德的证言来支持"一元论"这一概念的合法性。在希波克拉底主义者的《论人的本性》（Περὶ φύσιος ἀνθρώπου）（利特雷，vi.32）中我们读到：φασί τε γὰρ ἕν τι εἶναι ὅτι ἔστι, καὶ τοῦτ' εἶναι τὸ ἕν καὶ τὸ πᾶν, κατὰ δὲ τὰ ὀνόματα οὐκ ὁμολογέουσι· λέγει δ' αὐτῶν ὁ μέν τις φάσκων ἀέρα εἶναι τοῦτο τὸ ἕν καὶ τὸ πᾶν, ὁ δὲ πῦρ, ὁ δὲ ὕδωρ, ὁ δὲ γῆν, καὶ ἐπιλέγει ἕκαστος τῷ ἑωυτοῦ λόγῳ μαρτύριά τε καὶ τεκμήρια ἅ γε ἔστιν οὐδέν [因为他们主张存在者为一，不但是一，而且是整全。然而，他们并不能就其名称达成共识：有人宣称这一整全是气，有人说是火，有人说是说水，还有人说是土。尽管他们各自都能为自己的观点提供理由和证据却毫无价值]。

VII.φύσις［自然本性］

　　伊奥尼亚的科学在欧里庇得斯出生前后，被阿那克萨戈拉带到雅典。这种科学对欧里庇得斯的影响有迹可循。[1] 值得注意的是，在一段描绘投身科学研究（ἱστορία）[2] 生活之神圣的残篇中，他援引了曾被阿那克西曼德用于描述唯一首要实体的"永恒且不朽"来修饰"φύσις"。这段话对我们当下的研究有重要意义，故而在此引征全文：

> ὄλβιος ὅστις τῆς ἱστορίας
>
> ἔσχε μάθησιν, μήτε πολιτῶν
>
> ἐπὶ πημοσύνας μήτ᾽ εἰς ἀδίκους
>
> πράξεις ὁρμῶν,
>
> ἀλλ᾽ ἀθανάτου καθορῶν φύσεως
>
> κόσμον ἀγήρω, τίς τε συνέστη
>
> καὶ ὅπη καὶ ὅπως·
>
> τοῖς τοιούτοις οὐδέποτ᾽ αἰσχρῶν
>
> ἔργων μελέτημα προσίζει.[3]

　　［通过探究，掌握科学的人是幸运的，他们既不会烦扰同胞，也不会行

---

① 见 §123。

② 参见柏拉图，《斐多篇》96a7 ταύτης τῆς σοφίας ἣν δὴ καλοῦσι περὶ φύσεως ἱστορίαν［我曾对被称作自然科学的智慧异常着迷］这是关于科学一词最早、也是最为可信的记载。我并未强调早期宇宙论者的著作在被引用时都会被冠以 Περὶ φύσεως［《论自然》］的标题，毕竟这些标题很可能为后人所加。

③ 见欧里庇得斯残篇，始自 910 页开头。κόσμος 一词在文中意为"秩序""安排"，ἀγήρω 是希腊语的属格。研究的目标首先是何为"永恒不朽的 φύσις 的定序"，其次是它以何种方式出现。将伊奥尼亚科学引入雅典的阿那克萨戈拉受教于阿那克西美尼学派（§122）。我们从亚里士多德处（上文第 8 页，注释①）可知，不光阿那克西曼德，大多数 φυσιολόγοι［自然哲人］都把类似修饰语用于无界限（Boundless）。

为偏邪，只会观察不朽自然的永恒定序，究竟从何处、以何种方式出现；这些人不会参与龌龊勾当。]

这段残篇清楚地表明，在公元前五世纪，"φύσις"一词指的是构成世界的永恒之物。这与我们目前对这个单词历史的了解十分一致。它最初的意思是任何事物都由之构成的"物质"，很容易被引申为事物的"构成"，它的一般特征或构造。那些探寻"永恒且不朽"之物的早期宇宙论者会自然而然地通过主张存在着万物都具有的"一种φύσις"① 来表达这一观点。这种观念虽在埃利亚学派的批评下被抛弃，但这个传统术语却被沿用下来。恩培多克勒主张有四种基本物质存在，它们有各自的φύσις；原子论者虽坚信构成万物的原料有无数种，却也采用了这个术语。②

我们的权威文献中常出现"ἀρχή [本原]"这一术语，它在这个意义上③纯粹是亚里士多德主义的。塞奥弗拉斯特及其以后的学者自然而然地接受了这种理解，因为他们无不是从亚里士多德《物理学》中一段著名论述出发展开讨论的，正是在这段文本中，亚里士多德依据前代哲人假设 ἀρχαί [诸本原] 的数量——是一个还是多个——将他们分门别类。④ 但是，柏拉图却从未在此意义上使用这一术语；这在真正的早期哲人的残篇中也未曾出现过——如果假设他们的确使用过这一术语，那么这一事实便匪夷所思了。

① 见亚里士多德，《物理学》A，6.189b2 οἱ μίαν τινὰ φύσιν εἶναι λέγοντες τὸ πᾶν, οἷον ὕδωρ ἢ πῦρ ἢ τὸ μεταξὺ τούτων [有人主张万物是某一自然物，例如水、火或它们的中间物]，B，1.193a21 οἱ μὲν πῦρ, οἱ δὲ γῆν, οἱ δ' ἀέρα φασίν, οἱ δὲ ὕδωρ, οἱ δ' ἔνια τούτων, (Parmenides), οἱ δὲ πάντα ταῦτα (Empedokles) τὴν φύσιν εἶναι τὴν τῶν ὄντων [有些人主张存在物的自然本性是火，有些人主张是土，有些人主张是气，有些人主张是水，有些人主张是其中的几个（巴门尼德），有些人主张是它们全部（恩培多克勒）]。

② 关于 φύσις 一词的概念史，见附录Ⅰ。

③ W.A. 海德尔指出，ἀρχή 一词虽被亚里士多德理解为具体事物由之而来的"本原""贮存""积量"，在宇宙论者那里却有完全不同的意义（《古典语文学》，第七卷，第217页以下）。如果真的能够找到宇宙论者曾经使用过这一概念的确凿证据，我便会欣然接受上述说法。事实上，只有在阿那克西曼德那里有稍与之类似的措辞，但我认为这不足为证（见本书第48页，注释②）。此外，第尔斯指出，塞奥弗拉斯特在首卷中对 ἀρχή 一词的探讨也是站在亚里士多德的立场上进行的，而且，若说阿那克西曼德与其他宇宙论者分别在不同意义上使用这一概念也是不大可能的。

④ 《物理学》A，2.184b15 以下。必须注意的是，塞奥弗拉斯特及其后学直接接受了亚里士多德在这一章节的分类，但这并不意味着他的这一分类是合乎历史的。

如果真像我们分析的那样，伊奥尼亚人将科学称为 Περὶ φύσεως ἱστορίη [关于自然的研究] 的原因也就显而易见了。我们将会看到，那些被不断丰富的思想关涉的总是首要实体①，这些思想都可以在各个学派前后相继的代表人物那里找到，相比之下，天文学或其他理论大体仅由个别思想家研究。所有人的主要兴趣都在探寻流变中的持存之物。②

VIII. 运动与静止

在亚里士多德及其追随者看来，早期宇宙论者同样笃信某种"永恒的运动"（ἀΐδιος κίνησις），但这很可能只是他们自己的言说方式。伊奥尼亚人根本不可能在他们的论述中谈及运动的永恒性。在早期，最需要解释的是静止而非运动，对运动起源的讨论很可能是直到运动的可能性遭到否定后方才开始的。我们将会看到，这正是巴门尼德的成就；他的后继者一旦接受运动存在的事实，势必要揭示运动起源。如此一来，我认为亚里士多德的说法不过是试图强调早期思想家并没有意识到确定运动起源的必要。运动的永恒性不过是个推论，本质上是正确的，但由于它暗示了一种当时尚未出现的、有意否定运动具有开端的学说，便有了误导性。③

---

① 虽然"首要实体"（primary substance, πρῶτον ὑποκείμενον）这一短语并不尽如人意，但我并未找到更合适的表达。德语词 Urstoff 更少具有误导性，而英语中 stuff 则不够恰切。
② O. 吉尔伯特在《古希腊气象理论》（莱比锡，1907）中主张早期宇宙论者的研究都从流行的"四元素"传统理论出发。这种观点的可信程度与"元素"一词本身模棱两可有关。如果我们只将元素理解为火、气、水、土，那么它无疑要同早期对这一概念的理解相区别。宇宙论中的"元素"（στοιχεῖον）并非此意，它指的是某种具有自己 φύσις [自然本性]且不能被进一步还原的东西。需要指出的是，早期宇宙论者从未止步于"元素"一词的流行含义，首次提出元素数量为多的恩培多克勒只是偶然择取了上述四种作为元素，以致后来"元素"一词在宽泛的意义上直接会被理解为四者的总和。
③ 这种思维方式通常被称作物活论（Hylozoism），这同样具有误导性。毫无疑问，早期宇宙论者曾论及世界以及首要实体，在我们看来，他们认为这些无不具有生命；但这与将"可塑性"归因于"质料"的做法又是不同的。"质料"概念在当时尚不存在，毕竟它所预设的是包括生命在内的万物都能被机械地、亦即通过运动中的物体得到解释。这一预设即便未被明言，也被认为是理所当然的。

还有一个更为重要的问题：这种运动的本质是什么。既然创造了世界的正是这种运动，那么显然，它一定在世界创始之先便已存在。因此，这种运动既不像许多作家所描述的那样是诸天的周日运动，也不是其他单纯的尘间运动。① 正如柏拉图《蒂迈欧篇》②所阐释的那样，毕达哥拉斯学派的学说认为，原始运动既无规律可循，又混乱无序；我们同样有理由相信，原子论者将这种无序运动归给原子。这样，为了保险起见，我们在这一阶段不要将任何有规律的或被很好规定的运动归结于早期宇宙论者主张的首要实体。③

IX. 伊奥尼亚科学的世俗性特征

神学思辨在这一切之中都销声匿迹了。我们已经看到，早期的爱琴宗教已被彻底破除，而奥林匹亚的多神论却从未牢牢掌控伊奥尼亚人的心智。因此，在任何形式的神话观念中探寻伊奥尼亚科学起源的做法都是十分错误的。毫无疑问，在希腊未受北方蛮族统治的地区依然残存有旧时的信仰和实践，我们也会看到它们是如何被保存在俄耳甫斯教及其他宗教的秘仪中的，但伊奥尼亚的情况并非如此。直到阿开亚人侵入以后，希腊人才能够在小亚细亚沿岸安家落户，这一地区此前因赫梯帝国的存在从未向希腊人开放，④根本没有任何传统背景。与爱琴海诸岛不同，伊奥尼亚本就是一片没有历史的地区，这也就解释了早期伊奥尼亚哲学为什么具有世俗性特征。

13

---

① 在将"永恒的运动"与天体的周日运动等同起来的过程中，率先迈出关键性的一步的是亚里士多德。

② 柏拉图，《蒂迈欧篇》30a。

③ 根据我的理解，海德尔之所以将"永恒的运动"看做一种旋转或旋涡运动（δίνη），是因为在他看来，像阿那克西美尼那样的早期思想家假定"对无限的气的原始运动和宇宙中的原始运动进行区分"并无益处（见海德尔《阿那克西美尼和阿那克西曼德的 δίνη》一文，《古典语文学》，第一卷，第 279 页）。另一方面，在我看来，所有认为世界曾被生成的人都对此二者进行了区分，尤其是在他们同时主张有无数世界存在的情况下。我们将会看到，我认同海德尔的另一观点，"宇宙的原始运动"在最早的宇宙论体系中是一种旋转运动，但这绝非"永恒的"，并且，我并不认为我们能据此对宇宙诞生前的运动状态作出任何推测，除非它一定具有能够引发 δίνη 这样一种自然本性。

④ 参见霍格思，《伊奥尼亚与东方》，第 68 页以下。

我们不该被流传至今的 θεός [神] 一词的用法所误导。诚然，伊奥尼亚人曾将其用于对"首要实体"以及对单一世界或多个世界的描述中，但这个词大抵与我们前文提及的神圣修饰语"永恒"和"不朽"类似。在宗教的意义上，"神"所指的的确首先并且主要是被崇拜的对象，但在《荷马史诗》中这已不再是它唯一的意思了。赫西俄德《神谱》正是这种改变的最佳证明。书中提到的诸多神祇显然从未得到任何人的崇拜，其中一些不过是自然现象甚至是人的情欲的具象化身而已。[1] 这种不具任何宗教意味的"神"的用法正是我们当下探讨的这一时期的特征，认识到这一点至关重要，只有这样我们才不会错误地主张科学导源于神话。[2]

更为重要的是，我们还从下面的事实看到这一点。尽管原始宗教认为诸天体以及诸天本身是神圣的，并因此认为它们与大地之上的一切迥异，但伊奥尼亚人从一开始便坚决反对任何这样的分别，尽管他们一定对这些流行的信条十分熟悉。虽然后来亚里士多德重新复活了这种区分，但希腊科学却是从对它的拒斥中开始的。[3]

X. 所谓哲学的东方起源

我们还要面对所谓东方智慧对希腊人产生影响的性质和程度的问题。时至今日，人们仍普遍认为希腊哲学在某种程度上发端于古埃及和古巴比伦，因此，我们必须尽可能清楚地理解这种说法的真正意思。首先，我们必须注意到，既然我们清楚爱琴文明的悠久历史，这个问题便呈现出截然不同的方面。许多一向被视作来自东方的成就其实可能是他们的原创。至于之后的一系列影响，我们必须承认，在希腊哲学蓬勃发展的过程中，没有哪一

---

[1]　并没有人会去信奉大洋神俄刻阿诺斯和海神特提斯、甚至天神乌拉诺斯，此外，恐惧之神弗伯斯以及惧怖之神德莫斯在宗教层面上也很难被视作神明。

[2]　我冒昧地认为，这是康福德在《从宗教到哲学》(1912) 中的一个基本谬误。他没有意识到旧时的"集体表象"已在伊奥尼亚被彻底放弃。我们将会看到，在对西方地区的研究中，他的方法更为适用，但即便如此，他仍没有充分地认识到伊奥尼亚科学与先前传统的区别。

[3]　无论如何强调这一点的重要性都不为过。见 A.E. 泰勒，《亚里士多德》，第 58 页。

个著作家了解任何有关哲学来自东方的说法。如果希罗多德确曾听闻类似观点一定不会讳言，因为这恰能支持他本人所坚信的希腊的宗教、文明源于埃及的主张。[1] 柏拉图虽由于其他原因对埃及人表现出格外的尊重，却仍认为他们是行商坐贾，而非富于哲思的民族。[2] 亚里士多德仅提到数学诞生于埃及[3]（这一点我们回头再讨论），不过，如果他曾对某种埃及哲学有所了解，那么提到埃及哲学便能更好地配合其论证了。直到后来，埃及祭司同亚历山大里亚的犹太人在围绕本民族历史中是否能发掘出希腊哲学起源的问题相互攻讦时，我们才看到了主张希腊哲学源于腓尼基或埃及的确切表述。但所谓的埃及哲学仅发展到将原始神话转化为寓言故事的阶段，我们仍能就斐洛关于《旧约》的诠释给出自己的判断，同时我们也确知埃及寓言家与之相比更加武断随性，因为他们掌握的有价值的材料过分稀缺。举例来说，古埃及丰饶女神伊西斯和冥神奥西里斯的神话最初是根据后来希腊哲学的某些观念阐释的，后人却宣称这是希腊哲学的起源。

这种解释方法在新毕达哥拉斯主义者努梅尼奥斯那里被发挥到极致，并经由基督教护教者继承。努梅尼奥斯问道："柏拉图要不是讲阿提卡方言的摩西的话，还会是谁？"[4] 克莱门特和尤塞比乌斯将上述言论应用在更多方面。[5] 文艺复兴时期，这种驳杂的思想同其他思想一起重出江湖，而源于《福音预备》一书的某些看法也在很长一段时间内持续影响着公认的观点。[6] 卡

---

[1] 他所能说的不过是，对狄俄尼索斯的崇拜和轮回之说都源于埃及（ii.49，123）。我们将会看到这两种说法都是错误的，并且它们并根本没有暗含任何与哲学直接相关的主张。

[2] 《理想国》435e 中，在谈到色雷斯人和斯基泰人的特点是 θυμοειδές [有血气]，希腊人的特点是 τὸ φιλομαθές [热爱智慧] 之后，柏拉图又将腓尼基和埃及同 τὸ φιλοχρήματον [贪恋财富] 联系在一起。他在《法篇》中主张（747b6），只有将 ἀνελευθερία [吝啬] 和 φιλοχρηματία [贪财] 从学习者的灵魂中剔除，算术才有学习的价值。否则，我们培养的就是 πανουργία [狡诈奸邪之辈] 而非 σοφία [智慧]，正如我们看到腓尼基人、埃及人以及其他人所做的那样。

[3] 亚里士多德，《形而上学》A，1.981b23。

[4] 努梅尼奥斯，残篇 13（《希腊哲学史》624），Τί γάρ ἐστι Πλάτων ἢ Μωυσῆς ἀττικίζων。

[5] 克莱门特（《汇编》，i. 第 8 页，5，施特林）将柏拉图称为 ὁ ἐξ Ἑβραίων φιλόσοφος [希伯来哲人]。

[6] 对东方智慧的过分夸大通过《大百科全书》风行一时，流传至今。巴伊（《科学的起源》）认为东方人曾从某个消失了的民族那里接收到高度发达的科学知识，他甚至认为这一消失民族是柏拉图提到的亚特兰蒂斯人！

德沃思也谈到泰勒斯和毕达哥拉斯曾讲授过古老的"摩西哲学"。[①] 我们必须清楚地认识到这种质疑希腊哲学独创性的偏见的真正起源。它并非来自对古代民族各种信仰的现代研究，这些研究均不能提供某种腓尼基哲学或埃及哲学存在的证据，它不过是亚历山大里亚学者们对寓言故事的某种残存热忱。

时至今日，人们当然不会依据克莱门特或尤塞比乌斯提供的证据来论证希腊哲学的东方起源；近来，人们更倾向于通过将哲学类比于艺术来进行论证。我们正越来越多地看到有人宣称希腊艺术源自东方；于是，哲学很可能亦是如此。这一论证似是而非，无法令人信服。它忽略了二者在不同民族间传播方式上的差异。即便不同民族间缺乏共同的语言，物质文明和艺术仍能轻而易举地从一方传至另一方，但哲学唯有用抽象的语言方可表达，并且只能由受过教育的人通过书籍或口头教学进行传播。据我们所知，在这个时代没有任何一个希腊人能够阅读埃及的典籍或能听懂埃及僧侣的谈话，直到后来才有来自东方的教师能够用希腊语写作或交谈。前往埃及游历的希腊人无疑能够拾得当地人的三言两语，因此埃及祭司的话想当然地被认为能被希腊人理解。[②] 但是他们一定借助了翻译，而哲学思想终究无法通过缺乏良好教育的向导阐发。[③]

诚然，在有证据表明这些民族拥有某种能被用以交流的哲学之前，并没有讨论哲学思想是否能被交流的必要。目前此类证据尚未发现，而且据我们所知，除了古希腊人以外，古印度人是唯一具有某种能被称作哲学的学问的古代民族。不过没有人会认为古希腊哲学源自印度，而且事实上，所有证据都表明古印度哲学的确是在古希腊哲学的影响下诞生的。虽然确定梵文文献的年代顺序极其困难；但就我们所知，古印度若干伟大的思想体系在时间

---

① 我们从斯特拉堡（xvi. 第 757 页）那里获悉，将西顿的莫寇引入哲学史的是波塞冬纽斯，他将原子论归予前者。但是，在拜布鲁斯的斐洛的大作中，此人又翻译并出版了桑楚尼亚松所著的腓尼基古代史，这部著作曾先后为波菲利和尤塞比乌斯使用。

② 希罗多德，ii.143（此处，他们对赫卡泰奥斯夸耀自己卓越的文化遗迹）；柏拉图《蒂迈欧篇》22b3（此处他们对梭伦做了同样的事情）。

③ 贡珀茨笔下那位同她的希腊王公探讨了本民族智慧的"土著新娘"（《希腊思想家》，第一卷，第 95 页）同样无法令我信服。她或许能向仆从传授给异域女神祭祀时要遵循的仪礼；但她大概不会同丈夫探讨神学问题，更不用说哲学和科学了。

上都晚于与之最为相似的古希腊哲学。当然，《奥义书》和佛教中的神秘主义发源于印度本土，严格说来二者对于哲学影响深远，但它们与哲学的关系就像赫西俄德、俄耳甫斯教与希腊科学思想的关系一般。

XI. 埃及的数学

然而，倘若主张古希腊哲学的诞生并未受到东方思想的任何影响则是另一回事。希腊人自己便相信其数学传自埃及，他们一定也对古巴比伦的天文学有所了解。哲学诞生于古希腊同这两个国家间交流最为便捷的时候绝非偶然，况且，那个据说将几何学从埃及介绍进来的人同时也被认为是首位哲学家。因此，探究埃及数学的内涵对我们来说便至关重要。我们将会看到，即便在这一领域，希腊人仍有其独创。

收藏于大英博物馆的《莱因德纸草书》[①] 能让我们一窥尼罗河畔算术和几何学的究竟。这是某位雅赫摩斯的作品，记录了算术与几何的一系列运算法则。其中的算术问题主要都和谷物和水果的计量相关，并注重解决一定数量的谷物和水果在一定数量的人群中的分配问题，将生产出来的面包或啤酒的数量问题，以及由于某项工作应支付工人的工资问题。事实上，这与柏拉图在《法篇》中对埃及算术的描述完全一致。他在这部对话中告诉我们，儿童借助字母学习解决如何将苹果和花环分发给不同数量的人的问题，如何将拳击手和摔跤手配对的问题，如此等等。[②] 显然，这便是被希腊人称为

18

---

① 大部分内容来自坎托的《数学史讲座》，第一卷，第46—63页，在此我深表感谢。另见高，《希腊数学简史》，§§73-80；米约，《希腊科学》，第91页以下。最后一书中的讨论部分是基于《数学学会论文》第六卷中 M. 洛迪的论文，重要的是，此文补充了艾森洛尔对于早期理论所依据的解释，因此这一讨论部分意义特殊。

② 柏拉图，《法篇》819b4 μήλων τέ τινων διανομαὶ καὶ στεφάνων πλείοσιν ἅμα καὶ ἐλάττοσιν ἁρμοττόντων ἀριθμῶν τῶν αὐτῶν, καὶ πυκτῶν καὶ παλαιστῶν ἐφεδρείας τε καὶ συλλήξεως ἐν μέρει καὶ ἐφεξῆς καὶ ὡς πεφύκασι γίγνεσθαι.καὶ δὴ καὶ παίζοντες, φιάλας ἅμα χρυσοῦ καὶ χαλκοῦ καὶ ἀργύρου καὶ τοιούτων τινῶν ἄλλων κεραννύντες, οἱ δὲ καὶ ὅλας πως διαδιδόντες [他们将一定数量的花环或苹果分成或多或少的组，还安排拳击手和摔跤运动员分组或轮空，轮空和对战组按其自然顺序以交替或顺序的方式排列。此外，通过游戏的方式，教师还让学生分发混杂叠放在一起的金碗、银碗、铜碗、或其他材质的碗，有时也可能全用一种碗]。

λογιστική [计算性技艺] 的起源。它在古埃及已然高度发达，希腊人很可能从那里获得了这种技艺。但在埃及，被希腊人称作 ἀριθμητική 的关于数字的科学研究却无迹可寻。

《莱因德纸草书》中的几何学也具有类似的特征。希罗多德告诉我们，埃及的几何学因洪水过后重新丈量土地的需要应运而生，这一观点较之亚里士多德所说的几何学源于祭司阶级的闲暇更为准确。[①] 书中记载的计算面积的方法唯有在土地形状为矩形的情况下才精确无误。由于土地多是近似矩形，这种计算方法对于实际需求来说便已足够。他们甚至认为直角三角形同样可以是等边的。然而，正像我们所期许的那样，他们计算正四面体所谓塞克特（*seqt*）的方法则处在一个相当高的水平上。该方法如下。已知"底面跨度"即底面对角线长度，和庇里穆斯（*piremus*）或"棱长"，求代表它们比率大小的数字。这可以通过用底面对角线长度的一半除以棱长算出，这种方法显然大多是经验之谈。因此，将基础三角学与此类规则等量齐观多少有些时序错乱，没有任何迹象表明埃及人曾经更进一步。[②] 希腊人确实有可能从埃及人那里获益良多，但我们也将看到，他们从一开始便将其所学推而广之，以便测量相互不可触及的物体——诸如海上船只——之间的距离。也许，正是这种普遍化的做法孕育了科学几何学的理念。这一科学由毕达哥拉斯学派首创。德谟克利特的一段话也让我们看到，古希腊人不久便将他们的老师远远甩在身后。他这样说道（残篇 299）："我聆听过许多饱学之士的谈话，但包括那些在埃及被称作 *arpedonapts* 的人在内，他们无一能在用线构造图形并加以严格证明的方面做得比我更好。"[③] ἀρπεδονάπτης 一词并非古埃及语，而属古希腊语词汇，意为"系绳者"。[④] 而古印度最早的几何学著作

19

---

① 希罗多德，ii.109；亚里士多德，《形而上学》A，1.981b23。

② 关于这一方法的更详尽的解释，参见高，《希腊科学简史》，第 127 页以下；米约，《希腊科学》，第 99 页。

③ 《希腊哲学史》188。应该说明的是，第尔斯认为这一残篇实属伪造（《前苏格拉底哲学家》3，第二卷，第 124 页）。在他看来，这段话事实上成于亚历山大里亚时期，旨在承认希腊科学之卓越的同时，反映其非原创性特征。但希腊语中可能确有 ἀρπεδονάπται 一词，从文中这个词得出的推论也便是合情合理的。

④ 坎托最先指明 ἀρπεδονάπται 一词的真正含义。"arpedonapts" 指的是如今的铺设花坛的园丁。

恰巧也被叫做 *Śulvasūtras*，或《结绳之法》。它们都指向了边长分别为 3、4、5 的三角形——它总具有一个直角——的用法。我们知道，中国和印度很早便开始运用这一定理，它无疑是从巴比伦传入的；我们也将看到，泰勒斯可能在埃及学会了这一定理的使用方法。① 没有理由认为这些民族中的任何一个都曾绞尽脑汁对该直角三角形的这些性质进行过理论证明，尽管德谟克利特一定会这样做。我们将会看到，没有确切证据表明泰勒斯的数学知识对《莱因德纸草书》有所超越，并且可以断定，严格意义上的数学诞生于泰勒斯之后的希腊。很重要的一点是，数学中的所有术语究其本源无一不是纯粹的希腊语。②

XII. 古巴比伦的天文学

伊奥尼亚科学的另一个来源被认为是古巴比伦的天文学。当然可以肯定的是，巴比伦人很早便开展了天文观测。他们将恒星编为若干星座，并格外关注黄道上的那些星体。③ 这种做法虽然对观测天文学来说是有用的，但就其自身而言却不过是神话或民间传说。他们不光对行星进行了区分和命名，还注意到了它们的一般运动。他们深谙行星的位置和逆行运动，还

---

① 参见米约，《希腊科学》，第 103 页。

② 例如 κύκλος [圆形] 与 κύλινδρος [圆柱体]。这类术语通常源于各种工具的名称，如 γνώμων 本指木匠所用直角尺，而 τομεύς，"扇形"，指一种鞋匠用刀。πυραμίς 一词时常被视为例外，被认为是从《莱因德纸草书》中 piremus 一词演变而来，然而它却并无"锥体"之意；该词仍属希腊语。πυραμίς（或 πυραμοῦς）意为"小麦面包"，由 πυροί [小麦] 类比 σησαμίς [芝麻点心]（或 σησαμοῦς）而成。希腊人通常会给埃及事物起一些诙谐的名称。例如 κροκόδειλος [蜥蜴]，ὀβελίσκος [烤肉叉]，στρουθός [麻雀]，καταράκτης [海鸥]（字面意为"水闸"）。那些将自己名字印刻在阿布辛贝（Abu-Simbel）巨大雕像之上的雇佣兵们的戏谑，仿佛仍在我们的耳边回响。

③ 这与将黄道划分为相互间隔 30° 的十二个星座并不完全相同。没有任何证据表明在公元前六世纪之前存在这种划分。我们需要注意，虽然一些星座名称看似是由巴比伦传入希腊的，但它们中多数来自希腊神话，并且是来自希腊最古老社会阶层的神话，这些名字的使用局限于在克里特岛、阿卡迪亚和博约提亚。这表明，诸星座在"米诺斯"时代已经获得命名。仙女座及其相关星体所占空间不成比例，这反映了克里特岛和菲利士接触甚密的时期。这条线索被"星象神话"理论所遮蔽。

谙熟二至点（夏至和冬至）和二分点（春分和秋分）。他们还注意到了日食现象，并出于占卜的目的希望对日食进行预测。但我们切勿夸大这些观测年代的久远程度和精确性。在相当长的一段时间里，古巴比伦人一直缺少一部差强人意的历法，他们只能根据需要通过插入第十三个月的方式来确保年份的准确。这使得他们无法编订可信的年表，因此在所谓纳巴那沙王的时代之前（前747年），不存在也根本不可能存在任何可供天文研究的观测数据。最早一份具有真正科学性的天文学文献于1907年重见天日，它成文于公元前523年，此时波斯君主冈比西斯在位，毕达哥拉斯也已经在克罗同创建了自己的学派。此外，今天我们将古巴比伦观测天文学的黄金时代归在亚历山大大帝之后，此时的巴比伦已成为一座希腊化城市。甚至在那时候，即便其观测精度高，并且它为亚历山大里亚的天文学家积累了大量数据，我们仍没有任何证据表明巴比伦的天文学已超越了单纯的经验阶段。[①]

　　我们将会看到，泰勒斯或许知道巴比伦人曾试图借以预测日食、月食的周期（§3）；但是，如果认为希腊科学的先驱们对巴比伦人的观测有任何具体的知识，那就错了。在希腊，行星的巴比伦名称并不比柏拉图的晚期著作出现得更早。[②] 我们将会发现，最早的宇宙论者并不曾关注行星，同

22

---

① 库格勒神父的研究（《巴比伦的星相学和占星师》，1907）使这一切都毋庸置疑。伟大的天文学家斯基亚帕雷利在其最后一部作品《科学》一书的第三卷，第213页以下，以及第四卷，第24页以下，对库格勒的结论进行了一个十分有趣的说明和讨论。这些讨论在本书第二版问世时尚不为人知，我在那一版对巴比伦天文学的探讨中做了一些完全没有必要的妥协。我尤其受金策尔（《克利俄》，第一卷，第205页）一些观点的影响，承认巴比伦人可能已经观察到了春分、秋分的岁差，但就我们目前所知，这实际上并不可能。关于这一问题，在斯基亚帕雷利第二篇文章中（《科学》，第四卷，第34页）有一个很好的注释。巴比伦人之所以早前一直没有天文记载，主要是因为他们既不知道如何把阴历和阳历年结合起来，也没有类似于埃及索提周期（Sothis period）的任何对照标准。在公元前六世纪末之前，他们一直对 ὀκταετηρίς［八年一个周期］或 ἐννεακαιδεκατηρίς［默冬年］一无所知。这两者都纯粹是古希腊人的发明。

② 在古典希腊文献中，曾被提及的行星仅有 Ἕσπερος［暮星］和 Ἑωσφόρος［晨星］。巴门尼德（或毕达哥拉斯）首先辨识出它们实属同一颗行星（§94）。水星的名字初见于《蒂迈欧篇》38e，其他的神圣名称则见于《伊比诺米篇》987 b以下，此处这些名字被说成是"叙利亚语的"。Φαίνων［土星］，Φαέθων［木星］，Πυρόεις［火星］，Φωσφόρος［金星］，Στίλβων［水星］这些行星的希腊语名称虽未曾在更早出现，但是无疑更为传统。

19

时也很难明确他们对恒星的看法。单凭这一点便足以表明他们是独自展开研究的，与巴比伦的观测并无关联，况且，这些观测记录直到亚历山大时期才能被希腊人充分利用。① 退一步讲，即便伊奥尼亚人真的知道这些，他们的科学仍具有独创性。巴比伦人记录天体现象的目的不过是占星，而非出于任何科学的兴趣。没有任何证据表明他们曾尝试对自己粗略的观测进行解释说明。另一方面，希腊人在两三代人的时间内至少有了三个意义重大的发现。首先，他们发现大地是球体，并且无所依傍。② 其次，他们提出了一套有关日食、月食的正确理论；再次，与前一点密切相关，他们意识到大地并非我们星系的中心，而是像行星一样围绕某个中心旋转。此后不久，某些希腊人便——至少是试探性地——迈出了将太阳确定为地球以及行星们围绕旋转的中心的最后一步。我们将在后面适当位置对这些发现详加讨论；在此提到它们，只是为表明希腊天文学与此前一切的巨大差异。另一方面，希腊人拒斥了占星术，并且后者直到公元前三世纪才被传入希腊。③

总之，希腊人的哲学和科学并非来自东方。尽管如此，他们的确从埃及习得了某些测算方法，并在将其普遍化的过程中发展出几何学；另一方面，他们从巴比伦了解到天象的循环出现。这部分知识无疑与科学的兴起息息相关，因为它对希腊人来说，蕴含着一系列巴比伦人未曾洞见的

① 最早提到他们的相关观测的是柏拉图，《伊比诺米篇》987a。亦见于亚里士多德，《论天》B，12.292a8。
② 柏格，(《地理学》第171页以下)认为埃及和巴比伦将大地看做球体。这一观点与我所掌握的所有材料相左。
③ 希腊人中最早提到占星术的似乎是柏拉图，《蒂迈欧篇》40c9（关于相合相位、相冲相位、蚀相合相等等），φόβους καὶ σημεῖα τῶν μετὰ ταῦτα γενησομένων τοῖς οὐ δυναμένοις λογίζεσθαι πέμπουσιν [它们给那些不会运算的人带来恐惧以及有关将要发生之事的征兆]。相较于上述泛泛之谈，塞奥弗拉斯特的说法更为确切。参看普罗克鲁斯对这段文本的评注：θαυμασιωτάτην εἶναι φησιν ἐν τοῖς κατ' αὐτὸν χρόνοις τὴν τῶν Χαλδαίων θεωρίαν τά τε ἄλλα προλέγουσαν καὶ τοὺς βίους ἑκάστων καὶ τοὺς θανάτους καὶ οὐ τὰ κοινὰ μόνον [（塞奥弗拉斯特）说，在他生活的年代，迦勒底人的理论是最引人注目的。他们能预测个体的生和死以及其他，并且他们的预测并没有仅仅局限于一般情况]。斯多亚学派，特别是波塞冬纽斯，将占星术引入希腊，近来已经表明，这套在日后完全成熟的系统则以斯多亚学派 εἱμαρμένη [命运] 学说为基础。参见博尔在《新年鉴》第二十一卷（1908）第108页的重要论文。

新问题。①

XⅢ．早期希腊宇宙论的科学特征

　　有必要坚持主张我们将要研究的哲学具有科学特征。我们已经看到，东方民族相较于希腊人收集了远为可观的事实，尽管他们对这些事实的观察并非出于任何科学意图，这些事实也从未使他们想到要对原始世界观进行任何修正。希腊人却从中发现了可以为自己所用的东西。*Chacun prend son bien partout où il le trouve*［但求教益，不问从来］，他们依照这句箴言行事，未曾懈息。希罗多德笔下梭伦拜访克洛伊索斯的故事——不论它可能多么不符合史实——却很好地为我们诠释了这种精神。克洛伊索斯告诉梭伦，关于"他的才华和阅历"，以及他单纯出于对知识的热爱（φιλοσοφέων），翻山越岭，只为观览可见之物（θεωρίης εἴνεκεν）的事迹，他已如雷贯耳。实际上，θεωρίη［观览］，φιλοσοφίη［爱智］和ἱστορίη［研究］都是当时的流行词汇，但它们的含义无疑与之后雅典的有所不同。②这些概念似乎共有某个相同的基点，若用英语表达，它便是*Curiosity*［好奇］；可以说，正是得益于这种好奇心以及观览一切诸如金字塔、洪水等盛景的强烈愿望，伊奥尼亚人才能够将自己从蛮族习得的三言两语推陈

24

----

①　柏拉图对这个问题的解释可见于《伊庇诺米篇》986e9以下，并总结为 λάβωμεν δὲ ὡς ὅτιπερ ἂν Ἕλληνες βαρβάρων παραλάβωσι, κάλλιον τοῦτο εἰς τέλος ἀπεργάζονται［无论希腊人从蛮族那里获得什么，都能使之最终更加完善］（987d9）。塞翁（阿德拉斯托）在《对有助于阅读柏拉图的数学事实的阐述》第177页，20，西勒尔，很好地阐发了这一观点。关于迦勒底人和埃及人，他这样说：ἄνευ φυσιολογίας ἀτελεῖς ποιούμενοι τὰς μεθόδους, δέον ἅμα καὶ φυσικῶς περὶ τούτων ἐπισκοπεῖν· ὅπερ οἱ παρὰ τοῖς Ἕλλησιν ἀστρολογήσαντες ἐπειρῶντο ποιεῖν, τὰς παρὰ τούτων λαβόντες ἀρχὰς καὶ τῶν φαινομένων τηρήσεις［除了从事并不完善的自然研究，他们同时还自然而然地探究这些事物：那些为古希腊天文学家所致力于研究的事物的本原和现象］。这一观点在亚历山大里亚被广泛接受，而在这里事实都被准确地知晓。

②　尽管如此，θεωρία一词一直保有其早期词义，希腊人惯常认为 θεωρητικὸς βίος 一词字面意为"静观的生活"。其特殊用法以及整个"三种生活"理论似乎属于毕达哥拉斯学派（见§45）。

出新，为己所用。即便刚学会了几个几何命题，才听说了诸天的循环往复，伊奥尼亚哲学家便立即投身于寻找自然中方方面面的法则，带着近乎 ὕβρις［狂傲强横］的大胆着手构建一套宇宙的体系。我们可能会嘲笑在他们在这些努力中所展现出来的与其科学洞见相混杂的天真烂漫，有时也会同情那些劝诫其无所顾忌的同侪"去思考与人类身份相称之事"（ἀνθρώπινα φρονεῖν）的智者。但我们最好铭记，即便时至今日，科学的进步也是由于对经验的勇敢预测而成为可能的，几乎每一名早期的探索者，除了从各个方向打开了对世界的新看法之外，在扩充知识方面更作出了不朽的贡献。

25　　有人认为希腊科学或多或少基于侥幸的臆想，而不是观察和实验。这一主张同样缺乏根据。我们的传统实质上无疑会给人带来这种印象。该传统主要通过《学说》（*Placita*）——这个拉丁词的意思是"结果"——这部著作沿袭下来。鲜有人告诉我们早期哲学家究竟为什么会持有各自的主张，以致那一连串"意见"看起来都有些独断。然而，确实存在着有别于上述传统一般特征的例外，并且我们有理由认为，如果后来的希腊人的确对这些问题有兴趣，便一定会有更多的例外存在。我们将会看到，阿那克西曼德在海洋生物学领域有不少重大发现，它们已经被十九世纪的相关研究所证实（§22）；为了论证自己的某个理论，克塞诺芬尼甚至提到了散布于马耳他、帕罗斯和叙拉古等相隔甚远、不同地区的化石（§59）。这些足以揭示出一个为早期哲学家们普遍接受的理论——大地最初是潮湿的——并非单纯源于神话，更有大量的生物学和古生物学观察为依据。如果说那些作出这些观察的人没有好奇心或能力去进行更多而今已被遗忘的类似观察，也是荒诞可笑的。事实上，认为希腊人并非观察者的想法实为谬妄。他们的雕塑作品在解剖学意义上的准确性，证明了希腊人具有接受严格观察训练的习惯，而在《希波克拉底文集》中，也有着完美的科学观察范例的记载。我们藉此认识到希腊人能够很好地进行观察，同时也认识到他们对世界充满了好奇。怎能相信他们没有运用他们的观察能力去满足这种好奇？的确，他们没有我们的精密仪器；但许多发现即便借助简单的装置也可作出。不能认为阿那克西曼德搭建日晷，仅是为了让斯巴达人了解四季。①

　　说希腊人未曾进行实验同样有悖事实。实验方法的兴起可以追溯到各个医学学派逐渐对哲学发展产生影响的时代。我们发现，首个被记录在案且具有现代性质的实验是由恩培多克勒借助漏壶完成的。他本人对这一过程的描述流传至今（残篇100），藉此可以看到他何以几乎成为哈维和托里拆利的先驱。很难设想某个具有强烈好奇心的民族能在个案中采用实验方法，而不将其扩展到对其他问题的研究中。

　　当然，地心说——这一定是科学的开端——给我们带来了十分棘手的困难，尽管它在问世不久即被推翻。只要大地被认为是世界的中心，气象学——在这个词后来的意义上——便必然与天文学同一。我们在理解这种看法的时候存在着不小的困难，也确实无法找到一个恰切的语词来表达希腊人所谓 οὐρανός［天、宇宙］的最初含义。用"世界"来翻译这个概念的确方便；但是我们必须记得，它的所指并非单是大地，甚至主要也不是大地，尽管它囊括了大地与诸天地。

　　因此，公元前六世纪的科学主要关切世界的"高空"（τὰ μετέωρα）部分，这部分包括诸如云、彩虹、闪电以及诸天体。② 这便是后面几种何以时常会被解释为燃烧的云的原因，对我们来说似乎是一种令人惊异的观念。③ 但即便如此，它还是优于那种认为日、月、星辰与大地存在本质不同的主张。科学不可避免地从最直观的假设开始，只有围绕这一假设展开探本溯源的研究，其不足之处才能被暴露出来。正是由于希腊人是第一个对地心说进行严肃思考的民族，他们才能够将此学说扬弃。当然，古希腊思想的先行者们并

27

---

① 正如我们所看到的，γνώμων 一词确切地说，指的是木匠使用的直角尺（第18页，注释②），但我们又从普罗克鲁斯（《几何原本注》第一卷，第283页，7）处获悉，基俄斯的奥伊诺庇得斯曾在垂线（κάθετος）的意义上使用 γνώμων 一词。该工具不过是有垂直立柱的一个平面，其主要用途是借助立柱阴影来标示二至点和二分点。它并非日晷，因为它并没有将一天划分为若干等份，即便每日的时间确实可以通过立柱在平面上的投影长度被大概推断出来。关于这一术语在几何学中的运用，参见后文第93页，注释①。

② 严格意义上的 μετεωρολογία［气象学］出现于亚里士多德率先提出 οὐρανός 与"月下"区域的重大区别之后，而今严格意义上的 μετεωρολογία 被限制在"月下"区域之内。由于早期宇宙论者并没有作出上述区分，相比于亚里士多德，他们的观点更加科学。这些人的观点有接受批评并被进一步完善的空间；亚里士多德的理论却遏制了科学的进步。

③ 然而，即便伽利略仍将彗星视为气象现象。

不清楚科学猜想的本质，他们认为自己所探讨的乃是终极实在本身，但某种可靠的直觉引导他们使用了正确的方法，并且我们可以看到，他们"拯救现象"[1]的努力是如何从一开始便发挥作用的。正是这些人提出了确切的最终将整个世界作为其对象的科学概念。他们幻想自己能够马上将这门科学钻研出来。即便今日，我们也时常重蹈覆辙，忘记所有的科学进步都经由一个相对不合理假设被相对合理假设所替代的过程。希腊人率先遵循了这一方法，因而被誉为科学的开创者。

XIV. 哲学学派

第一位运用系统方法对希腊哲学史进行研究的是塞奥弗拉斯特，[2]他将早期宇宙论者们描绘为彼此具有明确师承关系和固定团体的成员。这已被认为是时序错乱，有些学者甚至一并否定了所谓哲学"学派"的存在。但是，塞奥弗拉斯特有关这一问题的说法不能被轻易搁置一旁。由于这一点至关重要，我们有必要在进入正文之前加以阐明。

起初，集体协作在生活的方方面面近乎都是重中之重，个体价值相比之下则微乎其微。东方各民族很难逾越这一阶段；他们的科学即便不过尔尔，却也未曾归功于任何人，而被作为某个阶层或行会代代相传的私产。在某些方面，我们仍能够隐约看到在希腊人中间也曾同样如此。例如，医学起初便是阿斯克勒庇亚德的"秘仪"。但希腊人与其他民族的区别在于，这些技艺很早便受到那些指明其发展新方向、或进一步推动其发展的杰出个体的影响。这一做法不但没有和技艺依托协作的特性相冲突，反而使它得到加强。行会成了我们所谓的"学派"，门徒也取代了学徒。这一转变是决定性的。毕竟，仅重视首脑的封闭行会本质上是保守的，而在一群尊崇同一学派

---

[1] 这一短语最早出现于柏拉图学派内部。该学派所采用的研究方法是由学园主持"提出"（προτείνειν, προβάλλεσθαι）"问题"（πρόβλημα），以便找到最简洁的"假设"（τίνων ὑποτεθέντων），据此对观察到的所有事实作出适当解释（σῴζειν τὰ φαινόμενα）。参见弥尔顿，《失乐园》第八卷，第 81 行："如何建筑、拆毁、谋划｜以拯救现象。"

[2] 见"文献材料来源"§7。

领袖的门徒则是众所周知的最伟大的进步力量。

可以肯定的是，后来的各个雅典学派无一不是获得公众承认的社团，其中历史最为悠久的柏拉图学园如此这般地存在了将近九百年。我们唯一需要考虑的问题是，这究竟是公元前四世纪的异军突起，还是对某个古老传统的延续。如今，我们大可借助柏拉图的权威来将早期主要体系作为在学派中传承下来的学说加以讨论。柏拉图曾借苏格拉底之口谈到"爱菲斯人"，即赫拉克利特主义者，并把他们看作在当时有广泛影响的团体，[①]《智者篇》和《政治家篇》中的异乡人也提到他所从属的学派于埃利亚依旧存在。[②] 我们还曾听闻"阿那克萨戈拉主义者们"[③]，当然，更没有人会质疑毕达哥拉斯学派是一个团体。事实上，没有任何一个学派像米利都学派那样很难找到能够最有力地支持其存在的外部证据；即便如此，我们仍看到塞奥弗拉斯特将一些后来的哲学家称作"阿那克西美尼哲学的伙伴"。[④] 在本书第一章，我们将会看到，支持米利都学派存在的内部证据其实是相当充分的。正是从这一立场出发，我们接下来将考察这些希腊科学的开创者。

29

30

---

① 《泰阿泰德篇》179e4，αὐτοῖς … τοῖς περὶ τὴν Ἔφεσον [他们爱菲斯人]。对赫拉克利特主义者曾收有任何门徒的幽默否认（180b8，Ποίοις μαθηταῖς, ὦ δαιμόνιε [好家伙，哪有什么门徒！]）反映了这恰是一种一般的且被承认的关系。

② 《智者篇》242d4，τὸ … παρ' ἡμῖν Ἐλεατικὸν ἔθνος [我们埃利亚部族]。参看同一篇对话中的 216a3，ἑταῖρον δὲ τῶν ἀμφὶ Παρμενίδην καὶ Ζήνωνα [ἑταίρων] [巴门尼德和芝诺 [一派] 的追随者]（ἑταίρων 一词可能是添加的内容，但表意恰当）；217a1，οἱ περὶ τὸν ἐκεῖ τόπον [那个地方的人们]。

③ 《克拉底鲁篇》409b6，εἴπερ ἀληθῆ οἱ Ἀναξαγόρειοι λέγουσιν [如果阿那克萨戈拉主义者们说的是对的]。亦参见 Δισσοὶ λόγοι [双重论证]（第尔斯，《前苏格拉底哲学家残篇》，第二卷，第 343 页）τί δὲ Ἀναξαγόρειοι καὶ Πυθαγόρειοι ἦεν；[什么是阿那克萨戈拉主义者和毕达哥拉斯主义者？] 这和柏拉图没有任何关系。

④ 参见第六章 §122。

文献材料来源

A. 哲学家

1. 柏拉图

柏拉图并不经常对哲学史详加考察，因为这部分哲学史存在于伦理学和认识论研究兴起之前；然而，一旦他这样做了，那必然是极具洞见的。他的艺术天赋以及他领会他人思想的能力使他能以一种同情的方式对早期哲学家的观点进行叙述。撇开戏谑和进行反讽的情况，他从未试图从先哲的话语中读出意想不到的意思。事实上，他是有历史意识的，这在古代十分罕见。

在《斐多篇》的一段文本（96a 以下）中，他记述了公元前五世纪中叶雅典关于科学的纷纭意见。这对我们弥足珍贵。

2. 亚里士多德

一般来说，亚里士多德有关早期哲学家们的叙述远不如柏拉图有历史意识。他几乎总是从自己的体系出发对各种史实进行讨论，而他的体系实际上是以对诸天表面上周日圆周运动的神圣化为基础的，这使他很难理解其他更为科学的见解。亚里士多德相信自己的哲学实现了以往所有哲学家的理想，因而他们的体系虽然"言辞含糊"，但试图表达的无非也是他的这个体系（《形而上学》A，10，993a15）。需要指出的是，亚里士多德对待一些体系的态度是更同情的，而对另一些体系则未必尽然。例如，他对埃利亚学派尤为不公，并且一般只要涉及数学问题，他往往都不值得信赖。

31

人们常常忘记，亚里士多德掌握的信息大多来自柏拉图。我们特别要提请注意的是，他不止一次地将柏拉图的戏谑评论当真。

3. 斯多亚学派

斯多亚学派，特别是克吕西波，对早期哲学极为重视。但他们看待早期哲学的方式相较于亚里士多德可谓有过之而无不及。他们不愿从自己的角度出发批评前人，却似乎真的相信早期诗人、思想家所宣讲的学说与自己不谋而合。费罗德姆斯用 συνοικειοῦν 一词来命名这种解释方法，此法又被西塞罗译为 accommodare [调和]。① 这一方法对我们的解释传统产生了深远的影响，在我们对赫拉克利特的理解方面尤甚。

4. 怀疑主义者

相同的评价稍加改动，便也适用于怀疑论者身上。塞克斯都·恩披里柯正是这样一名作家，他对早期哲学的兴趣仅在于揭示其中的矛盾。即便如此，其记述时常不无价值，因为他为支撑自己的论点，频繁地援引了早期哲人有关知识和感觉的见解。

5. 新柏拉图主义者

在这一部分，我们主要关注一批独立于塞奥弗拉斯特传统的亚里士多德的注释家。其主要特征被辛普利丘自己概括为 εὐγνωμοσύνη [体谅]，亦即一种不拘泥字面的解释精神。依照这种解释方法，早期哲学家都会认同一套有关可感世界与可知世界的学说。即便如此，我们仍要感谢辛普利丘。早期哲人的残篇之所以能留传至今，此人功不可没。这要得益于他在学园中触手可及的图书资源，至少公元 529 年以前确实是这样。

32

---

① 参见西塞罗，《论神性》i.15，41："Et haec quidem (Chrysippus) in primo libro de natura deorum, in secundo autem volt Orphei, Musaei, Hesiodi Homerique fabellas accommodare ad ea quae ipse primo libro de deis inmortalibus dixerit, ut etiam veterrimi poetae, qui haec ne suspicati quidem sint, Stoici fuisse videantur." [以上是（克吕西波）《论神性》第一卷的讨论，而在第二卷，他想要将俄耳甫斯、缪塞欧斯、赫西俄德、荷马的神话与他在第一卷中对不朽的神学性质的说明相协调，进而表明，即便那些并不了解斯多亚学派学说的最古老的诗人也被看做是斯多亚主义者。] 参见费罗德姆斯，《论虔敬》，残篇 13，ἐν δὲ τῷ δευτέρῳ τά τε εἰς Ὀρφέα καὶ Μουσαῖον ἀναφερόμενα καὶ τὰ παρ' Ὁμήρῳ καὶ Ἡσιόδῳ καὶ Εὐριπίδῃ καὶ ποιηταῖς ἄλλοις, ὡς καὶ Κλεάνθης, πειρᾶται συνοικειοῦν ταῖς δόξαις αὐτῶν. [在第二卷中，他曾尝试将那些由俄耳甫斯、缪塞欧斯提出的观点，以及荷马、赫西俄德、欧里庇得斯以及包括克里安西斯在内的其他诗人的看法与他们自己的学说进行调和。]

B. 学术史作家

6.《希腊学述》

赫尔曼·第尔斯在《希腊学述》（1879）中针对后世文献材料的来源提出了新的观点；唯有将他的研究成果牢记于心，我们才能对那些源于这些材料的各种说法的价值作出公正的评价。这里，我们只能对《希腊学述》进行宏观上的勾勒，以助读者寻得自己的路径。

7. 塞奥弗拉斯特的《观点》

我们所谓的"学述史作家"，指的是那些将希腊哲人的各种学说关联起来，或者那些或直接或者间接地从塞奥弗拉斯特所著《自然哲学观点》十八卷（Φυσικῶν δοξῶν ιή）（第欧根尼 v.46）中取得他们的材料的作家。这部著作中，一篇题为《论可感物》（Περὶ αἰσθήσεων）的著名章节流传至今（《希腊学述》第 499—527 页）。继布兰迪斯之后，乌泽纳进一步表明，它的很多重要残篇都被保存在辛普利丘（公元六世纪）对亚里士多德的《自然哲学讲义》（Φυσικὴ ἀκρόασις）第一卷的评注中（乌泽纳，《塞奥弗拉斯特文集》，第 25 页以下）。辛普利丘的这些摘录似乎取自阿弗洛狄希亚的亚历山大（约公元200年）；参见《希腊学述》第 112 页以下。于是，我们有了探讨 ἀρχαί [诸本原] 的"第一卷"中相当可观的部分，以及近乎完整的最后一卷。

从这些流传下来的材料中，我们可以清楚地看到，塞奥弗拉斯特的方法是在不同章节分别探讨那些被从泰勒斯到柏拉图的哲学家们一直关注的主要话题。并不能看到他们在时间上的先后顺序；哲学家们按照其学说的相似程度被分门别类，看似相对一致的学说间的差异被审慎地记录下来。然而，"第一卷"在某种程度上是个例外，因为它排序所依据的是各个学派的承继关系，中间还插入了有关历史和编年的短评。

8. 学述作家

当然，上述著作对那些编纂和摘录观念手册的作家来说近乎天赐之助。随着塞奥弗拉斯特这位希腊天才的式微，这些人却如雨后春笋。他们要么仿效塞奥弗拉斯特，依据所要探讨的主要问题划分章节；要么将他的著作拆解，并将他的说法重新编排在不同的哲学家名下。后一类作家介于严格意义上的学述作家与传记作家之间，为了将他们同二者区别开来，我冒昧地称其为"传记式学述作家"。

1. 严格意义上的学述作家

9.《学说》与斯托拜乌斯

此类作家主要有两部代表性作品。其一为《哲学家学说》，被夹杂在一些相传为普鲁塔克所著的作品中；其二为约翰·斯托拜乌斯（约公元470年）的《自然哲学文选》。后者起初与出自同一作者之手的《摘录》共同构成一部完整作品，并包含一些与伪普鲁塔克《学说》中大体一样的摘录。然而，显然不能论证说这两部作品中的一部以另一部为原本。在这两部作品中，《文选》在内容上通常更为丰富，但《学说》却一定成书在先，因为阿塞纳戈拉斯在177年为基督教辩护时便曾援引了这部著作（《希腊学述》第4页）。此外，《学说》不光是尤塞比乌斯和西里尔作品中诸条评论的材料来源，还是那部被归给盖伦的《哲学史》的材料来源。从这些作家那里，我们完成了一系列重要的文本考证（《希腊学述》第5页以下）。

阿西勒斯（并非阿西勒斯·塔修斯）也曾征引《学说》。他为阿拉图斯所著《现象》一书撰写了《导论》(Εἰσαγωγή)，见于马斯《阿拉图斯文存评注》第25—75页。阿西勒斯的生卒年已不可考，但大约生活于公元三世纪（《希腊学述》第18页）。

10. 埃修斯

那么，什么是《学说》和《文选》共同的材料来源呢？第尔斯指出，这个问题答案可以从塞奥多瑞特（约公元445年）那里获得，因为在某些情况下，他向我们提供了较上述两部著作更为完整的记述。不仅如此，他还指明了材料的来源，因为他要我们参照 Ἀετίου τὴν περὶ ἀρεσκόντων συναγωγήν [关于埃修斯各种信条的文集]（《希腊人疾病的治疗》iv.31）。第尔斯将《学说》和《文选》中的相关文本对照编排，冠名为《埃修斯的〈学说〉》。后代作家引自"普鲁塔克"的文段，以及塞奥多瑞特对埃修斯著作的摘录，也被第尔斯以注释的方式罗列在每页页脚。

34

11.《旧〈学说〉》

但第尔斯进一步指出，埃修斯未曾直接借鉴塞奥弗拉斯特的著作，而是以一部被他称作《旧〈学说〉》的摘录为中介。在西塞罗（下文，§12）以及追随着瓦罗的岑索里努斯（《论生日》）那里，我们都能看到这部著作的踪迹。《旧〈学说〉》由波塞冬纽斯学派集体编撰，第尔斯将它们称作波塞冬纽斯学派的 Ἀρέσκοντα [信条]（《论斯特拉托的自然体系》，第 2 页）。此外，在"荷马式的寓言作家们"（"Homeric Allegorists"）那里同样留有它们的线索。

埃修斯曾基于伊壁鸠鲁主义或一些其他来源的文献对《旧〈学说〉》做了一系列并不明智的补充。若将其一并剔除，我们很可能获得一份相当准确的《旧〈学说〉》目录（《希腊学述》第 181 页以下），借此又能够对塞奥弗拉斯特著作的本来结构有很好的认识。

12. 西塞罗

就其向我们叙述的早期希腊哲学的内容而言，西塞罗应被归入学述作家而非哲学家之列，因为他所提供给我们的多是二手甚至三手的塞奥弗拉斯特著作摘录。他著述中的两段文本便属此类，即"卢库鲁斯篇（Lucullus）"（《前学园派》ii.），118，和《论神性》，i.25-41。

（a）"卢库鲁斯篇"中的学述

这篇对话中包含一个对哲学家们关于 ἀρχή [本原] 的纷繁意见的总结（《希腊学述》第 119 页以下）。这个总结相对粗劣，并不精准。倘若它并不能使我们据此确证塞奥弗拉斯特的任何一段原话（第一章，第 44 页，注释③），那么它便真的是一无是处了。这部学述曾经克莱托马库斯之手，其人曾接替卡尼阿德斯担任雅典学园主持（公元前 129 年）。

（b）《论神性》中的学述

在赫库兰尼姆城发现了一卷抄录有伊壁鸠鲁学派著作残篇的卷轴，这对我们理解《论神性》i.25-41 的这段重要文本大有裨益。两段话在内容上极其相似，一经发现，这段残篇便被认为是《论神性》中学述部分的文献来源。这部著作起初被归给了斐德罗，因为西塞罗曾在《给阿提库斯的信》xiii.39.2 中提到此人；但其真正的标题——《费罗德姆斯论虔敬》（Φιλοδήμου περὶ εὐσεβείας）——随后得到恢复（《希腊学述》第 530 页）。然而第尔斯已经表明（《希腊学述》第 122 页以下），很多证据都显示西塞罗并不曾直接抄录费罗德姆斯的著作，他们事实上共有同一个材料来源［无疑是斐德罗《论诸神》（Περὶ θεῶν）］，而此来源可被追溯到某个斯多亚学派学者对塞奥弗拉斯特的摘录。西塞罗的这段话和费罗德姆斯的相关残篇已由第尔斯编辑为平行的两栏（《希腊学述》第 531 页以下）。

II . 传记式学述作家

13. 希波吕特

在所有"传记式学述"中，最重要的便是希波吕特所著《对各种异端的反驳》的第一卷。长久以来，这卷著作一直被认为是奥利金的《驳斥书》；但在其余诸卷重见天日之后（最先于 1854 年在牛津出版），最终表明它并非出于奥利金之手。此卷文本主要来源于某个塞奥弗拉斯特著作摘录的善本，而其中的材料已被拆解，并按其从属的不同哲学家重新编排。但我们务必注意，书中讨论泰勒斯、毕达哥拉斯、赫拉克利特以及恩培多克勒的部分依据的是一些较差的来源，其中一些甚至只是充斥着杜撰出来的轶事与诸多可疑表述的传记手册。

14.《汇编》

尤塞比乌斯在《福音预备》中征引有伪普鲁塔克《汇编》的残篇，这些 36 残篇与《驳斥书》中最有价值的部分有相似的材料来源。就我们所知，它们主要在两方面有所不同。首先，它们大多摘自这部著作的开头部分，因而主要涉及有关首要实体、诸天体以及大地的讨论。其次，两部作品中的表述远不如其文献来源更忠实于原话。

15."第欧根尼·拉尔修"

被归在第欧根尼·拉尔修，或拉尔修·第欧根尼（参见乌泽纳，《伊壁鸠鲁学》，第 1 页以下）名下的这部作品包含有来自两部不同学述的大段残篇。其中一部学述中只有学人传记、轶事以及格言，类似希波吕特著作的前四章；另一部则相对严谨，更类似于希波吕特著作余下章节的材料来源。有人试图对这种"杂糅"进行解释，认为前一部学述为"概要"（κεφαλαιώδης），第二部则被称作"详细情况"（ἐπὶ μέρους）。

16. 教父的学述

在尤塞比乌斯（《福音预备》x.，xiv.，xv.）、塞奥多瑞特（《希腊人疾病的治疗》ii.9-11）、伊里奈乌斯（《反异端》ii.14）、阿诺比乌斯（《驳异教者论》ii.9）、奥古斯丁（《上帝之城》viii.2）中，我们能看到一系列简短的学述概要。这些概要主要源自撰写《师承录》的若干作家，对于这些作家，我们将在下一部分考察。

C. 传记作家

17.《师承录》

第一位以《哲学师承录》为题撰写著作的是索提翁（第欧根尼 ii.12；《希腊哲学史》4a），大约生活在公元前 200 年。《希腊学述》在第 147 页对这部著作的编排方式进行了说明。勒姆波斯的赫拉克勒德斯曾对它进行摘录。其他同样撰写过《师承录》（Διαδοχαί）的作家有安提斯塞奈斯，苏西克拉底和亚历山大。所有这些作品不过是一些极其粗劣的学述，为了增添其趣味性，作者又在其中夹杂了一些并不可信的格言以及杜撰出来的轶事。

18. 赫尔米普斯

漫步学派成员，斯密尔那的赫尔米普斯曾以卡利马科奥斯（Καλλιμάχειος）的名字为人所知（约公元前 200 年），他曾撰写过几部被频繁引用的传记作品。这些传记的细节虽然并不十分可信，但他有时会向我们提供一些书目信息，来源无疑是卡利马科斯的《目录》（Πίνακες）。

19. 萨堤洛斯

阿里斯塔库斯的学生萨堤洛斯亦属漫步学派，他曾撰写（约公元前 160 年）《名人传》。对赫尔米普斯的评价同样适用于他。勒姆波斯的赫拉克勒德斯也曾对这部著作进行过摘录。

20.“第欧根尼·拉尔修”

被归在第欧根尼·拉尔修名下的这部作品，就其传记部分来说，只是一部前代既有研究的总汇。编纂者根本未曾对文献材料进行理解和吸收，以致它看上去不过是一部被随意编排起来的摘录集。当然，即便如此，它仍具

37

有重要意义。

D. 年代学家

21. 埃拉托斯塞奈斯和阿波罗多洛斯

凯瑞恩的埃拉托斯塞奈斯（公元前 275—194 年）是古代年代学的奠基人，但他的著作在成书不久后便被阿波罗多洛斯（约公元前 140 年）的格律版著作取代，我们有关早期哲学家的年代信息多来自后者。参见第尔斯发表在《莱茵语文学博物馆》第 31 卷关于阿波罗多洛斯《编年史》（Χρονικά）的论文；以及雅各比，《阿波罗多洛斯的编年史》（1902 年）。

阿波罗多洛斯所采用的方法如下：如果已知某位哲学家一生中某个异乎寻常的事件发生的时间，便将当年确定为他的盛年（ἀκμή），并假定他此时已年至不惑。倘若缺乏这方面的信息，便选用某个具有历史性的时间代替。其中比较重要的历史性事件有：公元前 586/5 被泰勒斯预测的日食，萨尔迪斯城在公元前 546/5 年陷落，僭主波利克拉底在公元前 532/1 年掌权，公元前 444/3 年图里建城。通常他过于重视这些事件间的关联，我们时常能借助其他证据指摘阿波罗多洛斯的谬误。因而，他所提供的年代聊胜于无，只能被当做没有更确凿选项时的权宜之计。 38

第一章

米利都学派

1. 米利都和吕底亚

最早致力于科学宇宙论研究的学派诞生于米利都，这或许与其特殊的地理位置有关。正是在这里，爱琴海文明与伊奥尼亚文明之间的连续性清晰可见。[①]吕底亚人的统治者决意将自己的疆域扩展到海岸线上，米利都人于是不止一次地和他们发生冲突；但到了公元前七世纪末，米利都的僭主塞拉绪布罗成功地与吕底亚国王阿利亚特达成协议，结为联盟，确保米利都在未来免受侵扰。甚至半个世纪之后，当克洛伊索斯恢复其父亲的扩张政策，兴师并攻克爱菲斯之后，米利都仍能够与吕底亚维持既有的协约关系，并且严格说来，它从未完全受制于吕底亚。再者，同吕底亚的联系有助于米利都科学的繁荣发展。后来的所谓希腊文化似乎在吕底亚美尔姆纳达伊王朝已经成为传统。根据希罗多德的记载，其首都萨尔迪斯的宫廷网罗了当世所有"贤人"。[②] 这个将克洛伊索斯塑造为希腊智慧的"庇护人"的传统，在公元前五世纪得到彻底的发展；无论细枝末节可能与史实如何相悖，这一说法肯定有一些事实基础。值得一提的是，按照"希腊人的一般说法"［译者按："希腊人的一般说法"引自希罗多德《历

39

[①] 见《导言》§Ⅱ。埃佛罗斯曾说，在尼琉斯旁边筑建一座崭新城邦之前，老米利都曾被克里特岛的米拉都殖民。最近的发掘表明，爱琴文明是通过逐渐演变为早期的伊奥尼亚文明而传播至此的。老伊奥尼亚人的居所矗立在"迈锡尼"时代的废墟上，中间并不曾间隔一个所谓的"几何风格"时代。

[②] 希罗多德，i.29。见拉德，《梅尔莫纳德时代的吕底亚和希腊世界》（巴黎，1893）。

史》i.75.]，泰勒斯显然以军事工程师的身份陪同克罗伊索斯参加了那招致后者不幸的对普铁里亚的战役。希罗多德并不相信泰勒斯曾改变了哈吕斯河流向的故事，在他看来，泰勒斯不过是提前知晓了渡桥所在的位置。但显然，伊奥尼亚人中不乏优秀的工程师，并且他们以类似这种方式被东方君主任用。[①]

应该补充的一点是，与吕底亚结盟促进了米利都和巴比伦以及埃及的往来。吕底亚是巴比伦文明的前哨，克罗伊索斯与埃及法老和巴比伦的国王同样相处和睦。埃及法老亚马西斯和克罗伊索斯一样认同希腊文化，米利都人还在瑙克拉提斯拥有自己的神庙。

Ⅰ. 泰勒斯

2. 出身

泰勒斯是米利都学派的创建者，因而也是第一位科学家；[②] 但我们对他的全部确切了解都来自希罗多德，而在后者写作时七贤的故事便已流传。希罗多德宣称，泰勒斯是腓尼基人的后裔，关于这个说法，其他作家解释说他出身于一个血统可追溯至英雄卡德摩斯和阿格诺尔的贵族家庭。[③] 据信，泰勒斯曾从腓尼基带回来一些经过革新的航海技术，希罗多德很可能仅仅

40

---

① 希罗多德，i.75。牢记当时工程技术的高度发展，对正确评估伊奥尼亚科学来说至关重要。萨摩斯的芒德罗克勒斯曾为大流士在博斯波鲁斯河上架起一座桥（希罗多德，iv.88），在埃及人和腓尼基人的尝试失败后，特尼多斯的哈帕洛斯为波斯王赛瑟斯在赫勒斯滂上架起了桥（第尔斯，《普鲁士科学院学报》，1904，第 8 页）。希罗多德（iii.60）所描述的那条穿越萨摩斯某个山丘的隧道已被德国发掘人员发现。它约有一公里长，但在水平上近乎精确。关于整个问题参见第尔斯，《希腊人的科学和技术》（《新年鉴》，第三十三卷，第 3、4 页）。在这里，就像在其他方面一样，伊奥尼亚人继承了"克里特"的传统。

② 辛普利丘援引塞奥弗拉斯特的观点认为，泰勒斯有很多前辈（《希腊学述》，第 475 页，11）。我们无须受此困扰，因为对罗德的阿波罗尼奥斯进行评注的注释家（ii.1248）告诉我们，阿波罗尼奥斯将普罗米修斯作为第一位哲学家，而这只是漫步学派拘泥于字面意义采用了柏拉图某个表述（《斐利布篇》16c6）。参见"文献材料来源"，§2。

③ 希罗多德，i.170（《希腊哲学史》9d）；第欧根尼，i.22（《希腊哲学史》9）。这无疑同希罗多德（i.146）曾提到的那个事实存在联系，即在最初的伊奥尼亚殖民者中有来自博奥蒂亚的加米人。同样参见斯特拉堡，第十四卷，第 633、636 页；波桑，vii.2, 7。但这些都不是闪米特人。

据此便推定了泰勒斯的血统。① 但不管怎样，他父亲的名字——艾克萨姆阿斯——并不能支持他是闪米特人的观点。这是一个卡里亚人的名字，而卡里亚人已被伊奥尼亚人近乎彻底同化。在若干纪念石碑上，我们都可以看到希腊人名与卡里亚人名在同一家族中交替出现，而在其他情况下，"泰勒斯"这个名字也属于克里特人。因此，没有任何理由质疑泰勒斯是纯正的米利都人，即便他可能有卡里亚人血统。②

3. 被泰勒斯预言的日食

在希罗多德有关泰勒斯的记述中，最引人注目的是他对日食的预测，正是这次日食直接终结了吕底亚人和米底人之间的战争。③ 然而，他并不了解日食的成因。阿那克西曼德及其后继者显然就是这样，④ 倘若他们确曾被告知日食的成因，我们很难相信这个解释竟能被这么快地遗忘。即便假定泰勒斯曾经知晓日食的成因，他也无法依据自己在埃及学到的零星基础几何知识计算出日食的发生时间。可是支持他预测日食的证据太过有力，我们不能一下子予以否认。据说，希罗多德的证言得到了克塞诺芬尼的认可，⑤ 而据塞奥弗

---

① 第欧根尼，i.23，Καλλίμαχος δ' αὐτὸν οἶδεν εὑρετὴν τῆς ἄρκτου τῆς μικρᾶς λέγων ἐν τοῖς Ἰάμβοις οὕτως—καὶ τῆς ἁμάξης ἐλέγετο σταθμήσασθαι τοὺς ἀστερίσκους, ᾗ πλέουσι Φοίνικες. [卡利马科斯认为他是小熊星座的发现者，在《短长句》中这样说：他测量了小熊星座诸星，腓尼基人凭它航行。]

② 见第尔斯，《泰勒斯是一个闪米特人?》(《哲学史档案》，第二卷，第165页以下)，和伊米施，《论泰勒斯的出身》(同上，第515页)。艾克萨姆阿斯这个名字同样出现在科洛封(赫尔迈西亚纳克斯，《莱欧提翁》，残篇2，38，伯克编)，还可以同其他卡利亚人的名字相比较，如克拉米耶斯和帕纳米耶斯。

③ 希罗多德，i.74。

④ 关于阿那克西曼德和赫拉克利特的理论，见后文 §19 和 §71。

⑤ 第欧根尼，i.23，δοκεῖ δὲ κατά τινας πρῶτος ἀστρολογῆσαι καὶ ἡλιακὰς ἐκλείψεις καὶ τροπὰς προειπεῖν, ὥς φησιν Εὔδημος ἐν τῇ περὶ τῶν ἀστρολογουμένων ἱστορίᾳ, ὅθεν αὐτὸν καὶ Ξενοφάνης καὶ Ἡρόδοτος θαυμάζει. [据一些人的说法，他似乎第一个研究了天文并且预言了日食和太阳回归，正如欧德谟斯在有关那些研究天文的人的历史中所说的那样；由此克塞诺芬尼和希罗多德都对他感到惊奇。] 关于泰勒斯"预测"了二至点(夏至、冬至)以及日食的陈述并非如我们想的那样荒谬。欧德谟斯很可能是想说泰勒斯所确定的二至点和二分点的日期比以往都更为精确。他会通过观察一个直角尺(γνώμων)的投影长度来做到这一点，并且我们将会看到(第41页)，流行的学述传统将此类观察都归给了泰勒斯。欧德谟斯在另一个被德库里得斯(载于塞翁，第198页，14，西勒尔)保存下来的评论中更倾向接受这一解释，泰勒斯发现了 τὴν κατὰ τὰς τροπὰς αὐτοῦ (τοῦ ἡλίου) περίοδον, ὡς οὐκ ἴση ἀεὶ συμβαίνει [在它(太阳)的回归点上的周期，它并不总是相等]。换言之，他发现了由太阳近点角所造成的四季的长短不一。

拉斯特所说，克塞诺芬尼曾是阿那克西曼德的门徒。无论如何，他一定认识许多能够记起究竟发生过什么的人。因此，预测日食比泰勒斯的其他任何故事都更为可信。

在不清楚月食真正成因的情况下，仍有可能对月食进行不太精确的预测，毫无疑问，巴比伦人事实上便是这样做的。一般认为，巴比伦人还进一步发现，在一个包含 223 个朔望月的周期里，日食和月食间隔相等的时间反复出现。① 然而，他们并不能够据此预测地球上任意地点的日食现象，因为这些现象并不是在所有太阳位于地平线之上的地方都能被观测到的。我们并非处在地球的中心位置，因而地心视差必须被考虑在内。因此，借助巴比伦人的这个周期，我们只能知道日食在某个地方或许能被观测到，并且是值得留心观察的，尽管在某个位置的观察者可能会在六次观测中失望五次。现在，如果我们能根据流传下来的迦勒底天文学家的报告作出判断，那么这正是公元前八世纪巴比伦人的位置。他们在恰当的时间看到了日食；倘若日食并未出现，他们便会宣布这是一个好兆头。② 为了解释我们听说的泰勒斯的事情，这便足够了。他曾预言日食将于某日发生；幸运的是，它恰巧在小亚细亚一个万众瞩目的场合发生了。③

42

4. 生平

这样，预测日食并不能帮助我们理解泰勒斯的科学成就，但如果我们能够确定那次日食的发生日期，他生活的时间段便由此可知。天文学家们已经计算出发生于公元前 585 年（儒略历）5 月 28 日的日食在小亚细亚或许可见，而普林尼所提供的泰勒斯预言日食的发生时间是第 48 届奥林匹亚

---

① 像《苏达》那样将其称作沙罗周期（Saros）是不可取的，因为碑刻上的 sar 总是指 60^2 =3600，亦即大年的数值。而 223 个朔望月的周期当然是逆行运动的节点。

② 见乔治·史密斯，《亚述人的发现》（1875），第 409 页。下面一段发现于库云吉克的铭文：——"献给我主国王陛下，您的仆人亚伯-伊丝塔。……"关于我主国王陛下差遣我的那次月食；在阿卡德、波尔西帕和尼普尔三个城市，他们进行了观测，而后在阿卡德城，我们看到了部分……我们进行了观测，月食也发生了。……当我们对此日食进行观测时，观测如期进行，但日食并没有发生。我将我亲眼所见的呈递给我主国王陛下。"更多参见汤姆森，《尼尼微与巴比伦魔法师与占星师的报告》（1900）。

③ 参见斯基亚帕雷利，《古巴比伦天文学的开端》（《科学》，1908，第 247 页）。其结论为："校准日食可见性的规律太过复杂，不能通过简单的观察就能发现。"因而巴比伦人并不具有将其阐明的能力。"只有希腊人中的几何学天才才能取得这样的胜利。"

赛会的第四年（公元前585/4年）。① 这两个时间并不完全吻合，因为儒略历585年五月对应的是公元前586/5年。但不管怎么说，这两个日期的相近程度足以使我们把这次日食确定为泰勒斯所预言的那次。② 这一点也得到阿波罗多洛斯的确认，他将同一年定为泰勒斯的盛年。③ 根据法莱隆的德米特里的观点，第欧根尼进一步认为泰勒斯曾在达玛西亚执政雅典期间"荣获贤者之名"，正如接下来所表明的，这实际上指的正是"七贤的故事"，而无疑这又是以德尔斐三脚鼎的故事为基础的，因为皮提亚竞技会（Pythian Games）在达玛西亚的执政期内重新举办。④

5. 泰勒斯在埃及

相传，是泰勒斯将埃及的几何学介绍到希腊世界，⑤ 而且他很可能确实曾到访埃及，因为他提出了一套解释尼罗河洪水的理论。针对所有河流中唯有尼罗

---

① 普林尼，《自然史》，ii.53。应该指出的是，这个日期与希罗多德的年表并不一致，但由于它预设了米底王国的灭亡与居鲁士登上波斯王位的时间同步，因而并不可信。如果作出必要修正，那么居亚克萨雷斯在公元前585年仍然统治着埃及。

② 希罗多德的话（i.74）οὖρον προθέμενος ἐνιαυτὸν τοῦτον ἐν τῷ δὴ καὶ ἐγένετο [将它确定在某一年中，并在这一年真的发生了]，乍一看只是说日食会出现在特定某年年末，但第尔斯（《新年鉴》，第三十三卷，第2页）认为，ἐνιαυτός 一词在这里取其"夏至"的本义（参见布鲁格曼，《印欧语系研究》，第十五卷，第87页）。如果那样的话，泰勒斯便曾将日期确定在一个月内。他可能曾在公元前603年5月18日观测到出现在埃及的那次日食，并预测在18年后的几天里，也就是在夏至之前，会再一次出现日食。

③ 关于阿波罗多洛斯，见"文献材料来源"§21。第欧根尼（i.37；《希腊哲学史》8）文本中的各个日期彼此并不能被协调一致。它所提供的泰勒斯的死亡时间可能是正确的，因为这是在公元前546/5年萨代斯陷落的前一年，这是阿波洛多罗斯通常使用的一个时代。毫无疑问，让泰勒斯在他所预见到的"伊奥尼亚的毁灭"的前一年死去似乎是很自然的。七十八年之前，泰勒斯于公元前624/3年诞生，于是他在公元前585/4年正好四十岁。这是普林尼所记载的日食发生的时间，他通过内波斯从阿波罗多罗斯那里了解到这个日期。

④ 第欧根尼，i.22（《前苏格拉底哲学家残篇》9），特别是 καθ' ὃν καὶ οἱ ἑπτὰ σοφοὶ ἐκλήθησαν [七贤正是这样被称呼的] 的表述。关于三脚鼎的故事有很多版本（参见第欧根尼 i. 第28—33页；《前苏格拉底哲学家残篇》，第一卷，第2页26以下）。它显然属于柏拉图已经提到过的德尔菲七贤传说（《普罗泰戈拉篇》343a，b）。法莱隆的德米特里确定此事发生在达玛西亚担任雅典执政官期间（公元前582/1年），而《帕罗斯编年史》确定在同一年重新恢复了德尔菲神庙的 ἀγὼν στεφανίτης [桂冠赛]，并且将它与达玛西亚的统治联系起来（参见雅各比，第170页，注释12）。

⑤ 普罗克鲁斯，《几何原本注》，第一卷，第65页，弗利德莱因（来自欧德谟斯）。

河于夏季泛滥、冬季干涸的事实，希罗多德记载了三种的解释；[①] 但一如既往，他并没有说明提出这三种解释的人的名字。然而，《学说》[②] 以及后来的许多作家都将第一种解释——尼罗河的泛滥是由于埃特西亚风——归予泰勒斯。这个说法出自一部题为《论尼罗河的泛滥》的著作，这部著作相传为亚里士多德所著，并为希腊评注家所尽知，而今却只有一段十三世纪的拉丁文节录流传下来。[③] 在这段节录中，先前被希罗多德提到的第一个解释被归给了泰勒斯；第二个被归给了马萨利亚的欧堤墨涅斯；第三个则被归在阿那克萨戈拉名下。亚里士多德，或者说这部著作的作者，究竟从何处获得的这些名字？我们自然而然地会想到赫卡泰奥斯；当我们发现赫卡泰奥斯曾提到欧堤墨涅斯的时候，这一猜想又获得支持。[④] 我们可以得出这样的结论，泰勒斯确曾去过埃及；并且赫卡泰奥斯在描述尼罗河的时候，可能理所当然地兼顾了自己同胞的观点。

44

6. 泰勒斯与几何学

至于泰勒斯从埃及带回的数学知识的性质和范围，我们必须指出，大多数作家都严重误解了学述传统的性质。[⑤] 普罗克鲁斯在对《欧几里德第一卷》的评注中，基于欧德谟斯的权威记载，列举了在他看来已经为泰勒斯所知的若干命题，[⑥] 其中之一便是：两个三角形在一条边以及与这条边的两个邻角相等的条件下全等。泰勒斯一定知晓这个命题，否则他便无法根据传说中描述的方法测量海中船只的间距。[⑦] 我们由此能够看到所有这些说法究竟是

---

① 希罗多德，ii.20。

② 埃修斯，iv.1.1（《希腊学述》第384页）。

③ 《希腊学述》第226—229页。拉丁文节录可见于罗泽编辑的《亚里士多德残篇》。

④ 赫卡泰奥斯，残篇278（《希腊历史学家残篇》第一卷，第19页）。

⑤ 见坎托，《数学史讲座》，第一卷，第12页以下；奥尔曼，《从泰勒斯到欧几里德的希腊几何学》（《赫尔玛塞纳》，第三卷，第167—174页）。

⑥ 普罗克鲁斯，《几何原本注》，第65页，7；第157页，10；第250页，20；第299页，1；第352页，14（弗利德莱因）。欧德谟斯撰写了第一部天文学和数学史，正如塞奥弗拉斯特撰写了第一部哲学史。

⑦ 普罗克鲁斯，第352页，14，Εὔδημος δὲ ἐν ταῖς γεωμετρικαῖς ἱστορίαις εἰς Θαλῆν τοῦτο ἀνάγει τὸ θεώρημα (Eucl. i.26) τὴν γὰρ τῶν ἐν θαλάττῃ πλοίων ἀπόστασιν δι' οὗ τρόπου φασὶν αὐτὸν δεικνύναι τούτῳ προσχρῆσθαί φησιν ἀναγκαῖον. [但欧德谟斯在《几何学史》中把这条定律归于泰勒斯（《几何原本注》，i.26），因为他说，必须用这种方法使用这条定律来证明海上船只的距离。]

如何被提出的。传统上将一些在测量方法上的成就归给了泰勒斯，而欧德谟斯认为他一定已经了解这些方法所预设的所有命题。但这是相当可疑的。无论是测量海上船只的距离，还是测量金字塔的高度（这也被归于他）①，都是对由雅赫摩斯所提出的寻找塞克特（seqt）方法的简单应用。② 上述传统事实上表明，泰勒斯将这一经验方法应用在埃及人从未遇到过的实际问题上，于是成了一般方法的创始人。此称号足以名世。

7. 作为政治家的泰勒斯

在希罗多德有关吕底亚王朝覆灭的记述之前，泰勒斯又一次出现了。据说，他曾敦促伊奥尼亚的希腊人创建一个以提奥斯为都城的联邦。③ 我们将不止一次地看到，各个早期哲学学派根本不会刻意同政治保持距离；而且，很多事情——例如赫卡泰奥斯在伊奥尼亚起义中所扮演的角色——都表明，在泰勒斯去世之后的动荡时期内，米利都的科学家们都有着举足轻重的地位。正是这些政治活动使这位米利都学派的创始人无可争议地位列七贤之一；也正是由于他是当世的名流，流传后世的诸多关于他的轶事才会落在他的名下。④

---

① 这一故事的最早版本见于第欧根尼，i.27，ὁ δὲ Ἱερώνυμος καὶ ἐκμετρῆσαί φησιν αὐτὸν τὰς πυραμίδας, ἐκ τῆς σκιᾶς παρατηρήσαντα ὅτε ἡμῖν ἰσομεγέθης ἐστίν[希罗尼穆斯说他测量了金字塔，当他观察到我们的影子同我们高度相等时]。参见普林尼，《自然史》，xxxvi.82，mensuram altitudinis earum deprehendere invenit Thales Milesius umbram metiendo qua hora par esse corpori solet[米利都的泰勒斯发明了测量高度的方法，通过测量影子与物体高度相等时的影子]。（罗德的希罗尼穆斯和欧德谟斯生活在同一时代。）它所表明的仅是泰勒斯意识到所有物体的阴影会在某一时刻与物体等长。普鲁塔克（《七贤的晚餐》147a）提供了一个更为复杂的方法，τὴν βακτηρίαν στήσας ἐπὶ τῷ πέρατι τῆς σκιᾶς ἣν ἡ πυραμὶς ἐποίει γενομένων τῇ ἐπαφῇ τῆς ἀκτῖνος δυοῖν τριγώνων, ἔδειξας ὃν ἡ σκιὰ πρὸς τὴν σκιὰν λόγον εἶχε, τὴν πυραμίδα πρὸς τὴν βακτηρίαν ἔχουσαν[使一根手杖直立于金字塔所投下的阴影的尽头，于是被太阳的光线截取产生了两个三角形。你曾证明金字塔的高度与杖长的关系与各自阴影长度间的关系相同]。

② 见高，《希腊数学简史》，§84。

③ 希罗多德，i.170（《希腊哲学史》9d）。

④ 泰勒斯坠落枯井的故事（柏拉图，《泰阿泰德篇》174a）不过是一个旨在让人明白 σοφία[智慧]无用的寓言；而他在橄榄油市场中"垄断"的轶事（亚里士多德，《政治学》A，11.1259a6）则被用来传授一个相反的经验。

8.传统说法的不确定性

据我们所知，泰勒斯并无著述，而在亚里士多德之前，也没有作家
了解他作为科学家和哲学家的任何事迹；在较早的传统中，他仅仅是一名
工程师和发明家。[①] 然而，很明显，米利都工商业的诉求必然会使他关注
我们称为天文学的一系列问题。我们看到，相传他曾推行一套借助小熊
星座指引船舶航行的方法；[②] 长久以来都存在着认为他试图在历法编制上
有所作为的传统说法，尽管此事的细节尚未得到充分的证明，无法在此
陈说。[③] 毫无疑问，他曾编制过一个 παράπηγμα [一种天文学、气象学日
历] ——这与我们在米利都发现的、出现于很久以后的那些 παράπηγμα 类
似。[④] παράπηγμα 是形式上最为古老的历书，它会给出一连几年的二分点和
二至点、月相变化、某些恒星的偕日升和偕日落以及天气预测的情况。甚至
连亚里士多德都没有假装自己清楚泰勒斯究竟是如何得出那些被他归给泰勒
斯的观点的，也不清楚这些观点曾通过何种论证得到支持。然而正是这种相
当谨慎的态度，使我们很难怀疑他确曾准确地获悉他所提到的关于它们的一
些观点的，因此，我们可以大胆地对他的宇宙论进行推测性的重构。当然这
仅供参考。

9.泰勒斯的宇宙论

亚里士多德的陈述可以被总结为以下三点：

（1）大地漂浮在水上。[⑤]

---

① 参见阿里斯托芬，《云》180（在滑稽讽刺地描述了苏格拉底如何给自己搞到一件披风之
后）τί δῆτ' ἐκεῖνον τὸν Θαλῆν θαυμάζομεν [我们为什么还要赞美泰勒斯呢?]；《鸟》1009
（关于墨同的城镇规划，ἄνθρωπος Θαλῆς [此人简直是泰勒斯]）。柏拉图的说法值得注意。
参见《理想国》600a ἀλλ' οἶα δὴ εἰς τὰ ἔργα σοφοῦ ἀνδρὸς πολλαὶ ἐπίνοιαι καὶ εὐμήχανοι εἰς
τέχνας ἢ τινας ἄλλας πράξεις λέγονται, ὥσπερ αὖ Θάλεώ τε πέρι τοῦ Μιλησίου καὶ Ἀναχάρσιος
τοῦ Σκύθου [那么，正如在贤者的事迹中，是否有许多技术上的、实际事务方面的精巧发
明被人们归功给他，就像归功于米利都的泰勒斯和斯库西亚的阿那哈尔西斯那样]。

② 见36页，注释①。

③ 如果他曾尝试推行含有360日的一年和含有30日的一个月，那么他可能是获知于埃及。

④ 关于米利都学派的 παράπηγμα，参见雷姆，《柏林科学院会议报告》，1893，第101页以下，
第752页以下。

⑤ 亚里士多德，《形而上学》A, 3.983b21（《希腊哲学史》10）；《论天》B, 13.294a28（《希
腊哲学史》11）。

47 （2）水是万物的质料因①。

（3）万物充满诸神。磁石是活的，因为它具有移动铁的能力。②

第一条陈述必须借助第二条方能被理解，后者在表述上借用了亚里士多德的术语，但它的意思无疑是说泰勒斯曾主张水是这样一种物质——所有其他事物都不过暂时是某种形式的水。我们已经看到，这是当时的一个重大问题。

10. 水

亚里士多德和塞奥弗拉斯特对这一学说提出了若干解释，这些解释被辛普利丘以及学述作家们所遵循。亚里士多德只是将他们作为猜测提出；只是后世作家才将这些解释重复得如同它们确凿无疑一般。③一个最为可能的观点是，亚里士多德将后来萨摩斯的希彭为了支持一个类似主题而提出的论据归给了泰勒斯，④这便能解释这些论据的生理学特征。科学医学在公元前五世纪的兴起使生物学论证大行其道，但在泰勒斯的时代，人们的主要兴趣并不在生理学，而在气象学，正是从这个角度，我们必须尝试去理解

---

① 《形而上学》A 3.983b21（《希腊哲学史》10）。我们必须将此处的 ἀρχή 译为"质料因"，因为 τῆς τοιαύτης ἀρχῆς [这种本原] 的意思是 τῆς ἐν ὕλης εἴδει ἀρχῆς [在形式上作为质料的本原]（b7）。于是，这个单词在这里是在严格的亚里士多德的意义上被使用。参见"导言"第 10 页，注释③。

② 亚里士多德，《论灵魂》A，5.411a7（《希腊哲学史》13）；同上 2.405a19（《希腊哲学史》13a）。第欧根尼，i.24（《希腊哲学史》，同上）增加了琥珀。

③ 《形而上学》A，3.983b22；埃修斯，i.3，1；辛普利丘，《物理学注》，第 36 页，10（《希腊哲学史》10，12，12a）。奇怪的是，亚里士多德认为最后一个解释——泰勒斯受到了与大洋神俄刻阿诺斯和海神特提斯相关的宇宙生成论影响——比其他解释更符合历史事实，但这仅仅是从字面上采信了柏拉图的戏谑。柏拉图宣称（《泰阿泰德篇》180d2；《克拉底鲁篇》402b4），赫拉克利特和他的前辈们（οἱ ῥέοντες）从荷马（《伊利亚特》，xiv.201）甚至从更早的来源那里（俄耳甫斯，残篇 2，第尔斯《前苏格拉底哲学家残篇》66 B 2）发展出了他们的哲学。在引述这条意见时，亚里士多德把它归于"有些人"——这通常是指柏拉图——并且，他和柏拉图一样，将这一理论的提出者称作 παμπαλαίους [古人]（《形而上学》A，3.983b28；参见《泰阿泰德篇》181b3）。这便是亚里士多德从柏拉图那里获得史实的方式。见"文献材料来源"，§2。

④ 将亚里士多德，《论灵魂》A，2.405b2（《希腊哲学史》220）同前一个注释中提到的文本进行比较。我们现在了解到，尽管亚里士多德并不认为希彭是一位哲学家（《形而上学》A，3.984a3；《希腊哲学史》219a），但在以梅农的《伊阿特里卡》闻名的漫步学派的医学史中，他被加以讨论。见 §185。

这个理论。

不难看出气象因素是如何促使泰勒斯提出他的观点的。在我们知道的 48
所有事物中，水似乎拥有最多样的形状。我们对它的固态、液态甚至气态形
式习以为常，泰勒斯很可能因此将他眼前的世界视作一个起源于水、并复归
于水的过程。蒸发现象自然而然地意味着诸天体之火要通过从海洋中吸收潮
湿来维持。即便今日，人们仍会说"太阳吸水" [译者按：一种气象现象，
一般被译为"云隙晖"。此处为了强调天体和水的关系，故而直译]。水以雨
的形式重新降到地面，所以早期宇宙论者认为，水最后变成了土。这对于那
些熟悉造就了三角洲的埃及河流，以及带来大量淤积物的小亚细亚急湍的人
们来说，看上去一定是极其自然的。而今，先前米利都所在的拉特莫斯湾早
已被填成了陆地。最后，基于对露水、夜雾以及地下泉涌的观察，早期宇宙
论者认为，土会再一次地转化为水。由于最后的这些事物在早些时候并不被
认为同雨有任何关系。"大地之下的水"曾被视为潮湿的一个独立来源。①

11. 神学

亚里士多德认为，先前提到的第三个主张暗示泰勒斯笃信"世界灵魂"，
尽管他谨慎地强调这仅仅是一个推论。② 此后，埃修斯却相当明确地将世界
灵魂学说归给了泰勒斯，他用自己在其直接材料来源中发现的斯多亚学派
的措辞提出了这一主张，并把世界理智和神等同起来。③ 西塞罗在一部他所
关注的伊壁鸠鲁主义的手册中找到一段类似的陈述，但他更进了一步。他
剔除掉斯多亚学派的泛神论学说，将世界理智变成了柏拉图主义的德穆革
（*demiourgos*），并宣称泰勒斯认为存在一个使万物从水中形成的神圣心灵。④ 49
这些全部都来自亚里士多德审慎的陈述，因而不可能比亚里士多德的材料来

---

① 此处所持观点与"荷马式的寓言作家"赫拉克利特的观点最为相似（《希腊哲学史》
12a）。但那同样也只是一个猜测，可能来自斯多亚学派，就像其他那些究其本源是漫步
学派的猜测一样。

② 亚里士多德，《论灵魂》A，5.411a7（《希腊哲学史》13）。

③ 埃修斯，i.7, 11= 斯托拜乌斯，i.56（《希腊哲学史》14）。此处涉及的其他来源，见"文
献材料来源"§§11，12。

④ 西塞罗，《论神性》1.25（《希腊哲学史》13b）。关于西塞罗的来源，见《希腊学述》第
125、128 页。费罗德姆斯的赫库兰尼姆纸草在这一点上并非无可指摘，但也不太像是在
西塞罗之前便犯了同样的错误。

源更有权威。于是，我们无须介入关于泰勒斯是否是无神论者这一古老争论，如果能依据他的后继者作出判断，那么他便很可能将水称作"神"，但这并未暗示任何明确的宗教信仰。①

我们也一定不要对"万物充满诸神"这个说法进行过度解读。格言并不是什么可靠的证据，并且它很有可能属于作为七贤之一的泰勒斯，而非那个米利都学派的创始人。此外，一般来讲，类似的警句起初是不具名的，它们有时会被归给某位智者，有时又会被放在另一位智者名下。② 但泰勒斯很可能确曾主张磁石和琥珀具有灵魂。这并非格言警句，却更似"大地漂浮在水上"的陈述。我们期待赫卡泰奥斯记录下来的有关泰勒斯的正是此类事情。然而，从这一点出发对泰勒斯世界观作出的任何推测都是错误的，因为，说磁石和琥珀是活的倘若真有何深意的话，那么它便只能意味着其他东西都不是活的。

II. 阿那克西曼德

12. 生平

阿那克西曼德，普拉克西阿德斯的儿子，同样是米利都公民。塞奥弗拉斯特将他称作泰勒斯的"伙伴"。③ 我们已经看到了这一表述该被如何理解（§XIV）。

按照阿波罗多洛斯的说法，阿那克西曼德在第五十八届奥林匹亚赛会的第二年（公元前 547/6 年）是六十四岁。这一点得到了希波吕特的认可，他宣称阿那克西曼德生于第四十二届奥林匹亚赛会的第三年（公元前 610/9 年）；

---

① 见"导言"§IX。

② 柏拉图在《法篇》899b9（《希腊哲学史》14b）中提到 πάντα πλήρη θεῶν [万物充满诸神] 的说法，却没有提及泰勒斯。在《论动物的部分》A，5.645a7 被归于赫拉克利特的观点似乎只是它的一个变体。无论如何，它的意思只是说没有东西比其他任何东西更神圣。

③ 《希腊哲学史》15d。由辛普利丘记载于《论天注》，第 615 页，13 的 πολίτης καὶ ἑταῖρος [同邦和伙伴] 这段话来自塞奥弗拉斯特，这通过它与西塞罗，《学园派》ii.118 的 *popularis et sodalis* [同侪和伙伴] 的一致可知。这两段话分别代表了两个相互独立的传统。见"文献材料来源"，§§7，12。

普林尼所同样认可这一点，并将他对黄赤交角的伟大发现定在第五十八届奥林匹亚赛会期间。[①] 此处，相比于通常的拼凑，我们似乎有更多的依据，因为，按照诸种原则方法，阿那克西曼德的"盛年"应在泰勒斯和阿那克西美尼之间的公元前565年，这让他在前546年的年龄是六十岁，而非六十四岁。但阿波罗多洛斯似乎是在暗示他曾接触过阿那克西曼德的著作，并且据以提到这个年龄的唯一理由一定是，他在这部著作中发现了某些使他能够确定这些日期的线索。既然公元前547/6年恰是萨尔迪斯陷落的前一年，我们大概可以推测，阿那克西曼德曾提到自己在这一事件发生时的确切年龄。从克塞诺芬尼那里，我们获悉"米底人出现时你年庚几何？"在当时被当做一个饶有趣味的问题。[②] 无论如何，阿那克西曼德显然比泰勒斯年轻一代。[③]

正像他的前辈那样，阿那克西曼德曾通过某些实用的发明使自己脱颖而出。一些作家将日晷的发明归功于他，但这几乎不可能为真。希罗多德告诉我们，这个器具传自巴比伦，并且泰勒斯一定曾用它来确定二至点和二分点。[④] 阿那克西曼德也是第一个绘制地图的人，埃拉托斯奈斯认为，这正是曾被赫卡泰奥斯详细介绍过的那张地图。毫无疑问，绘制这张地图的目的是服务于米利都在黑海地区的贸易。阿那克西曼德曾亲自在阿波罗尼亚经营了一块殖民地，[⑤] 他的同胞们为他树立了一座雕像。[⑥]

51

13. 塞奥弗拉斯特论阿那克西曼德的首要实体

几乎我们对阿那克西曼德体系的所有了解最终都来自塞奥弗拉斯特。

---

① 第欧根尼，ii.2（《希腊哲学史》15）；希波吕特，《对各种异端的反驳》i.6（《希腊学术》第560页）；普林尼，《自然史》ii.31。

② 克塞诺芬尼，残篇22（= 残篇17，卡斯滕；《希腊哲学史》95a）。

③ 关于他"不久之后去世"的表述（第欧根尼 ii.2；《希腊哲学史》15）似乎意味着阿波罗多洛斯将他的去世放在萨尔迪斯陷落的那年（公元前546/5），这是他常参照的历史节点之一。

④ 关于日晷，见"导言"第23页，注释①；并参见第欧根尼，ii.1（《希腊哲学史》15）；希罗多德，ii.109（《希腊哲学史》15a）。可是，普林尼将日晷的发明归予阿那克西美尼（《自然史》ii.187）。

⑤ 埃里安，《杂史》iii.17。这大概是指本都的阿波罗尼亚。

⑥ 在米利都，已经发现了一座同时代雕像的下半部分（维甘德，《米利都》，ii.88），上面刻有铭文"ΑΝ] ΑΞΙΜΑΝΔΡΟ"。我们可以肯定，阿那克西曼德之所以获此殊荣，并非由于他关于"无界限"的理论；同泰勒斯和赫卡泰奥斯一样，他也是一位政治家和发明家。

塞奥弗拉斯特当然了解阿那克西曼德的著作。① 看上去他至少有一次曾直接引用阿那克西曼德的原话，并批评了他的风格。以下是流传下来的他在《自然哲学观点》"第一卷"中有关阿那克西曼德的论述：

> 米利都的阿那克西曼德，普拉克西阿德斯之子，泰勒斯的同胞与伙伴，② 曾说过万物的质料因和首要元素是"无限"［译者按：为了对 the Infinite 和 the Boundless 进行区分，在此将二者分别译为"无限"和"无界限"。事实上，这两个词的意思都是"无限"，因为根据柏奈特的理解，阿那克西曼德所主张的正是在空间上无限，而非具有某种没有确定性质的本原。见后文第 51 页注释②］，他是第一个以此命名质料因的人。他说，它既不是水也不是任何其他所谓的③元素，而是一种和它们不同的、无限的实体，从中所有诸天以及其中的诸世界被生成。——《自然哲学观点》，残篇 2（《希腊学述》，第 476 页；《希腊哲学史》16）
>
> 他说这是"不朽的和永恒的，"并且它"包围着所有诸世界。"——希波吕特，《对各种异端的反驳》i.6（《希腊哲学史》17a）
>
> 事物毁灭后再次成为它们由之生成的东西，"如规定的那样；因为它们根据时间的安排，向彼此交付不正义的赔付和补偿，"他用这些较富诗意的词语说道④。——《物理学注》，残篇 2（《希腊哲学史》16）
>
> 此外，还存在着永恒的运动，在其中产生了诸世界的起源。——希波吕特，《对各种异端的反驳》i.6（《希腊哲学史》17a）

---

① 在这种或其他阿那克西曼德的原话由辛普利丘保存下来的情况下，我已将它们单独给出。关于被引用的不同作家，见"文献材料来源"§§9 以下。

② 辛普利丘在他对《物理学》的评注中说的是"后继者和门徒"（διάδοχος καὶ μαθητής）；但见前文第 44 页，注释③。

③ 关于 τὰ καλούμενα στοιχεῖα［所谓的元素］这一表达，见第尔斯，《论元素》，第 25 页，注释 4。

④ 第尔斯（《前苏格拉底哲学家残篇》2, 9）认为对原话的引用始于 ἐξ ὧν δὲ ἡ γένεσις［从中生成的东西］……但古希腊将引文和正本掺杂在一起的通常做法并不支持这一主张。此外，更为稳妥的是，我们也不要将在柏拉图的意义上对 γένεσις［生成］与 φθορά［毁灭］这两个术语的使用归给阿那克西曼德，并且阿那克西曼德也不太可能发表过任何有关 τὰ ὄντα［译者按：诸存在物，柏奈特在正文中译为 things，亦即"东西"］的观点。

他并未把事物的起源归为任何质料的改变，却主张是那些在载体——它是一个无界限的物体——之中的相反者被分离出来。——辛普利丘《物理学注》第150页，20（《希腊哲学史》18）

14. 首要实体并非某一"元素"

阿那克西曼德教导说，存在着一种永恒、不朽的东西，万物都从中产生，并复归其中；存在的损耗可以不断地从这种无界限中得到补偿。这不过是对那种被我们归给泰勒斯的思想的自然发展，毫无疑问，阿那克西曼德至少将它清晰地表达出来。事实上，我们仍能在某种程度上遵循那使他提出这些主张的缜密思考。泰勒斯认为水最有可能是这样一种东西，其他一切都不过是它的不同形式；阿那克西曼德似乎追问，首要实体如何可能是某种具体的事物？他的论证似乎被亚里士多德保存了下来，在后者针对"无限"的讨论中有这样一段话：

此外，不可能有一个单一、单纯的物体是无限的，无论它是像有些人认为的那样与诸元素不同，它们却起源于它，抑或连这一限定也没有。因为有些人认为这（亦即某个不同于诸元素的物体）是无限，而非气或水，以便其他事物不会被它们的无限性所毁灭。**它们相互对立——气是冷的，水是湿的，而火是热的——并且因此，倘若它们中的任何一个是无限，那么这时其余的便会停止存在。**因此他们说，无限者是不同于诸元素的某物，并且诸元素从中产生。——亚里士多德，《物理学》Γ5，204b22（《希腊哲学史》16b）。

显然，阿那克西曼德在这里分别被拿来同泰勒斯和阿那克西美尼进行比较。我们也没有任何理由怀疑，上述对他论证的解释本质上是正确的，尽管采用了亚里士多德自己的论述形式，而且还时序错乱地使用了"元素"一词。①阿那克西曼德似乎是从那些构成世界的相反者之间的冲突出发的；暖对立于冷，干对立于湿。它们处于战争状态，其中任意一方对另一方的主导都是一

53

---

① 见第11页，注释②。

种"不正义"，为此，它们必须相互在指定的时间向对方进行赔付。① 如果泰勒斯关于水是基本实在的主张无误，那么便很难理解其他任何事物究竟是如何能够存在的。对立的一方，冷和湿，将会肆无忌惮、不受控制，而暖与干则会早早地销声匿迹。于是必然存在着某物，就其自身而言，它并不是相互对抗的相反者中的任何一个，相比二者都更为原初，相反者都从此物中产生出来，一旦毁灭，便复归于它。阿那克西曼德用 φύσις 这个名字来称呼这种东西，这是对塞奥弗拉斯特的记载的一个很自然的解释；一个流行说法认为阿那克西曼德率先使用了 ἀρχή 这个术语，这可能是一个误会。② 我们已

---

① ἀλλήλοις 这一关键概念出现在除阿尔丁版之外的所有辛普利丘抄本中。这一疏漏使这句话似乎是说，个体事物的存在（ὄντα）是非正义的（ἀδικία），因而它们必须接受惩罚。将 ἀλλήλοις 归位之后，上述古怪的解释便不复存在。无论动词的主语是什么，交付赔付和补偿的是彼此双方，因此，"不正义"一定是某种对彼此犯下的错误。正如 δίκη [正义] 通常被用作恪守诸如热和冷、干和湿的相反者间的平衡，此处，ἀδικία [不正义] 是指对立双方中一方对另一方的过度侵蚀，正如我们在例如日和夜、冬与夏的改变中看到的，它们必须通过被同样程度侵蚀的方式进行补偿。我在本书第一版中阐述过这一观点（1892），第 60—62 页，随后欣喜地发现它被海德尔教授证实（《古典语文学》，vii.，1912，第 233 页以下）。

② 依照辛普利丘（《物理学注》，第 24 页，15：《希腊哲学史》16）的记载，塞奥弗拉斯特的原话是，ἀρχήν τε καὶ στοιχεῖον εἴρηκε τῶν ὄντων τὸ ἄπειρον, πρῶτος τοῦτο τοὔνομα κομίσας τῆς ἀρχῆς [他曾说过诸存在物的本原和元素是无限，他是第一个运用了本原的这一名称的人]。对这段话的一个很自然的理解是，"他是第一个以此（τὸ ἄπειρον ['无限']）命名质料因的人。"然而，希波吕特主张（《对各种异端的反驳》i.6,2），πρῶτος τοὔνομα καλέσας τῆς ἀρχῆς [他是第一个称呼本原的名称的人]，这导致多数作家理解为阿那克西曼德引入了 ἀρχή 这一术语。但希波吕特并不是一个独立的权威来源（见"文献材料来源"，§13），唯一的问题是塞奥弗拉斯特写了什么。辛普利丘从亚历山大援引了塞奥弗拉斯特的话，而希波吕特则代表了一个更间接的传统。显然，καλέσας 是 κομίσας 这一典型漫步学派用词的变体；相比于亚历山大或辛普利丘插入补写 τοῦτο 一词，对这个词的遗漏却是更为可能的。但是，倘若原文中真的有 τοῦτο 一词，那么它一定指的是 τὸ ἄπειρον，这个解释得到了辛普利丘，《论天注》615，15，ἄπειρον δὲ πρῶτος ὑπέθετο [他是第一个将无限作为基质的人] 的认同。在另一段话（第 150 页，23）中，辛普利丘说 πρῶτος αὐτὸς ἀρχὴν ὀνομάσας τὸ ὑποκείμενον [他率先把载体称作本原]，根据上下文，这句话的意思是说"是第一位把相反者的载体称作质料因的人"，这完全是另外一个观点。塞奥弗拉斯特一直有指明谁是"第一个"采用某概念的兴趣，而 ἄπειρον 和 ὑποκείμενον 都足够重要，值得被特别提到。当然他并不是说阿那克西曼德使用了 ὑποκείμενον 这个词。他只是推断说他在 ἄπειρον "之中"的相反者被"分离出来"的这个学说中有这种观念。最后，作为这些摘录来源的整卷著作被认为是 Περὶ τῶν ἀρχῶν [《论本原》]，它所要留意的是谁是第一个给 ἀρχή 或 ἀρχαί 添加各种不同谓述的人。

经看到，在亚里士多德使用这一术语讨论泰勒斯的时候，他指的是所谓"质 54
料因"，[①] 并且，很难相信它在这里另有所指。

15. 亚里士多德对该理论的解释

亚里士多德很自然地将这一理论认作是对他本人"不定质料"学说的某
种预料或预知，[②] 以致他竟然不时借助后来出现的"元素"理论来表述阿那
克西曼德的观点。亚里士多德知道"无界限"是一个物体，[③] 尽管在他自己
的体系中，并不存在任何先于诸元素的有形之物，因而他只好将它描述为某
种在诸元素"之外"或"不同于"诸元素（παρὰ τὰ στοιχεῖα）的无界限的物
体。据我所知，还没有人曾质疑他在使用这一短语时指的是阿那克西曼德。

在其他许多地方，亚里士多德也谈到有人主张首要实体是某种在诸元
素之间或其中两种元素之间的"居间者"。[④] 近乎所有的古希腊评注家也将 55
此归之于阿那克西曼德，但大多数现代学者却拒绝遵循他们的解释。无疑，
我们能轻而易举地表明阿那克西曼德本人不可能有过类似表达，但这并不构
成对这种观点的真正反驳。毕竟，亚里士多德一般都会按照自己的方式进行
表述而不考虑历史因素，并且我们也很难看出，将"无界限"称作"诸元素
之间的居间者"相比于主张它"与诸元素不同"是一种更严重的时序错乱。
事实上，一旦我们引入了"元素"概念，前一种描述却是二者中相对说得过
去的一个。无论如何，如果我们拒绝认为这些文本指的是阿那克西曼德，那
么就必须承认有一位曾引起亚里士多德高度重视的哲人，其姓名已被遗忘，
他不但认同阿那克西曼德的部分观点，更使用了阿那克西曼德一些最为典型

---

① 见第 42 页注释①，以及"导言"第 10 页注释③。

② 亚里士多德，《形而上学》Λ，2.1069b18（《希腊哲学史》16c）。

③ 这在《物理学》Γ，4.203a16；204b22（《希腊哲学史》16b）被当做是理所当然的，在 Γ，
8.208a8（《希腊哲学史》16a），这一观点被表达出来。参见辛普利丘，《物理学注》150，
20（《希腊哲学史》18）。

④ 亚里士多德四次论及火和气之间的居间者（《论生成和毁灭》B，1.328b35；同上 5.332a21；
《物理学》A，4.187a14；《形而上学》A，7.988a30）。有五处论及水和气的居间体（《形而
上学》A，7.988a13；《论生成和毁灭》B，5.332a21；《物理学》Γ，4.203a18；同上 5.205a27；
《论天》Γ，5.303 b 12）。有一次（《物理学》A，6.189 b 1）我们还闻说某种在水和火之
间的东西。这种差异立即表明，他并非历史地进行论述。如果有人真的秉持一套关于 τὸ
μεταξύ [居间者] 的学说，那么他一定清楚他究竟指的是哪种"元素"。

的表述。① 另外，在一两处论述中，亚里士多德似乎肯定地将"居间者"与某种"不同于"元素的东西等同起来。②

甚至在一段文本中，他将阿那克西曼德的"无界限"说成是"混合物"，尽管他的表述也许还能接受另外一种解释。③ 但这并不会影响我们对阿那克西曼德的诠释。可以肯定，他不可能发表过任何有关"诸元素"的见解，没有人曾在恩培多克勒之前考虑过"元素"问题，在巴门尼德以前，人们甚至根本不会去思考有关"元素"的问题。这个问题之所以会被提及，只是因为它引起了一场旷日持久的争论，同时也因为它揭示了亚里士多德评述的历史价值。从亚里士多德自己的体系来看，这些评述可能是合理的；但我们必须谨记，在其他情况下，当他似乎把某个观点归予某个早期思想家时，我们并不一定要在陈述历史的意义上接受他的主张。④

56

---

① 亚里士多德，《论天》Γ，5.303b12，ὕδατος μὲν λεπτότερον, ἀέρος δὲ πυκνότερον, ὃ περιέχειν φασὶ πάντας τοὺς οὐρανοὺς ἄπειρον ὄν [比水稀薄，比气浓厚，他们说它是无限的，包围着诸天]。

② 参见《物理学》Γ，5.204b22（《希腊哲学史》16b），此处策勒准确地将 τὸ παρὰ τὰ στοιχεῖα [在诸元素之外者] 同阿那克西曼德联系起来。而在末尾（205a25），整段文本被总结如下：καὶ διὰ τοῦτ' οὐθεὶς τὸ ἓν καὶ ἄπειρον πῦρ ἐποίησεν οὐδὲ γῆν τῶν φυσιολόγων，ἀλλ' ἢ ὕδωρ ἢ ἀέρα ἢ τὸ μέσον αὐτῶν [并且，由于这个原因，这些哲学家们既不会将火也不会把土作为"一"和"无限"，而是水或气或它们的居间者]。《论生成和毁灭》B，1.328b35，我们首先读到 τι μεταξὺ τούτων σῶμά τε ὂν καὶ χωριστόν [它们的这个居间者既是一个物体又可分离]，随后（329a9）μίαν ὕλην παρὰ τὰ εἰρημένα [在我们提到的那些之外的单一质料]。在 B，5.332a20 我们看到 οὐ μὴν οὐδ' ἄλλο τί γε παρὰ ταῦτα, οἷον μέσον τι ἀέρος καὶ ὕδατος ἢ ἀέρος καὶ πυρός [也不是在这些之外的别的某一个，例如气和水或者气和火的某个中间物]。

③ 《形而上学》Λ，2.1069b18（《希腊哲学史》16c）。策勒（第 205 页，注释 1）接受了一种"简便的轭式搭配"。

④ 有关这一争论的文献，参见《希腊哲学史》15。海德尔教授在"前苏格拉底哲学中的性质改变"（《哲学史档案》，第十九卷，第 333 页）一文中已经表明，亚里士多德之所以错误地理解了米利都学派的学说，是因为他只能依据自己关于 ἀλλοίωσις [性质改变] 的理论来思考他们的学说。这是完全正确的，但同样正确的是，他们自己并没有一套明确的关于物质转化的理论。原始"混合物"理论和 ἀλλοίωσις 理论一样有悖史实。此时性质还没有被从"事物（things）"中区分出来，而泰勒斯在主张水变成蒸汽或冰的时候，无疑并没有想过任何进一步的问题。他们都相信最终只有一个"事物"，最后他们得出的结论是，所有表面上的差异都是由于疏散和凝聚。塞奥弗拉斯特（载于辛普利丘《物理学注》150，22）宣称，ἐνούσας γὰρ τὰς ἐναντιότας ἐν τῷ ὑποκειμένῳ ... ἐκκρίνεσθαι [因为相反者存在于基质中……被分离出来]。我甚至不相信这段话是对阿那克西曼德某段话的转述。这不过是使他的观点附会漫步学派思想的一种尝试，并且 ἐνούσας 一词的使用同 ποκείμενον 一样是有悖历史事实的。

16. 首要实体为"无限"

阿那克西曼德之所以认为无界限是首要实体的原因，无疑如亚里士多德所揭示的，"生成不会完结。"[①] 但我们并不清楚这句话是否是阿那克西曼德的原话，尽管按学述作家们说的就好像确实如此。对我们而言，知道塞奥弗拉斯特将这一思想归给阿那克西曼德便足够了，毕竟前者曾读过他的著作。并且，他的世界观一定使他深刻认识到世界需要大量的无界限的质料。我们已看到，"相反者"彼此处于交战状态，其冲突体现在任意一方对另一方的"不正义的"侵蚀。炎炎夏日中，暖是"不正义"的一方，到了数九寒天，"不正义"的则又成了冷。如果没有可以不断地从中重新分离出对立面的无穷无尽的"无界限"，那么从长远来看，这种"不正义的"侵蚀将导致除"无界限"自身之外一切事物的毁灭。因此，我们必须设想与我们所了解的所有对立面都不同的某种无尽的物质，它在我们所寓居世界的各个方面都能不受限制地延展。[②] 这物质是一个物体，我们的世界曾从中产生，而在未来的某一天又将重新为它所吸收。

57

---

① 《物理学》Γ，8.208a8（《希腊哲学史》16a）。参见埃修斯 i.3, 3（《希腊哲学史》16a）。同样的论证也被记录在《物理学》Γ，4.203b18，在这段文本中阿那克西曼德的名字才被提到：τῷ οὕτως ἂν μόνον μὴ ὑπολείπειν γένεσιν καὶ φθοράν, εἰ ἄπειρον εἴη ὅθεν ἀφαιρεῖται τὸ γιγνόμενον. [可能唯有这样，生成和消灭才不会完结，如果有一个无限的东西，被生成物取自于它的话。] 但我并不相信在本章最初的论证（203b7；《希腊哲学史》17）出自阿那克西曼德。它们带有埃利亚辩证法的印记，事实上属于麦里梭。

② 我如同泰希米勒和塔内里所主张的那样，假定 ἄπειρον 一词指空间上的无限，而非性质上的居间。之所以主张该词的意思是"在广延上无限"，诸决定性的原因如下：（1）塞奥弗拉斯特表示，阿那克西曼德的首要实体是 ἄπειρον 并包含所有世界，并且"περιέχειν"一词在各种情况下都意为"包围"，而非被暗示的那样指"潜在地包含"。（2）亚里士多德表示（《物理学》Γ，4.203b23）διὰ γὰρ τὸ ἐν τῇ νοήσει μὴ ὑπολείπειν καὶ ὁ ἀριθμὸς δοκεῖ ἄπειρος εἶναι καὶ τὰ μαθηματικὰ μεγέθη καὶ τὰ ἔξω τοῦ οὐρανοῦ· ἀπείρου δ' ὄντος τοῦ ἔξω, καὶ σῶμα ἄπειρον εἶναι δοκεῖ καὶ κόσμοι. [因为，通过在思想中没有穷尽，数目便似乎是无限的，数学的体积和那在这个天外部的亦然；但既然在外部的是无限的，那么，无论物体还是诸世界也都似乎是无限的。] σῶμα 一词表明，此处论及的并非是原子论者。（3）阿那克西曼德关于 ἄπειρον 的理论为阿那克西美尼所接受，他将它确定为"气"，这并非是性质上的居间者。

17. 无数的世界

我们被告知阿那克西曼德相信有"在无界限中的无数的世界",[①]一种解释认为,尽管所有世界都是有朽的,但仍有在数量上无限的世界同时存在,而策勒的看法是,一个新世界直到旧世界毁灭才会被生成,所以在任何时候都不会有一个以上的世界存在,我们要在这两种解释间作出选择。由于这一点至关重要,有必要对证据详加考辨。

首先,学述传统表明,塞奥弗拉斯特曾对所有早期哲学家关于究竟有一个世界,还是无数世界的观点进行讨论。毫无疑问,他在将"无数的世界"归予原子论者的时候,所指的是同时存在的、而非前后相继的诸世界。这样一来,倘若他曾将两种截然不同的观点归在同一门类之下,他就会谨慎地指明它们在哪些方面是不同的,但这里并没有任何进行这种区分的迹象。相反,阿那克西曼德、阿那克西美尼、阿凯劳斯、克塞诺芬尼、第欧根尼、留基波、德谟克利特以及伊壁鸠鲁全都在一起被提到持有一套在这个世界的各个方向上都有着"无数的世界"的学说,[②]唯一的区别是,阿那克西曼德宣称所有的世界之间都是等距的,而伊壁鸠鲁却认为这些世界之间的距离并不相等。[③]策勒拒绝接受这一证据,[④]因为我们无法相信一个认为阿那克西美尼、阿凯劳斯和克塞诺芬尼主张存在"无数世界"的作家。关于前两位哲学家,我希望表明这种说法是正确的,至于这最后一位,我希望表明这种说法至少是可以理解的。[⑤]无论如何,这段文本引自埃修斯,[⑥]并且我们没有理由怀疑

58

---

① 参见 [普鲁塔克]《汇编》,残篇 2 (《希腊哲学史》21b)。

② 埃修斯,ii.1, 3 (《希腊学述》,第 327 页)。策勒似乎对此处关于旋转的 κατὰ πᾶσαν περιαγωγήν 理解有误。正如其同义短语 κατὰ πᾶσαν περίστασιν 所表明的那样,它的意思应该是 "在我们转向的各个方向上"。六个 περιστάσεις [方向] 分别是 πρόσω, ὀπίσω, ἄνω, κάτω, δεξιά, ἀριστερά [前,后,上,下,右,左] (尼各马可,《算术入门》,第 85 页,11,霍赫)。

③ 埃修斯,ii.1, 8 (《希腊哲学史》,第 329 页,τῶν ἀπείρους ἀποφηναμένων τοὺς κόσμους Ἀναξίμανδρος τὸ ἴσον αὐτοὺς ἀπέχειν ἀλλήλων, Ἐπίκουρος ἄνισον εἶναι τὸ μεταξὺ τῶν κόσμων διάστημα. [在那些断言有无数世界的人们中,阿那克西曼德认为,它们彼此距离相等。]

④ 他以为这不过是斯托拜乌斯的证言。在他进行写作的时候,这些材料的来源关系还未被厘清。

⑤ 关于阿那克西美尼,见 §30;克塞诺芬尼,§59;阿凯劳斯,§192。

⑥ 这被塞奥多瑞特同样提供了这一名单的事实所证明。见 "文献材料来源",§10。

它来自塞奥弗拉斯特，尽管后来还添加上了伊壁鸠鲁的名字。辛普利丘的话证实了这一点：

> 那些假定有无数世界的人们，例如阿那克西曼德、留基波、德谟克利特以及稍晚一点的伊壁鸠鲁，主张它们无限地生成和毁灭，总是有一些在生成，而另一些在毁灭。[①]

几乎可以肯定，这段话同样来自亚历山大对塞奥弗拉斯特的转述。

我们接下来要讲的是西塞罗曾抄录的一段非常重要的论述。这段论述要么来自费罗德姆斯——他是在赫库兰尼姆城发现的一篇《论宗教》的伊壁鸠鲁主义论文的作者——，或者也可能来自那篇作品的直接来源。"阿那克西曼德的观点是，"西塞罗借维莱里乌斯之口说，"诸神在很长的间隔中生成、生长、又毁灭。它们是这无数的世界"；[②]显然，这一点必须与埃修斯的说法一起考虑，对阿那克西曼德来说，"无数的诸天"正是诸神。[③]于是，将"很长的间隔"理解为空间的间隔较之理解为时间上的间隔要自然得多；[④]如果这是正确的，我们便使各个权威记载达成了完美的一致。

可以补充的是，将无界限"包围所有世界"这一陈述中的世界理解为在时间上彼此继起的世界是极不自然的。因为，按照这种观点，在某一特定时期只存在一个可供"包围"的世界。此外，亚里士多德曾提到的那个论证——即，如果在诸天之外的是无限的，那么物体必然是无限的，并且一定存在着无数的世界——只能在一种意义上被理解，这当然意在表现米利都学

59

---

① 辛普利丘，《物理学注》，第 1121 页，5（《希腊哲学史》21b）。参见辛普利丘，《论天注》，第 202 页，14，οἱ δὲ καὶ τῷ πλήθει ἀπείρους κόσμους, ὡς Ἀναξίμανδρος ...ἄπειρον τῷ μεγέθει τὴν ἀρχὴν θέμενος ἀπείρους ἐξ αὐτοῦ τῷ πλήθει κόσμους ποιεῖν δοκεῖ. [其他同样假定有无数世界的，就像阿那克西曼德……他将在大小上无限的某物作为本原，似乎从这无限中产生出无数世界。]

② 西塞罗，《论神性》i.25（《希腊哲学史》21）。

③ 埃修斯，i.7,12（《希腊哲学史》21a）。斯托拜乌斯的理解，ἀπείρους οὐρανούς [无数的诸天]，从西里尔的 ἀπείρους κόσμος [无数的宇宙] 以及伪盖伦的 ἀπείρους νοῦς (i.e.οὐνους) [无数的心灵] 处得到了支持。见《希腊学述》第 11 页。

④ 我们很自然地认为，西塞罗在他的伊壁鸠鲁主义文献来源中看到了 διαστήμασιν [间隔（复数）] 一词，而这是与 intermundia 相对应的术语。

派的推理论证，因为他们是唯一认为在诸天之外存在某种无界限物体的宇宙论者。[①] 最后，我们知道，佩特龙是最早的毕达哥拉斯主义者之一，在他看来，只存在着排列为一个三角形的一百八十三个世界，[②] 这至少表明多重世界学说要比原子论者古老得多。

60

18. "永恒的运动"与 δίνη［旋涡］

学述作家们主张，那使"诸天和所有世界从中"生成的是"永恒的运动"。我们已经看到（§VIII.）这很可能只是亚里士多德主义者们自己的说法，并且我们一定不能将"无界限"的原初运动等同于任何诸如周日运动的纯粹尘间运动。此外，那也将和主张有无数世界的学说相抵牾，想必每一个世界都有自己的中心和自己的周日运动。至于这种运动的真正本质，我们未见明确的说法，但"分离"（ἀπόκρισις）这一术语在某种程度上仍暗示了某种类似于在筛子中边摇边筛的过程。柏拉图在《蒂迈欧篇》中将此作为毕达哥拉斯派的学说提出，[③] 毕达哥拉斯主义者们在他们的宇宙论中也确实相当紧密地追随了阿那克西曼德（§54）。我们将看到（§179），阿布德拉学派将一种相同类型的运动归给了他们的原子，其哲学体系的细节也主要依托于米利都学派。然而，在没有明确证言的情况下，这只能是一种猜测。

但当我们谈到被"分离"之后的世界运动时，便走在了更坚实的基础上。可以肯定，将世界类比为水中或风中的涡流———一种 δίνη（或 δῖνος）[④]———

61 在早期宇宙论中起到一定作用，这构成了早期宇宙论的主要特征之一，而且

---

① 亚里士多德，《物理学》Γ，4.203b25，ἀπείρου δ' ὄντος τοῦ ἔξω（sc.τοῦ οὐρανοῦ），καὶ σῶμα ἄπειρον εἶναι δοκεῖ καὶ κόσμοι（ἄπειροι）［但既然在（天的）外部是无限的，那么，无论物体还是诸世界也都似乎是无限的］。接下来的一段话———τί γὰρ μᾶλλον τοῦ κενοῦ ἐνταῦθα ἢ ἐνταῦθα［为什么这里的虚空要比那里的虚空更多些呢?］———表明，这同样涉及原子论者；但 ἄπειρον σῶμα［物体是无限的］却并不适用于他们。

② 见下文 §53。参见第尔斯，《论元素》，第 63 页以下。

③ 柏拉图，《蒂迈欧篇》52e。作为元素的图形（取代了"相反者"的位置）"像这样（被 τιθήνη［养育者］的不规则运动）搅拌"，它们被抛向不同的方向并彼此分离，就像谷粒被筛子或筛选谷物的工具所摇动和筛选；稠密和重的部分趋向一边，而稀疏和轻的部分被抛向了另一个方向并停在那里。

④ 阿里斯托芬在谈到伊奥尼亚的宇宙论时说道（《云》828），Δῖνος βασιλεύει τὸν Δι' ἐξεληλακώς［旋涡赶走宙斯，统治一切］。较之有关其宗教起源的现代理论，这种观点更为恰切。

看来我们无疑能够把它视作阿那克西曼德和阿那克西美尼的学说。① 对于那些起初将水作为首要实体，最后又将"气"确定为首要实体的思想家们，这会十分自然地出现在他们的头脑中，并且它将完美地解释土和水为何处在中心位置，火为何位于外缘，而"气"又为何夹在二者中间：重的东西趋向涡流中心，轻的东西则被甩到边缘。值得注意的是，此时还不存在关于球体旋转的问题；我们所要描绘的是在一个或多个平面上的旋转运动，而这些平面或多或少相对于大地表面是倾斜的。② 正是上述对原初运动本质的猜想，为 δίνη 的形成提供了令人满意的动力学解释。我们将再次看到（§180）原子论者这一观点的来源正在于此。

19. 天体的起源

学述作家还给我们提供了一些关于世界的不同部分经由何种过程从"无界限"中产生出来的线索。下面这些说法追根溯源都来自塞奥弗拉斯特：

> 他说，某种能够从永恒中产生热和冷的东西在这个世界的开端便被分离出来。由此一个火的圈层被生成，它紧密地将环绕着大地的气包裹起来，就像树皮包裹着一棵树。当它破裂开来并被封闭在某些圈环中时，太阳、月亮以及星辰便开始存在了。——伪普鲁塔克，《汇编》，残篇2（《希腊哲学史》19）③

62

① 就宇宙运动而言，我欣然接受海德尔教授的观点（《阿那克西曼德和阿那克西美尼的 δίνη》《古典语文学》，第一卷，第279页），虽然我不能把它等同于"永恒的运动"。我已尽我所能地表明了欧多克索斯和亚里士多德的"诸球体"不应该被引入毕达哥拉斯主义之中，并且，如果我们把平面上的旋转运动归给阿纳克西曼德的世界，它便大大加强了这一观点。

② 这是埃修斯，ii.2, 4, οἱ δὲ τροχοῦ δίκην περιδινεῖσθαι τὸν κόσμον [而那些［主张］旋涡的轮盘在宇宙中旋转的人们] 的字面意思，尔斯（《希腊学述》，第46页）认为这里所指的是阿那克西曼德。策勒之所以反对将 δίνη 归予阿那克西曼德，主要由于它不该提到 τροπαί [二至点]（第56页注释①）。当然，旋转绝不会全部处在同一平面上；例如，黄道相对于赤道便是倾斜的，而银河与二者都不在一个平面上。

③ 这段话已被海德尔（《美国科学院院刊》，第四十八卷，686）所讨论。我同意 ἀποκριθῆναι 一定接在 ἀπὸ τοῦ ἀπείρου 之后，而我先前以为 ἐκ τοῦ αἰδίου 可能与它含义相同，并且如果词序过于拗口，它很可能被取代。我不相信它像海德尔所认为的那样意思是"自永恒"。另一方面，他对 περιφυῆναι 和 ἀπορραγείσης 的解释显然是正确的。他还正确地指出"火球"是一种并不准确的说法。用树皮作比喻显然是在暗示某种环状的东西。

　　我们从这可以看出，当"无界限"的一部分从其余部分中分离出来进而形成一个世界时，它首先将自己区分为一对相反者，热和冷。热表现为火焰，环绕着冷；冷表现为大地，被气环绕。此处，我们未被告知冷是如何被区分为土、水和气的，但亚里士多德《气象学》中的一段话对这一问题给出了一定的解释。在讨论了"神学家们"关于海洋的看法之后，他说：

63

　　但是那些更为智慧的人提出了海洋的起源。他们说，整个陆地区域起初都是潮湿的；随着它被太阳晒干，蒸发掉的部分造成了风，以及太阳、月亮的回归，[1] 而剩余的部分便是海洋。因此，他们认为海洋正由于被不断地烘干而变得越来越小，最终将全部干涸。——《气象学》B，1.353b5.

　　并且，相同的悖谬也会出现在那些主张大地起初同样潮湿的人中间，当大地周遭的世界为太阳炙烤，便生成了气，诸天整体也有所增加，并且它（气）产生了风，并造成了它（太阳）的回归。[2]——同上，

---

[1] 策勒（第223页，注释5）质疑 τροπαὶ τῆς σελήνης [月亮的回归] 究竟是什么意思，然而他的这一困难其实并不存在。月球有特定的偏斜运动，并因此 τροπαί [回归]。换言之，月亮和太阳一样，不总是从地平线的同一点升起。这为希思（《阿里斯塔库斯》，第33页，注释3）所承认，尽管他很遗憾地遵从策勒认为此处的 τροπαί 指的是"循环运行"。这在我看来是不可能的，因为 τρέπεσθαι 的意思是"折返"或"偏离"，它从没有"转圈"亦即 στρέφεσθαι 的意思。确实，我们可以认为在《奥德赛》xv.404 处 τροπαὶ ἠελίοιο [太阳的回归] 的意思是太阳下山后从西方转回到东方，但这是不太可能的，因为赫西俄德已经使用了夏至和冬至的 τροπαὶ ἠελίοιο（《工作与时日》479，564，663）。策勒关于亚里士多德在《论天》B，14.296b4 谈到了恒星的 τροπαί 的说法（为希思所重复）是错误的。亚里士多德不过是说，如果地球运动，那么就应该有 πάροδοι（纬度方向的运动）以及诸恒星的 τροπαί，但这些并不存在。希思在自己著作的下一章中（第241页）正确地理解了这段话。关于涉及的其他文本，见第56页，注释[2]，以及第68页，注释[3]。

[2] 根据语境，τὰς τροπὰς αὐτοῦ [它的回归] 显然是指 τὰς τοῦ ἡλίου τροπάς [太阳的回归]，而非像策勒和希思主张的那样指 τὰς τοῦ οὐρανοῦ [天的（回归）]。这段话中的"气"对应着前段引用中"被蒸发掉的部分"（τὸ διατμίσαν），因此 τοῦτον 所指的一定便是它。参见亚历山大的复述（第67页，3 来自塞奥弗拉斯特，《希腊学述》，第494页），τὸ μέν τι τῆς ὑγρότητος ὑπὸ τοῦ ἡλίου ἐξατμίζεσθαι καὶ γίνεσθαι πνεύματά τε ἐξ αὐτοῦ καὶ τροπὰς ἡλίου τε καὶ σελήνης [这就是潮湿被太阳蒸发，风以及太阳和月亮的回归生成的原因了]（见上一个注释）。在《气象学》的这一章中，亚里士多德讨论了太阳通过潮湿获得"补给"的学说，以及该学说同太阳在二至点的 τροπαί 的关系，我们一定要据此进行解释。

2.335a21（《希腊哲学史》20a）

在对这段话的评注中，亚历山大认为这是阿那克西曼德和第欧根尼的观点，并将塞奥弗拉斯特引为该种说法的权威来源。这被学述作家们提供的阿那克西曼德的海洋理论（§20）所印证。于是我们总结说，在冷和热由于 δίνη 完成最初的分离之后，火焰的热将世界内部的湿和冷变为气或蒸汽——此时它们并无二致——而这种水汽的膨胀将火焰自身破裂成为若干圈环。我们马上回到这些圈环，但必须首先着眼于我们所获悉有关大地的情况。

20. 大地与海洋

大地和海洋起源于最初被分离出来的湿和冷的质料，该起源被这样描述：

> 海洋是原始潮湿的剩余部分。火已烘干了它的大部分，并用灼烤的方式将剩余部分变咸。——埃修斯，Ⅲ，16，1（《希腊哲学史》20a）。
>
> 他说大地的形状是圆柱形，它的深是宽的三分之一。——伪普鲁塔克，《汇编》，残篇 2（《希腊哲学史》同上）。
>
> 大地悬荡着，没有任何支撑。它之所以待在它的位置上，是因为它到万物的距离相等。它的外形是凹且圆的，如同一根柱石。我们在其中的一面上，而另一面在对面。[1]——希波吕特，《对各种异端的反驳》，i.6（《希腊哲学史》20）。

---

[1] 在希波吕特的抄本中有 ὑγρὸν στρογγύλον 的表述，该表述同样出现在公元十一世纪作家凯登努斯对该抄本的摘录中。勒佩尔读作 γυρὸν[στρογγύλον]，认为第二个词是对第一个词的解释说明。第尔斯（《希腊学述》第 218 页）认为第一个是指大地的表面，而第二个指的是它的环面。不过，泰勒教授已经向我指出认为 γυρὸν 的意思是凸面的看法是多么不可能。一直到阿凯劳斯（§192）和德谟克利特（埃修斯 iii.10，5，κοίλην τῷ μέσῳ），伊奥尼亚人一般认为大地表面是凹面的，γυρὸν 可能就是这个意思。随后句子的意思同样让人心存疑虑。在希波吕特的抄本中有 χίονι λίθῳ，而在埃修斯的抄本（iii.10，2）则是 λίθῳ κίονι。第尔斯心存疑虑地猜测说是 λίθῳ κίονι，他暗示这可能意味着起初是 λιθέη κίονι（《希腊学述》，第 219 页）。无论如何，柱子看上去是符合原文的，而它的大概意思在普鲁塔克主义者的《汇编》（同上文），ὑπάρχειν ... τῷ μὲν σχήματι τὴν γῆν κυλινδροειδῆ [大地的形状被认为是圆柱形] 中得到了确认。

暂且套用流行的"元素"理论，我们看到阿那克西曼德把火作为热和干放在一边，其余的则都被作为冷且湿，放在另一边。这或许可以解释亚里士多德为何将"无界限"说成是火与水之间的居间者。并且我们也已经看到，有部分潮湿的元素被火转化为"气"或蒸汽，这便解释了亚里士多德为什么说"无界限"是介于火和气之间、或气与水之间的某物了。①

事实上，世界内部的湿和冷并非是水。它总是被称为"湿"或"湿态"。这是因为它必须在热的影响下进一步分化为土、水以及蒸汽。火使水逐渐干涸就是阿那克西曼德所谓"不正义"的一个极佳示例。

泰勒斯曾主张大地漂浮在水上，而阿那克西曼德则意识到它在空中（μετέωρος）高悬着，无须任何支撑。亚里士多德将他的论证保存下来。

65 大地在各个方向上到涡流外缘的距离都相等，没有任何理由让它向上、向下或向旁侧移动。② 由于无数世界学说并不能兼容宇宙中绝对上、下的存在，因此这一论证十分可靠。大地由于 δίνη 而占据中心位置，因为质量越大，越趋向旋涡的中心。③ 有可靠的证据表明，阿那克西曼德认为大地也

---

① 见上文第 49 页注释④。

② 亚里士多德，《论天》B，13.295b10 εἰσὶ δέ τινες οἳ διὰ τὴν ὁμοιότητά φασιν αὐτὴν（τὴν γῆν）μένειν, ὥσπερ τῶν ἀρχαίων Ἀναξίμανδρος· μᾶλλον μὲν γὰρ οὐθὲν ἄνω ἢ κάτω ἢ εἰς τὰ πλάγια φέρεσθαι προσήκειν τὸ ἐπὶ τοῦ μέσου ἱδρυμένον καὶ ὁμοίως πρὸς τὰ ἔσχατα ἔχον. [但有一些人说通过相等它（大地）持留着，就像那些古人当中阿那克西曼德说的那样：因为它适合于安放在中央，并同各端保持相等，而不被带着更向上或向下或向各边。] δίνη 的任何一点都不会相较于另一点更靠"下方"。毕达哥拉斯派显然采纳了这个理由；因为柏拉图在《斐多篇》中安排苏格拉底说（108e）ἰσόρροπον γὰρ πρᾶγμα ὁμοίου τινὸς ἐν μέσῳ τεθὲν οὐχ ἕξει μᾶλλον οὐδὲ ἧττον οὐδαμόσε κλιθῆναι [因为任何一个被均衡地置于某个均匀物体中央的东西都不会或多或少朝任何方向倾斜]。据此看来，ὁμοιότης 似乎是指某种"无差别的"东西。我们无法将圆的一个半径同另一个半径区别开来。

③ 亚里士多德，《论天》B，13.295a9（ἡ γῆ）συνῆλθεν ἐπὶ τὸ μέσον φερομένη διὰ τὴν δίνησιν· ταύτην γὰρ τὴν αἰτίαν πάντες λέγουσιν ἐκ τῶν ἐν τοῖς ὑγροῖς καὶ περὶ τὸν ἀέρα συμβαινόντων· ἐν τούτοις γὰρ ἀεὶ φέρεται τὰ μείζω καὶ τὰ βαρύτερα πρὸς τὸ μέσον τῆς δίνης. διὸ δὴ καὶ τὴν γῆν πάντες ὅσοι τὸν οὐρανὸν γεννῶσιν ἐπὶ τὸ μέσον συνελθεῖν φασιν [（大地）由于通过旋涡被带动而聚集于中央：因为这就是所有人根据在水中、在空气周围发生的事情所讲的原因，因为在其中那些较大的和较重的东西总是被带向旋涡的中央。因此，所有那些让诸天生成的人都说大地聚集于中央]。

进行旋转运动。① 然而，它并非球体，所以我们不能讨论轴向旋转。如果我们接受世界是一个不断旋转的圈环系统的观点，那么阿那克西曼德主张的大地的形状便能轻而易举地获得解释，它正是涡流中心的一个实心环。

21. 天体

我们已经看到，被迫到涡流边缘的火焰因其自身热量使蒸汽不断膨胀，由于蒸汽膨胀产生的压力，火焰破裂成为若干圈环。下面是希波吕克和埃修斯有关诸天体从这些圈环中形成的若干陈述。

> 诸天体是一个火轮，从世界之火中被分离，为气所环绕。存在着一些气孔，一些笛子状的管道，天体借之展现自身。这便是当这些气孔被阻塞时就出现蚀的原因。并且由于这些管道的堵塞或开放，月亮显得时盈时亏。太阳的轮环是（大地的）27 倍大，而月亮（的轮环）是 18 倍大。② 太阳是全部轮环中最高的，而星辰所在的轮环是最低的。——希波吕特，《对各种异端的反驳》Ⅰ，6。
>
> 诸天体是像环箍一样的被压缩的气，它们充满了火，在特定的部位透过孔洞呼出火焰。——埃修斯，ii.13，7（《希腊哲学史》19a）。
>
> 太阳是一个大地的 28 倍大的轮环，像一个战车轮子，有中空的轮圈，充满了火，在某处透过一个孔洞将火显露出来，就像透过一组风箱的喷嘴一样。——埃修斯，ii.20，1（《希腊哲学史》19a）。
>
> 太阳与大地等大，但它从中呼出并被带着转动的轮环是大地的 27 倍。——埃修斯，ii.21，1.
>
> 月亮是一个大地的 19 倍大的轮环，就像一个战车轮子，有着中空的轮圈，与太阳所在的一样充满了火，也像它一样倾斜着。它有一个呼气孔，如同一组风箱的喷嘴。[月食之所以发生，是由于轮环的转

66

---

① 欧德谟斯曾清楚地指出过这一点（载于斯密尔纳的塞翁，第 198 页，Ἀναξίμανδρος δὲ ὅτι ἐστὶν ἡ γῆ μετέωρος καὶ κινεῖται περὶ τὸ μέσον.）[阿那克西曼德认为，大地高悬并且围绕中心运动。] 阿那克萨戈拉持同样看法（§133）。

② 我和尼尔斯（《希腊学述》第 560 页）一样假定文本存在某些遗漏，但我将月亮所在圈环大小定为 18 而非 19，从而使之与另一个数字 27 更加匹配。见第 60 页注释②。

动。]①——埃修斯，ii.20，1（《希腊哲学史》19 a）。

月亮在轮圈的孔洞被阻塞时便出现了食。——埃修斯，ii.29，1.

（雷声、电光等）都是由风的冲击产生出来的：因为当它一旦被封闭在厚厚的云层里并急剧喷涌而出，云的破裂就造成了响声，而裂缝则衬着黑压压的云层看似闪光。——埃修斯，iii.3，1.

风是一股气流（即蒸汽），当蒸汽最精微、最潮湿的部分为太阳所激荡并消散时，风便产生了。——埃修斯，iii.7，1.

67

上面提供了的天体轮环大小的数字有着令人困惑的差异，似乎最为可信的解释是 18 和 27 指其内圈大小，而 19 和 28 则包含了它们的外缘。我们或许可以推断出"星辰"的轮环大小是地球的九倍，因为在早期宇宙生成论中，数字 9、18、27 扮演着重要的角色。② 我们并没有将那些火轮视为一个个完整的圆圈，因为那塑造了这些轮环的蒸汽或薄雾包围着火，形成一个外环，但轮环外缘上有一处空缺，火透过这个空缺逃逸出去，就成了我们实际上看到的天体。③"轮环"理论很可能是受到银河的启示才被提出的。如果我们质疑气的轮环何以能在它自身不可见的同时使我们也无法看到包裹在其中的火，答案是，这便是当时希腊人的所谓"气"的性质。例如，当《荷马史诗》中的某个英雄在因为"气"的包裹而

---

① 此处明显有某种混淆，因为阿那克西曼德对月食的真正解释见下一个摘录。解读方面也不无疑虑。普鲁塔克和尤塞比乌斯（《福音预备》XV，26，1）都抄录了ἐπιστροφάς，所以斯托拜乌斯的τροπάς便可以被省略了，特别是因为在萨姆布库斯抄本（codex Sambuci）中的στροφάς。看上去这像是游离到了的赫拉克利特的理论，后者认为食是由于σκάφη [碗] 的στροφή [翻转] 或ἐπιστροφή [转动]（§ 71）。无论如何，这段话都不能被用来支持策勒和希恩赋予τροπαί的意思（第 56 页注释①）。

② 见塔内里，《希腊科学》，第 91 页；第尔斯，《论阿那克西曼德的宇宙》（《哲学史档案》，第十卷，第 231 页以下）。

③ 这一理论的真正含义首先在第尔斯（《希腊学述》第 25 页以下）那里获得了解释。火焰像卢克来修所说的那样（vi.493），"从周围巨大世界的呼气孔"穿出。被拿来同这些进行类比的πρηστῆρος αὐλός不过是铁匠所使用风箱的吹口，πρηστήρ一词的这种意思同样出现在罗德岛的阿波罗尼奥斯那里（iv.776），并且它同与之名称相同的那种气象现象没有任何关系（见第三章，§ 71），除非希腊的水手们曾用一种常见工具的名字来命名火龙卷。当下我们并没有讨论稍早有关这一短语的解释的必要。

隐匿起来的时候，我们的视线能透过"气"和"这位英雄"。① 还应补充的是，阿那克西曼德对闪电的解释与对诸天体的解释大致相同。它同样是火焰突破了凝聚的气，只不过在这种情况下被突破的是暴雨云。看上去这很可能正是该"轮环"理论的起源，阿那克西曼德将诸天体类比于闪电，由此对诸天体进行了解释，而非相反。我们必须牢记，此时的气象学和天文学仍未经区分，② 并且无论是"轮环"抑或"圈环"理论，都是旋涡观念的自然推论。

68

　　到目前为止，按照塞奥弗拉斯特的权威记述，我们所进行的似乎都不乏根据；如果真是这样，某些进一步的推论看上去也随之而来了。首先，阿那克西曼德破除了诸天是一个坚实穹顶的陈旧观念。不再有什么能阻止我们直接洞察"无界限"，并且很难设想阿那克西曼德不相信他能够这样做。传统的宇宙已经被一个更为宏大的体系所代替：在一种非水、非气的无界限物质中，存在着无数个涡流。在那种情况下我们不禁相信，我们所谓的诸恒星被等同于"无数的世界"，同时也是"诸神"。这样，星辰的周日运动并不真实；由于星辰和我们之间的距离时时不等，便不存在某种共同的旋转。因此这种表面上的周日运动一定是取决于圆柱形大地在 24 小时内的自转。我们已经看到，地球一定随 δίνη 的旋转而旋转。这样便避免了位于大地和月球之间"星辰"所在轮环的难题，因为诸恒星根本不能用一个"轮环"来解释，而是需要一个球体。那么那些被这个内层轮环所解释的"星辰"究竟是什么？我大胆猜测它们是晨星和暮星。我们已经看到（第 19 页，注释②），它们这时还未被认作是同一颗星体。换言之，我相信阿那克西曼德认为诸恒星是静止的，它们各自在自己的涡流中旋转。这无疑使我们在理解太阳和月亮之旋转时陷入困难：按照涡流的本性，它们的旋转一定同大地的转动方向一致，并且基于刚才的假设，那旋转又必须自西向东，旋转的速度较大地更缓，而这显然与涡流外缘较中心转速更快的事实不符。不管怎样，这是一直到德谟克利特的所有伊奥尼亚宇宙论者都必须面对的难题。正如他们所主张的，倘若所有旋转方向相同，他们便不得不承认我们所说的最大速度为最慢。例

69

① 这个观点并不像它可能看上去的那样奇怪。无论是远处海面上的一个小岛抑或礁石，都可能在迷雾（ἀήρ）的包裹下完全消失，而我们却似乎能够看到较它更为遥远的天空。
② 见前文第 23 页。

如，月亮并不像太阳旋转得那么快，因为太阳更接近恒星的速度，并与之同步。① 如果我们还记得阿那克西曼德是第一个着手解决这个问题的人，那么他未曾发现这一困难就并不奇怪了，毕竟涡流中心的运动速度一定比外缘更慢并不是什么显而易见的事。这可以用来解释诸天体各自有与周日运动方向相反的旋转这一学说的起源，而我们将会看到把该学说归给毕达哥拉斯的理由（§54）。

22. 动物

无论如何，我们所看到的已足以表明，阿那克西曼德有关世界的推断是极其大胆的。现在，我们来谈谈他最为大胆的、关于生物起源的理论。塞奥弗拉斯特对这一学说的记述被学述作家们很好地保存下来：

随着潮湿元素被太阳蒸发出来，生物也从中产生。人类起初类似于另一种动物，那便是鱼。——希波吕特，《对各种异端的反驳》i.6（《希腊哲学史》22a）。

最初的动物是在潮湿中被产生出来的，各自包裹着多刺的树皮，随着年龄增长，它们便上到较干的地方。当树皮裂开时，② 它们只能存活很短的时间。③——埃修斯，v.19，4（《希腊哲学史》22）。

此外，他还说人最初是被另一些种类的动物生出来的。他的理由是，其他动物很快地靠自己就能觅食，唯有人需要很长一段时期的哺育。因此，倘若他最初便如现在这般，便根本不会存活下来。——伪普鲁塔克，《汇编》，残篇 2（《希腊哲学史》同上）。

---

① 卢克莱修，v.619 以下。

② 这句话可以通过下文中我们所了解到的有关 γαλεοί [角鲨] 的认识来理解。参见亚里士多德，《动物志》Z，10.565a25，τοῖς μὲν οὖν σκυλίοις, οὓς καλοῦσί τινες νεβρίας γαλεούς, ὅταν περιρραγῇ καὶ ἐκπέσῃ τὸ ὄστρακον, γίνονται οἱ νεοττοί [至于小角鲨，也就是所谓的点纹角鲨，卵壳裂开并散落时，幼崽才被产生出来]。

③ 正确的读法是 ἐπ᾽ ὀλίγον χρόνον μεταβιῶναι，在第尔斯的《前苏格拉底哲学家残篇》第一版和第二版中，对 χρόνον 一词的省略显然是一个疏漏。在《希腊学述》的索引中，第尔斯在 μεταβιοῦν 这个词条处说道 "mutare vitam [移去生命] [参见 μεταδιαιτᾶν]"，我在本书的第一版中采信了他的观点。海德尔很好地参照了阿凯劳斯的（最初动物）ἦν δὲ ὀλιγοχρόνια [它们只生活了很短的时间]，载于希波吕特，《对各种异端的反驳》i.9，5。

　　他宣称，人类起初为鱼所生，在像鲨鱼一样被哺育，[①] 并变得能够保护自己之后，他们最终被抛到岸上并走向陆地。——普鲁塔克，《会饮》，730 以下（《希腊哲学史》同上）。

　　上述言论的重要性有时被过分夸大，更常常遭到低估。一些人曾将阿那克西曼德称作达尔文的先驱，另一些人却将他的全部观点作为神话的残余。因此，值得注意的是，我们在这里不仅看到一个 *placitum* [学说]，还获知它所依据的一系列观察事实，这是极为少见的。依据上述观点，阿那克西曼德显然具有一套适应环境和适者生存的观念，并认为高等哺乳动物并不能代表原始的动物类型。为此，他将目光投向大海，并很自然地注意到那种同哺乳动物最为相似的鱼类上。约翰内斯·米勒指出，亚里士多德关于角鲨（*galeus levis*）的描述比后来的博物学家们还要准确，而我们现在看到阿那克西曼德已作出了这些事实观察。鲨鱼哺育幼崽的方式给他提供了他所需要的解释最早的动物何以存活的理由。[②]

71

---

① 和德纳一样，将 ὥσπερ οἱ παλαιοί 读作 ὥσπερ οἱ γαλεοί。普鲁塔克在《论动物的聪明》982a 描述了鲨鱼的 φιλόστοργον [亲昵]。

② 关于亚里士多德和角鲨，见约翰内斯·米勒，《亚里士多德论角鲨》（《普鲁士科学院学报》，1842），我的同事达西·汤普森教授使我注意到了这篇论文。τρεφόμενοι ὥσπερ οἱ γαλεοί 这段话的论点出现在亚里士多德《动物志》Z，10.565b1，οἱ δὲ καλούμενοι λεῖοι τῶν γαλεῶν τὰ μὲν ᾠὰ ἴσχουσι μεταξὺ τῶν ὑστερῶν ὁμοίως τοῖς σκυλίοις, περιστάντα δὲ ταῦτα εἰς ἑκατέραν τὴν δικρόαν τῆς ὑστέρας καταβαίνει, καὶ τὰ ζῷα γίνεται τὸν ὀμφαλὸν ἔχοντα πρὸς τῇ ὑστέρᾳ, ὥστε ἀναλισκομένων τῶν ᾠῶν ὁμοίως δοκεῖν ἔχειν τὸ ἔμβρυον τοῖς τετράποσιν [所谓光滑的角鲨与小角鲨类似，其卵位于子宫之间，它们进入子宫双角中的每一个，幼崽出生时有脐带与子宫相连，以便胚胎在卵中营养耗尽之时看上去与四足动物相似]。我们并没有必要认为阿那克西曼德曾提到在亚里士多德的描述之外的现象，后者不止一次提到，除 ἀκανθίας [白斑角鲨] 之外的所有 γαλεοί [角鲨] 都"将它们的幼崽放出后再收回"（ἐξαφιᾶσι καὶ δέχονται εἰς ἑαυτοὺς τοὺς νεοττούς，同上 565b23），关于这一点参照埃修斯，i.17；普鲁塔克，《论对后代的感情》494c；《论动物的聪明》982a。约翰内斯·米勒所描述的胎盘和脐带能够充分地说明他的所有观点。

Ⅲ. 阿那克西美尼

23. 生平

据塞奥弗拉斯特所言，米利都的阿那克西美尼，尤茹斯特拉托斯之子，是阿那克西曼德的"伙伴"。[1] 阿波罗多洛斯认为，他的"盛年"似乎是在萨尔迪斯城陷落前后（公元前546/5），并于第63届奥林匹亚赛会前后（公元前528/525）逝世。[2] 换言之，他在泰勒斯的"盛年"出生，而到了他的"盛年"，泰勒斯刚好离世。这表明阿波罗多洛斯并没有其生平的确切信息。他之所以认为他死于第63届奥林匹亚赛会，大概是因为这时米利都学派刚好历经三代。[3] 因此，除了他一定比阿那克西曼德年轻外，我们关于他的生平没有任何定论。

24. 著作

阿那克西美尼曾撰写过一部流传至文学批评时代的著作，因为我们获悉他曾使用平易、淳朴的伊奥尼亚方言，[4] 可以想见，这与阿那克西曼德的诗体散文有明显不同。[5] 阿那克西曼德的思辨因其艰深与广度而超绝；阿那克西美尼则与之相反。他似乎仔细地构思出了自己的体系，并拒斥了前辈的大胆理论。其结果是，尽管他对世界的看法并不如阿那克西曼德的世界观那样更切近世界的真实情况，却也许在那些注定要被坚持的思想方面更富有成果。

72

---

[1] 塞奥弗拉斯特，《自然哲学观点》，残篇2（《希腊哲学史》26）。

[2] 这是通过将第欧根尼，ii.3 同希波吕特，《对各种异端的反驳》i，7（《希腊哲学史》23）和索伊达斯（见相应词条）进行比较推断而来的。然而在希波吕特中，我们一定要和第尔斯一样将 πρῶτον 读作 τρίτον。《希腊哲学史》23e 暗示说，阿波罗多洛斯在提及奥林匹亚赛会的时候并没有说明年月。这一暗示的依据是不充分的，因为阿波罗多洛斯借以进行估算的并不是奥林匹亚赛会，而是雅典执政官。

[3] 雅各比（第194页）将这个日期同毕达哥拉斯的盛年相联系，这在我看来并不可靠。

[4] 第欧根尼，ii.3（《希腊哲学史》23）。

[5] 参见前文塞奥弗拉斯特的论述，§13。

25. 首要实体理论

阿那克西美尼是塞奥弗拉斯特曾为之专门立传的哲学家之一；[①] 这为我们提供了相信这一传统存在的额外证据。下面[②] 几段文本包含了对其体系核心特征的最全面的说明：

> 米利都人阿那克西美尼，尤茹斯特拉托斯之子，曾是阿那克西曼德的一位伙伴，也曾像他一样宣称基础性的实体是单一的和无限的。然而，他并没有像阿那克西曼德一样说它是不确定的，而是确定的；因为他说它是气。——《物理学注》，残篇 2（《希腊哲学史》26）

> 他说，方生者、已成者、将在者、诸神以及神圣者由它而生成，其余的东西则来自它的产物。——希波吕特，《对各种异端的反驳》i.7（《希腊哲学史》28）。

> "就像，"他说，"我们的灵魂，作为气，把我们合成一体，气息和气也如此这般地萦绕着整个世界。"——埃修斯，i.3，4（《希腊哲学史》24）。

> 而气的形式是这样的。它在最稳定的情况下，在视觉上是不可见的；但冷和热、潮湿与运动，使之可见。它无时不在运动；因为，若非如此，它便不会产生如此多样的变化。——希波吕特，《对各种异端的反驳》i.7（《希腊哲学史》28）。

> 它在不同的实体中因其疏散和凝聚而有所不同。——《物理学注》，残篇 2（《希腊哲学史》26）。

> 当它被分散以致更为稀疏时，就变成了火；另一方面，风是凝聚的气。云从被紧压的气中形成；[③] 而它在被进一步凝聚时，就变成了水。水在被凝聚得更甚时变成了土；而在被凝聚到最大程度的时候，就变成了石头。——希波吕特，《对各种异端的反驳》i.7（《希腊哲学史》28）。

---

① 关于这些著作，见《希腊学述》，第 103 页。

② 见《对塞奥弗拉斯特作品的摘录概要》，载于《希腊学述》，第 135 页。

③ 所有早期宇宙论者都频繁地使用"紧压"（πίλησις）这一术语来描述这一过程。柏拉图正是从他们这里接受了这一用法（《蒂迈欧篇》58b4；76c3）。

26. 疏散与凝聚

73　　初看上去，这似乎是从阿那克西曼德更为精致的学说堕落为更为粗陋的观点；但事实并非如此。相反，在理论中引入疏散和凝聚是一个显著的进步。[①] 事实上，它首次实现了米利都学派的宇宙论的自洽，因为，显然，一个把所有事物都解释为单一实体的某种形式的理论必然会将一切差异视作量上的差别。要维护首要实体的统一性，唯一的方法便是主张一切差异都是由于该实体在某个特定的空间里存在得多或少。一旦踏出这一步，借用亚里士多德虽不准确但却很方便的话说，就不再需要把首要实体看作某种"与元素不同"的东西了；它同样可能是某种元素。

27. 气

阿那克西美尼所谈到的气囊括了很多我们并不会称为"气"的东西。一般情况下，它在完全均匀地分布的情况下并不可见，因而这对应于我们所谓的"气"；它是我们吸入的气息和吹动的风。这便是他将其称作 πνεῦμα 的原因。另一方面，传统中认为雾或蒸汽是凝聚了的气的观点，仍被未经质疑地接受下来。我们将看到，是恩培多克勒首先发现我们所说的气是一种特殊的有形实体，它既不同于蒸汽，也异于空的空间。在早期宇宙论中，"气"总是蒸气的一种形式，甚至连黑暗也是"气"的一种形式。恩培多克勒通过表明黑暗不过是一个阴影，也对这种观点进行

---

① 辛普利丘，《物理学注》，第 149 页，32（《希腊哲学史》26b），宣称塞奥弗拉斯特只在讨论阿那克西美尼的时候谈到了疏散与凝聚。然而，需要指出的是，亚里士多德在《物理学》A, 4.187a12，似乎暗示阿那克西曼德同样论及疏散和凝聚，特别是在 ὃ ἔστι πυρὸς μὲν πυκνότερον ἀέρος δὲ λεπτότερον [它比火更稠密，而比气更精微] 指的是他的情况下。另一方面，在 20, οἱ δ' ἐκ τοῦ ἑνὸς ἐνούσας τὰς ἐναντιότητας ἐκκρίνεσθαι, ὥσπερ Ἀναξίμανδρός φησι [但有些人则说从"一"中内在的对立物被分离出来，正像阿那克西曼德所说的那样]，这似乎与 a12, οἱ μὲν κτλ [人们等等] 相悖。正如我所指出的那样，我们此处所处理的似乎不过是亚里士多德自己远不够清晰的推论和阐释。辛普利丘援引自塞奥弗拉斯特的确定说法相比于它们更为重要，尽管辛普利丘自己补充说道 δῆλον δὲ ὡς καὶ οἱ ἄλλοι τῇ μανότητι καὶ πυκνότητι ἐχρῶντο [但其他人显然也采用了疏散和凝聚] —— 这不过是他自己基于亚里士多德多少有些含混的论述的推测。

了澄清。①

阿那克西美尼很自然地将"气"确定为首要实体,因为,在阿那克西曼德的体系中,它处于火焰之环和其中的冷湿之物这两个基本相反者间的中间位置(§19)。我们从普鲁塔克那里获知,他认为气在疏散的时候变热,而在凝聚的时候变冷。他通过一个奇特的实验证明使自己确信了这一点:当我们张口呼气时,空气是温暖的;一旦双唇闭合,空气则是冷的。②

28. 世界的气息

上述论证将我们引向了该理论的一个重点,后者已通过流传下来的这个残篇得到证实:③"就像我们的灵魂,作为气,使我们保持为整体,气息和气也同样地包围着整个世界。"首要实体与世界之生命的关系同它和人类生命的关系并无二致。这同样是毕达哥拉斯学派的观点;④ 此外,它也是借由人体小宇宙来论证大宇宙的早期实例,标志着对生理问题的兴趣的兴起。

29. 世界的部分

我们现在转向有关世界以及其部分的形成的学述传统:

他说,当气被紧压时,首先生成了大地。它十分宽阔,因此由气

---

① 关于荷马中 ἀήρ 的意涵,参见,例如《奥德赛》viii.1, ἠέρι καὶ νεφέλῃ κεκαλυμμέναι [遮蔽在雾气和云朵之中];关于它在伊奥尼亚散文作品中的残存,见希波克拉底,《论气、水及位置》(Περὶ ἀέρων, ὑδάτων, τόπων), 15, ἀήρ τε πολὺς κατέχει τὴν χώρην ἀπὸ τῶν ὑδάτων [大量从水而来的雾气将大地紧紧遮盖]。柏拉图同样对这种古老的意涵有着清楚的认识,因为借蒂迈欧之口说 ἀέρος (γένη) τὸ μὲν εὐαγέστατον ἐπίκλην αἰθὴρ καλούμενος, ὁ δὲ θολερώτατος ὁμίχλη καὶ σκότος [气(种类),最明净的被称作以太,而最暗浊的则被称作雾霭和幽暗](《蒂迈欧篇》58d)。关于将 ἀήρ 等同于幽暗,参见普鲁塔克,《论冷的本原》948e, ὅτι δ' ἀὴρ τὸ πρώτως σκοτεινόν ἐστιν οὐδὲ τοὺς ποιητὰς λέληθεν· ἀέρα γὰρ τὸ σκότος καλοῦσιν [气是最原始的幽暗,这并没有逃过诗人们的注意,因为他们将"气"称作"幽暗"]。我的观点遭到了塔内里,"一个关于阿那克西曼德的新假说"(《哲学史档案》,第八卷,第 443 页以下)的批评,为回应这些批评,我对之前表述做了略微改动。这一点对我们解释毕达哥拉斯主义学说至关重要。

② 普鲁塔克,《论冷的本原》,第 947 页以下(《希腊哲学史》27),此处我们被告知他曾用 τὸ χαλαρόν 来指代被疏散的气。

③ 埃修斯,i, 3, 4(《希腊哲学史》24)。

④ 见第二章 §53。

所支撑。——伪普鲁塔克，《汇编》，残篇 3（《希腊哲学史》25）。

太阳、月亮和其他天体都是火性的，它们按照相同的方式为气所支撑，由于它们的宽广。从土中升腾的潮湿将诸天体从土中产生出来。当它被疏散以后，便产生了火，而星辰由火构成，因此升至高空。在星辰的区域内，同样有由土性实体构成的物体，随它们一起旋转。他说，诸天体并不像另一些人所推断的那样运动到大地之下，而是环绕着它，就像便帽绕着我们的脑袋转动。太阳隐匿不见，并非因为它运行至大地之下，而是因为它被大地较高的部分所遮蔽，也由于它和我们的距离变得更大。星体之所以没有释放热量是因为它们距离太远。——希波吕特，《对各种异端的反驳》i，7，4-6（《希腊哲学史》28）

当气被凝聚并在推力作用下喷涌，风便产生了；而当它被进一步聚集而更加稠密，便生成了云；最后，它变成了水。①——希波吕特，《对各种异端的反驳》i，7，7（《希腊学述》，第 561 页）

星辰［像铆钉一样被固定在诸天那晶莹透亮的穹窿之上，但一些人说它们］是火性的叶片，就像画一样。②——埃修斯，ii，14，3（《希腊学述》，第 344 页）。

它们不会运行至大地之下，而是绕其旋转。——同上，16，6（《希腊学述》，第 348 页）。

太阳是火性的。——同上，20，2（《希腊学述》，第 348 页）。

它宽阔得像一片叶子。——同上，22，1（《希腊学述》，第 352 页）。

天体之所以在它们的轨道上出现回归，③是因为受到凝聚的气的抗阻。——同上，23，1（《希腊学述》，第 352 页）。

月亮由火构成。——同上，25，2（《希腊学述》，第 356 页）。

---

① 此处的文本相对错乱。我保留了 ἐκπεπυκνωμένος 一词，因为我们在前面被告知风是凝聚的气。

② 见下文，第 70 页，注释①。

③ 它所指的只能是太阳的 τροπαί［回归］，尽管它一般也陈述 τὰ ἄστρα［众星辰］。这段文本出自 Περὶ τροπῶν ἡλίου［《论太阳的回归》］一章，我们不能把它当做一条没有语境的论述进行解释。

阿那克西美尼像阿那克西曼德那样解释闪电，又补充了发生在大海上的事情作为说明：在被用桨分开时，大海发出闪光。——同上iii.3，2（《希腊学述》，第 368 页）。

当水在下落过程中冻结，冰雹便产生了；当一些气被禁闭在水中，便形成了雪。——埃修斯，iii.4，1（《希腊学述》，第 370 页）。

当太阳的光束落在浓厚、稠密的气上时，便出现了彩虹。因此它的前部受太阳光线的灼烧，看上去是红色的，而另一部分是暗色的，由于受湿的主导。而他还说，某种彩虹在夜间由月亮产生，但并不常见，因为并非总是满月，并且因为月光比太阳更弱。——《阿拉托斯〈物象〉评注》①（《希腊学述》，第 231 页）。

大地在外形上像一张桌子。——埃修斯，iii.10，3（《希腊学述》，第 377 页）。

地震的原因是大地的干与湿，分别由干旱或暴雨引发。——同上15，3（《希腊学述》，第 379 页）。

我们已经看到，关于首要实体的本性，阿那克西美尼的确有理由回归泰勒斯的看法；但这给他宇宙论的具体细节带来了消极的影响。大地又一次被设想为一个像桌子一样悬浮在气上的圆盘。日、月、星辰也成了火性的圆盘，"像叶子一样"悬浮在气上，这是一个受"旋涡"（δίνη）启发而自然萌生的观念。因此，诸天体不可能像阿那克西曼德必然主张的那样在夜间运行至大地之下，而只能像便帽或磨盘那般，在侧面绕地球转动。② 亚里士多德在《气象学》中同样提到了这一观点，③ 他在此处提到大地的北部高高隆起，使诸天体得以隐匿不见。这只是为了解释北极圈外的星辰何以会出现上升和下降的现象，如果我们记得大地被认为是在一个平

---

① 其来源为援引了塞奥弗拉斯特的波塞冬纽斯。《希腊学述》，第 231 页。

② 塞奥多瑞特（iv.16）谈到那些相信像磨盘一样旋转的人，把他们同那些相信像车轮一样转动的人进行对比。第尔斯（《希腊学述》第 46 页）分别将这些明喻归给阿那克西美尼和阿那克西曼德。它们当然来自埃修斯（"文献材料来源"，§10），尽管它们都未曾被斯托拜乌斯和《学说》记载。

③ B，1.354a28（《希腊哲学史》28c）。

面上旋转的话，那么这个解释便还算说得过去了。它和天球理论是十分抵

77　牾的。①

在行星间绕行的土性诸天体无疑是被用来解释"食"和月相的。②

30. 无数的世界

正如可预料的那样，被归给阿那克西美尼的"无数的世界"理论同那被归给阿那克西曼德的理论一样存在着诸多困难。然而相关证据也远未令人满意。西塞罗宣称，阿那克西美尼将气视为神，并补充说它曾被生成。③这不可能是对的。作为首要实体的气当然是永恒的，并且阿那克西美尼很可能称其为"神圣的"，就像阿那克西曼德如此这般地称谓"无界限"一样；但可以肯定，他也曾论及那些曾被生成的以及毁灭了的诸神。他说，这些神都是从气中被生成的。希波吕特④和圣奥古斯丁⑤都明确地陈述了这一点。这些神可能像阿那克西曼德所做的那样获得解释。诚然，辛普利丘持有另外一种观点；但他可能受到了某个斯多亚权威的误导。⑥

---

① 因此，我拒绝了埃修斯，ii，14，3（第 76 页）的说法，Ἀναξιμένης ἥλων δίκην καταπεπηγέναι τῷ κρυσταλλοειδεῖ [阿那克西美尼说，星辰像铆钉一样被固定在诸天那晶莹透亮的穹窿之上]。随后的一段话强烈地暗示此处存在着某种对人名的混淆，ἔνιοι δὲ πέταλα εἶναι πύρινα ὥσπερ τὰ ζωγραφήματα [有些人说它们是火性的叶片，就像画一样]，这无疑是阿那克西美尼的真正学说。我理解为是星座的 ζωγραφήματα（参见柏拉图，《蒂迈欧篇》55c）。认为星辰被固定在晶莹透亮的天球上与它们不会运行到大地之下的学说矛盾，而后者更容易被证实。

② 见塔内里，《希腊科学》，第 153 页。阿那克萨戈拉假定存在着一些恰好与之类似的天体，关于这些星体，见下文，第六章，§135。以及更后面的"第七章"，§151。

③ 西塞罗，《论神性》i.26（《希腊哲学史》28 b）。

④ 希波吕特，《对各种异端的反驳》i，7，1（《希腊哲学史》28）。

⑤ 奥古斯丁，《上帝之城》viii.2："Anaximenes omnes rerum causas infinito aëri dedit；nec deos negavit aut tacuit; non tamen ab ipsis aërem factum，sed ipsos ex aëre ortos credidit" [阿那克西美尼将事物的所有原因都归于无限的气，并且不否认有诸神，或者对诸神保持沉默；但他不相信气是由他们所造，而是相信他们从气中产生]（《希腊哲学史》28b）。

⑥ 辛普利丘，《物理学注》，第 1121 页，12（《希腊哲学史》28a）。来自《学说》的那段文本相较于辛普利丘的这段文本更为可信。这里，彼此继起的世界只被归给了阿那克西美尼、赫拉克利特以及第欧根尼。关于斯多亚学派对赫拉克利特的看法，见第三章 §78；关于第欧根尼，第十章 §188。καὶ ὕστερον οἱ ἀπὸ τῆς Στοᾶς [以及后来那些出自斯多亚的人们] 这句话暗示辛普利丘遵循了某个斯多亚学派的权威。

31. 阿那克西美尼的影响

我们并不能轻易地认识到，在阿那克西美尼同时代人的眼中，以及在之后的很长一段时间内，阿那克西美尼都被认为是一位比阿那克西曼德重要得多的人物。这是一个确定无疑的事实。我们将看到，毕达哥拉斯虽然在他对天体的解释中追随了阿那克西曼德，但阿那克西美尼对他有关世界的一般理论的贡献更为突出（§53）。我们将进一步看到，许多年后，当科学再次于伊奥尼亚复兴的时候，它自身所依附的正是"阿那克西美尼的哲学"（§122）。阿那克萨戈拉接受了他很多最具代表性的观点（§135），原子论者亦然。① 阿波罗尼亚的第欧根尼回归了阿那克西美尼的核心学说，认为气是首要实体，尽管他同样试图把这一学说同阿那克萨戈拉的理论结合起来（§188）。这些我们稍后都会讲到，但似乎有必要立即指出的是，阿那克西美尼标示了这条始自泰勒斯的思想路线的巅峰，并且有必要表明"阿那克西美尼的哲学"何以逐渐意指整个米利都学派的学说。之所以能够如此，只因为它事实上是一个学派的成果，而阿那克西美尼正是这一学派的最后一位杰出代表，而且因为他对这一学派的贡献是他完成了从前辈那里继承而来的体系。我们已经看到（§26），阿那克西美尼有关疏散与凝聚的理论确实是米利都体系的真正完成，只需要补充的是，对这一事实的清醒认识将同时成为我们理解米利都宇宙论本身以及由之而来的一系列体系的最佳线索。随后出现的这些体系基本上都是从阿那克西美尼哲学出发扬帆远航。

78

79

---

① 特别是留基波和德谟克利特两人都继承了他平板状大地的理论。参见埃修斯 iii 10, 3-5（Περὶ σχήματος γῆς [论大地的形状]），Ἀναξιμένης τραπεζοειδῆ（τὴν γῆν）. Λεύκιππος τυμπανοειδῆ. Δημόκριτος δισκοειδῆ μὲν τῷ πλάτει, κοίλην δὲ τῷ μέσῳ [阿那克西美尼认为（大地）在外形上像一张桌子。留基波认为在外形上像一面鼓。德谟克利特认为面上像一个盘子，而中间凹下]。而在受毕达哥拉斯主义影响的圈子中，大地是球形已为人所共知。

第二章

科学与宗教

32. 伊奥尼亚与西方

正如我们所看到的，亚细亚的伊奥尼亚人在精神上是彻底世俗的；而就我们所能断定的，米利都人完全无视了传统的信仰。他们用以称谓首要实体以及那无数世界的"神"的概念并不具有任何宗教意义。[①] 爱琴海诸岛屿上的情况则与之不同。在安纳托利亚海岸可供殖民之前的很长时间里，这些岛屿一直是伊奥尼亚人的故乡，并保存着诸多来自远古的记忆。它们似乎集中在德罗斯的圣所一带，而那位费瑞库德斯的残篇——他来自毗邻于德罗斯的锡罗斯岛——读起来似是一套姗姗来迟的古早话语。[②] 毫无疑问，在卡尔基斯和伊奥尼亚位于希腊世界西部的各殖民地，则是另一番景象，这些殖民地建立在赫西俄德和他的追随者仍拥有不容挑战的权威的时代。

毕达哥拉斯和克塞诺芬尼是见证了亚细亚诸希腊城邦臣服于波斯的那代人中最为出众的两个，他们都是伊奥尼亚人，但他们长期生活在西方。在那里，宗教不再能被无视，特别是在那个横扫希腊世界的宗教复兴使宗教增强的时代。自此，启蒙领袖们要么像毕达哥拉斯那样改革并深化传统宗教，要么像克塞诺芬尼那样公开予以抵制。

80

---

① 见第 13 页。

② 见第 3 页。

33. 德罗斯的宗教

然而，宗教的复兴并不仅仅是传统爱琴宗教的回潮，它还受到某些来自遥远北方的观念的深刻影响。德罗斯的神庙传说当然是古老的，它将对阿波罗的崇拜同那些被认为是居住在多瑙河沿岸的极北居民联系起来。[①] 那个"包裹在麦草中的神圣之物"经过人手相传，取道亚得里亚海岬、多多纳以及马里湾，最终到达德罗斯，[②] 它见证了多瑙河文明与爱琴文明早期的一次真正联系，并且将亚该亚人的到来与之联系在一起是极其自然的。极北居民阿巴里斯[③]和普罗孔涅索斯的阿里斯忒阿斯[④]的故事衍生于同一个宗教运动，这些故事表明这一宗教运动是以一种据我们所知在爱琴海地区前所未见的灵魂观为基础的。而今，毕达哥拉斯同德罗斯的联系已然凿凿有据，并且可以肯定，他是在那些以亚该亚人名字为荣的各个城邦中建立的自己的团体。如果德罗斯的宗教确实是来自亚该亚人的宗教，我们方能对毕达哥拉斯一生中的某些事情多少有些理解，否则它们是令人费解的。关于这些问题，我们稍后再来讨论。[⑤]

34. 俄耳甫斯主义

然而，受北方宗教影响最大的并不是它在德罗斯的宗教形式。在色雷斯，北方宗教使自己融入对狄俄尼索斯的狂热崇拜中，并与俄耳甫斯的名字联系在一起。在这种宗教中，新的信仰主要基于"迷狂"（ἔκστασις，"出走"）现象。人们认为，灵魂唯有在"离开肉体"时才能展现其真正本性。它不仅像荷马所说的那样，是自我的一个微弱副本，还是一位虽然堕落了、却能通过系统的"净化"（καθαρμοί）和秘仪（ὄργια）恢复其崇高状态的神。借助这种形式，新宗教立即吸引了形形色色、各种阶层的人——他们都无法从对诗人作品以及城邦宗教中那些世俗化的、与人同形的神的崇拜中获得满足。

81

---

① 品达，《奥林匹亚赛会者》iii.14-16。

② 希罗多德，iv.33。参见法内尔，《希腊城邦的宗教》，第四卷，第99页以下。

③ 希罗多德，iv.36。

④ 希罗多德，iv.13-15。

⑤ 相较于适合于此处的篇幅，我在《宗教与伦理百科全书》中更为充分地探讨了毕达哥拉斯主义宗教的起源（见关于毕达哥拉斯的部分）。

俄耳甫斯教有两个古希腊前所未有的全新特点。它将成文的启示作为宗教权威的来源，其信徒又在共同体中被组织起来，这种组织并非基于任何或真或假的血缘纽带，而是基于自愿的精神皈依和入会仪式。大多数流传至今的俄耳甫斯文学都成文稍晚，其来源也无法确定，但那几个发现于图里和普铁里亚的薄金盘——上面刻有俄耳甫斯教的诗句——将我们带回到那个俄耳甫斯主义尚且生机勃勃的时代。① 藉此我们了解到，它与大约在同一时期盛行于印度的诸种信仰有着惊人的相似之处，即便我们确实无法认为希腊在这一时期可能受到任何来自印度的影响。② 无论如何，俄耳甫斯宗教仪礼的主要目的是将灵魂从"生之轮回"——亦即在动物或植物的不同形式中的轮回——中解脱出来。这样获得了解脱的灵魂便再次成为神，并乐享永恒的福佑。

35. 作为生活方式的哲学

我们之所以在这里对俄耳甫斯宗教团体进行考察，主要是由于它们似乎提出了哲学首先是一种"生活方式"的理念。就像我们所看到的，φιλοσοφία 在伊奥尼亚大致是指"好奇心"一类的东西，而雅典人对"文化"概念的一般理解——如我们在伊索克拉底的作品中所见到的——似乎正是从这种用法中衍生出来的。另一方面，凡是我们能发现受毕达哥拉斯影响的地方，这个词都有远为深刻的含义。哲学就其自身是一种"净化"，是一种逃出"轮回"的法门。这一观点在《斐多篇》中被格外庄严地表达出来，它显然受到了毕达哥拉斯主义学说的影响。③ 自此，这种看待哲学的方式成为最

82

---

① 关于这些金盘，见哈里森所著《希腊宗教研究导论》的附录。在这个附录中，金盘上的文本由吉尔伯特·莫里教授讨论并翻译。

② 有据可查的最早受到印度影响的实例是埃利斯的皮浪（见我在《宗教与伦理百科全书》中的论文"论怀疑派"）。我大胆认为，这里涉及的印度的宗教观念可能与希腊的类似宗教观念有相同的北方的来源，我们可以大概将其称作"斯基泰人"。如果像凯撒所告诉我们的那样（《高卢战记》vi.14，5），高卢的德鲁伊曾教导转世学说，那么我的主张便被有力地证实了。施罗德的理论（《毕达哥拉斯与印度人》，1884）是基于对毕达哥拉斯主义的错误看法，同时似乎在时间上也不可能。见基思，《毕达哥拉斯与轮回转世学说》（《皇家亚洲学会》，1909，第569页以下）。

③ 《斐多篇》可以说是献给弗雷乌斯的毕达哥拉斯主义团体的作品。柏拉图在《理想国》x.600b 将毕达哥拉斯称作一条秘密的 ὁδός τις βίου [生命之路] 的提出者。参见《斐多篇》66b 的 ἄτραπος [捷径]。

为精微的希腊思想的一个典型特征。正如我们在《伦理学》第十卷中看到的，亚里士多德与其他人一样也受到它巨大的影响，如果我们还有他完整的《劝勉篇》（Προτρεπτικός），这会被看得更加清楚。[①] 这种态度有蜕变为单纯寂静主义和"彼岸"的危险。柏拉图洞察到了这一问题，并试图矫枉。正是他坚持要让哲学家们重新下降到"洞穴"之中去帮助他们从前的狱友。[②] 即便另一种看法最终占据上风，也不是哲学家们的过失。

36. 宗教与哲学的关系

于是科学变成了一门宗教，在这个意义上讲，哲学确实受到了宗教的影响。然而，即便今日，认为哲学已取代了宗教的任何特定学说仍是错误的。我们已经看到，宗教的复兴隐含了一套崭新的灵魂观，而我们也希望看到它深刻地影响了哲学家们关于这一问题提出的学说。但值得注意的是，这种影响并未出现。甚至亲自参与到这场宗教运动之中的毕达哥拉斯主义者和恩培多克勒，他们所持有关灵魂的观点皆与他们在宗教实践中所预设的各种信念相抵牾。[③] 正如我们将会看到的，在这一时期的任何一种哲学中都没有不朽的灵魂的位置。苏格拉底是第一位基于理性主张这一学说的哲人，[④] 重要的是，按照柏拉图的塑造，他为了支持自己的学说只是半认真半玩笑地求助于俄耳甫斯教。[⑤]

这是因为古代宗教并不是一套系统的学说。除了需要确保祭仪能以正确的方式和适当心态完成之外，并没有任何其他的要求；敬拜者可以对其进行随心所欲的解释。它可能像在品达和索福克勒斯的解释中被颂扬的那般，也可能如柏拉图在《理想国》中描述的四处巡游、兜售奥义者所贬损的那样。

83

---

① 关于《劝勉篇》，见拜沃特，《语文学杂志》，第二卷，第 35 页。这部著作是西塞罗《荷尔顿西乌斯》的原本，后者对奥古斯丁产生很大影响。

② 柏拉图，《理想国》520c1，καταβατέον οὖν ἐν μέρει [因此你们必须依次下降]。可以清楚地看到"洞喻"的俄耳甫斯来源（斯图尔特，《柏拉图的神话》，第 252 页，注释 2）。

③ 关于恩培多克勒，见 §117；关于毕达哥拉斯主义者们，见 §149。

④ 关于这一点，我在《苏格拉底的灵魂学说》（《不列颠科学院学报》1915-16，第 235 页）中有完整论述。

⑤ 柏拉图，《斐多篇》69c3，καὶ κινδυνεύουσι καὶ οἱ τὰς τελετὰς ἡμῖν οὗτοι καταστήσαντες οὐ φαῦλοί τινες εἶναι, ἀλλὰ τῷ ὄντι πάλαι αἰνίττεσθαι κτλ. [很可能那些为我们创设祭仪的人并非愚昧无知之辈，他们在很久以前实际上是在以谜语的形式言说，等等。] 在这段和在其他文本中的反讽应该不会被误解。

亚里士多德说："那些入会者未被期待会获知任何事情，而应以某种方式受到影响，并进入某种精神状态。"[1] 这就是宗教复兴何以能够激发出一种具有全新精神的哲学，却不能在一开始便将一套崭新的学说嵌入其中的原因。

Ⅰ. 萨摩斯的毕达哥拉斯

37. 传统的特征

要对毕达哥拉斯作出任何能被认为是以史实为依据的说明都非易事。事实上，最早提到此人的实际是他的同时代者。在克塞诺芬尼援引的几段韵文中，我们获悉，毕达哥拉斯曾听到一条狗的哀嚎，便恳请它的主人不要再打它，因为他认出这是一位亡友的声音。[2] 我们由此了解到他曾教导轮回转世的学说。在随后的一代人中，赫拉克利特谈到毕达哥拉斯曾将科学研究（ἱστορίη）推进得比任何人都远，尽管他利用它是为了欺骗。[3] 再后来，仍在同一个世纪中，希罗多德说他"并非希腊人当中最差的科学研究者（σοφιστής）"[4]，他还说，赫勒斯滂的希腊人曾告诉他，传说中的斯基泰人撒尔摩克西斯曾是毕达哥拉斯在萨摩斯的一个奴隶。但他并不相信这一说法，因为他知道撒尔摩克西斯在毕达哥拉斯之前已生活了许多年。然而这个故事表明，毕达哥拉斯——既作为一位科学家，同时也作为一位宣扬永生的传道者——在公元前五世纪就已广为人知。这使我们有所进展。

柏拉图对毕达哥拉斯主义有浓厚的兴趣，但他对毕达哥拉斯本人则出奇地谨慎。在他全部著作中，毕达哥拉斯的名字只被提到过一次，此处，我们所被告知的只是他通过教导其追随者一种仍被称作毕达哥拉斯主义的"生活方式"而赢得了他们不同寻常的崇敬（διαφερόντως ἠγαπήθη）。[5] 甚至连毕达哥拉斯学派的名字也只被提及一次，在那段文本中，柏拉图借苏格拉底之

---

[1] 亚里士多德，残篇 45（1483a19），τοὺς τελουμένους οὐ μαθεῖν τι δεῖν, ἀλλὰ παθεῖν καὶ διατεθῆναι。

[2] 克塞诺芬尼，残篇 7。

[3] 赫拉克利特，残篇 17。关于其中 κακοτεχνίη 一词的意涵，见后文相应的注释。

[4] 希罗多德，iv.95。

[5] 柏拉图，《理想国》x.600b。

口宣称他们将音乐和天文学视作姊妹学科。① 另一方面，柏拉图告诉了我们很多从其他来源获知为毕达哥拉斯学派的人的信息，但他本人避免使用"毕达哥拉斯主义者"这个名号。就他所说的一切而言，我们应该只能猜测艾刻克拉底和费洛劳斯属于这一学派。通常毕达哥拉斯主义观点只被并不具名地给出，正如那些"有独创性的人"（κομψοί τινες）或类似的人们的观点。我们甚至没有被明确告知洛克里斯的蒂迈欧——柏拉图正是借他之口陈述了一种明确无误的毕达哥拉斯主义的宇宙论——属于这个团体，这只能从他来自意大利的事实来推断。亚里士多德在这一问题上效仿了他老师的谨慎。毕达哥拉斯的名字只在他流传下来的真正作品中出现两次。在一处文本中，我们被告知阿尔克迈翁在毕达哥拉斯年迈时还是一个年轻人，② 另一处文本则引用了阿尔基达马斯的话，大意是"在意大利人们尊崇毕达哥拉斯"。③ 亚里士多德并不似柏拉图那般羞于直呼"毕达哥拉斯主义"的名字，却采用了一种奇特的方式。他使用了诸如"那些被称作毕达哥拉斯主义者的意大利人"之类的说法，④ 也常把特定学说归在"某些毕达哥拉斯主义者"的名下。似乎公元前四世纪的人们对谁是真正毕达哥拉斯主义者的问题产生疑问。我们接下来将会看到原因。

亚里士多德还曾专门撰写过一部有关毕达哥拉斯学派的著作，这部著作虽未能流传下来，但在后世作家的作品中尚有摘自其中的引文。这些引文极具价值，因为它们同毕达哥拉斯主义的宗教方面有关。

记载过毕达哥拉斯的其他古代权威只有塔拉斯的阿里斯托克塞努斯、麦西尼的狄凯阿尔库斯和陶洛美尼翁的蒂迈欧，他们都曾有一些特殊的机会来了解他。扬布里柯在《毕达哥拉斯传》中对毕达哥拉斯学派盟会的描述主要基于蒂迈欧的记述，⑤ 后者虽无疑不是一个具备批判精神的历史学家，但由于他曾接触到有关意大利和西西里岛的信息，其证言在被重新发现后仍具

---

① 柏拉图，《理想国》x.，vii.530d。

② 亚里士多德，《形而上学》A，5.986a29。

③ 亚里士多德，《修辞学》B，23.1398b14。

④ 参见，例如《形而上学》A，5.985b23；《论天》B，13.293a20。

⑤ 见罗斯塔尼，《毕达哥拉斯与蒂迈欧笔下的毕达哥拉斯学派》[《都灵皇家科学院院刊》，第49卷（1913-14），第373页以下]。

有重要的价值。阿里斯托克塞努斯本人便熟识毕达哥拉斯学派在弗雷乌斯最后一代的成员。然而，很明显，他只希望将毕达哥拉斯塑造为一位科学家，并急于批驳那种视其为宗教导师的观点。同样地，狄凯阿尔库斯试图说明毕达哥拉斯只是一名政治家和改革者。①

86

当我们谈到波菲利、扬布里柯以及第欧根尼·拉尔修的《毕达哥拉斯传》时，② 我们发现自己又一次置身于奇幻之中。他们所本的权威文献具有十分可疑的特点，③ 以至于成为一部令人难以置信的离奇故事集。然而，如果忽视了毕达哥拉斯传奇故事中的奇幻元素，那么便大错特错了，因为其中一些最为惊人的奇迹引自亚里士多德关于毕达哥拉斯学派的著作，④ 以及爱菲斯的安德隆所著《三脚鼎》，⑤ 这两部著作都成书于公元前四世纪，不可能受到新毕达哥拉斯主义各种奇幻想象的影响。事实是，最古老以及最晚近的记载一致认为毕达哥拉斯是一位奇迹施展者；但在公元前四世纪，出于某种原因，有人试图使人们有关他的回忆免受非难。这有助于解释柏拉图和亚里士多德在提到此人时的谨慎，但它的全部意义只有在后来才显现出来。

38. 毕达哥拉斯的生平

我们可以肯定，毕达哥拉斯在萨摩斯度过了他的少年时代，并且是姆

---

① 见罗德刊载于《莱茵语文学博物馆》xxvi 和 xxvii 两卷的论文《论扬布里柯〈毕达哥拉斯传〉的材料来源》。

② 波菲利的《毕达哥拉斯传》是他流传下来的那部分《哲学史》中唯一可观的摘录。扬布里柯的《毕达哥拉斯传》已由诺克编校（1884）。

③ 扬布里柯对算术学家格拉萨的尼各马可和由泰安那的阿波罗尼奥斯所记载的传奇故事进行了汇编。波菲利使用了尼各马可和安东尼·第欧根尼的材料。安东尼·第欧根尼曾撰写过一部叫做《太北奇说》的书，此书被琉善在《真实故事》中进行了夸张的演绎。

④ 正是亚里士多德讲述了毕达哥拉斯如何咬死一条致命的毒蛇，如何在克罗同和麦塔彭两个城市被同时看到，如何在奥林匹亚展示他金色的大腿，以及在他渡过卡萨斯河时如何被来自天国的声音呼唤。同样也是亚里士多德保存了克罗同人将毕达哥拉斯等同于极北的阿波罗（Apollo Hyperboreios），以及毕达哥拉斯派曾将 λογικòν ζῷον [有理性的动物] 区分为 τò μὲν …… θεός, τò δὲ ἄνθρωπος, τò δὲ οἷον Πυθαγόρας [神、人、例如毕达哥拉斯] 等重要信息。关于这些或其他类似的说法，见第尔斯，《前苏格拉底哲学家残篇》4, 7。亚里士多德似乎在强调毕达哥拉斯的这一方面上煞费苦心，这与那些尝试着忽略这一方面的后世毕达哥拉斯主义者们截然相反。

⑤ 安德隆曾撰写过一部有关"七贤"的著作，该书名指的是那个众所周知的故事（第38页，注释④）。

奈撒尔霍斯的儿子；[①] 我们听说，他的"盛年"在波利克拉底统治期间（公 87
元前 532 年）。[②] 这一时间不至大错特错，因为赫拉克利特在谈论他时已经
使用了过去时。[③]

当然，被后世作家们归给毕达哥拉斯的广大游历范围是可疑的。即使
是他曾到访埃及的说法也没有充分的权威文献作为依据，虽然我们考虑到萨
摩斯的波利克拉底和亚马西斯之间的密切关系，这种说法也并非不可能。[④]
希罗多德确实曾注意到，埃及人在某些活动中所遵从的与所谓俄耳甫斯教和
巴克斯教的教仪一致，而这些规范是埃及人自己的，它们也和毕达哥拉斯主
义者的教规无异，[⑤] 但这并不意味着毕达哥拉斯主义者的这些教仪直接来自
埃及。希罗多德还宣称希腊人对轮回转世的信仰来自埃及，尽管早先以及后
来的某些希腊人把它当做自己想出来的一样。然而，他拒绝透露这些人的
名字，因而他所指的不大可能是毕达哥拉斯。[⑥] 其实这并不重要，因为埃及 88

---

① 参见赫西俄德，iv.95，以及赫拉克利特残篇 17（《希腊哲学史》31a）。然而，蒂迈欧所
提供的他父亲的名字是德马拉托斯。希罗多德声称他生活在萨摩斯。阿里斯托克塞努斯
说，他的家人来自雅典人在驱逐第勒尼安人后所占领的若干岛屿中的一个（第欧根尼，
viii.1）。这意味着，正是从列姆诺斯或伊姆布罗斯，第勒尼安的"佩拉斯吉人"被米尔提
亚德斯驱逐出去。这就解释了他是伊特鲁里亚人或提尔人的故事。其他的记载将他与弗
雷乌斯联系起来，但这可能是其团体的一个虔诚杜撰，毕竟该团体在公元前 4 世纪初于
此地兴盛起来。鲍萨尼亚斯（ii.13, 1）将它作为一个"弗雷乌斯传统"记载下来，主张
毕达哥拉斯的曾祖父希帕索斯乃是从弗雷乌斯移民到的萨摩斯。

② 埃拉托斯奈奈斯错误地将毕达哥拉斯认作第四十八届奥林匹亚赛会（公元前 588/7 年）
的优胜者，但阿波罗多洛斯则将其盛年定在公元前 532/1——波利克拉底的时代。他的这
一主张无疑是基于阿里斯托克塞努斯一段曾被波菲利引用的陈述（《毕达哥拉斯传》9）：
毕达哥拉斯因厌恶波利克拉底的僭政而离开萨摩斯（《希腊哲学史》53a）。

③ 赫拉克利特，残篇 16, 17（《希腊哲学史》31, 31a）。

④ 它首次出现在伊索克拉底的《布西里斯》中，§28（《希腊哲学史》52）。

⑤ 希罗多德，ii.81（《希腊哲学史》52a）。Αἰγυπτίοισι 处的逗号无疑是正确的。希罗多德相
信俄耳甫斯教是由墨兰普斯带来的（ii.49），他的意思是，俄耳甫斯教从对巴克斯的崇拜
中获得了这些仪式，而毕达哥拉斯学派则从俄耳甫斯教中学到了它们。

⑥ 希罗多德，ii.123（《希腊哲学史》同上）。"我知道这些人的名字，但不把他们记在这里"
这句话所指的不可能是毕达哥拉斯；因为希罗多德只在论及同时代人的时候才这样说（参
看 i.51, iv.48）。斯坦因认为他指的是恩培多克勒，这似乎是可信的。希罗多德一定曾在
图里城中见过他。倘若希罗多德听说过毕达哥拉斯曾游历埃及，他一定会在此处或在其
他某处明确地这样说。在这里，希罗多德没有必要有所保留，因为毕达哥拉斯在他出生
前便已去世。

人根本不曾相信过轮回转世，希罗多德只是被祭司们或纪念碑上的象征所欺骗。

阿里斯托克塞努斯宣称毕达哥拉斯之所以离开萨摩斯是为了躲避波利克拉底的僭政。[①] 在长期同萨摩斯保持友好关系、并因其运动员和医生而负有盛名的克罗同，[②] 他建立了自己的团体。蒂迈欧似曾说过，毕达哥拉斯于公元前 529 年来到意大利，并在克罗同生活了二十年。当克罗同人奋起反抗他的权威时，他于麦塔彭退隐并在此寿终正寝。[③]

39. 盟会

毕达哥拉斯的盟会究其起源只是一个宗教团体，而并非像人们所断言的那样是一个政治联盟。[④] 它同"多里亚贵族政治的典范"也并无关联。毕达哥拉斯曾是一个伊奥尼亚人，其盟会起初也仅局限于亚该亚的城邦中。[⑤]

89　此外，"多里亚贵族政治的典范"是以被苏格拉底理想化的斯巴达和克里特为基础的虚构。而科林斯、阿尔戈斯和叙拉古都已然被全然忘却了。没有任

---

① 波菲利，《毕达哥拉斯传》9（《希腊哲学史》53a）。

② 通过希罗多德告诉我们的关于德谟凯德斯的事（iii.131），我们可以推断克罗同的医学学派成立于毕达哥拉斯之前。在公元前六世纪，由克罗同人在奥林匹亚赛会上获得的一连串优胜是引人注目的。

③ 有关这个年代问题的完整讨论，参见罗斯塔尼，在前面所引用的书中，第 376 页。蒂迈欧似乎清楚地认为库隆的得势恰好发生在西巴里斯城被毁（公元前 510 年）之后，他将二者联系在一起。毕达哥拉斯在此之后隐退到麦塔彭的说法被西塞罗证实，他提到（《论至善和至恶》v.4）在那座城市中还会对关于他的记忆致以荣誉（《希腊哲学史》57c）。阿里斯托克塞努斯（载于扬布里柯《毕达哥拉斯传》249）提到了相同的事情（《希腊哲学史》57c）。同样参见安德隆，残篇 6（《希腊历史学家残篇》ii.347）。

④ 柏拉图在《理想国》x.600 a9 明确表示，毕达哥拉斯从未担任过任何公职。在当代，克里舍（《由毕达哥拉斯所建立的政治团体的目标》,1830）仍将毕达哥拉斯教派视作政治团体，这种观点如罗德表明的（见先前引文），可被追溯到"实践生活"的捍卫者狄凯阿尔库斯那里，正如认为它首先是一个科学团体的观点能被追溯到数学家和音乐家阿里斯托克塞努斯那里一样。

⑤ 将毕达哥拉斯学派描绘为某种"多里亚贵族政治的典范"的观点很难被驳倒。在他的《文化史稿》中（第一册，第 59 页），施密特设想，后来的作家之所以像赫拉克利特和德谟克利特那样，将学派的创始人称作毕达哥拉斯而不是毕达哥瑞斯，是因为他曾成为"多里亚人中的多里亚人"。事实上，Πυθαγόρας 不过是 Πυθαγόρης 的阿提卡形式，并没有比 Ἀναξαγόρας 更带有多里亚的特征。甚至在图拉真统治时期，萨摩斯人仍知道 Πυθαγόρης 是正确的拼写方式。参见第尔斯《前苏格拉底哲学家残篇》中对标题的简介。

何证据表明毕达哥拉斯学派偏向于贵族政治团体。① 该盟会的主要目的是培养圣洁。虽然毕达哥拉斯派的主神是阿波罗而非狄俄尼索斯，但在这方面，它却像是一个俄耳甫斯教的团体。这无疑是由于毕达哥拉斯同德罗斯的联系，同时也解释了克罗同人将他视作极北之地的阿波罗的原因。②

40. 盟会的衰落

在一段时间内，这个新盟会成功地攫取了亚该亚诸城邦的最高权力，但抵抗也随之而起。由于未曾区分库隆在毕达哥拉斯在世时的反叛与后来那场导致毕达哥拉斯主义者被逐出意大利的起义，我们对这些事件的描述迷离不清。唯有将二者区分开来，我们才会茅塞顿开。蒂迈欧似乎将库隆的得势与招致西巴里斯城毁灭（公元前 510 年）的一系列事件紧密联系起来。我们了解到，毕达哥拉斯曾以某种方式对西巴里斯人表达了同情，并敦促克罗同民众接纳了某些被僭主泰利斯驱逐的流亡者。我们没有理由断言，他之所以对这些流亡者表示同情只是因为这些人身属"贵族"；他们遭受僭主的戕害，乞求

---

① 唯一可能暗示毕达哥拉斯学派站在贵族政治一边的说法是第欧根尼的这段评论（viii.3）ὥστε σχεδὸν εἶναι ἀριστοκρατίαν τὴν πολιτείαν [以至于它的政制近乎是贵族政治]。这可能是来自蒂迈欧，但（正如副词 σχεδόν 所表明的）它并没有按照字面意思被理解。毕达哥拉斯学派的教规无疑在柏拉图《理想国》中苏格拉底所赋予 ἀριστοκρατία 这个词的意义上是一种 ἀριστοκρατία，但它既不是基于出身也不是基于财富，以至于它不是"贵族政治"这个词在古希腊语中的一般含义，更不是一种寡头政治。它更类似于"贤能政治"。库隆这个毕达哥拉斯学派的主要对手被阿里斯托克塞努斯（扬布里柯《毕达哥拉斯传》248）描绘为 γένει καὶ δόξῃ καὶ πλούτῳ πρωτεύων τῶν πολιτῶν [按出身、声望和财富都是首屈一指的公民]。后来毕达哥拉斯学派的首要活动地——塔拉斯——所施行的就是民主政治。（参见斯特拉堡，vi. 第 280 页，ἴσχυσαν δέ ποτε οἱ Ταραντῖνοι καθ' ὑπερβολὴν πολιτευόμενοι δημοκρατικῶς ... ἀπεδέξαντο δὲ καὶ τὴν Πυθαγόρειον φιλοσοφίαν κτλ）[塔拉斯人曾盛极一时，并作为赞同民主政治的公民……此外他们接纳了毕达哥拉斯学派等等]。事实上，在那段时间，受到这个全新宗教吸引的并不是易于"自由思考"的贵族，而是普罗大众。贵族们喜欢的是克塞诺芬尼，而不是毕达哥拉斯。

② 关于这个联系，我们有亚里士多德的权威记载，残篇 186.1510b20。阿巴里斯和阿里斯忒阿斯的名字代表着一种对应于俄耳浦斯宗教的神秘主义运动，只不过是基于对阿波罗的崇拜。后来的传统将他们塑造为毕达哥拉斯的前辈；按照希罗多德 iv.13 以下，这似乎有某些史实依据，而最重要的是，按照这个说法，在麦塔彭——这个毕达哥拉斯逝世的地方——有一座阿里斯忒阿斯的雕像。毕达哥拉斯与撒尔摩克西斯的联系也属此类。由于关于极北居民的传说属于德罗斯人，我们看到由毕达哥拉斯所教导的宗教就其起源而言是真正的伊奥尼亚宗教，而与狄俄尼索斯没有任何关系。

庇护，不难理解同为伊奥尼亚人的毕达哥拉斯理应对那些来自这座伟大却不幸的伊奥尼亚城邦的人们心存某种善意。阿里斯托克塞努斯明确说道，库隆在克罗同无论在财富上抑或出身方面都是头等公民。[①] 正是此人迫使毕达哥拉斯退隐到另一个亚该亚城邦——麦塔彭，并在那里度过了自己的余生。

然而，在毕达哥拉斯动身前往麦塔彭、甚至在他去世之后，克罗同的动乱依旧未得平息。我们获悉，库隆派最后纵火焚烧了运动健将米洛的房子，此时毕达哥拉斯派正在此处集会。房中众人唯有年轻力壮的阿尔西普斯和吕西斯两人逃了出来。阿尔西普斯隐退到了塔拉斯，一个奉行民主政治的多里亚城邦；吕西斯则首先抵达了亚该亚，而后转投忒拜，随后在这里成为埃帕美农达斯的老师。[②] 我们无法确定这些事件发生的确切时间，但在其中提到吕西斯的经历表明，它们延续了不止一代人的时间。如果埃帕美农达斯的老师得以逃离，那么克罗同的政变就几乎不可能发生在公元前 450 年之前；同样不可能发生在这很久之后，否则它就会和发生于公元前 444 年的图里城的建城联系在一起并为我们所知。在一段很有价值的话——它无疑来自蒂迈欧——中，波里比阿告诉我们，所有的亚该亚城邦中毕达哥拉斯学派的"小屋"（συνέδρια）皆被焚毁，他的这种表述方式暗示，这应该持续了相当一段时间，直到最后由伯罗奔尼撒的亚该亚人恢复了和平和秩序。[③] 我们将会看到，毕达哥拉斯学派中的一些人在一段时间后得以重新回到意大利，并在那

91

---

① 见第 81 页，注释①。我并不清楚现代历史学家为什么会将他称作民主政治的领袖。

② 罗德，《莱茵语文学博物馆》xxxvi. 第 565 页，注释 1。后来的记述把这些事件精简成一场灾难。有人说毕达哥拉斯是在米洛的房子里被烧死的。

③ 波里比阿，注释 39，καθ' οὓς γὰρ καιροὺς ἐν τοῖς κατὰ τὴν Ἰταλίαν τόποις κατὰ τὴν μεγάλην Ἑλλάδα τότε προσαγορευομένην ἐνεπρήσαν τὰ συνέδρια τῶν Πυθαγορείων, μετὰ ταῦτα γενομένου κινήματος ὁλοσχεροῦς περὶ τὰς πολιτείας, (ὅπερ εἰκός, ὡς ἂν τῶν πρώτων ἀνδρῶν ἐξ ἑκάστης πόλεως οὕτω παραλόγως διαφθαρέντων) συνέβη τὰς κατ' ἐκείνους τοὺς τόπους Ἑλληνικὰς πόλεις ἀναπλησθῆναι φόνου καὶ στάσεως καὶ παντοδαπῆς ταραχῆς.ἐν οἷς καιροῖς ἀπὸ τῶν πλείστων μερῶν τῆς Ἑλλάδος πρεσβευόντων ἐπὶ τὰς διαλύσεις, Ἀχαιοῖς καὶ τῇ τούτων πίστει συνεχρήσαντο πρὸς τὴν τῶν παρόντων κακῶν ἐξαγωγήν [在那时候，在意大利后来被称作大希腊的地方，毕达哥拉斯学派的集会曾被焚毁，此后在政制方面普遍发生了剧变，（事实上，各个城邦中的俊杰都意外地惨遭杀害了），随之而来的，在那些地方的诸希腊城邦中便充斥着杀戮、内讧以及各式各样的骚乱。使节们从大部分希腊城邦中纷至沓来出面调停，而他们对亚该亚人表现了信任，在后者的引领下走出当时的混乱]。

里再一次获得了巨大影响。

41. 缺少有关毕达哥拉斯教导的证据

相较于对毕达哥拉斯生平的了解，我们对他的观点所知更少。柏拉图和亚里士多德显然对那些能被追溯到学派创始人本人的伦理学、物理学学说一无所知。[①] 阿里斯托克塞努斯罗列了一系列道德戒律。[②] 除了轮回转世、周期循环以及众生相亲的教义，狄凯阿尔库斯几乎未曾提到毕达哥拉斯曾教导门徒的任何学说。[③] 相比于通过写作来散布自己的观点，毕达哥拉斯显然更倾向于口头训导。直到亚历山大里亚时期才有人敢于伪托他的名号撰写书籍。那些被归在最初一批毕达哥拉斯主义者名下的伪作同样成书于这一时期。[④] 因此，毕达哥拉斯主义的早期历史皆属臆造；但我们仍可尝试对毕达哥拉斯在希腊思想史上的地位进行大致了解。

92

42. 轮回转世

首先，正如我们所看到的，[⑤] 他曾传授有关轮回转世的学说。[⑥] 这最容易被解释为由笃信人类和野兽具有亲缘性的原始信仰发展而来。据狄凯阿尔库斯所言，这种亲缘性正是毕达哥拉斯所认同的。此外，这种信仰通常与

---

① 在讨论毕达哥拉斯主义的体系时，亚里士多德将其称作"那些毕达哥拉斯主义者"而不是毕达哥拉斯本人。他很清楚，他所了解的毕达哥拉斯主义的体系主要流行于恩培多克勒、阿那克萨戈拉和留基波的时代，因为，在提到这些之后，他继续将毕达哥拉斯学派说成是"和他们同时代的和比他们稍早的人"（ἐν δὲ τούτοις καὶ πρὸ τούτων，《形而上学》A，5.985b23）。

② 阿里斯克塞努斯 Πυθαγορικαὶ ἀποφάσεις 的残篇见于第尔斯，《前苏格拉底哲学家残篇》45D。

③ 波菲利，《毕达哥拉斯传》19（《希腊哲学史》55）。

④ 见第尔斯，《希腊学述》，第 150 页，以及"一部毕达哥拉斯的伪著"（《哲学史档案》，iii. 第 451 页以下）；伯奈斯，《赫拉克利特书简》，注释 1。

⑤ 见上文，第 76 页。

⑥ 这在希腊语中最恰当的词是 παλιγγενεσία [灵魂转世]，而 μετεμψύχωσις [轮回转世] 则不太准确，它只出现在后来的作家作品中。一些新柏拉图主义者和基督教护教者会使用 μετενσωμάτωσις [转换身体]，这是准确的，却十分赘余。参见奥林匹奥多罗斯，《斐多篇注》，第 54 页，25（诺文编校），τὴν μετεμψύχωσιν, ἤτοι τὴν μετενσωμάτωσιν, διότι οὐ πολλαὶ ψυχαὶ ἐν σῶμα εἰδοποιοῦσιν, ἐπεὶ αὕτη μετεμψύχωσις ἦν, ἀλλὰ μία ψυχὴ διάφορα σώματα μεταμπίσχεται [灵魂转世，或转换身体，因为不是多个灵魂给一个身体赋形，当它转世的时候，只有一个灵魂掌管不同的身体]。见罗德，《灵魂》，第 428 页，注释 2。

一系列对特定食物的禁忌联系在一起，而毕达哥拉斯派教规中广为人知的正是它规定了若干类似的禁欲形式。似乎可以肯定，这与毕达哥拉斯一道都来自伊奥尼亚。蒂迈欧曾讲述他在德罗斯如何拒绝在最古老祭坛——圣父阿波罗祭坛——之外的其他祭坛上献祭，在这个祭坛上，仅允许进行无血的献祭。①

43. 禁欲

　　我们是否能像接受波菲利那样接受这些晚期作家有关毕达哥拉斯派的禁欲思想的记述呢？这确实令人怀疑。阿里斯托克塞努斯曾清楚地宣称，毕达哥拉斯并没有一概戒绝所有的肉类，而只是禁忌食用耕牛与公羊。② 他还曾说道，由于豆类最利于通便，毕达哥拉斯相较于其他蔬菜更喜欢豆类，并且偏爱乳猪和鲜嫩的羊羔。③ 然而，这些明显夸张的说法表明，他正努力同自己所处时代的信仰进行抗争，于是从他本人的口中，我们可以看到，那个使毕达哥拉斯学派戒绝肉食和豆子的传统可以被追溯到新毕达哥拉斯学派出现的很久之前。对此的解释是，阿里斯托克塞努斯是末代毕达哥拉斯派的朋友；而在他们所处的时代，除了由一些不被团体领袖们承认的狂热分子，曾经严苛的宗教戒律已相对随意。④ 那些墨守成规的"毕达哥拉斯主义者"此时已被视作异端。据说，所谓"秘传派"实际上是希帕索斯的信徒，而希帕索斯曾由于泄露绝密教义而遭除名。毕达哥拉斯的真正追随者是"数学

---

① 见第欧根尼，viii.13。

② 阿里斯托克塞努斯，载于第欧根尼，viii.20，πάντα μὲν τὰ ἄλλα συγχωρεῖν αὐτὸν ἐσθίειν ἔμψυχα, μόνον δ' ἀπέχεσθαι βοὸς ἀροτῆρος καὶ κριοῦ [他同意吃其他一切生物，除了耕牛和公羊]。

③ 阿里斯托克塞努斯，载于盖琉斯，iv.11，5，Πυθαγόρας δὲ τῶν ὀσπρίων μάλιστα τὸν κύαμον ἐδοκίμασεν· λειαντικόν τε γὰρ εἶναι καὶ διαχωρητικόν· διὸ καὶ μάλιστα κὲχρηται αὐτῷ [毕达哥拉斯在蔬菜中特别推荐豆子；他说它既好消化又通便；因此最常食用它]；同上，6，"porculis quoque minusculis et haedis tenerioribus victitasse, idem Aristoxenus refert [阿里斯托克塞努斯还提到他吃乳猪和山羊羔]。"阿里斯托克塞努斯关于禁忌豆类的说法可能是对的。我们知道它属于俄耳甫斯教，可能被错误地嫁接给了毕达哥拉斯学派。然而，这并不会影响我们的一般结论——至少有些毕达哥拉斯主义者曾在生活中禁忌一切动物食品，这便是全部的要求。

④ 阿里斯托克塞努斯甚至记载说费瑞库德斯死后被毕达哥拉斯葬于德罗斯（第欧根尼，i.118）。此事或许已众所周知而不能被否定。

派"。① 然而，中期喜剧诗人的反讽表明，尽管阿里斯托克塞努斯的朋友们未曾践行禁欲，在公元前四世纪仍有很多自称毕达哥拉斯追随者的人们真正做到了禁欲。② 我们还从伊索克拉底处得知，他们仍旧遵守着缄默的准则。③ 历史对"秘传派"并不友善，但他们从未彻底绝迹。阿斯本多斯的迪奥多罗斯和菲古鲁的尼吉迪奥斯这些人在他们和泰安那的阿波罗尼奥斯的断裂间架起到了沟通作用。

　　我们已经看到，毕达哥拉斯曾教导动物和人之间具有亲缘关系，并且我们推断他戒绝肉类的教规并非出于人道或为了苦行的原因，而是由于禁

94

---

① 我们将会看到，克罗同或麦塔彭的希帕索斯（在扬布里柯的名录中他是一个西巴里斯人）实为毕达哥拉斯派的一个替罪羊。扬布里柯在这里采信了尼各马可，主张（《毕达哥拉斯传》81；《希腊哲学史》56）ἀκουσματικοί [秘传派] 承认 μαθηματικοί [数学派] 属于毕达哥拉斯派，但后者反过来却不接受前者。我们被告知（第欧根尼，viii.7）被归在毕达哥拉斯名下的 μυστικὸς λόγος [《论神秘事物》] 事实上出于希帕索斯之手，正是他撰写了 ἐπὶ διαβολῇ Πυθαγόρου，即，通过将他塑造为一个单纯的宗教导师来诋毁他的令名。Πυθαγοριστής 这一名称似乎被专门用来指称"秘传派"，而科学的毕达哥拉斯学派则被称为 Πυθαγόρειοι，这同将其他学派的后继者称作诸如 Ἀναξαγόρειοι [阿那克萨戈拉主义者]，Ἡρακλείτειοι [赫拉克利特主义者] 的做法别无二致。

② 有关残篇，见第尔斯，《前苏格拉底哲学家残篇》，45E。最令人讶异的是安提法奈斯，残篇 135，科克，ὥσπερ Πυθαγορίζων ἐσθίει | ἔμψυχον οὐδέν [作为一个毕达哥拉斯主义者，他不吃任何具有灵魂的东西]；阿莱克西斯，残篇 220，οἱ Πυθαγορίζοντες γάρ, ὡς ἀκούομεν, | οὔτ᾿ ὄψον ἐσθίουσιν οὔτ᾿ ἄλλ᾿ οὐδὲ ἓν | ἔμψυχον [因为毕达哥拉斯学派，据我们所知，既不吃鱼，也不吃任何具有灵魂的东西]；残篇 196（来自 Πυθαγορίζουσα），ἡ δ᾿ ἑστίασις | ἰσχάδες καὶ στέμφυλα | καὶ τυρὸς ἔσται· ταῦτα γὰρ θύειν νόμος | τοῖς Πυθαγορείοις [宴会上将会有无花果，葡萄，以及奶酪：因为献祭这些是毕达哥拉斯学派的传统]；阿里斯托丰，残篇 9（来自 Πυθαγοριστής），πρὸς τῶν θεῶν οἰόμεθα τοὺς πάλαι ποτέ, | τοὺς Πυθαγοριστὰς γενομένους ὄντως ῥυπᾶν | ἑκόντας ἢ φορεῖν τρίβωνας ἡδέως [我们认为，古代那些毕达哥拉斯主义者确实存在过，选择在诸神面前脏兮兮，或穿着破衣烂衫]；姆奈西马库斯，残篇 1，ὡς Πυθαγοριστὶ θύομεν τῷ Λοξίᾳ | ἔμψυχον οὐδὲν ἐσθίοντες παντελῶς [按照毕达哥拉斯学派的方式，我们献祭给莱克西俄斯，绝对不吃任何活的东西]。也参见塞奥克利特斯，xiv.5，τοιοῦτος καὶ πρᾶν τις ἀφίκετο Πυθαγορικτάς, | ὠχρὸς κἀνυπόδητος· Ἀθαναῖος δ᾿ ἔφατ᾿ ἦμεν [早先来了一位如此这般的毕达哥拉斯主义者，| 苍白且赤足，他说他来自雅典]。

③ 《布西里斯》，§ 29，ἔτι γὰρ καὶ νῦν τοὺς προσποιουμένους ἐκείνου μαθητὰς εἶναι μᾶλλον σιγῶντας θαυμάζουσιν ἢ τοὺς ἐπὶ τῷ λέγειν μεγίστην δόξαν ἔχοντας [因为甚至现在，那些自称是其教导的追随者的人，在沉默的时候比那些以雄辩著称的人更受人尊敬]。毕达哥拉斯派的缄默被称作 ἐχεμυθία 抑或 ἐχερρημοσύνη，二者似乎都是不错的伊奥尼亚词汇。这种缄默很可能是某种训练，而非某种保守教义秘密的方法。

忌。这一点在波菲利《为禁欲辩》的一段陈述中得到了明确的证实，其大意为，尽管毕达哥拉斯主义者将戒绝肉类作为一项教规，但在向诸神献祭时，他们还是会吃肉的。① 即便今日，我们仍偶尔在原始部落中发现，神圣的动物只有在特定庄严的场合才能被宰杀和食用，而在通常情况下，这却是极不虔敬的行为。在这里，我们再一次发现了原始的信仰，并且我们无须对阿里斯托克塞努斯的否认予以重视。②

44. 秘传

95

我们即将了解应如何看待那些流传至今的毕达哥拉斯学派的教规和戒律。它们分为两类，各有不同的来源。其中一些仅是道德戒律，主要来自阿里斯特克塞努斯的记载，其中大部分是通过扬布里柯保存下来的。这些训诫未曾自诩是由毕达哥拉斯本人所立，它们只是末代"数学派"成员从他们的前辈那里听闻的警句。③ 第二类具有另一种性质，是由一种被称作秘传（Akousmata）的教规构成，④ 这些教规表明，他们属于一个忠实地保留了一系列古老习俗的教派。后来的作家把它们解释为道德真理的"象征"；但这并不需要多么独到的眼光便能发现它们是名副其实的禁忌。我通过几个例子来展示

---

① 见伯奈斯，《塞奥弗拉斯特论虔敬》。波菲利的小册子 Περὶ ἀποχῆς ἐμψύχων 被寄给卡司特里塞乌斯·费尔姆斯，他曾抛弃了毕达哥拉斯学派严格的素食主义。这里提到的是《为禁欲辩》第 58 页，25 诺克，ἱστοροῦσι δέ τινες καὶ αὐτοὺς ἅπτεσθαι τῶν ἐμψύχων τοὺς Πυθαγορείους, ὅτε θύοιεν θεοῖς [有人报告说，毕达哥拉斯学派在向神献祭时，会亲手将活物捆绑]。它并不是像波菲利大多数小册子一样来自塞奥弗拉斯特，而很可能来自蓬图斯的赫拉克勒德斯。见伯奈斯，见上述引文，第 11 页。同样参见普鲁塔克《席间闲谈》729c（oἱ Πυθαγορικοὶ）ἐγεύοντο τῶν ἱεροθύτων ἀπαρξάμενοι τοῖς θεοῖς [（毕达哥拉斯学派）会去品尝那些祭品，在献祭给诸神之后]。

② 波菲利（《毕达哥拉斯传》c15）保存下来一个传统，这个传统大概是说毕达哥拉斯曾建议运动员（米洛?）吃肉。这个故事出现的时间一定和那些与阿里斯克塞努斯相关的故事的出现时间相同。事实上，伯奈斯已经表明，它来自蓬图斯的赫拉克勒德斯（《塞奥弗拉斯特论虔敬》注释 8）。扬布里柯（《毕达哥拉斯传》5.25）和其他作家（第欧根尼，viii.13，47）通过认为它指的是另一个同名的运动员来避免上述解释。我们在这里看到，新柏拉图主义者们是如何努力恢复毕达哥拉斯传奇故事的原本形式，并通过解释消除前四世纪对这些故事的重构的。

③ 关于阿里斯托克塞努斯的 Πυθαγορικαὶ ἀποφάσεις [《毕达哥拉斯学派箴言集》]，见第尔斯，《前苏格拉底哲学家残篇》45D。

④ 在第尔斯，《前苏格拉底哲学家残篇》45c 中有 Ἀκούσματα καὶ σύμβολα [秘传和象征] 的辑录。

毕达哥拉斯派教规的庐山真面目。

1. 远离豆子。

2. 不要捡起掉落的东西。

3. 不要接触白公鸡。

4. 不要弄碎面包。

5. 不要跨越横杆。

6. 不要用铁拨火。

7. 不要直接吃整条的面包。

8. 不要撕扯花环。

9. 不要坐在量斗之上。

10. 毋食心脏。

11. 切勿在大道上行走。

12. 切勿让燕子同住屋檐之下。

13. 把锅从火上取下之后，不可在灰烬上留有锅的印迹，而要将灰烬搅在一起。

14. 不要在光源旁边照镜子。

15. 从铺盖上起身后，要将他们卷起，并将身体的印痕抹平。

这些对我们来说已经足够了，即便我们能够轻而易举地罗列更多有关毕达哥拉斯主义同原始思维方式之间存在密切联系的证据。

96

45. 作为科学家的毕达哥拉斯

如果这便是全部，我们就应该把毕达哥拉斯的名字从哲学史上剔出，而将他和埃庇美尼德斯、欧诺玛克里托斯一起归在"药师"（γóητες）之列。然而，这种想法大错特错。毕达哥拉斯学派的团体曾是希腊的主要科学学派，可以肯定的是，毕达哥拉斯学派的科学可以被追溯到公元前五世纪早期，也即能够追溯到其创始者本人。赫拉克利特并不曾偏袒毕达哥拉斯，却说他在科学研究中比其他人走得更远。[①] 希罗多德称毕达哥拉斯"绝非希腊

---

① 赫拉克利特，残篇17（《希腊哲学史》31a）。ἱστορίη［研究］一词就其自身相对宽泛。我们可以在一则保存于扬布里柯《毕达哥拉斯传》89 中极具价值的短评里看到这一概念在此处的主要含义：ἐκαλεῖτο δὲ ἡ γεωμετρία πρòς Πυθαγόρου ἱστορία［而几何学曾被毕达哥拉斯称作研究］。

人中最差的智者",这个称呼在当时并没有丝毫的轻蔑之意,却暗示他从事科学研究。[①] 亚里士多德说,毕达哥拉斯从一开始便忙于数学和数字,不过还补充说他后来并没有摒弃费瑞库德斯散布奇迹的行为。[②] 我们是否能探寻出他上述活动的两个不同方面间的某种关联呢?

我们已经看到,俄耳甫斯教以及其他教派的秘仪(Orgia)都旨在借助一种原始类型的"净化"而从"生之轮回"中解脱出来。在这个由毕达哥拉斯创立的团体中,前所未有的似乎是,它在承认从前所有这些做法的同时,还提出了一个对"净化"究竟是什么的更深理解。阿里斯托克塞努斯宣称,毕达哥拉斯派用音乐涤荡灵魂,正如他们用药物涤荡身体。[③] 这种净化灵魂的方法常见于柯里班特的秘仪中,[④] 且有助于解释毕达哥拉斯对和声学的兴趣。但这不止于此。如果我们能够相信赫拉克勒德斯,那么首先对亚里士多德曾在《伦理学》中进行发挥的"三种生活"——理论生活、实践生活和享乐生活——进行区分的正是毕达哥拉斯。该学说的大意是:我们客居于人世,而身体是灵魂的坟墓,但我们一定不能通过自杀寻求解脱,因为我们是畜养我们的神的私产,没有他的命令,我们无权逃脱。[⑤] 此世有三类人,正如来参加奥林匹亚赛会的有三种不同的人一样。身份最为低微的是那些来来往往的买卖人,在他们之上的是那些参赛者。最为高贵的还是那些前来观看(θεωρεῖν)的人。因此,最为有效的净化是科学,而能将自己从"生之轮回"中真正解脱出来的正是献身科学的人,亦即真正的哲学家。如果说毕达哥拉斯曾这样表达自己的观点,未免有些草率,但所有这些都是真正的毕达哥拉

① 希罗多德,iv.95.

② 亚里士多德,Περὶ τῶν Πυθαγορείων [《论毕达哥拉斯派》],残篇 186,1510a39,Πυθαγόρας Μνησάρχου υἱὸς τὸ μὲν πρῶτον διεπονεῖτο περὶ τὰ μαθήματα καὶ τοὺς ἀριθμούς, ὕστερον δέ ποτε καὶ τῆς Φερεκύδου τερατοποιίας οὐκ ἀπέστη [姆奈撒尔霍斯之子毕达哥拉斯是投身于数学和算术的第一人,但后来他也没有远离费瑞库德斯的灵异奇谈].

③ 参见克拉默,《帕里西那佚事》i.172,ὅτι οἱ Πυθαγορικοί, ὡς ἔφη Ἀριστόξενος, καθάρσει ἐχρῶντο τοῦ μὲν σόματος διὰ τῆς ἰατρικῆς, τῆς δὲ ψυχῆς διὰ τῆς μουσικῆς [正如阿里斯克塞努斯所说,毕达哥拉斯学派用医术净化身体,用音乐净化灵魂].

④ 这在柏拉图,《法篇》790d 也有提及,这是这段文本构成了亚里士多德 κάθαρσις [净化] 学说的来源。关于对这个问题的完整解释,见罗德,《灵魂》,ii.48,注释 1.

⑤ 在《斐多篇》62b 中,柏拉图将此作为毕达哥拉斯派的观点记录下来。这段文本清楚地表明它并非仅是费洛劳斯的学说,而有更早的来源。

斯学派的思想，并且唯有如此，我们方可在作为科学家的毕达哥拉斯和他宗教导师身份之间建立联系。[1] 显而易见，他的大多数追随者只满足于相对低级的净化法门，而这便能解释"秘传派"存在的原因了。少数人则会提升至更为高级的学说。我们不禁要问，在后来毕达哥拉斯学派的科学中，其中有多少能被归给毕达哥拉斯本人？

98

46. 算术

在他有关算术的著作中，阿里斯托克塞努斯曾说毕达哥拉斯是首位使这项研究超出商业需求的人。[2] 他的这一说法已被我们在其他地方了解到的一切所证实。到了公元前五世纪末，我们发现人们对这类学科产生了广泛的兴趣，并且这些学科之所以被研究仅是出于它们本身的目的。这种新兴的兴趣不可能完全一直是某个学派的工作，它必然起源于某个杰出的个人，并且我们只能将它归给毕达哥拉斯。然而，由于此人从未著述，我们并没有可靠的方法将他本人的学说同他身后一、两代传人的学说区别开来。所有我们能够确信的是，任何毕达哥拉斯派的学说越是显得原始，就越有可能是毕达哥拉斯本人的学说；如果某个学说能够被表明同我们所知道的那些出现于他本人所处的时代或之前不久的观点存在联系，那么情形就越是如此。特别是，当我们发现后来的毕达哥拉斯学派教授了某种在他们自己的时代已有些时序倒错的东西，那么，我们就可以相当确信我们正在处理的是那些唯有藉这位宗师的权威才能被保存下来的遗训。当下，我们必须马上提到其中一些学说，尽管关于整个体系的发展直到后面才会被讨论。唯有将它的早期形式同它后来的形式区分开来，我们才能清楚地看到毕达哥拉斯主义在整个希腊思

---

[1]　见德林，《哲学史档案》，第五卷，第 505 页以下。赫拉克利特，残篇 111 似乎提及了"三种生活"理论。这显然在弗雷乌斯的毕达哥拉斯主义团体中被教导；因为赫拉克勒德斯曾借毕达哥拉斯之口，在与弗雷乌斯的僭主的对话中阐明了这一点（西塞罗，《图斯库路姆论辩集》v.3；第欧根尼，序言 12，viii.8），并且，柏拉图在《斐多篇》中也安排苏格拉底由此展开论证（参见我在 68c2 处的注释）。

[2]　斯托拜乌斯，i. 第 20 页，1，ἐκ τῶν Ἀριστοξένου περὶ ἀριθμητικῆς, Τὴν δὲ περὶ τοὺς ἀριθμοὺς πραγματείαν μάλιστα πάντων τιμῆσαι δοκεῖ Πυθαγόρας καὶ προαγαγεῖν ἐπὶ τὸ πρόσθεν ἀπαγαγὼν ἀπὸ τῆς τῶν ἐμπόρων χρείας [按照阿里斯托克塞努斯关于算术的著作，毕达哥拉斯认为最重要的是要给予这门关于数字的研究以荣誉，并将它放在最靠前的位置，使它超越贩夫走卒的需求]。

想中的地位。不过我们务必切记，当下没有人会假装自己能在其各个连续阶段间刻画出明确的界限。

47. 图形

在有关毕达哥拉斯主义各种值得注意的说法中，有我们所听说的关于欧里托斯的事情，它以阿库塔斯那毋庸置疑的权威记述为依据。欧里托斯是费洛劳斯的门徒，而阿里斯托克塞努斯提到，欧里托斯曾和费洛劳斯一起教导过最后的毕达哥拉斯主义者，这些人也为他本人所熟识。因此，欧里托斯生活在毕达哥拉斯主义体系业已发展完备的公元前四世纪初。他绝非一位古怪的狂热分子，而是学派中最重要的人物之一。[①] 于是我们了解到，他曾告诉我们诸如马和人等各种事物的数目，并用某种排列鹅卵石的方式对此进行证明。此外，亚里士多德还将他的方法，同那些将数排列成诸如三角形和正方形等图形（σχήματα）的方法进行比较。[②]

不过，这些陈述——尤其是最后援引的那句亚里士多德的话——似乎暗示着在这个时代，甚至在更早的时候，存在着象征数字的符号，它不但与那种用字母表示数字的方法有别，又与欧几里德用线段代表数量的方法不同。前者在计算时多有不便，因为零还没有被发明出来；[③] 采用线段来代表数量虽

99

100

---

① 除了扬布里柯记载的那个故事（《毕达哥拉斯传》148）——欧律托斯在费洛劳斯去世很久之后曾听到墓穴中有他的声音，我们应该注意在阿里斯托克塞努斯提到的说法中，欧律托斯在费洛劳斯之后被提到（第欧根尼，viii.46；《希腊哲学史》62）。

② 亚里士多德，《形而上学》N，5.1092b8（《希腊哲学史》76a）。亚里士多德在这里并没有援引阿库塔斯的权威记载，但他这一说法的材料来源在塞奥弗拉斯特《形而上学》第 vi 页，a19（乌泽纳）中被说得十分清楚：τοῦτο γὰρ（sc. τὸ μὴ μέχρι του προελθόντα παύεσθαι）τελέου καὶ φρονοῦντος，ὅπερ Ἀρχύτας ποτ' ἔφη ποιεῖν Εὔρυτον διατιθέντα τινὰς ψήφους· λέγειν γὰρ ὡς ὅδε μὲν ἀνθρώπου ὁ ἀριθμός, ὅδε δὲ ἵππου, ὅδε δ' ἄλλου τινὸς τυγχάνει [因为这种方法（即，直到抵达某个终点才停止）属于成年人和聪明人，就像阿库塔斯有一次曾经说欧律托斯在安排一些鹅卵石时就是这样做的；因为他说，这是人的数目，这是马的数目，这是别的数目]。

③ 在希腊算术著作中采用字母记数方法一定起源于一个 Vau（ϝ）和 Koppa（ϙ）仍被认为是字母表中的字母并保留了其原来位置的时间和地区。这指向一个多里亚城邦（塔拉斯或叙拉古?），而时间则不晚于公元前 4 世纪早期。所谓的阿拉伯数字通常被归功于印度人的发明，但 M. 卡拉·德·沃表示（《科学》xxi 第 273 页以下），这种想法（只在公元十世纪出现）是由于对阿拉伯语中 hindi（"印度的"）和 hindasi（"算术的"）的混淆。他的结论是，"阿拉伯"数字是由新毕达哥拉斯学派发明的，并由新柏拉图主义者带到了波斯，在那里它们被传到了印度，而后又被传给了阿拉伯人。而数字零——由它整个系统的意义获得奠基——似乎是 οὐδέν [无] 的首字母。

然避免了随无理数的发现而来的诸多困难，但这种方法却出现得更晚。看上去，数字起初确实是用若干排列成对称且易于识别的图样的点来表示的，骰子或多米诺骨牌上的标记能让我们对此有大概的了解。事实上，这些标记正是支持这种方法乃是一种真正原始的记数方法的最好证明，因为它们产生于未知的远古，并且能被追溯到那个人们只能通过将数排列成这些图样——其中每个式样在某种程度上都成了一个新的单元——才可计数的时代。

因此重要的是，直到我们涉及后来某些将自己称作毕达哥拉斯主义者，并将算术恢复为一门独立于几何学的科学的作家时，我们才发现了一些有关亚里士多德所谓"那些将数排列成诸如三角形和正方形等图形的人"究竟所指何人的线索。这些人不仅放弃了欧几里德以线示数的方法，还认为他们曾使用过的、用字母记数的方法并不能反映数的本性。格拉萨的尼各马可明确表示，用字母来表示数仅仅是某种遵循习俗的做法。① 我们自然而然地会用单排的单元来表示线性数或素数，用被排列起来并呈现为各种平面图形的单元来表示多边形数，用排列成金字塔状的单元来表示实数，等等。② 于是我

----

① 格拉萨的尼各马可，《算术入门》，第83页，12，霍赫，Πρότερον δὲ ἐπιγνωστέον ὅτι ἕκαστον γράμμα ᾧ σημειούμεθα ἀριθμόν, οἷον τὸ ι, ᾧ τὸ δέκα, τὸ κ, ᾧ τὰ εἴκοσι, τὸ ω, ᾧ τα ὀκτακόσια, νόμῳ καὶ συνθήματι ἀνθρωπίνῳ, ἀλλ' οὐ φύσει σημαντικόν ἐστι τοῦ ἀριθμοῦ κτλ [首先必须知道，每个字母按照习俗和人的共识被我们用来代表一个数目，例如 ι 代表十，κ 代表二十，ω 代表八十，但这含义并不是按照本性属于数字，等等]。 也参见扬布里柯，《尼各马可算术入门注》，第56页，27，皮斯泰利，ἰστέον γὰρ ὡς τὸ παλαιὸν φυσικώτερον οἱ πρόσθεν ἐσημαίνοντο τὰς τοῦ ἀριθμοῦ ποσότητας, ἀλλ' οὐχ ὥσπερ οἱ νῦν συμβολικῶς [因为必须看到，在过去，古人通常会更按照自然为自己表现数字的量，而不是像现在的人们这样按照习俗]。

② 关于素数或线性数字，参见扬布里柯《尼各马可算术入门注》第26页，25，皮斯泰利，πρῶτος μὲν οὖν καὶ ἀσύνθετος ἀριθμός ἐστι περισσὸς ὃς ὑπὸ μόνης μονάδος πληρούντως μετρεῖται, οὐκέτι δὲ καὶ ὑπ' ἄλλου τινὸς μέρους, καὶ ἐπὶ μίαν δὲ διάστασιν προβήσεται ὁ τοιοῦτος, διὰ τοῦτο δὲ αὐτὸν καὶ εὐθυμετρικόν τινες καλοῦσι, Θυμαρίδας δὲ καὶ εὐθυγραμμικόν· ἀπλατὴς γὰρ ἐν τῇ ἐκθέσει ἐφ' ἓν μόνον διιστάμενος [首先，素数或非合数是只能被一完全度量的奇数，而不能再被其他任何部分度量，只被分为一行，像这样进行下去，他们称其为直线数，而西马里达斯也称其为线性的：因为在列出的序列中没有宽度，而只能被"一"整除]。现在普遍认为，西马里达斯是一名早期毕达哥拉斯主义者（塔内里，《科学论文》，第一卷，注释9；洛里亚，《真正的科学》，第807页）；如果是这样的话，我们就有了完整的证据证明这个理论可以被追溯到学派早期。对于三角形的、长方形的和正方形的数，等等，参见斯密尔纳的塞翁，第27—37页，希勒尔，以及《尼各马可算术入门注》，见先前引文。

们有了这样一些图形：

α   α α   α   α α   α   α α α   α α α

              α   α   α α   α α   α α α   α α α

α α   α α α

不过，这很明显并非创新。用字母 α 来表示单元的做法无疑导源于传统的记数方法；但另一方面，我们清楚地见证了一些属于科学最初阶段的东西。我们还推断出这些点应该代表的是鹅卵石（ψῆφοι），这使我们对那种仍被我们称作计算的早期方法有了新的认识。

48. 三角形、正方形和长方形的数

亚里士多德有关这一问题的讨论似乎是清楚的，并且传统证实，毕达哥拉斯为人类提供的伟大启示正是这样一种图形——四元（*tektraktys*），毕达哥拉斯的信徒们曾对此起誓。[①] 此外，我们还能依据斯彪西波的权威记载主张这整套学说都属于毕达哥拉斯学派。[②] 虽然后来又有了不同种类的四元，[③] 但最初为毕达哥拉斯所笃信的四元是"作为十的四元"。它是这样的一个图形：

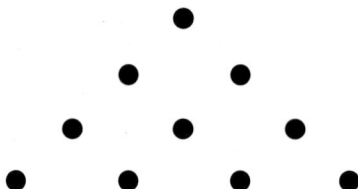

●

● ●

● ● ●

● ● ● ●

[①] 参见 Οὐ μὰ τὸν ἁμετέρᾳ γενεᾷ παραδόντα τετρακτύν [不，对那个将四元馈赠给我们族类的人起誓] 这个惯用语，这更有可能是古老的，是被杜撰 Χρυσᾶ ἔπη [黄金话语] 的人塞到毕达哥拉斯口中，从而使他对着自己的名字起誓！见第尔斯《哲学史档案》iii. 第 457 页。

[②] 斯彪西波曾主要以费洛劳斯为依据，撰写过一部关于毕达哥拉斯学派数字的著作，并且在《算术神学》中保留有这部著作的重要残篇。可见于第尔斯《前苏格拉底哲学家残篇》32 A 13，也在塔内里，《希腊科学》第 374 页以下，得到讨论。

[③] 见塞翁，《对有助于阅读柏拉图的数学事实的阐述》，第 93 页以下，西勒尔。在《蒂迈欧篇》中使用的是塞翁所记述的第二种 τετρακτύς [四元]（《对有助于阅读柏拉图的数学事实的阐述》，第 94 页，10 以下）。

它用边长为四的三角形表示数字十。由此一眼可见 1+2+3+4=10。斯彪西波 102
告诉我们，毕达哥拉斯在数字十中发现了若干特性。例如，它是第一个在
其中所包含素数和合数个数相等的数字。我们虽然无法分辨这其中究竟有
多少能被追溯到毕达哥拉斯本人，但或许有理由将下面这个结论归在他的
名下，即，无论是希腊人还是野蛮人，都"依照本性"在数到十之后重新开
始计数。

很明显，这种四元可以无限延展，以图形的形式表示若干连续整数序
列之和，这些和都相应地被称作"三角数"。

出于类似的原因，连续的奇数之和被称作"正方数"，而连续的偶数之
和则被称作"长方数"。如果奇数按照日晷的形状被叠加，① 总能得到一个与
之相似的图形，即一个正方形，而如果将偶数叠加起来，则会得到一系列长
方形，② 如图所示：

---

① 根据类比（第 18 页，注释②），γνώμων 的原意一定是木匠的直角尺。由此衍生出它的
其他两种用法（1）指一种工具；（2）指一种在被添加到一个正方形或矩形之后会形成
另一个正方形或矩形的图形。在《几何原本》（第二卷，定义 2）中，它被扩展到一切
平行四边形中，赫伦（海伯格编，第四卷，定义 58）最终将 γνώμων 定义为：καθόλου
δὲ γνώμων ἐστὶν πᾶν, ὃ προσλαβὸν ὁτιοῦν, ἀριθμὸς ἢ σχῆμα, ποιεῖ τὸ ὅλον ὅμοιον ᾧ
προσείληφεν [γνώμων 一般是任何这样的东西——它在将自己添加到某个量或图形之后，
会形成一个相似的、已将它添加进去的整体]。但这是后来的发展，因为基俄斯的奥伊
诺庇得斯在"垂线"的意义上对 γνώμων 的使用表明，在公元前五世纪，它只被运用于
正方形和矩形。
② 参见米约，《几何学家哲学家》，第 115 页以下。亚里士多德这样表述这个问题（《物理
学》Γ，4.203a13）：περιτιθεμένων γὰρ τῶν γνωμόνων περὶ τὸ ἓν καὶ χωρὶς ὁτὲ μὲν ἄλλο
ἀεὶ γίγνεσθαι τὸ εἶδος, ὁτὲ δὲ ἕν [因为当指针围绕着"一"放置，若不是这样时，形式就
总是不同，若是这样时就总是"一"]。这被伪普鲁塔克说得更加清楚（斯托拜乌斯，i. 第
22 页，16，ἔτι δὲ τῇ μονάδι τῶν ἐφεξῆς περισσῶν περιτιθεμένων ὁ γινόμενος ἀεὶ τετράγωνός
ἐστι· τῶν δὲ ἀρτίων ὁμοίως περιτιθεμένων ἑτερομήκεις καὶ ἄνισοι πάντες ἀποβαίνουσιν,
ἴσως δὲ ἰσάκις οὐδείς [此外，当一系列由奇数构成的日晷形被排列在点的周围，所得到
的总是正方形；但当由偶数构成的按相同方式被排列时，它们全部成了各个边不相等且
具有不同长度的长方形，而没有任何一个是正方形]）。我们将会看到，亚里士多德此处
是在"形状"的意义上使用了 εἶδος 一词。καὶ χωρὶς 显然是指 χωρὶς τοῦ ἑνός，即始于 2
而不 1。

正方数　　　　　　　　　　　　长方数

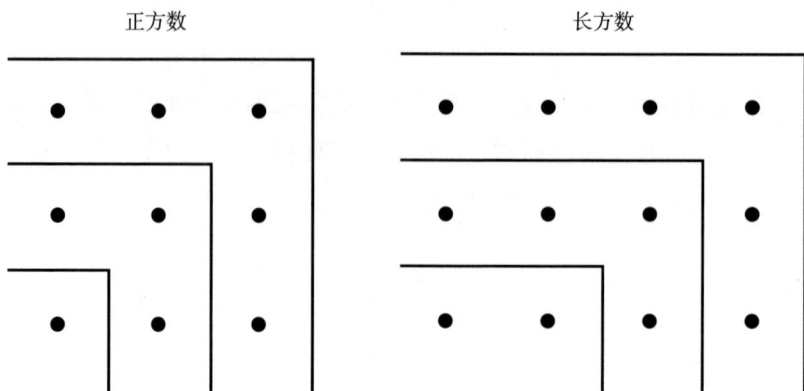

103

　　于是，我们明显能够把围绕连续数字之和的研究归在毕达哥拉斯本人的名下；但他是否在研究长方数之外还曾对棱锥体和立方体数展开研究，我们便不得而知了。①

　　49. 几何学与和声学

　　不难看出，这种呈现数字的方式使人联想到一些具有几何学性质的问题。那些代表卵石的点通常被称为"界石"（ὄροι, termini，被引申为"项"），它们标示出的区域就是"田地"（χώρα）。② 这显然是一种早期说法，可能被归给毕达哥拉斯本人。他必然想到，"田地"可以像数字一样进行比较，③并且，他很可能知晓在埃及传统中进行这种操作的粗略方法，尽管这些方法肯定无法使他满意。传统再一次帮助我们了解到其思想所采取的进路。

---

① 斯彪西波（参见 92 页，注释②）谈到四是第一个棱锥体数；但这来自费洛劳斯，因此我们不可以稳妥地将它归给毕达哥拉斯。

② 普罗克鲁斯，《几何原本注》，I. 第 136 页，8，ἔστι δὲ τὸ ὄνομα（sc.ὅρος）οἰκεῖον τῇ ἐξ ἀρχῆς γεωμετρίᾳ，καθ' ἣν τὰ χωρία ἐμέτρουν καὶ τοὺς ὅρους αὐτῶν ἐφύλαττον ἀσυγχύτους［起初，这个名字（即界石）在严格的意义上来自几何学，根据几何学田地被测量，而界石确保自己不混乱］。我们有一个序列（ἔκθεσις）中的 ὅροι，它还存在于比例中，后来还存在于三段论中。诸符号 :, ::, ∴ 似乎导源于此。χώρα 这一术语通常被后来的毕达哥拉斯主义者使用，尽管阿提卡用法要求 χωρίον 是一个矩形。算盘以及棋盘上 γραμμαί 之间的空间也被称作 χῶραι。

③ 在他对欧几里德的评注 i.44 中，普罗克鲁斯基于欧德谟斯的权威文献告诉我们，χωρία 的παραβολή［圆锥截面椭圆］，ἔλλειψις［圆锥截面椭圆］以及 ὑπερβολή［圆锥截面］是毕达哥拉斯学派的发明。关于这些术语及其后来在圆锥截面上的应用，见米约，《几何学家哲学家》，第 81 页以下。

他一定知道用边长为 3、4、5 的三角形构造直角。我们已经看到（第 18 页），这在东方很早就为人熟知，泰勒斯就曾将它介绍给了希腊人，如果他们还对此一无所知的话。在后世作家中，它实际上被称作"毕达哥拉斯三角"。而卓越的毕达哥拉斯定理是说，在一个直角三角形中，斜边上的正方形等于另两边上的正方形之和，因此所谓毕达哥拉斯三角只是其逆命题在某个特殊情况下的应用。"斜边"（ὑποτείνουσα）这一名称有力地印证了两个事物之间的密切联系。它的字面意思是"在中间紧绷的绳子"，而这无疑正是"系绳者"所系的那条绳子。因此，尽管我们不能完全确定，但这个定理很可能真的是由毕达哥拉斯发现的，只不过欧几里德给出的证明却肯定不是他的。①

50. 不可通约性

然而，等待着他的却是大失所望。从毕达哥拉斯定理随即能够推出，边长为某个正方形对角线的正方形是位于原正方形边上的正方形的两倍，并且这必然能够用算术形式表达出来。但事实上并不存在某个能被分成两个相等正方数的正方数，因而这一问题无从解决。在这个意义上，毕达哥拉斯可能确实发现了正方形对角线与其边的不可通约性，以及那个曾被亚里士多德提到的、明显带有毕达哥拉斯学派特征的证明——如果它们是可以被通约的，那么我们就必须认为某个奇数与某个偶数相等。② 无论如何，可以肯定的是，毕达哥拉斯并不愿意对这一问题做进一步探讨。他可能在无意中发现了二的平方根是一个无理数的事实，但据我们所知，提出一套关于无理数的完整理论的任务被遗留给了柏拉图的朋友凯瑞恩的塞奥多罗斯和泰阿泰德。③ 此时，如人们所说，对角线和这一正方形的不可通约性仍然是一个"可耻的例外"。我们的传统声称，麦塔彭的希帕索斯因披露了这件不可告人的

① 见普罗克鲁斯对欧几里德的评注，i.47。

② 亚里士多德，《前分析篇》A，23.41a26，ὅτι ἀσύμμετρος ἡ διάμετρος διὰ τὸ γίγνεσθαι τὰ περιττὰ ἴσα τοῖς ἀρτίοις συμμέτρου τεθείσης［正方形的对角线不能通约，因为如果可以通约，那么奇数就与偶数相等］。在欧几里德第十卷最后（第三卷，第 408 页以下，海伯格）给出的一系列证明攻击了这一点。它们并非欧几里德的，可能实质上来自毕达哥拉斯学派。参见米约，《几何学家哲学家》，第 94 页。

③ 柏拉图，《泰阿泰德篇》147d3 以下。

丑事而被溺亡。①

51. 比例与和谐

上述最后的考察表明，尽管我们能相对稳妥地将欧几里德最早几卷著作的基本内容归给早期毕达哥拉斯学派，但算术方法却肯定不属于他们。这种方法是用若干线段而非一系列单元来进行运算的，因此它适用于某些不能用仅包含有理数的等式来表达的关系。毫无疑问，这就是为什么在欧几里德著作中，算术问题直到平面几何之后才被处理的原因，而这与本来的顺序完全相反。出于同样的原因，欧几里德著作中的比例学说也不可能属于毕达哥拉斯学派，而确实是欧多克索斯的学说。但很明显，早期的毕达哥拉斯主义者——也许还包括毕达哥拉斯本人——都曾以他们自己的方式研究比例，而对那三种"中值"（μεσότητες）的研究尤其可以追溯到学派的创始者，特别是因为其中最为复杂的"和声"与所他发现的八度音程有着密切的关系。如果我们选取 12∶8∶6 这个和声的比例，②就会发现 12∶6 是八度音程，12∶8 是五度音程，8∶6 是四度音程。毋庸置疑，毕达哥拉斯发现了这些音程。关于他在铁匠铺里观察和声音程，然后称量产生这些音程的锤子的重量，或者把与锤子的重量相对应的重物悬挂在相等的弦上的故事，确实是不
太可能甚至荒谬的；将它们合理化的做法亦纯属浪费时间。③ 但对我们来说，

106

---

① 这一版本的传说在扬布里柯，《毕达哥拉斯传》247 中有提及，并且似乎较我们后面将会讨论的其他版本（§148）更为古老。 被开除教籍的希帕索斯就像是毕达哥拉斯学派中一个不守规矩的顽童，在有关他的各种传说中充斥着训诫。见第 85 页，注释①。

② 阿库塔斯这样定义和声之比（残篇 2，第尔斯）ἁ δὲ ὑπεναντία（μεσότας），ἃν καλοῦμεν ἁρμονικάν, ὅκκα ἔωντι <τοῖοι（sc.oἱ ὅροι）· ᾧ> ὁ πρῶτος ὅρος ὑπερέχει τοῦ δευτέρου αὐταύτου μέρει, τωὐτῷ ὁ μέσος τοῦ τρίτου ὑπερέχει τοῦ τρίτου μέρει [那些被我们称为和声的相反者(中间项) 是 < 这样一些东西（亦即项），按照它 > 第一项超出第二项了第一项本身的这一部分，又由于它本身，中项又超出第三项了第三项的这一部分]。参见柏拉图《蒂迈欧篇》36a3，τὴν ... ταὐτῷ μέρει τῶν ἄκρων αὐτῶν ὑπερέχουσαν καὶ ὑπερεχομένην [它……按照相同比例超出一端和被另一端超出]。因此, 12 和 6 的和声之比是 8; 因为 8=12-12/3 = 6+6/3 [按照三分之一的比例，第一项 12 比第二项 8 多第一项的三分之一，而第二项也就是按照相同的比例超出一端和被另一端超出中项 8 又比第三项多第三项的三分之一]。

③ 铁匠锤子的故事纯属无稽之谈，并且这些音符与锤子的重量并不存在对应关系，倘若存在对应关系，那么悬挂在相等弦上的重物就会产生音符。振动的次数确实随重量的平方根的变化而变化。这些讹误已由蒙蒂克拉指出（马丁，《〈蒂迈欧篇〉研究》，第一卷，第391 页）。

其荒谬却是其最大的价值。它们绝非任何希腊数学家可能编造出来的故事，而是一个见证了这一真实学述传统——毕达哥拉斯曾作出此重大发现——的流行传说。另一方面，他通过测量一弦琴上的相应长度探索发现了"和音"的说法是可信的，这在声学上没有任何问题。

52. 万物皆数

无疑正是这使得毕达哥拉斯宣称万物皆为数。我们将会看到，在稍后的日子里，毕达哥拉斯主义者们将这些数同几何图形等同起来，但联系上我们所闻说的欧律托斯的方法，单单他们将这些几何图形称作"数"的事实就足以表明这并非该学说的原意。我们有充足的理由认为毕达哥拉斯曾依如下方法进行推理。如果乐音能被还原为数，那么其他一切事物何以不能？事物与数有许多相似之处，它们真正的数的本性很可能通过某个幸运的实验——比如那个由之发现八度音程的实验——被揭示出来。新毕达哥拉斯学派的作家们不光在其他问题上回归到学派最早的传统中，而且同样沉浸于自己的想象，探索事物与数间各式各样的相似之处；但幸运的是，我们不必追随他们的异想天开。亚里士多德明确告诉我们，毕达哥拉斯学派只用数解释了一些事情，[①] 这就意味着毕达哥拉斯本人并没有就这个问题留下成熟的学说，公元前五世纪的毕达哥拉斯主义者们也不愿在传统上补充任何类似的见解。然而，亚里士多德确曾表示，在他们看来，"恰当的时间"（καιρός）是 7，正义是 4，婚姻是 3。我们可以放心地将这些关联以及其他一些类似的关联归在毕达哥拉斯或他的直接继承者名下，但却不应过分重视它们。我们不应由此开始，而应该从我们所能找到的任何能够反映它与米利都学派的教导相关的说法出发。我们大可断定，就其形式而言，这些说法都属于一套最为原始的体系。

107

53. 宇宙论

此类论述中最引人注目的一段来自亚里士多德。他告诉我们，毕达哥拉斯学派认为，在诸天之外更有"无界限的气息"，并且它为世界所吸入。[②]

---

① 亚里士多德，《形而上学》M，4.1078b21（《希腊哲学史》78）。此类想象充斥在《算术神学》之中（《希腊哲学史》78a）。亚历山大在《形而上学注》第 38 页，8，中记载了几则可能较为古老的定义（《希腊哲学史》78c）。

② 亚里士多德，《物理学》Δ，6.213b22（《希腊哲学史》75）。

这本质上是阿那克西美尼的学说，而当我们发现克塞诺芬尼曾拒绝接受该学说时，就基本可以断定它也曾为毕达哥拉斯所教导了。[①] 我们可以推断，使这一观点获得进一步发展的同样是毕达哥拉斯。据说，在最初的单元形成之后——无论这是如何发生的——"无界限"的最近部分首先被吸引进来并受到了限制，[②] 正是以这种方式被吸入的"无界限"使得诸单元相互分离开来。[③] 它象征着它们之间的间隙。这是一种描述离散的量的原始方法。

108

在亚里士多德的这些文本中，"气息"同样会被称作"虚空"（void）或"空无"（empty）。我们在阿那克西美尼那里已遇到过这种混淆，因而在这里再次出现并不让我们感到意外。[④] 我们还发现了另一种混淆的明显痕迹，即空气和蒸汽。事实上，似乎可以肯定毕达哥拉斯曾将"有限"等同于火，将"无界限"等同于黑暗。亚里士多德告诉我们，希帕索斯曾将火作为第一本原，[⑤] 我们将会看到，巴门尼德在讨论同时代人的观点时，将主张存在火和夜这两

---

① 第欧根尼，ix.119（《希腊哲学史》103c），ὅλον δ' ὁρᾶν καὶ ὅλον ἀκούειν, μὴ μέντοι ἀναπνεῖν (φησι Ξενοφάνης) [他全视，全听，但却并不呼吸（克塞诺芬尼说）]。同样在 [伪普鲁塔克]《汇编》残篇 4 中，我们读到克塞诺芬尼曾主张 μὴ κατὰ πᾶν μέρος περιέχεσθαι ὑπὸ ἀέρος (τὴν γῆν) [（大地）并不是所有部分都被气所环绕]。我们因此可以毫无疑虑地将这个说法归给塞奥弗拉斯特，尽管事实上第欧根尼在这里所依照的（传记）来源质量不高，正如第尔斯所表明的那样（《希腊学述》第 168 页）。也参见希波吕特，《对各种异端的反驳》i.14，2，τὴν δὲ γῆν ἄπειρον εἶναι καὶ μήτε ὑπ' ἀέρος μήτε ὑπὸ τοῦ οὐρανοῦ περιέχεσθαι (Ξενοφάνης λέγει) [大地是无限的，却既不是被气也不是被天所环绕（克塞诺芬尼说）]。

② 亚里士多德，《形而上学》N，3.1091a13（《希腊哲学史》74）。

③ 亚里士多德，《物理学》Δ，6.213b23（《希腊哲学史》75a）。διορίζει τὰς φύσεις [分离了自然物] 这个短语已经引起了不必要的困难，因为它一直被认为是将进行限定的功能归于 ἄπειρον [无限]。亚里士多德说得很清楚，他的意思正如文中所表述的那样。特别参见这段话 χωρισμοῦ τινος τῶν ἐφεξῆς καὶ διορίσεως [依次相接事物之间的某种分离和区分]。术语 διωρισμένον，"离散的"，是 συνεχές，"连续的"的反义词。在他关于毕达哥拉斯哲学的著作中，亚里士多德使用了短语 διορίζει τὰς χώρας 作为替代（斯托拜乌斯，i. 第 156 页，8；《希腊哲学史》75），如果我们还记得毕达哥拉斯派用 χώρα 的所指，上述用法便同样可以理解了（参见第 94 页，注释②）。

④ 参见亚里士多德，《物理学》Δ，6.213a27，οἱ δ' ἄνθρωποι ... φασὶν ἐν ᾧ ὅλως μηδέν ἐστι, τοῦτ' εἶναι κενόν, διὸ τὸ πλῆρες ἀέρος κενὸν εἶναι [人们说，在其中什么也没有，这是空的，因为充满的气是空的]；《论动物的部分》Β，10.656b15，τὸ γὰρ κενὸν καλούμενον ἀέρος πλῆρές ἐστι [因为充满的气被说成是空的]；《论灵魂》Β，10.419b34，δοκεῖ γὰρ εἶναι κενὸν ὁ ἀήρ [因为他认为气是空的]。

⑤ 亚里士多德，《形而上学》Α，3.984a7（《希腊哲学史》56c）。

种基本"形式"的观点归给了他们。[①] 我们还发现,"光明"和"黑暗"分别在"有限"和"无限"的标题下,出现在毕达哥拉斯的对立表中。[②] 此处气息被等同于黑暗,这有力地证明了该学说的原始特征;因为,黑暗在公元前六世纪被认为是一种蒸汽,直到公元前五世纪,它的真实本性才为人所知。柏拉图用他一贯忠于历史的老练,让毕达哥拉斯主义者蒂迈欧将雾和黑暗描述为凝结的气。[③] 于是,我们必须设想一个由若干发光的点标示出来的、由黑暗或气息构成的"田地"[参见§49],这可以通过观察星罗棋布的天宇被自然而然地想象出来。我们甚至还可能把米利都学派有关众多世界的看法归给毕达哥拉斯,尽管对他来说,对无限的数字进行讨论是非常勉强的。我们了解到,至少佩特隆——一位早期毕达哥拉斯主义者——曾主张,只存在排列成三角形的一百八十三个世界。[④]

109

54. 天体

阿那克西曼德将诸天体看做是充溢着火焰的"气"轮,其中的火焰会从轮环上某些孔洞中逸出(§21)。有证据表明,毕达哥拉斯持有同样的观点。[⑤]我们已经看到,阿那克西曼德只假定了三个这样的轮环存在,而毕达哥拉斯极有可能将这三个轮环的间隔同他所发现的三个音乐音程——四度音程、五度音程和八度音程——联系起来。这将是"诸天球的和谐"学说最自然而然的开端,尽管这一说法——如果被应用于任何我们可以恰当地归给毕达哥拉斯本人的理论——会产生双重误导。ἁρμονία 一词的意思并非和谐,而是八度音程,并且"诸天球"的说法同样是一种时代错置。当下,我们仍处在一个认为轮环或圆圈足以对诸天体进行充分解释的阶段。

学派早期可能同样已经对诸天自东向西的周日运动,与相对较慢的日、月以及诸行星自西向东的旋转进行了区分,这一区别也许还能被追溯到毕达

---

① 见第四章,§91。

② 亚里士多德,《形而上学》A,5.986a25(《希腊哲学史》66)。

③ 柏拉图,《蒂迈欧篇》58d2。

④ 这段话由普鲁塔克,《论神谕的衰微》422b, d 引自艾雷索斯的法尼阿斯,后者依据了瑞吉翁的希普斯的权威。如果我们能够遵从维拉莫维茨(《赫尔墨斯》,xix. 第444页)认为这真的是指麦塔彭的希帕索斯(并且正是在瑞吉翁毕达哥拉斯主义者们曾得到庇护),那么这便是一则很有价值的证据。

⑤ 这一点将在第四章§93详加讨论。

哥拉斯本人。① 很明显，这与涡流理论彻底决裂，而主张诸天都是球体。可无论如何，这便是克服阿那克西曼德体系困境的唯一途径。如果它确实被严肃地对待，那么我们就必须假定日、月以及诸行星的运动是复合的：一方面它们各自以不同的角速度自西向东地旋转，但同时又被一个自东向西的周日运动裹挟。这显然是通过主张行星的轨道运动——它与天球赤道形成斜角——是受周日运动所控制（κρατεῖται）而体现出来的。伊奥尼亚学派，一直到德谟克利特的时代，都从未接受过这种观点。他们坚持涡流理论，以致他们不得不坚持认为所有天体无不沿着同一个方向旋转，因此，那些在毕达哥拉斯学派的体系中具有最大角速度的天体，却在他们的体系中具有最小的角速度。例如，按照毕达哥拉斯学派的观点，土星大约需要 30 年便完成其公转；而在伊奥尼亚学派看来，它远远"落后"于其他行星，换言之，它更接近黄道十二宫的运行速度。②

由于随后将呈现出来的种种原因，我们可以满怀信心地将"大地是球体"这个曾被伊奥尼亚学派，甚至阿那克萨戈拉和德谟克利特拒绝接受的发现归功于毕达哥拉斯本人。然而，他很可能仍信奉一套地心说，发现地球不过是一颗行星的成就则属于后来一代（§150）。

刚刚我们针对毕达哥拉斯一系列观点所提供的说明无疑仅仅出于推测，同时也并非完善。我们只是将毕达哥拉斯学派体系中似乎是最古老的部分归给了他，在现阶段我们甚至还不能将据以进行讨论的证据全部列举出来。只有在对巴门尼德诗歌的第二部分以及后来毕达哥拉斯学派的体系进行考察之

---

① 我曾对此心存疑虑，因为柏拉图在《法篇》822a 中似乎把这个理论描绘成一种全新的东西，但是泰勒教授让我意识到了自己的错误。柏拉图在那段话中所否认的正是这一学说，而他所赞扬的一定是一种全新的涉及简单运动的理论。这是柏拉图在晚年的一个发现；在《理想国》的"厄尔神话"和《蒂迈欧篇》中，我们仍然看到毕达哥拉斯学派的复合运动理论。的确，在斯密尔纳的塞翁（第 150 页，12）之前没有任何作家曾明确地把这一理论归给毕达哥拉斯，但艾修斯（ii, 16, 2）说，阿尔克迈翁——一个比毕达哥拉斯年纪稍小的同时代者——同意数学家的观点，认为行星与恒星的运动方向相反。他的其他天文学观点是如此粗糙（§96），以至于这不太可能是他的发明。

② 见卢克莱修，v.621 以下，对德谟克利特理论的解释，并参见上文第 61 页。此术语为 ὑπόλειψις。严格来说，伊奥尼亚学派的看法只是对同一现象的另外一种描述方式，但它并不能轻易地使自己成为一套有关真实行星运动的融贯理论。

后，这些证据才会真正显现出来。① 无论如何，毕达哥拉斯对科学的伟大贡献显然是他关于协和音程可以用简单的数字比率来表示的发现。至少，这在原则上呈现出一套有关传统"相反者"之关系的全新看法。如果通过遵循这些比率便可以实现高音和低音的完美协调（ἁρμονία），那么很明显，其他对立的事物也可以类似地实现和谐。热与冷，湿和干，可以通过适度地混合（κρᾶσις）被统一在一起，"温度"一词仍能够为此观念提供佐证。② 医学中的"性情"学说同样来源于此。此外，著名的"中道"学说不过是把同样的理念运用到行为问题上。③ 毫不夸张地讲，自此以降，希腊哲学一直为这个完美和弦的观念所支配。

Ⅱ. 克洛丰的克塞诺芬尼

55. 克塞诺芬尼的生平

我们已经看到，毕达哥拉斯是如何给他那个时代的宗教运动赋予更为深刻的意义；现在，我们则要考察一种与之截然不同的宗教表现形式，它是对人们通过诗人所熟悉的有关诸神看法的抗拒。克塞诺芬尼从根本上否认了与人同形的诸神，但他并没有受到周围宗教复兴的影响。我们仍能看到他某首哀歌的一段残篇，其中他将毕达哥拉斯以及轮回学说挪揄了一番。④ 我们还听说，他反对泰勒斯和毕达哥拉斯的观点，还抨击埃庇美尼德斯，这很可能确有其事，虽然并没有相关残篇流传下来。⑤

---

① 见第四章 §§ 92-93，以及第七章 §§ 150-152。
② 人们无法忽视这一学说与道尔顿化学混合理论之间的相似性。诸如 H_2O 的表达式正是的 μεσότης [比例] 的完美示例。现代立体化学的构型也会奇怪地表现出毕达哥拉斯主义的一面。我们时常很想说，当毕达哥拉斯宣称"万物皆数"的时候，他确实洞察到了世界的奥秘。
③ 亚里士多德的中道学说源自柏拉图《斐利布篇》，后者明显是对毕达哥拉斯主义学说的阐释。
④ 见下文残篇 7。
⑤ 第欧根尼，ix.18（《希腊哲学史》97）。我们知道克塞诺芬尼曾提到泰勒斯预测日食（见第一章，第 36 页，注释⑤）。

　　确定克塞诺芬尼的年代绝非易事。蒂迈欧的证言在此类问题上举足轻重，他说他与谢隆、埃庇哈尔谟斯同处一个时代。并且，他看上去一定在谢隆的宫廷轶事中占有一席之地，这在公元前四世纪为希腊人提供了消遣，正如克罗伊索斯和"七贤"的轶事在公元前五世纪为他们提供了消遣一样。[①]由于谢隆于公元前478年至467年在位，因而，即便假定克塞诺芬尼曾活到一百岁，我们也不能将其出生日期确定在公元前570年之前。另一方面，克莱门特宣称，阿波罗多洛斯将其出生时间定在第四十届奥林匹亚赛会期间（公元前620—616年），并补充说他一直生活到了大流士和居鲁士的时代。[②]此外，第欧根尼有关此类问题的消息绝大部分来自阿波罗多洛斯，他宣称其盛年在第六十届奥林匹亚赛会期间（公元前540—537年），第尔斯认为阿波罗多洛斯确实也是这么说的。[③]但不管怎样，公元前540年这一时间很明显是基于他在埃利亚的建城之年来到此地的假设而确定的，因此这只是一个拼接附会，无须考虑。[④]

　　我们可以确定的是，克塞诺芬尼从二十五岁起就过上了流浪的生活，他在九十二岁时依然健在，并创作诗歌。他自己说道（残篇 8 = 24 卡斯滕；《希腊哲学史》97）：

[①]　蒂迈欧，载于克莱门特，《汇编》i. 第 353 页（《希腊哲学史》95）。只有一件轶事事实上讲述了克塞诺芬尼与谢隆的对话（普鲁塔克《国王和将领的嘉言警语》175e），但我们很自然地将亚里士多德在《形而上学》Γ，5.1010a4 的话理解为是在影射埃庇哈尔谟斯对他的评价。亚里士多德关于克塞诺芬尼的轶事可能来自那个色诺芬在《谢隆》中同样映现了的故事。

[②]　克莱门特，同上。对居鲁士的提及为希波吕特《对各种异端的反驳》i.94 所印证。第尔斯认为，大流士之所以被首先提到，是由于格律方面的原因；但没有任何人令人满意地解释了究竟为什么要提到居鲁士——除非这个更早的时间是想要被提到的。关于这问题的各个方面，参见雅各比，第 204 页以下，他无疑错误地认为 ἄχρι τῶν Δαρείου καὶ Κύρου χρόνων 的意思是"在大流士和居鲁士的时代"。

[③]　《莱茵语文学博物馆》，xxxi. 第 22 页。他接受了里特的建议，将克莱门特（见先前引文）中的 τεσσαρακόστην 读作 πεντηκόστην（用 N 代替 M）。但阿波罗多洛斯所提供的纪年参照的是雅典的执政官，而不是奥林匹亚赛会。

[④]　由于埃利亚是在波凯亚人离开波凯亚后的第六年被建立起来的（希罗多德，i.164 以下），因而其建城时间正是公元前540年到539年。参见阿波罗多洛斯用图里建城的年代确定恩培多克勒生平的方法（§98）。

截至目前，我忧心忡忡的灵魂①已在希腊的土地上颠簸有六十七个年头了；那时到我出生还有二十五个年头，如果关于这些事情我能够真实地讲任何事的话。

我们很容易认为，克塞诺芬尼在这段文本中指的是哈尔帕戈斯征服了伊奥尼亚，而事实上，他是在回答另一首诗中提出的问题②（残篇 22 = 17 卡斯滕；《希腊哲学史》95a）：

冬日的炉火旁，美餐一顿后躺在柔软的沙发上，喝着甜酒，嚼着鹰嘴豆，这时我们应说这样的话："小伙子，你是哪国人，多大了？米底人出现时你年庚几何？"

在这种情况下，他的出生时间就会落在公元前 565 年，而他同谢隆的关系也就相当可信了。我们还注意到，他在提及毕达哥拉斯时使用了过去时，后来他本人也如此这般地被赫拉克利特提到。③

塞奥弗拉斯特曾说，克塞诺芬尼曾"受教"于阿那克西曼德，④而我们也将看到，他确实熟悉伊奥尼亚学派的宇宙论。我们听说，他离开家乡之后生活在西西里，主要活动在赞克尔和卡塔纳。⑤正如活跃在他之前的阿尔基洛库斯，我们可以认为，他也会在流亡者们试图沿袭伊奥尼亚上流社会传统习俗的宴会上，通过朗诵哀歌和讽刺诗来表露心声。有说法主张他曾是一位吟游诗人，但这并没有任何依据。⑥哀歌歌手虽不像吟游诗人那样是职业的，

114

---

① 贝克（《希腊文学史》ii. 第 418 页，注释 23）认为 φροντίς 在这里是指克塞诺芬尼的文学作品，但认为它在这一时期会像拉丁文中 cura 的用法一样，必然是一个时代错置。

② 这一定是另一篇诗作；因为它是六步格体，而先前那段残篇却是哀歌体。

③ 克塞诺芬尼，残篇 7；赫拉克利特，残篇 16，17。

④ 第欧根尼，ix.21（《希腊哲学史》96a）。

⑤ 第欧根尼，ix.18（《希腊哲学史》96）。这里使用的是赞克尔这个古老的名字，而非后来的墨西拿。这意味着这种说法有一个很早的来源——可能是克塞诺芬尼本人的哀歌。

⑥ 第欧根尼，ix.18（《希腊哲学史》97）说 αὐτὸς ἐρραψῴδει τὰ ἑαυτοῦ [他曾经诵读他自己的诗歌]，但这是完全不同的事。没有任何地方说过他曾吟诵荷马的诗歌。贡珀茨臆想出来的画面（《希腊思想家》第一卷，第 155 页）除此之外没有任何证据支持。

却与他的听众属于相同的社会阶层。我们已经看到，他在九十二岁的时候仍过着流浪的生活，这很难与他在埃利亚定居、并在此创建学派的说法相符，尤其是如果我们认为他在谢隆的宫廷里度过他最后时光的话。① 值得注意的是，没有任何一位古代作家曾明确宣称他曾在埃利亚驻足，② 而且我们所掌握的全部证据似乎都与他曾在那里定居相悖。

56. 诗篇

按照第欧根尼，克塞诺芬尼曾撰写六步格体诗歌，也曾针对荷马和赫西俄德创作过哀歌和抑扬格体诗。③ 但并没有可靠的权威记载说过任何有关他曾
115 创作过一首哲学诗的事情。④ 辛普利丘告诉我们，他从未见过那篇主张大地向下无限延伸的诗行（残篇 28），⑤ 这就意味着学园中并没有这样一首诗的抄本，倘若这首诗的确存在过，那么这将是十分吊诡的，毕竟辛普利丘能够获得那些相较于克塞诺芬尼简直无足轻重的人的全部作品。内部证据同样无法支持

---

① 第欧根尼，ix.20（《希腊哲学史》97）说他曾以对埃利亚的殖民为题材传做了 2000 行六步格诗歌。即便这是真的，也无法证明他曾在那里居住；因为埃利亚的建立曾是让所有伊奥尼亚流亡者都感兴趣的话题。此外，这个说法也十分可疑。第欧根尼所记载的关于七贤、埃庇美尼德等人的分行散文短评来自伪造者洛邦，而这一说法似乎同样来源于此。

② 唯一将他与埃利亚联系起来的是由亚里士多德所记载的一段轶事：当埃利亚人问他们是否应该给女神琉科忒亚献祭时，他给出的答案是，"如果你们认为她是女神，就不要为她感到悲伤；如果你们不这样认为，就不要向她献祭"（《修辞学》B，26.1400b5；《希腊哲学史》98a）。即便如此，也不必定暗示他在埃利亚定居下来了，而且无论如何，这些轶事都是不具名的。普鲁塔克不止一次地讲述了这个故事，但他把它当做是克塞诺芬尼对埃及人的评论（第尔斯《前苏格拉底哲学家残篇》11A13），而其他人则把它作为赫拉克利特的评论。

③ 第欧根尼，ix.18（《希腊哲学史》97）。ἐπικόπτων 一词使人联想到蒂孟的残篇 60（第尔斯），Ξεινοφάνης ὑπάτυφος Ὁμηραπάτης ἐπικόπτης [克塞诺芬尼，并不十分骄傲，是荷马的审查者]。

④ 最早提到 Περὶ φύσεως [《论自然》] 这首诗的是对《伊利亚特》xxi.196 的日内瓦评注（引残篇 30），这可以追溯到马洛斯的克拉底。我们必须谨记，类似标题是直到后来才出现的，而且早在克拉底之前很久，克塞诺芬尼就已在哲学家中占有一席之地。因此，我们可以说，是帕加马的图书管理员（Pergamene librarians）将克塞诺芬尼的一些诗歌命名为 Περὶ φύσεως。

⑤ 辛普利丘，《论天注》，第 522 页，7（《希腊哲学史》97b）。我们的残篇中确实有两则（25 和 26）是通过辛普利丘被保存下来的，但他是从亚历山大那里得到的它们。也许它们曾被塞奥弗拉斯特援引；因为亚历山大显然并不掌握有关克塞诺芬尼的第一手材料，否则他就不会被《论麦里梭、克塞诺芬尼和高尔吉亚》所误导。（见第 113 页）

克塞诺芬尼曾写过一首哲学诗的观点。第尔斯将二十八行归给了这首诗，但正如我所竭力表明的，这些诗行出现在他对荷马和赫西俄德的批评中是十分自然的。同样重要的是其中有许多诗行来自荷马史诗的评注家。[①] 于是，克塞诺芬尼更有可能是在他的讽刺诗中附带着表达了自己的科学观点。这可能正是当时的风格，正如我们从埃庇哈尔谟斯的文存中能够看到的那般。

讽刺诗被后世作家称作 *Silloi*，这一名称可被追溯到克塞诺芬尼本人。然而，它可能源于"讽刺文学作家"（"sillographer"）弗雷乌斯的蒂孟（大约公元前 259 年）曾将自己大量关于哲人们的讽刺诗假托克塞诺芬尼之名发表的事实。只有一行抑扬格体诗流传下来，而它又紧接着一首六步格体诗（残篇 14）。这意味着克塞诺芬尼曾将抑扬格体诗行按照《马尔吉特斯》的样式穿插在他的六步格体诗中。

57. 残篇

我依据第尔斯的文本和编排给出下列残篇。

哀　歌

（1）

此刻地面洁净，人们的手和全部杯盏亦都如此；有人将编织成的花冠戴在我们的头上，有人则递来盛放在一只托盘上的香膏。调酒壶已立在那里，装满欢愉，更有佳酿在手，许下永不会弃我们于危难之中的诺言，瓶中的鲜花柔美且芬芳。当中的乳香散发出圣洁的异香，清冽的水甘甜而纯净。棕色的面包被置在面前，豪华的餐桌堆满乳酪和浓蜜。祭坛在中央花团锦簇；歌声与欢笑洋溢于所有厅堂。

但首先，人们必须用欢乐，用神圣的故事和纯洁的话语颂赞神明；在奠酒、祈神之后，我们才会有做正确的事的力量——因为那事实上是首先要做的事情——饮酒只要不过量，并且能不用搀扶便能回到家门就并非罪过，这样他将免受多年的折磨。众人中间，要被赞美的是那个饮酒之后仍然在竞技中为自己提供有力证明的人，[②] 因为记忆与

116

---

① 三段残篇（27，31，33）来自《荷马式的寓言》，两段（30，32）则来自对荷马史诗的评注。

② 我是这样理解 ἀμφ' ἀρετῆς 的。τόνος 指的是"肺活量"。随后的诗行是直接针对赫西俄德和阿尔凯奥斯（第尔斯）。

力量将会为他效力。请他切勿赞颂泰坦和巨人——那不过是古人的虚构——也不要称颂那些纷乱的世俗争执，其中并无任何良善；用心崇敬诸神却在任何时候都是善的。

（2）

假使在那坐落有靠近比萨泉的宙斯神庙的奥林匹亚，有人因奔跑迅疾，或在五项全能竞赛中，或在角力中得胜，——假使经过激烈的拳击，或是经过那被称为全能竞赛的可怕比赛，他会在公民眼中变得更为荣光，会赢得比赛中万众瞩目的荣耀地位，赢得来自城邦的公款饮食，以及能被他作为传家之宝的奖品，——假使他在战车赛中夺魁——他也并不因其所为而像我一样理应得到这一切。我们的技艺优于人或马的体力远甚！这些不过是未经深思的决定，将蛮力优先于精湛的技艺也非得当。① 即便有位强大的拳击手从众人中脱颖而出，或有人在五项全能竞赛或角力中称雄，亦或有人因奔跑迅疾而优胜——甚至某位在各项竞赛的各项任务中都取得优胜者——城邦也不会因此而被治理得更好。如果有人在比萨河边的竞赛中得胜，城邦从中得到的也不过是寥寥欢愉；并不会因此而库藏充盈。

（3）

只要摆脱了可憎的僭政，他们就从吕底亚人那里学会了美食和诸多无益的做法；他们身穿紫袍走进广场，据说人数不下一千人，极度虚荣，以其讲究的发式自傲，散发着精制香膏的香气。

（4）

人们也不会在杯中混合葡萄酒之前，先将葡萄酒倒入杯中，而是会先将水倒入杯中，然后再在上面倒入葡萄酒。

（5）

你曾送出一根羊羔的腿骨，而因此获得了壮硕公牛的肥腿，这是一个人应得的酬劳，他的荣耀将会传遍希腊的每一个地方，永不消逝，只要希腊人的歌声延续着。②

---

① 在这一时期，"技艺"是对像克塞诺芬尼这样的作家作品中 σοφίη 一词最自然的翻译。

② 第尔斯主张，这是对诸如西蒙尼德这些其贪心众所周知的诗人的攻击。

(7)

现在我将转向另一个故事，并指明方向……有一次，他们说他（毕达哥拉斯）在一条狗被打的时候路过，并说了这段话："停下来！不要打它！因为当我听到它的声音时，我认出了某个朋友的灵魂。"①

(8)

见第 114 页。

(9)

比年迈之人还要羸弱很多。

讽刺诗

(10)

因为一切起初都是依据荷马所言而被了解的……

118

(11)

荷马和赫西俄德将有死者中间所有羞耻和不光彩的事情——偷窃，通奸和相互欺骗——都归给了诸神。《希腊哲学史》99。

(12)

因为他们讲述了许多诸神无法无天的事情，偷窃、通奸和相互欺骗。《希腊哲学史》同上。

(14)

但有死者们以为诸神像他们那样被生成，而且有着像他们那般的衣服、声音和样貌。《希腊哲学史》100。

(15)

确实，如果牛、马或狮子有手，并能够用手绘画，像人那样创制艺术作品，马就会画出马形的诸神，牛会画出牛形的诸神，并且会按照它们各自种类的形象制作它们的形体。《希腊哲学史》同上。

(16)

埃塞俄比亚人认为他们的诸神是黝黑且扁鼻的；色雷斯人说他们的神有着蓝眼睛和红头发。《希腊哲学史》100b。

---

① 毕达哥拉斯的名字并没有出现在流传下来的文字中；但是第欧根尼 viii.36 的材料来源一定掌握有完整的哀歌；因为他说这些诗行出现 ἐν ἐλεγείᾳ, ἧς ἀρχὴ Νῦν αὖτ' ἄλλον ἔπειμι λόγον κτλ. [在哀歌的开头，现在我呈现其他的思想等]。

(18)

诸神并没有从开始便把一切向有死者揭示出来，而是通过寻求，他们在时间中发现何者更好。《希腊哲学史》104b。

(23)

一神，诸神和众人中间的最伟大者，无论是在样貌上还是在思想上都不与有死者相似……《希腊哲学史》100。

(24)

他全视，全思，全听。《希腊哲学史》102。

(25)

但他用自己心灵的思想毫不费力地统领万物。《希腊哲学史》108b。

119

(26)

而他总处在同一个位置，纹丝不动；时而于此、时而于彼对他也是不相宜的。《希腊哲学史》110a。

(27)

万物皆自土中来，并在土中终结。

(28)

大地的上限在我们脚下可见，紧挨着空气；[1] 下方则一直延伸，没有界限。《希腊哲学史》103。

(29)

一切生成和生长的东西都是土和水。《希腊哲学史》103。

(30)

海是水的源泉和风的源泉，因为如果没有浩瀚的大海，既不会在云层中由内而外（有任何阵阵疾风吹出），也不会有江河的激流以及从天而降的雨。浩瀚的大海是云之父，风之父，江河的父亲。[2]《希腊哲学史》103。

---

[1] 随第尔斯将 καὶ ῥεῖ 读作 ἠέρι。

[2] 这则残篇从有关荷马的日内瓦评注中重新获得（见《哲学史档案》iv. 第 652 页）。括号中的词为第尔斯所补。

(31)

太阳在大地上空摇摆①，并使其温暖……

(32)

她被他们称作伊里斯，同样是一种云，看上去是紫的、猩红的和绿的。《希腊哲学史》103。

(33)

因为我们全都生自土和水。《希腊哲学史》同上。

(34)

从未有人也不会有人具有任何有关诸神以及我所谈到的一切的知识。即便他碰巧说出了全部真理，他也不会懂得事实正是如此。但一切都可能有其幻象。②《希腊哲学史》104。

(35)

就让这些被当成是多少好似真实的幻象③吧。《希腊哲学史》104a。

(36)

它们④对凡人来说都是能被看到的。

(37)

并在某些岩洞中有水滴下……

(38)

如果神未曾制造出棕色的蜂蜜，人们就会认为无花果比它们现在要甜得多。

58. 天体

这些残篇大部分在任何层面上都与哲学无关，而那些看似相关的也能轻而易举地用其他方式进行解释。其中一段残篇（残篇32）的意图是明确

---

① 这个词是 ὑπεριέμενος。它作为一个对亥伯龙神之名的诠释摘引自《寓言》，克塞诺芬尼无疑也是这个意思。

② 相较于将 πᾶσι 认作中性，将其认作阳性是更为自然的，那么 ἐπὶ πᾶσι 就可以是指"在一切的力量下"。

③ 随维拉莫维茨读作 δεδοξάσθω。

④ 正如第尔斯所主张的，这很可能是指被那克塞诺芬尼认为是云朵的星辰。

的。"伊里斯""同样"是一种云，而且我们可以推断，关于太阳、月亮以及星辰也都曾有过同样的说法，因为学述作家们告诉我们，这些都曾被解释为"由于运动而被点燃的云"。[1] 在相同语境之中的显然还有对圣艾尔默之火（St. Elmo's fire）的解释，它通过埃修斯被保存下来。我们被告知，"那些似星辰一般出现在船上的东西——有人将它称作'宙斯之子'——是因运动而发光的小块云朵。"[2] 在学述作家中，同样的解释稍作改变，便反复出现在对月亮、恒星、彗星、闪电、流星之类的解释中，以致看起来像是一套体系化的宇宙论。[3] 但这个体系却是基于对塞奥弗拉斯特著作的整理，而非克塞诺芬尼本人的著作，因为很明显，唯有少数几首额外的六步格体诗能对整个学述传统作出充分解释。

121

　　我们所获悉的有关太阳的说法存在一些困难。据说，它是一团被点燃的云，但这与海洋由于太阳的热而蒸发，而从这种蒸发物中产生了云的说法并不十分一致。塞奥弗拉斯特宣称，据克塞诺芬尼所言，太阳是大量由潮湿散发物产生的火，但即便如此，这种散发物本身仍未得到解释。[4] 可是，如果克塞诺芬尼的主要目的是贬低与人同形的诸神，而非给出一套关于天体的科学理论，那么这一点就无关紧要了。真正重要的是，"太阳神"同样是一个暂时的现象。太阳并不像阿那克西曼德所教导的那样围绕地球旋转，而是直行，它的轨迹之所以看上去是环形的，完全是由于它不断增大的距离。因此，在次日清晨升起的并非同一个太阳，而是全新的一个；日食之所以出

---

① 参见第尔斯（《诗人们的哲学残篇》，第 44 页），"ut Sol et cetera astra, quae cum in nebulas evanescerent, deorum simul opinio casura erat." ［当太阳和其他星辰消失于云中时，在神看来它们也就消逝了］。

② 埃修斯，ii.18, 1（《希腊学述》第 347 页），Ξενοφάνης τοὺς ἐπὶ τῶν πλοίων φαινομένους οἷον ἀστέρας, οὓς καὶ Διοσκούρους καλοῦσί τινες, νεφέλια εἶναι κατὰ τὴν ποιὰν κίνησιν παραλάμποντα.

③ 来自埃修斯的段落被收集在第尔斯，《前苏格拉底哲学家残篇》11A38 以下。

④ 埃修斯，ii.20, 3（《希腊学述》第 348 页），Ξενοφάνης ἐκ νεφῶν πεπυρωμένων εἶναι τὸν ἥλιον. Θεόφραστος ἐν τοῖς Φυσικοῖς γέγραφεν ἐκ πυριδίων μὲν τῶν συναθροιζομένων ἐκ τῆς ὑγρᾶς ἀναθυμιάσεως, συναθροιζόντων δὲ τὸν ἥλιον ［克塞诺芬尼说太阳出自燃烧的云。塞奥弗拉斯特在《自然哲学家》中写道，［太阳］出于从潮湿的散发物中聚集起来的微小的火，它们聚集起来就成了太阳］。塞奥弗拉斯特像他通常那样，似乎在这段话中指出了矛盾的所在。

现，是因为太阳在它行进至大地之上某些杳无人迹的区域时"坠入洞中"。一次日食可能持续一个月。此外，还存在着许多太阳和月亮，地上每个区域都有一个。[①]

　　　　　　　　　　　　　　　　　　　　　　　　　　　122

　　"坠入洞中"[②]这个生动的表述似乎明显来自克塞诺芬尼本人的诗句，还有其他类似的诗句，我们一定会认为是由塞奥弗拉斯特引用的。星辰于白天熄灭，于夜晚却"似木炭的余烬"再次闪耀。[③] 太阳对于创造世界以及其中生物来说是有用的，但月亮"并没有相同的作用"。[④] 这样的表述一定是想让诸天体显得滑稽可笑，因而我们不妨一问，其余那些被认为同宇宙论相关的残篇是否能依据同样的原则得到解释？

　　59. 土和水

　　在残篇 29 中，克塞诺芬尼宣称"万物皆为土和水"，希波吕特还保存了塞奥弗拉斯特对其上下文的阐释。如下：

> 克塞诺芬尼曾宣称大地正在与海洋混合，并且它正逐渐地被潮湿所分解。他说他对此掌握有以下证据。在内陆地区和山上发现有贝壳，并且他说，在叙拉古的采石场中还发现了鱼和海草的印迹，在帕罗斯有月桂树叶的形状在岩石的深处被发现，而在马耳他则有各种海洋动

---

① 　埃修斯，ii.24，9（《希腊学述》第 355 页）。πολλοὺς εἶναι ἡλίους καὶ σελήνας κατὰ κλίματα τῆς γῆς καὶ ἀποτομὰς καὶ ζώνας, κατὰ δέ τινα καιρὸν ἐμπίπτειν τὸν δίσκον εἴς τινα ἀποτομὴν τῆς γῆς οὐκ οἰκουμένην ὑφ' ἡμῶν καὶ οὕτως ὥσπερ κενεμβατοῦντα ἔκλειψιν ὑποφαίνειν· ὁ δ' αὐτὸς τὸν ἥλιον εἰς ἄπειρον μὲν προιέναι, δοκεῖν δὲ κυκλεῖσθαι διὰ τὴν ἀπόστασιν [按照大地的气候、部分和环绕物有许多太阳和月亮，而在某一时刻，那个圆盘掉进了大地的不被我们居住的某个部分，就像踩空了一样产生蚀的现象；而这同一个太阳无限地前行，但由于距离看起来在绕行]。

② 　利德尔和斯科特提到的那段话充分地表明这正是 κενεμβατέω 的意思，并且它能很好地描述完整的日食。

③ 　埃修斯，ii.13，14（《希腊学述》第 343 页），ἀναζωπυρεῖν νύκτωρ καθάπερ τοὺς ἄνθρακας [到了夜晚被重新点燃，像木炭一样]。

④ 　埃修斯，ii.30，8（《希腊学述》第 362 页），τὸν μὲν ἥλιον χρήσιμον εἶναι πρὸς τὴν τοῦ κόσμου καὶ τὴν τῶν ἐν αὐτῷ ζῴων γένεσίν τε καὶ διοίκησιν, τὴν δὲ σελήνην παρέλκειν [对宇宙以及其中生物的生成和控制来说，太阳是有用的，而月亮则是多余的]。动词 παρέλκειν 的意思是"用瓶塞塞住"（参见阿里斯托芬，《和平》，1306）。这个比喻在希腊化时期的希腊语中已不再存在，παρέλκει 的意思便成了"是过剩的""是多余的"。

物的扁平印痕。他说，这些在先前万物都是泥的时候被产生出来，而轮廓在泥中变得干燥。当大地被带入海洋之中而成为泥的时候，所有人就都被毁灭了。这一变化发生在所有世界中。——希波吕特《对各种异端的反驳》i.14（《希腊哲学史》103a）。

这当然是阿那克西曼德的理论，并且我们也许该将对化石的观察归功于他，而不是克塞诺芬尼。[1] 然而，最值得注意的是该变化适用于"所有世界"的说法。塞奥弗拉斯特认为克塞诺芬尼笃信"无数的世界"，这似乎是毋庸置疑的。正如我们所看到的，埃修斯将他归在持有该学说的学者之列，第欧根尼同样将这一学说归给了他，[2] 而希波吕特似乎认为这是理所当然的。然而，我们将会看到，他在另一方面又曾宣称世界或神是一。如果我们对他的解读是正确的，那么在这里就没有太大的困难。关键是，地神盖亚远非"万物永远的牢靠根基"，而不过也只是一个流变的现象。这是对赫西奥德的批评，如果克塞诺芬尼是在这个层面上认同阿那克西曼德并论及"无数的世界"，而在别处宣称神或世界是一，那么这可能与一个更能被证明的矛盾有关，我们现在必须对其进行考察。

60. 有限还是无限？

亚里士多德曾尝试在克塞诺芬尼的诗歌中了解他关于世界究竟是有限还是无限的看法，但没有成功。他告诉我们，"他在这一问题上未曾明确表态。"[3] 另一方面，塞奥弗拉斯特却断定他将世界看做是球状且是有限的，

---

[1] 在贡珀茨的《希腊思想家》中，有一个与此相关的有趣注释（英译本，i，第551页）。我按照他所猜想的 φυκῶν 而非抄本中的 φωκῶν 进行翻译，因为这是在古生物学上是不可能的，并且海藻印迹事实上并不是在叙拉古的采石场被发现，而在其附近。据说在帕罗斯也没有海洋生物的化石，因此抄本中的 δάφνης 不需要按赫罗诺维厄斯的观点被改为 ἀφύης。化石位于石头深处的事实似乎表明，帕罗斯的大理石一度是泥。这无疑出于想象。

[2] 埃修斯，ii.1，2（《希腊学述》第327页）；第欧根尼，ix.19（《希腊哲学史》103c）。第欧根尼的这段话确实来自传记手册（《希腊学述》第168页）；但是很难怀疑在埃修斯、希波吕特和第欧根尼中发现的说法来源于塞奥弗拉斯特。

[3] 亚里士多德，《形而上学》A，5.986b23（《希腊哲学史》101），οὐδὲν διεσαφήνισεν [他未曾明确说明]。

因为他曾说它"在任意方向都相等"。① 看上去克塞诺芬尼并不认为在主张世界"在任意方向都相等"和主张世界无限之间存在任何矛盾。我们已经看到，他曾主张太阳会无穷尽地行进下去，这与他所持有的大地在水平方向无限延伸的观点一致。他还认为（残篇 28），虽然地球具有我们所见到的上限，却没有向下的界限。这一点得到了亚里士多德的确证，他说大地"无限地扎根"，并补充说，恩培多克勒批评克塞诺芬尼的这种观点。② 亚里士多德所引用的恩培多克勒的残篇还进一步显示，克塞诺芬尼主张大量的气无限地向上延伸。③ 因此，我们必须尝试在一个有限的球形世界中为无限的大地和无限的气寻找空间！当我们试图在讽刺诗中寻找科学时，这一困难便随之而来了。另一方面，如果我们选取一个与看待他有关诸天体的陈述相同的角度来看待这些陈述，我们便会对这些陈述的意涵有所领会。乌拉诺斯和盖亚的故事一直是《神谱》中的主要劣行，而无限的气便将乌拉诺斯彻底摒弃。而对大地来说，它无限向下延伸则使地狱失去了存在的余地——按照荷马的描述，它位于大地与海洋最底的界限，远在哈得斯之下，就像天在大地之上那么远。④ 当然，这纯属猜测；但如果这是可能的，我们便有理由拒绝相信在一首有关宇宙论的诗中竟存在着上述惊人的矛盾。

125

　　关于这一困难的一种更为精妙的解释要归功于一位晚期漫步学派的成员，他曾撰写过一部对埃利亚学派进行诠释的著作，其中一部分至今仍被保存在亚里士多德全集中，并以《论麦里梭、克塞诺芬尼和高尔

---

① 这被辛普利丘《物理学注》第 23 页，18（《希腊哲学史》108b）作为一个推论被提到，διὰ τὸ πανταχόθεν ὅμοιον [在因为各方向都相等]。它并非仅仅出自《论麦里梭、克塞诺芬尼和高尔吉亚》（《希腊哲学史》108），πάντη δ᾿ ὅμοιον ὄντα σφαιροειδῆ [存在者处处相同，且是球形]。希波吕特也有此言（《对各种异端的反驳》i.14；《希腊哲学史》102a），因此它要回溯到塞奥弗拉斯特。弗雷乌斯的蒂孟也以相同的方式理解克塞诺芬尼；因为他使他将"一"称作 ἴσον ἀπάντη [处处相等]（残篇 60，第尔斯，《希腊哲学史》102a）。
② 亚里士多德，《论天》B，13.294a21（《希腊哲学史》103b）。
③ 我将 δαψιλός 理解为某种性质，而将 ἀπείρονα 作为两个主语的谓词。
④ 《伊利亚特》viii.13-16，478-481，特别是 οὐδ᾿ εἴ κε τὰ νείατα πείραθ᾿ ἵκηαι | γαίης καὶ πόντοιο κτλ [即便你去到大地和大海的最边缘等]。在克塞诺芬尼看来，《伊利亚特》第八卷必然是一部相当糟糕的著作。

吉亚》这篇论著为人所知。① 他说，克塞诺芬尼宣称世界既非有限，也非无限，并给出一系列论证来支持这一观点。随后又提出另一个类似的论点，即世界既非运动的，也非静止的。这给我们的文献来源带来了无尽的混乱。亚历山大不仅采用了这篇论文，还援引了塞奥弗拉斯特的著作，而辛普利丘则认为这篇论文中的引文同样来自塞奥弗拉斯特。由于并不掌握诗歌原文，辛普利丘无从解惑，直到近来，所有对克塞诺芬尼的解释也都因同样的困惑而显得无力。也许有人会说，要不是因为这个原因，我们可能根本不会听闻所谓"克塞诺芬尼的哲学"，这种说法确实是一种旧时代的遗存——来自那个此类学术活动还未被认为不具有任何权威的时代。

61. 神和世界

在刚刚提到的《形而上学》的那段话中，亚里士多德说克塞诺芬尼是"第一位支持一的人"，② 而其上下文则表明，他是想说克塞诺芬尼是埃利亚学派的创始人。我们已经看到，此人生平中的某些事实表明他不太可能曾在埃利亚定居，并于此创建学派。亚里士多德很可能和往常的类似情况一样，不过是在重复柏拉图的某些陈述。柏拉图的确曾经谈到埃利亚学派是"整全的支持

126

---

① 在贝克尔的版本中，这篇论文的标题是 Περὶ Ξενοφάνους, περὶ Ζήνωνος, περὶ Γοργίου [《论克塞诺芬尼、芝诺和高尔吉亚》]，而最好的抄本提供了三部分各自的标题：(1) Περὶ Ζήνωνος，(2) Περὶ Ξενοφάνους，(3) Περὶ Γοργίου [《论芝诺》《论克塞诺芬尼》《论高尔吉亚》]。然而第一部分明确地提到了麦里梭，因此现在整部作品被命名为《论麦里梭、克塞诺芬尼和高尔吉亚》。它曾在托伊布纳系列丛书（*The Teubner Series*）中由阿佩进行校勘，最近又被第尔斯校勘（《普鲁士科学院学报》，1900），他还在《前苏格拉底哲学家残篇》11A28 中为克塞诺芬尼专辟一栏。他在《希腊学述》第 108 页曾主张这部作品成于公元前三世纪，并且认为某个 *a Peripatetico eclectico* (*i.e. sceptica, platonica, stoica admiscente*) *circa Christi natalem conscriptum* [在公元元年前后漫步学派的折中主义作品（即混杂有怀疑论、柏拉图主义和斯多亚主义）]，但他现在不再坚持这一观点。这部作品的作者并不掌握克塞诺芬尼的原作，而对哲学家们进行讨论的顺序完全契合《形而上学》那段话的论述顺序就说明了一切。在我们现存的这些部分之前，很可能还曾有一段专门对巴门尼德进行讨论的部分。

② 《形而上学》A，5.986b21（《希腊哲学史》101），πρῶτος τούτων ἑνίσας。动词 ἑνίζειν [成为支持一的人] 从未在别处出现，它只是基于同 μηδίζειν [支持波斯人的人]、φιλιππίζειν [成为菲利普一党的人] 以及类似单词的类比而被构造出来的。

者"①也曾说过这该学派"始自克塞诺芬尼，甚至更早"。②然而，后一句话清楚地表明了他的意思。正像他把赫拉克利特主义者称作"荷马以及更古老教师的追随者"一样，③他也如此地将埃利亚学派与克塞诺芬尼以及更早的权威联系起来。此前我们业已看到，柏拉图的这些俏皮和反讽的言论是如何被其后继者信以为真，我们切勿过分重视亚里士多德的这一刻板实例。

　　亚里士多德进一步告诉我们，克塞诺芬尼"指的是整个世界，④宣称一即是神"。这显然是在影射残篇 23-26，在这些残篇中他否认说那被称作"一"且是"诸神和众人中的最伟大者"的神具有任何属人的性质。可以补充的是，如果我们认为这些诗句与残篇 11-16 密切相关，不将其中的一组诗行归给讽刺诗，而将另一组归给有关宇宙论的诗歌，那么就会有更多相关的收获。很可能正是在相同的语境中，克塞诺芬尼宣称世界或神"在任意方向都相等"⑤，并否认它有呼吸。⑥诸神中间不存在任何统御关系的说法⑦在残篇 26

127

---

① 《泰阿泰德篇》181a6，τοῦ ὅλου στασιῶται。名词 στασιώτης 除了"支持者"外没有其他意涵，其上下文也表明这正是它在此处的含义。派生词 στασιώτας … ἀπὸ τῆς στάσεως 首次出现于塞克斯都·恩披里柯，《反学问家》x.46，在这里 στασιῶται 这个术语被错误地归给了亚里士多德，并被认为是指那些认为宇宙静止的人，这是一种完全不可能的解释。

② 《智者篇》242d5（《希腊哲学史》101b）。如果这段话意味着克塞诺芬尼曾定居于埃利亚，那么它便同样暗示其假想的前辈同样如此。但埃利亚城直到克塞诺芬尼壮年时期才被建立。

③ 《泰阿泰德篇》179a3，τῶν Ἡρακλειτείων ἤ, ὥσπερ σὺ λέγεις, Ὁμηρείων καὶ ἔτι παλαιοτέρων［关于赫拉克利特的学说或者，像你说的，荷马以及更早智者们的学说］。这里荷马同赫拉克利特主义者的关系就像《智者篇》中克塞诺芬尼同埃利亚学派的关系一样。同样地，与克塞诺芬尼同时代的埃庇哈尔谟斯也同荷马一起作为 ῥέοντες［流变论］的先驱被提到。（《泰阿泰德篇》152e）

④ 《形而上学》986b24。这段话的意思不可能是"抬头凝视全部诸天"或诸如此类的意思。伯尼茨（im Hinblicke auf den ganzen Himmel［关于整个天穹］）和策勒（im Hinblick auf das Weltganze［关于世界整体］）对这段话的理解与我完全一致。ἀποβλέπειν 一词已经变得十分苍白，并没有其他意思，而 οὐρανός 指的是后来所谓的 κόσμος［宇宙］。

⑤ 见上文第 113 页，注释①。

⑥ 第欧根尼，ix.19（《希腊哲学史》103c）ὅλον δ' ὁρᾶν καὶ ὅλον ἀκούειν, μὴ μέντοι ἀναπνεῖν［他全视全听，但并不呼吸］。见上文第 98 页，注释①。

⑦ 伪普鲁塔克，《汇编》，残篇 4，ἀποφαίνεται δὲ καὶ περὶ θεῶν ὡς οὐδεμιᾶς ἡγεμονίας ἐν αὐτοῖς οὔσης· οὐ γὰρ ὅσιον δεσπόζεσθαί τινα τῶν θεῶν, ἐπιδεῖσθαί τε μηδενὸς αὐτῶν μηδένα μηδ' ὅλως, ἀκούειν δὲ καὶ ὁρᾶν καθόλου καὶ μὴ κατὰ μέρος［并且他关于诸神宣称，他们中间没有任何一个是至高无上的；因为让一个神臣服于一个主人是不虔诚的，也没有任何一个需要他们中的一个或全部，并且他是从整体上而不是按照部分听和看］。

中也得到了很好的印证。神没有需求，也不适合像《荷马史诗》中的伊里斯和赫尔墨斯那般，做其他神祇的仆役。

62. 一神论和多神论

亚里士多德告诉我们，这个"神"正是世界，而 θεός 的这一用法与伊奥尼亚的用法完全一致。克塞诺芬尼认为它虽没有任何专门的感觉器官，却具备感知能力，并运用自己心灵中的思想统领一切。他还将它称作"一神"。如果这便是一神论，那么克塞诺芬尼就是位一神论者，尽管这一定与我们对这一概念的一般理解不符。事实上，"一神"这一表述在我们的脑海中激发的各种联想尚未出现在这一时期希腊人的观念中。克塞诺芬尼真正试图否认的是一切传统意义上的神的存在，而"一神"的意思是"没有神而只有世界"。①

那么，与弗罗伊登塔尔一道在任何意义上提出克塞诺芬尼是多神论者的主张都必然是错误的。② 我们理应料想到，他一定会在其哀歌中使用多神论的措辞，而其他提及"诸神"的情况则能被很好地解释为他在对荷马和赫西俄德笔下人格化诸神进行批评时的无心之举。例如，弗罗伊登塔尔就对一段众所周知的话进行了过度解读。③ 我们尤其不能认为克塞诺芬尼承认亚神或从属神的存在；因为他主要试图否认的正是此类存在。与此同时，我不禁认为弗罗伊登塔尔比维拉莫维茨更正确，后者竟宣称克塞诺芬尼"持有世间唯一一种真正的一神论"。④ 我想，第尔斯关于它"几近泛神论"的评价更贴近事实本身。⑤ 但所有这些观点几乎都会同样地让克塞诺芬尼感到惊讶。他就像歌德笔下那位有先知环绕左右的"世界之子"（*Weltkind*），倘若知道自己某天会被人们视为一个神学家，当会淡然一笑。

---

① 他说世界具有生命和感觉能力也未尝不可。没有任何一个希腊人曾怀疑世界在某种意义上是一个 ζῷον [生物]。

② 弗罗伊登塔尔，《克塞诺芬尼的神学》（布雷斯劳，1886）。

③ 克塞诺芬尼将他的神称作"诸神与众人中的最伟大者"，但这仅仅是一例"极端表述（polar expression）"，与之类似的可见于维拉莫维茨对欧里庇得斯《赫拉克勒斯》，v.1106 的那个注释。参见特别是赫拉克利特的陈述（残篇20）："诸神和众人中无一"曾创造世界。

④《希腊文学》，第38页。

⑤《巴门尼德的教诲诗》，第9页。

第三章

爱菲斯的赫拉克利特

63. 赫拉克利特的生平

相传，布洛松之子，爱菲斯人赫拉克利特的"盛年"是在第 69 届奥林匹亚赛会（公元前 504/3—501/0）期间；[1] 换言之，正在大流士统治的中期，几个不同学述传统都将他们二人联系在一起。[2] 然而，按照我们的目的，更重要的是要注意赫拉克利特提到过毕达哥拉斯和克塞诺芬尼名字，并在时态上使用了过去时（残篇 16），而巴门尼德则间接提到了他（残篇 6）。正是这些相互提及将他在哲学史上的位置标示了出来。的确，策勒认为他不可能在公元前 478 年之前发表自己的作品，因为在残篇 114 中提到的驱逐赫尔谟多罗斯不可能发生在波斯人的统治垮台之前。倘若确实如此，我们可能便很难想见巴门尼德何以在创作诗歌时竟知晓赫拉克利特的观点；[3] 但不难设想的是，爱菲斯人可能在向那位伟大国王进贡的同时，就已经将他们的某位公民放逐了。伪赫拉克利特的《书简》表明，驱逐赫莫托罗斯被认为

---

① 第欧根尼，ix.1（《希腊哲学史》29）无疑以某些权威文献为中介导源于阿波罗多洛斯。布洛松这一名相较于布吕松更为可靠（见罗尔斯，《前苏格拉底哲学家残篇》12A1，注释），借助铭文，我们获悉这是一个伊奥尼亚人的名字。

② 伯奈斯，《赫拉克利特书简》，第 13 页以下。

③ 关于巴门尼德的生平，见第 153 页。

130 是发生在大流士在位期间，^① 而他所领导的团体似乎得到了波斯宫廷的信任。于是，他被驱逐的事件将标志着反对波斯统治运动的开始，而非这一运动的成功。

索提翁援引了一个赫拉克利特是克塞诺芬尼门徒的说法，^② 但这是不可能的，因为克塞诺芬尼在赫拉克利特出生前就已经离开了伊奥尼亚。更有可能的是，他不是任何人的门徒，但很明显，他不光熟稔米利都学派的宇宙论，也十分熟悉克塞诺芬尼的诗歌。他同样对毕达哥拉斯所教导的理论有所了解（残篇 17）。关于他的生平，除了他或许是古老王室的成员，为了支持他的兄弟，他放弃了名义上的王位之外，我们的确一无所知。^③ 很明显，其他说法的来源皆与此相关。^④

64. 著作

我们并不知道赫拉克利特著作的标题^⑤——如果它却曾有个标题——要对其内容形成一个清晰的概念也非易事。我们获悉，这部著作被分成三篇论

131 述：一篇有关宇宙，一篇有关政治，一篇处理神学问题。^⑥ 我们不应认为这种分割是赫拉克利特自己所为，所能推断的是，当斯多亚学派的评注家们将

---

① 伯奈斯，在前面所引用的书中，第 20 页以下。这与罗马传统所认为的赫尔谟多罗斯随后曾参与罗马《十二铜表法》的立法相吻合（《罗马法》1,2,2,4；斯特拉堡,xiv. 第 642 页）。在公共会场中曾有一座他的雕像（普林尼《自然史》xxxiv.21）。罗马人清楚地知道《十二铜表法》的制定有其希腊摹本；并且，正如伯奈斯所言（在前面所引用的书中，第 85 页），这一事实像罗马早期历史中的少数事件那般得到确证。

② 索提翁，载于第欧根尼，ix.5（《希腊哲学史》29c）。

③ 第欧根尼，ix.6（《希腊哲学史》31）。

④ 赫拉克利特曾说（残篇 68）变成水是灵魂之死；并且我们相应地听说他死于水肿。他曾主张（残篇 114）爱菲斯人应将他们的城邦留给他们的孩子们，并且（残篇 79）时间是一个正在下棋的小孩。我们因而听说他拒绝参与公共生活，还曾在阿尔忒弥斯的神庙中与孩童玩耍。他说（残篇 85）尸体较之于粪便更应当被丢弃；我们还听说他曾在身患水肿时将自己裹在粪便中。最后，由于残篇 58，相传他与他的医生进行了长时间的争论。关于这些故事，见第欧根尼，ix.3-5。

⑤ 在第欧根尼，ix.12（《希腊哲学史》30b）中罗列的若干标题似乎表明，没有任何一个是确实为人所知的。其中的《缪斯》出自柏拉图《智者篇》242d7。余者不过是被斯多亚学派的编辑者们放置在最前面的"箴言"（舒斯特）（第欧根尼，ix.15；《希腊哲学史》30c）。

⑥ 第欧根尼，ix.5（《希腊哲学史》30）。拜沃特在他对残篇的编排中遵循了这一条线索。这三个部分分别是 1-90，91-97，98-130。

这部著作的各个版本拿在手上时，它便很自然地被分成了这三个部分。

赫拉克利特的风格是众所周知的晦涩，这在后来使他获得了"晦涩诗人"的绰号。[①] 有关德尔菲神和西比拉的残篇（残篇 11 和 12）似乎表明，他有意识地用神谕体进行写作，我们有必要探究他为何如此。首先，这是那个时代的特殊风格。[②] 这一时期一系列激动人心的事件，以及宗教复兴的影响，使所有思想领袖都带有某种预言家的口吻。品达和埃斯库罗斯亦是如此。这也是一个充满个性的时代，这些个性往往是孤僻和倨傲的。至少赫拉克利特便是如此。如果想要挖掘金子，人们便可能找到它（残篇 8）；否则，他们一定会满足于稻草（残篇 51）。塞奥弗拉斯特似乎接受了这一观点，他说，赫拉克利特刚愎自用的性格有时使他的说法并不完整，甚至前后矛盾。[③]

65. 残篇

我根据拜沃特示范版的编排提供一个残篇版本：[④]

　　（1）不听从我而听从我的话语（Word），并承认万物是一，这便是智慧。[⑤]《希腊哲学史》40。　　　　132

---

① 《希腊哲学史》30a。ὁ σκοτεινός 是一种后来出现的修饰语，但弗雷乌斯的蒂孟已经将他称作 αἰνικτής（残篇 43，第尔斯）。

② 参见第尔斯在其《爱菲斯的赫拉克利特》的"导言"中那一系列极具价值的评述，第 iv 页以下。

③ 参见第欧根尼，ix.6（《希腊哲学史》31）。

④ 在他的版本中，第尔斯放弃了按照主题来对残篇进行编排的所有尝试，这使得他的文本不再契合于我们的目的。我同样认为，他高估了某种近似编排的难度，并过分重视赫拉克利特的风格是"箴言体"的观点。这确实是一个重要且有价值的评论，但这并不意味着赫拉克利特像尼采那样进行写作。对于一个希腊人来说，无论他的腔调多么类似于先知，箴言同没有任何连贯性的文体间总是存在区别的。

⑤ 拜沃特和第尔斯都遵循贝克将 δόγματος 改为 λόγου，并遵照米勒将 εἰδέναι 改为 εἶναι。参见斐洛，《寓意诠释》，iii.c3，被援引在拜沃特的注释中。

（2）尽管这个话语①永远是真的，但是人们就像在他们听到它之前完全不能理解那样，在他们初次听到时也不能理解它。因为，尽管万事万物都依照这个话语发生，但当人们检验我所提出的话语和行为，将每个事物按其种类进行划分，并表明它究竟为何时，他们看上去就像对此没有任何经验一样。但其他的人在清醒时并不知道自己在做些什么，甚至就像他们不记得自己睡时做了什么一般。《希腊哲学史》32。

（3）愚者在倾听时也似聋子一般：关于他们，正如俗话所说的"即便在场，亦是缺席"。《希腊哲学史》31a。

（4）眼睛和耳朵对人来说是坏的见证，如若他们拥有不懂他们语言的灵魂的话。《希腊哲学史》42。

（5）许多人不会注意他们所遇到的那样一些事情，即便在被教导之后他们也不会留意它们，尽管他们认为自己注意到了。

（6）既不知如何倾听，也不懂如何表达。

（7）如果你不期待那些不被期待的东西，你便不会发现它，因为它很难被找到，并且极其困难。②

（8）那些寻找金子的人掘起大量的土，只有少量的收获。《希腊哲学史》44b。

（10）自然喜欢隐藏。《希腊哲学史》34 f。

_____

① λόγος 首先是赫拉克利特本人的谈话；但由于他是一名预言者，我们要称为他的"话语"（Word）。它既不是指对赫拉克利特宣讲的话语，也还不是所谓的"理性"（参见策勒，第630 页，注释 1；英译本，ii. 第 7 页，注释 2）。有人提出了一个有关 ἐόντος αἰεί 这个短语的困难：赫拉克利特怎么能够说他的话语一直存在？其答案为，伊奥尼亚方言中 ἐόν 在同像 λόγος 这样的词搭配在一起时的意思是"真的"。参见希罗多德，i.30，τῷ ἐόντι χρησάμενος λέγει [他（梭伦）讲出真话]；甚至还有阿里斯托芬，《蛙》，1052，οὐκ ὄντα λόγον [假话]。只有如此这般对这些话进行理解，我们才能理解亚里士多德在断句时的迟疑（《修辞学》，Γ，5.1407b15；《希腊哲学史》30a）。我们必然无法接受马可·奥勒留在 iv.46（《希腊哲学史》32b）中提供的斯多亚学派的解释。无论如何，《约翰福音》中的 λόγος 学说与赫拉克利特以及希腊哲学没有任何关系，它来自希伯来的智慧。参见伦德尔·哈里斯，"论《圣约翰福音》开篇的起源"，《讲解者》，1916，第 147 页以下。
② 我在这里并没有遵循拜沃特的断句，而是按照贡珀茨（《哲学史档案》i.100）的建议，为动词补充了一个新的宾语。

（11）那位其神谕在德尔斐的神主，既不直言，也不隐瞒他的意思，而是通过迹象使之显现。《希腊哲学史》30a。

（12）而西比拉用狂乱的嘴讲着沉闷、质朴、没有芬芳的话，由于在她之中的那个神，她连同她的声音流传了超过一千年。《希腊哲学史》30a。

133

（13）我最为珍视的是那些能被看到的、能被听到的以及能被学到的东西。《希腊哲学史》42。

（14）……为了支持争论点而提供不可信的见证。

（15）眼睛是比耳朵更严谨的见证者。①《希腊哲学史》42c。

（16）关于许多事物的学问并不教导智识，否则它早就教导了赫西俄德和毕达哥拉斯，还有克塞诺芬尼和赫卡泰奥斯。《希腊哲学史》31。

（17）毕达哥拉斯，姆奈撒尔霍斯之子，在科学研究方面超越了所有人，还从这些著作中编出一部选集，把那些不过是庞杂知识以及欺骗性的东西称作他自己的智慧。②《希腊哲学史》31a。

（18）在我所听到的所有人的谈话中，没有人认识到智慧同一切相分离。《希腊哲学史》32b。

（19）智慧是一种东西。就是去认识那种通过它一切事物被一切事物驾驭的思想。《希腊哲学史》40。

（20）这个世界，③一切皆同，既不是某个神也不是某个人所创造的；而它过去一直是，现在一直是，并且将来一直是一团永恒的活火，

---

① 参见希罗多德，i.8。

② 最合理的读法是读作 ἐποιήσατο 而不是 ἐποίησεν，而 ἐποιήσατο ἑαυτοῦ 的意思是"称作他自己的"。ἐκλεξάμενος ταύτας τὰς συγγραφάς［从这些著作中选出］这段话自施莱尔马赫的时代开始便一直经受质疑，而第尔斯近来认为整个残篇皆属伪作。这是因为它被用来证明毕达哥拉斯曾撰写著作（参见第尔斯，《哲学史档案》，iii. 第 451 页）。但如拜沃特所表明的，该残篇本身只是说他读到一些著作。我进一步认为，συγγραφάς 这个传统用法十分恰切，不像是被伪造的，而对有待被证明的特定事物的省略是引人注意的。如果将 ἐποίησεν 读作 ἐποιήσατο，那么最后有关毕达哥拉斯曾撰写著作的暗示便消失了。关于对 κακοτεχνίην［欺骗］的翻译，要同它司法方面"伪证"的意义进行比较。

③ κόσμος 一词在这里的意思一定是"世界"，而不仅仅是"秩序"，因为只有世界才能被等同于火。该词的这种用法来自毕达哥拉斯学派，赫拉克利特很可能对此相当了解。

134 在它的尺度上点燃，并在它的尺度上熄灭。《希腊哲学史》35。①

（21）火首先转化为海洋；而海洋的一半为土，一半为旋风……②《希腊哲学史》35b。

（22）一切都交换火，而火也交换一切，正像货物交换黄金，而黄金交换货物。《希腊哲学史》35。

（23）它变成了流动的大海，并按照它变成土之前的相同的比例被称量。③《希腊哲学史》39。

（24）火既是缺乏，也是过量。《希腊哲学史》36a。

（25）气死火生，④火死气生；土死水生，水死土生。《希腊哲学史》37。

（26）火在升腾中审判并给万物定罪⑤。《希腊哲学史》36a。

（27）人何以躲避一个永不止息的东西？

（28）那驾驭了万物进程的是雷火。《希腊哲学史》35b。

（29）太阳不会超出他的尺度；否则，正义之神的助手依理逆司将会找到他。《希腊哲学史》39。

（30）黎明与夜晚的界限是大熊星座，大熊星座的对面是明亮的宙

---

① 重要的是要注意到 μέτρα 是 ἁπτόμενον 的内部宾语，"在其尺度上点燃，在其尺度上熄灭"。我在第一版中提出了这个解释，而今它也被第尔斯采用（《前苏格拉底哲学家残篇》312B30 注释）。

② 关于 πρηστήρ 一词，见下文第 136 页，注释①。

③ 残篇 23 的主语是 γῆ（大地），正如我们在第欧根尼，ix.9（《希腊哲学史》36）所看到的，πάλιν τε αὖ τὴν γῆν χεῖσθαι [大地重新变成水]；以及埃修斯，i.3, 11（《希腊学述》第 284 页 a1；b5），ἔπειτα ἀναχαλωμένην τὴν γῆν ὑπὸ τοῦ πυρὸς χύσει（迪布内：φύσει, libri）ὕδωρ ἀποτελεῖσθαι [而后，土被源源不断的火（按照火的本性）分解，最终成为水]。赫拉克利特可能说过 γῆ θάλασσα διαχέεται [大地溶解成海洋]，而克莱门特（《汇编》v. 第 712 页）似乎也暗示了这一点。短语 μετρέεται εἰς τὸν αὐτὸν λόγον [按照相同的比例被称量] 的意思只能是其尺度的比例保持不变。因此策勒（第 690 页，注释 1），*zu derselben Grösse* [按照相同的尺度]。第尔斯（《前苏格拉底哲学家残篇》12 B 31 注释）翻译为 "nach demselben Wort（*Gesetz*）[按照相同的话语（法则）]"，但提到卢克莱修，v.257 支持另一种解读（*pro parte sua* [按照他自己的份额]）。

④ 并不确定这个残篇是否是逐字摘录。它似乎在暗指恩培多克勒的四元素。

⑤ 我理解为 πυρὸς ἔφοδος 的 ἐπελθόν，理由见第 137 页，注释③。第尔斯指出 καταλαμβάνειν 是 "给……定罪" 的古老用法。

斯的边界。①

（31）如果没有太阳，便会是夜晚，因为其他一切星辰便可出现。②

（32）太阳每天都是新的。

（33）（泰勒斯预言了日食。）

（34）……带来了一切的各个季节。

（35）赫西俄德是大多数人的老师。人们确信他了解很多事情，他却并不了解白昼与夜晚！它们同一③。《希腊哲学史》39b。

（36）神是昼也是夜，是冬也是夏，是战也是和，是饱也是饥；但他具有不同形状，就像火④——在和香料混合时——会根据每一种气味被命名一样。

（37）如果万物都转化成烟，那么鼻孔会将它们区分。

（38）灵魂在哈得斯那里运用嗅觉。《希腊哲学史》46d。

（39）冷的东西变暖，暖的东西变冷；湿的东西被烘干，枯槁的东西被湿润。

（40）它散开又聚集；它前进又退却。

（41，42）你不能两次踏入同一条河流，因为新鲜的流水不断从你身上流过。《希腊哲学史》33。

（43）荷马错误地宣称："但愿争斗从诸神和人类中消失！"他并不明白他所祈求的是宇宙的毁灭；因为，如果他的祈求应验，万物都将毁灭。⑤……《希腊哲学史》34d。

（44）战争是万物之父，是万物之王；他使一些成为神，而使一些

---

① 显然，此处 οὖρος = τέρματα，因此意为"边界"而非"山丘"。斯特拉堡援引了这一残篇（i.6，第3页），他关于 ἠοῦς καὶ ἑσπέρας［黎明与夜晚］与 ἀνατολῆς καὶ δύσεως 同义，并且该短语指的是"北极"圈的看法很可能是正确的。正如第尔斯所表明的，由于 αἴθριος Ζεύς［明亮的宙斯］指的是明亮的蓝色的天空，其 οὖρος 所指的不可能是南极。它更像是指特定范围。我将这个残篇理解为一个针对毕达哥拉斯南半球理论的反对意见。

② 我们从第欧根尼，ix.10（见下文第135页）处获悉，赫拉克利特曾对太阳何以较月亮更暖且更亮作出解释，而此处无疑是那段文本的残篇。

③ 赫西俄德曾说白昼是黑夜的孩子（《神谱》124）。

④ 和第尔斯一样，将 ὅκωσπερ 读作 ὅκωπερ πῦρ。

⑤ 《伊利亚特》，xviii.107。笔者依据辛普利丘，《范畴篇注》412，26 添补上 οἰχήσεσθαι γὰρ πάντα［因为万物都将毁灭］。它一定代表存在于原始文本中的某些意思。

成为人，使一些受缚，而使一些自由。《希腊哲学史》34。

（45）人们搞不懂不和的东西如何与它自身相一致。这是一种对立的协调，[①] 就像弓和琴那样。《希腊哲学史》34e。

（46）那有益于我们的是相反者。[②]

（47）隐秘的协调较显现的更优。《希腊哲学史》34。

136

（48）我们不要对那些最伟大的事物妄加揣测。

（49）的确，热爱智慧的人们一定通晓许多的事物。

（50）漂洗工所用梳子的那条或笔直或弯曲的路径是一，并且是同一的。

（51）相较于黄金，驴子宁愿选择稻草。《希腊哲学史》37a。

（51a）[③] 牛在找到能吃的苦豌豆时是幸福的。《希腊哲学史》48b。

（52）大海是最洁净也是最肮脏的水。鱼可以饮用它，它对它们是有益的；但对人而言，它却是不可饮用且有害的。《希腊哲学史》47c。

（53）猪在泥里洗澡，农场的禽则在土中。

（54）……以在泥中为乐。

（55）所有牲畜都是被鞭打着驱赶进牧场。[④]

（56）同45。《希腊哲学史》34e。

（57）善与恶同一。《希腊哲学史》47c。

（58）那些切割、灼烧、戳刺、折磨病人的医师们，却要求为此得到一笔他们不应得到的酬金。《希腊哲学史》47c。[⑤]

（59）两两结对之物既是整体又不是整体，既是被聚集在一起的又不是被聚集在一起的，既协调又不协调。一由万物构成，万物也来源

---

① 我不相信赫拉克利特既说过 παλίντονος，也说过 παλίντροπος ἁρμονίη。较之于希波吕特记载的 παλίντροπος，我更倾向于普鲁塔克的 παλίντονος（《希腊哲学史》34b）。第尔斯认为巴门尼德的争论支持 παλίντροπος，但参见下文，第148页，注释②，以及第四章，第158页，注释②。

② 这指的是 αἱ δ' ἰατρεῖαι διὰ τῶν ἐναντίων［借助于相反者的良方］这条医学原理，例如 βοηθεῖν τῷ θερμῷ ἐπὶ τὸ ψυχρόν［用热中和冷］。

③ 见拜沃特，《古典语文学杂志》，ix. 第230页。

④ 关于残篇55，见第尔斯，《柏林科学院会议报告》，1901，第188页。

⑤ 我在此与伯奈斯和第尔斯一样，读作 ἐπαιτέονται。

于一。①

（60）如果这些事情并非正义，人们就不会知道正义之名。②

（61）对于神，万物都是公正的、善的和正当的，但人们却认为有些是错误的，而有些是正当的。《希腊哲学史》45。

（62）我们必须知道，战争对万物而言都是司空见惯，争斗就是正义，万物通过争斗生成和毁灭（?）。

（64）我们在醒时所见的一切都是死亡，正如我们沉睡时所见的一切都是酣眠。《希腊哲学史》42c。③

137

（65）唯有一才是智慧。它既不情愿又情愿地被冠以宙斯之名。《希腊哲学史》40。

（66）弓（βιός）被称作生命（βίος），但其职能却是死。《希腊哲学史》49a。

（67）有朽者亦是不朽者，而不朽者亦是有朽者，人在其他的死中生，又在其他的生中死。《希腊哲学史》46。

（68）因为变成水即是灵魂之死，变成土即是水之死。但水从土生成，而灵魂从水生成。《希腊哲学史》38。

（69）向上之路和向下之路是一且是同一的。《希腊哲学史》36d。

（70）在一个圆周上，始点和终点同一。

（71）你在朝向任何方向的行走中都找不到灵魂的界限，它的尺度就是如此之深。④《希腊哲学史》41d。

（72）对灵魂而言，变得潮湿是快乐的。《希腊哲学史》46c。

（73）一旦醉了，人就被一个毛孩子领着，磕磕绊绊，不知自己走在哪里，使他的灵魂潮湿。《希腊哲学史》42。

---

① 关于残篇59，见第尔斯，《柏林科学院会议报告》，1901，第188页。似乎我们十分有理由读作συνάψιες，而且这能被很好地理解。霍夫曼在《论希腊方言》iii.240中倾向于另一种读法，即συλλάψιες。

② 他所谓"这些事情"可能是指各式各样的不正义。

③ 第尔斯认为残篇64紧接着ὁκόσα δὲ τεθνηκότες ζωή [我们在死亡之后所见的一切都是生命]。"生命、睡眠、死亡是心理学中的三重路径，就像物理学中的火、水、土。"

④ 如果我们还记得λόγος的意思是"尺度"，那么对οὕτω βαθὺν λόγον ἔχει [它有如此之深的尺度] 这句话的理解就不存在任何困难。

(74—76) 干燥的灵魂是最智慧且最高贵的。①《希腊哲学史》42。

(77) 人在夜晚时分为自己点亮光明，此时他已经死了，却也还活着。睡着的人——他的视力已经熄灭了——从死亡中燃起光明；醒着的人从睡眠中燃起光明。②

(78) 并且我们的生与死、醒与睡、少与老都是同一件事；前者被改变了③，就成为后者，而反过来，后者被改变了，就成为前者。《希腊哲学史》47。

(79) 时间是一个正在下棋的小孩，这个小孩有着国王般的权力。《希腊哲学史》40a。

(80) 我一直在寻找我自己。《希腊哲学史》48。

(81) 我们踏入却又没有踏入同一条河流；我们既是又不是。《希腊哲学史》33a。

(82) 被相同的主人们役使，并受他们的统治，是一件令人疲惫的事。

(83) 它通过变化来静止。

(84) 倘若不被搅动，甚至牛乳酒也会分离。

(85) 尸体相较于粪便更适合被丢弃。

---

① 这段残篇之所以令人关注，是因为它经过了古代的某种变体。根据斯特方努斯——拜沃特也遵循了他的看法——我们应该读作：Αὔη ψυχὴ σοφωτάτη καὶ ἀρίστη, ξηρή 只是对 αὔη 解释说明。一旦 ξηρή 进入文本，αὔη 就变成了 αὐγή，于是我们就有了"干燥的光是最智慧的灵魂"这段话，自此有了培根所谓 siccum lumen [干燥的光]。这种读法可以被追溯到普鲁塔克，他在《罗慕路斯评传》(c.28) 中就将 αὐγή 理解为光，就像它时常被认为的那样，并认为它说的是智慧的灵魂像干燥的闪电（无论这究竟是什么）穿透云层一样，穿透躯体的囚笼。（应补充说明的是，第尔斯现在认为 αὐγή ξηρή ψυχή σοφωτάτη καὶ ἀρίστη 是真正的读法。）最后，尽管普鲁塔克一定写作 αὐγή，但不同抄本中，有的写作 αὔτη，而有的写作 αὐτή（参见《论神谕的衰微》不同抄本中 432 以下 αὔτη γὰρ ξηρὰ ψυχή）。随后的一个阶段是将 αὐγή 变为 οὗ γῆ。这产生出"在土是干燥的地方，灵魂是最智慧的"的观点，该观点可以被追溯到斐洛（见拜沃特的注释）。
② 我在这里采用第尔斯更加完整的文本。死亡、睡眠、清醒在赫拉克利特的学说中显然对应着土、水、气（参见残篇 68）。可是我认为我们必须在相同的意义上理解所有残篇中的 ἅπτεται，因而我没有像第尔斯那样将它翻译为"与……相接触"。
③ 我将这里的 μεταπεσόντα 理解为一种从"棋盘分界线"的一个 γραμμή 或一边向另一边的"转变"。

（86）当他们出生时，他们希望活着，并迎接他们的死亡——或者更确切地说是安息——而后他们将孩子们留在身后，让他们依次迎接他们的死亡。

（87—89）一个人可能在三十年后成为祖父。

（90）那些睡着的人（在这个世界所发生着的事情中）是同行者。

（91a）思是人所共有的。

（91b）那些用理智讲话的人们一定笃信对所有人共同的东西，就像城邦笃信其律法那样，而且要更为坚定。因为所有人类的律法都被那一个神圣的律法所哺育。它尽其所愿地无所不包，并在满足一切的同时还有剩余。《希腊哲学史》43。

（92）所以我们必须遵循共同的东西，①尽管我的话语（Word）就是共同的，大多数人却活得就像他们有着自己的智慧。《希腊哲学史》44。

（93）他们与那些最常和他们进行交流的事物关系疏远。②《希腊哲学史》32b。

（94）像酣眠者那样说话与行动是不合适的。

139

（95）醒着的人有一个共同的世界，而沉睡者各自转入单属他自己的世界。

（96）人的方式没有任何智慧，而神的方式则有。《希腊哲学史》45。

（97）人被神称作婴孩，正如孩子之于成人一般。《希腊哲学史》45。

（98，99）最智慧的人和神相比也如猿猴一般，正如最美的猿猴较之于人也还是丑的。

---

① 塞克斯都，《反学问家》vii.133，διὸ δεῖ ἕπεσθαι τῷ κοινῷ（而在施莱尔马赫编辑的诸抄本中为 ξυνῷ）. ξυνὸς γὰρ ὁ κοινός [所以我们必须遵循共同的东西，因为 ξυνὸς 的意思就是共同的]。拜沃特省略了这句话，但我认为这一定出自赫拉克利特之口。尔斯接受了贝克的观点，将这段话读作 διὸ δεῖ ἕπεσθαι τῷ <ξυνῷ, τουτέστι τῷ> κοινῷ [所以我们必须遵循 <ξυνὸς，也就是 > 共同的东西]。我现在同样认为，如果我们在前文中解释过的意义上理解 λόγος 这个术语（第120页，注释①），那么就没有理由怀疑紧接着的这段话。

② 后面一段话 λόγῳ τῷ τὰ ὅλα διοικοῦντι [按照那掌管整个宇宙的话语] 属于马可·奥勒留而非赫拉克利特。

127

(100) 民众必须为其律法而战，就像为其城墙一般。《希腊哲学史》43b。

(101) 更伟大的死亡将获得更好的命运。《希腊哲学史》49a。

(102) 诸神与众人皆尊崇那些在战争中殉命的人。《希腊哲学史》49a。

(103) 放纵必须被扑灭，比失火的房屋更紧急。《希腊哲学史》49a。

(104) 对人来说，得到想要的一切并非好事。使健康令人愉悦的是疾病，使良善令人愉悦的是罪恶①；使饱足令人愉悦的是饥饿；使休息令人愉悦的是疲倦。《希腊哲学史》48b。

(105—107) 很难同人内心的欲望进行抗争。②无论它想得到什么，都是以灵魂为代价。《希腊哲学史》49a。

(108—109) 最好能将愚蠢隐藏；但这在我们通过小酌消遣的时候实属不易。

(110) 遵从一的劝告，这也是律法。《希腊哲学史》49a。

(111) 他们究竟有什么思想或智慧呢？他们追随诗人并以群氓为师，不知其中多恶而少善。因为甚至他们中的最优秀者会选择一件事优先于其他一切，那就是在有朽者中不朽的荣耀，而他们中的大多数像野兽一样大吃大喝。③《希腊哲学史》31a。

(112) 巴以阿斯，图塔姆斯之子，居住在普利埃纳，关于他的记载比其他人更多。（他说，"多数人是恶的。"）

(113) 如果某人是最好的，那么他对我来说便是万人。

(114) 爱菲斯人——他们中的每个成年人——都应该吊死自己，把城邦留给没有胡须的小伙子们，因为他们驱逐了他们中间最好的人，赫尔谟多罗斯，并宣称，"我们当中不会有最好的人；如果有这样的人，

140

---

① 和第尔斯一样接受了海茨的观点，将 καὶ 改为 κακὸν。

② θυμός 这个词有其在《荷马史诗》中的特殊意思。欲求的满足意味着将灵魂之火的干燥（残篇 74）交换为潮湿（残篇 72）。亚里士多德错误地将这里的 θυμός 理解为愤怒（《尼各马可伦理学》B，2.1105a8）。

③ 这似乎指的是"三种生活"，第二章 §45，第 88 页。

那就让他去别的地方，在其他人中是最好的吧。"①。《希腊哲学史》29b。

（115）狗会对它们不认识的每一个人咆哮。《希腊哲学史》31a。

（116）……（智慧的人）因人们对信仰的需求而没有为人所知。

（117）愚人会因每一句言词而心神不宁。《希腊哲学史》44b。

（118）他们中最有名望者所知道的不过是幻象，②并且笃信它们，但事实上，正义将降临在那些编造谎言者和作伪证者的身上。

（119）荷马应该被从名单上移除并被杖击，阿尔基洛库斯亦然。《希腊哲学史》31。

（120）每日都与其他任何一天相似。

（121）人的性格即命运。③

（122）人死的时候，等待他们的不是他们所期待的，也不是他们所梦想的。《希腊哲学史》46d。

（123）……④他们升起，并成为生者与死者警醒的守护者。《希腊哲学史》46d。

（124）夜行者们，祆教祭司们（Magians），酒神的信徒们（Bakchoi），酒神的女祭（Lenai），以及入教者们……

（125）那些为人们所信奉的秘仪是不神圣的秘仪。《希腊哲学史》48。

（126）而他们还向这些形象祈祷，就像一个人同某人的屋宇交谈一样，对什么是诸神或英雄一无所知。《希腊哲学史》49a。

（127）因为如果他们不是为了狄俄尼索斯才举行这游行，并咏唱这可耻的有关生殖崇拜的颂歌，那么他们的所作所为便是最无廉耻的了；他们向哈得斯致敬就像向狄俄尼索斯一样，疯癫且咆哮。《希腊哲学史》49。

---

① 他曾前往意大利，并参与了罗马《十二铜表法》的制定。见第118页，注释①。

② 依据施莱尔马赫的读法，读作 δοκέοντα（或者和第尔斯一样，读作 δοκέοντ' ὢν）。我同样按照第尔斯的读法，读作 γινώσκει，φυλάσσει，他从希波克拉底那里援引了 φυλάσσουσι καὶ γινώσκουσι 这一短语。

③ 关于此处 δαίμων 的意思，参见我所校勘的亚里士多德，《伦理学》，第1页以下。

④ 由于这段文本的意思对我来说也是十分模糊的，我便没有对句首的 ἔνθα δ' ἐόντι 这句话妄加揣测。但可以参考第尔斯的注释。

（129，130）他们徒劳地通过以血自玷的方式来净化自己，就像一个踏进泥中的人以泥濯足一般。任何注意到他这样做的人都会认为他疯了。《希腊哲学史》49a。

66. 学述传统

这些残篇中的一些远谈不上清晰易懂，而其中不少残篇的意涵可能将永远无法被恢复。于是，我们转向学述作家寻求线索；但不幸的是，他们关于赫拉克利特的讨论并不像我们在其他情况下所发现的那样具有启发性。我们通常可以依靠希波吕特获得对塞奥弗拉斯特记述的准确报道。希波吕特在前四章中依次讨论了泰勒斯、毕达哥拉斯、赫拉克利特以及恩培多克勒，这一部分的材料来源并不是他后来所采用的准确摘录，而是充斥着虚构轶事与格言的传记手册。[①] 这本传记手册则出自一些认为赫拉克利特是毕达哥拉斯主义者的《师承录》作家之手。赫拉克利特是通过希帕索斯同毕达哥拉斯学派联系起来的，在希帕索斯的体系中，火起到重要的作用。塞奥弗拉斯特追随亚里士多德，在同一句话中提到了他们两人，这对于《师承录》的作者们来说已经足够了。[②] 我们于是不得不去查询第欧根尼给出的赫拉克利特观点的两条更详细的论述。[③] 第欧根尼的这段论述可以被追溯到《旧〈学说〉》，幸运的是，它相当完整、准确。

我们必须面对的另一个困难是，在第欧根尼论述中所提到的赫拉克利特的评注家多数都是斯多亚主义者。[④] 可是，斯多亚学派对这个爱菲斯人有一种特殊的崇敬，并试图尽可能地按照他们自己的体系对其进行解读。此外，他们喜欢"调和"[⑤]早期思想家的各种观点，这已经产生了严重的后果。

---

① 见第尔斯，《希腊学述》，第 145 页。我们必须将作为有关赫拉克利特信息来源的《对各种异端的反驳》第一卷同第九卷区分开来。后一卷著作试图表明诺伊托斯的上帝一体论异说来源于赫拉克利特，其中蕴含有大量的赫拉克利特主义残篇。

② 亚里士多德，《形而上学》A，3.984a7（《希腊哲学史》56c）；塞奥弗拉斯特，载于辛普利丘《物理学注》23，33（《希腊哲学史》36c）。

③ 关于这两套说明，参见"文献材料来源"§15。

④ 第欧根尼，ix.15（《希腊哲学史》30c）。施莱尔马赫正确地坚持了这一点。

⑤ 费罗德姆斯用 συνοικειοῦν 这个词来指斯多亚学派的诠释方法（参见《希腊学述》547b，注释）。西塞罗（《论神性》i.41）将它翻译为 accommodare [调和]。

特别是斯多亚学派有关 λόγος［尺度］和 ἐκπύρωσις［大火］的学说总是被归给赫拉克利特，甚至某些残篇中也掺有少量斯多亚学派的术语。

67. 赫拉克利特的发现

赫拉克利特不但睥睨普罗大众，先前的所有自然研究者也难入法眼。这必然意味着，他相信自己已经洞悉了某种迄今尚不为人知的真理，尽管这真理无时不在直勾勾地盯着人看（残篇93）。要理解他所教导的核心，我们必须探究他在谴责人类迟钝、无知时的所思所想。答案似乎就在18和45这两段残篇之中。我们从这两段残篇中了解到，那个迄今为止被一直忽视的事实是，许多我们以为表面相互独立且矛盾的事物实际上是一，而另一方面，这一同时也是多。"相反者之争"事实上是一种"协调"（ἁρμονία）。于是，智慧不是某种对纷纭事物的认识，而是对存在于彼此对立的相反者间更为基础的统一性的洞察。如斐洛所言，这正是赫拉克利特的基本思想。他说："因为由对立双方所构成者为一；当一被区分后，对立双方便显露出来了。这不正是如希腊人所说，伟大且备受赞扬的赫拉克利特将它概括为他的哲学开端，并标榜为一个新发现的观点吗？"①

68. 一与多

阿那克西曼德曾教导说，相反者从"无界限"中分离出来，但又会再一次地毁灭为"无界限"，它们通过这种方式相互为自己不义的侵蚀进行偿付。他正是在此处暗示这种发生在相反者间的战争并不是正当的，并且相反者的存在是对"一"的统一性的破坏。而赫拉克利特表明的真理则是，世界是一同时也是多，且正是相反者的"对立"构成了"一"的统一性。这与毕达哥拉斯的结论完全相同，尽管它采用了另一种表述方式。赫拉克利特对 ἁρμονίη 这个词的使用表明他在某种程度上受到了他同时代长辈的影响。

柏拉图明确指出这正是赫拉克利特的核心思想。在《智者篇》（242d）中，埃利亚客人在解释了埃利亚学派如何主张我们所谓的多实际上是一之后，继续说道：

> 但是某些伊奥尼亚和（后来）某些西西里的缪斯注意到，最保险

---

① 斐洛，《论谁是神圣事物的继承人》43（《希腊哲学史》34e）。

的是将这两者结合起来，并宣称实在既是多又是一，通过恨和爱保持在一起。"因为"，那些相对激进的缪斯说，"它总是在分离中被结合在一起"（参见残篇59）；而相对温和的缪斯则放宽了关于它应当永远如此的要求，并主张"一切"时而在爱神阿佛洛狄忒的影响下是一，并保持和平状态，时而由于他们所谓的"争斗"成为多，并与其自身交战。

在这段文本中，伊奥尼亚的缪斯当然是指赫拉克利特，西西里的缪斯则是指恩培多克勒。于是，按柏拉图所说，赫拉克利特曾教导实在既是多也是一。这里所说的并不是某个逻辑原则。① 赫拉克利特所阐释的那种存在于差异之中的同一性正是存在于首要实体的诸种显现之中的同一性。米利都学派已对这种同一性有所领悟，但他们在差异方面遭遇了困难。阿那克西曼德将对立双方的争斗视为某种"不义"，而赫拉克利特则与之相反，他试图表明这乃是最高的正义（残篇62）。

69. 火

所有这些都使他有必要寻找一种新的首要实体。他所寻求的不仅是相反者们能够由之"分离出来"的东西，并且其本性能转变为其他一切事物，而其他一切事物也能重新转变为它。他发现火即是如此。如果我们想到燃烧现象，就不难理解他何以会如此主张了。火焰在平稳燃烧时火的量似乎保持不变，它似乎也是我们所谓的某种"东西"。然而它的实体却处在不断的变化之中。它总是在烟雾中消逝，其位置也总为来自燃料的新物质所取代。这正是我们所寻求的。如果我们将世界看做是一团"永恒的活火"（残篇20），

---

① 这是拉萨尔著作中的一个错误。其错误的根源是黑格尔的一段陈述，后者认为没有任何一个赫拉克利特的命题没有被纳入他本人的逻辑学中（《哲学史讲演录》i.328）。他所引用的例子是，存在并不比不存在更存在这个说法，就此提到了亚里士多德，《形而上学》A，4。然而，这种说法在那里并没有被归给赫拉克利特，而是被归给了留基波或德谟克利特，对他们来说，它的意思是空间像物体一样实在（§175）。亚里士多德确实在《形而上学》中告诉我们，"有些人"认为赫拉克利特宣称，同一个事物既可以存在，又可以不存在；但他补充说，这并不意味着人们理解他们主张的事情（《形而上学》Γ，3.1005b24）。这在《形而上学》K，5.1062a31 中获得解释，我们在此处获悉，如果以特定方式对赫拉克利特提出质疑，他可能就不得不接受不矛盾律；事实上，他并不清楚自己所宣称的是什么。换言之，他没有意识到它的逻辑学意义。

就能够理解它何以无时不在成为万物，而万物也无时不在复归于它了。[①]

70. 流变

这必然带来某种看待世界变化和运动的方法。火不停地燃烧，没有间歇。它总是消耗燃料并释放烟尘。万物要么作为燃料上升，要么在助燃之后下沉。于是，全部的实在就像一条不息的水流，没有片刻停歇。我们所见事物的本质便处在不断变化之中。即使在我们观察它们的时候，它们由之构成的某些物质就已转化成别的什么，同时又有新物质从另一个来源补充进来。这通常可以被恰切地总结为"万物皆流"（πάντα ῥεῖ），尽管这似乎并非赫拉克利特的原话。然而柏拉图十分清楚地表达了这一观点。"无物永恒存在，一切都在生成中"；"万物都像溪流一样处于运动之中"；"万物皆在流逝，无物常驻"；"赫拉克利特在某处宣称，万物皆流，无物常驻；而且，他把事物比作河水的激湍，认为你无法两次踏入同一条河"（参见残篇41）——这些都是他在描述自己体系时所用到的术语。亚里士多德也说过同样的话，"万物皆在运动"，"无物一成不变"。[②]事实上，赫拉克利特认为，任何事物，无论它看上去何其稳固，都不过是河流的某个截面，由之构成的事物在任意两个连续的时刻都不相同。我们马上就会看到他是如何设想这个过程的，同时我们也注意到，这并非该体系最具原创性的特征。米利都学派也持有类似

145

---

① 赫拉克利特的火与阿那克西美尼的气是同一层次的事物，这在诸如亚里士多德《形而上学》A，3.984a5 的很多文本中都有明显的暗示。为了支持赫拉克利特所指的并非字面上的火的观点，柏拉图《克拉底鲁篇》413b 时常被引用，但其语境表明，这段文本并不能作为这种解释的依据。苏格拉底讨论的是 δίκαιον 一词从 δια-ιόν 的起源，而 δίκη 当然是赫拉克利特的一个核心概念，并且这里所提出的很多可能都是该学派的真实学说。苏格拉底接着抱怨说，当他问所谓"经历"一切的究竟是什么时，他得到了相互矛盾的答案。有人认为是太阳。另一个答案则追问在日落后是否根本不存在正义，并主张正义单纯是火。第三种回答认为它并不是火本身，而是存在于火中的热。第四种则将它等同于心灵。而今我们只能由此推断，在后来的赫拉克利特学派中存在着不同的解释。有观点认为它不是火本身，而是"经历"万物的热。这种观点之与赫拉克利特的理论相关，就像希彭的潮湿与泰勒斯的水的关系。同样，很可能存在着一些赫拉克利特主义者试图将阿那克萨戈拉的体系与他们自己的体系融合起来，就像阿波罗尼亚的欧欣根尼试图将阿那克萨戈拉的体系与阿那克西美尼的体系融合起来一样。我们确实将会看到，仍有一部试图进行此类尝试的著作流传下来（第 137 页，注释②）。

② 柏拉图，《泰阿泰德篇》152e1；《克拉底鲁篇》401d5，402a8；亚里士多德，《论题篇》A，11.104b22；《论天》Γ，1.298b30；《物理学》Θ，3.253b2。

的观点。

71. 向上之路和向下之路

赫拉克利特似乎在对细节的处理中提到了阿那克西美尼的理论。[①] 然而，他不太可能用疏散和凝聚来解释物质的转变。[②] 塞奥弗拉斯特似乎暗示他确实如此，但又承认这并不清晰。我们即将援引的第欧根尼的一段话便对此作出了忠实的保留。[③] 在残篇中我们找不到任何与疏散和凝聚相关的表述，他所使用的表述是"交换"（残篇22），完美地描述了火焰散发烟灰却消耗燃料的情况。

我们已经指出，由于缺少希波吕特的记载，我们所掌握的有关塞奥弗拉斯特对赫拉克利特学述的记述，最可靠的是第欧根尼·拉尔修提供的两个记述中较为完整的一个。如下：

> 他对这些特定问题的见解如下：
>
> 他认为火是元素，而万物都是火的某种交换，通过凝聚和疏散而被产生。但他并没有给出清晰的解释。万物都产生于对立，并且万物都像河流一样处于流变之中。
>
> 一切都是有限的，并且世界是一。它自火中生成，并在所有永恒的轮回中交替地被火再一次毁灭。这依据命运而发生。造成世界生成的相反者被称作战争和争斗；导致最终大火的是和睦与和平。
>
> 他将变化称作向上的和向下的路，主张世界凭借它而生成。当火被凝聚，它便变得潮湿，被压缩后，它变成了水；水凝结后变成土，他将这称作向下的路。另一方面，土反过来也会变为液体，水由之生成，由此又生成其他一切，因为他几乎将一切都归为海洋的蒸发。这是向上之路。《希腊哲学史》36。
>
> 他也主张蒸发物不但产生于海洋，也来自陆地，有些明亮而纯净，其余则颜色乌暗。火由明亮的蒸发物滋养，而潮湿则借助其他的蒸发物。

---

① 见上文，第一章，§29。

② 可是，参见被援引在《希腊哲学史》36c 处的第尔斯的评论（《希腊学述》第165页）。

③ 第欧根尼，ix.8, σαφῶς δ' οὐθὲν ἐκτίθεται [但他没有给出清晰的解释]。

他并没有澄清环绕世界之物的本性。然而，他主张在其中有一些将凹面朝向我们的碗，明亮的蒸发物在其中聚集起来形成火焰。这些就是诸天体。

太阳的火焰是最明亮且最温暖的，因为其他诸天体距离大地较远，因此散发出较少的光和热。另一方面，月亮离大地较近；但它运行穿过一个不洁净的区域。太阳则运行在一个明亮且纯粹的区域，同时与我们有着合适的距离。这便是它散发更多光和热的原因。日食和月食是由于碗向上翻转，而每月的月相则是由它的碗一点点地翻转造成的。

白天和夜晚，月份、四季和年，雨和风，以及类似这些的事物，都应归于不同的蒸发物。明亮的蒸发物在太阳的圆环中被点燃时，就产生了白天，当相反的蒸发物占据优势时就产生了夜晚。由明亮的蒸发物引起的温暖不断增加，就产生了夏天，而一旦由黑暗蒸发物而来的湿占据优势，就产生了冬天。他归给其他事物的原因与此一致。

至于大地，他并没有清楚地说明它的本性，正如他没有清楚地说明那些碗的本性一样。

这些就是他的观点。《希腊哲学史》39b。

而今，如果我们能够相信这段话，它便是最具价值的。总的来说，我们是可以相信它的，因为它所遵循的正是所有衍生自塞奥弗拉斯特著作的那些学述所遵循的论述顺序。首先是首要实体，而后是世界，而后是诸天体，最后是气象现象。于是我们推断，它除了以下例外都是可以被采信的，其一是塞奥弗拉斯特有关疏散和凝聚的错误猜测，这很可能是错误的；其二是一些来自《旧〈学说〉》的斯多亚主义的解读。

让我们注意一下具体内容。我们被告知，纯粹的火主要存在于太阳之中。太阳与其他天体类似，是一个凹槽或碗，凹面朝向我们，在其中有来自海洋的明亮的蒸发物聚集并燃烧。太阳之火如何转化为其他形式？如果我们注意到讨论向下之路的那几段残篇，就会发现它首先会嬗变成为海，我们进一步获悉，海的一半是土，一半是πρηστήρ(残篇21)。这个πρηστήρ是什么？据我所知，还没有人曾主张将这个词理解为它通常在其他地方所具有的意

147

148

135

义，即伴随着炽热水龙卷的飓风。① 但这无疑正是此处所需要的。有充分的证据表明，赫拉克利特用明亮的蒸发物来对海洋上升为火的过程进行解释；而我们也需要一个与之类似的关于火重新转变为海洋的气象学解释。事实上，我们需要的是某种既能代表由太阳燃烧产生的烟雾，又能代表火与水中间状态的东西。有什么较之于炽热的水龙卷更适合这种转变呢？它和烟足够的类似，可以被解释为太阳燃烧的产物，同时它当然能向下成为水。一旦将这个解释同埃修斯所报告的赫拉克利特关于 πρηστῆρες [译者按：πρηστῆρες 是 πρηστήρ 的复数形式] 的理论联系起来，它便几乎可以被确信了。我们获悉，它们是由于"云的燃烧和熄灭"而产生。② 换言之，明亮的蒸汽在太阳的碗中燃烧后熄灭，会再一次以黑暗且炽热的暴风云的形式出现，并重新转化为大海。而在随后的阶段中，我们发现水会不间断地转化为土。对这一观念我们已相对熟悉了（§10）。回到"向上之路"，我们发现土变成水的比例与海变成土的比例相同，所以海洋仍然"被称量为相同的比例"（残篇 23）。它的一半是土，一半是 πρηστήρ（残篇 21）。这一定是说，在任何特定的时刻，一半刚刚还是炽热暴风云的海水走上向下之路，另一半刚刚还是土的海水则走上向上之路。随着大海因降雨而增多，水也成比例地成为土；随着海水因蒸发而减少，它也成比例地由大地所供给。最后，来自海洋的明亮蒸汽在太阳的碗中燃烧，补足了"向上之路和向下之路"的循环。

72. 用以称量的尺度

虽然事物无时不在流变之中，但它们何以看起来仍相对稳定？赫拉克利特的回答是，这是由于遵从了"尺度"——根据这些尺度，每一种形式的质料在很长一段时间内总量都保持不变，尽管其物质总在不断地变化之中。总有一定"尺度"的"永恒的活火"被点燃，同时总有相近"尺度"的"永恒的活火"被熄灭（残篇 20）。所有的东西都被"交换"成火，而火又被用

---

① 此处成文于 1890 年。在《爱菲斯的赫拉克利特》（1901）中，第尔斯的理解与我相同，将它翻译为 Glutwind [热风]。参见希罗多德，vii.42，以及卢克莱修，vi.424。塞内卡（《自然问题》ii.56）将其称作 igneus turbo [湍动的火]。早期哲人有关这些现象的观点被收集在埃修斯，iii.3。阿那克西曼德的 πρηστήρ（第一章，第 60 页，注释③）是另一种东西。古希腊的水手们很可能用铁匠的风箱来命名这种气象现象。

② 埃修斯，iii.3,9，πρηστῆρας δὲ κατὰ νεφῶν ἐμπρήσεις καὶ σβέσεις (sc.Ἡράκλειτος ἀποφαίνεται γίγνεσθαι) [旋风是由于云的燃烧和熄灭（即赫拉克利特所展示的生成）]。

来"交换"万物（残篇 22），这就意味着，对于火所得到的一切，它会给出同样多的东西。"太阳不会超出他的尺度"（残篇 29）。

然而，这些"尺度"并不是一成不变的。我们从前文所引用的那段第欧根尼的文本中可知，塞奥弗拉斯特曾提到明亮和黑暗的蒸发物交替地占据优势地位，并且亚里士多德还提到赫拉克利特通过蒸发解释万物。[1] 特别是白昼和黑夜的交替、盛夏与寒冬的轮回，都是用这样的方式解释的。而在伪希波克拉底的《论生活方式》（Περὶ διαίτης）——几乎可以肯定它出自赫拉克利特主义者之手[2]——的一段文本中，我们读到"火和水的升腾"同昼、夜以及日、月联系起来。[3] 在残篇 26 中，我们又读到火的"升腾"，所有这些似乎都是有紧密关联的。因此，我们必须设法在剩余的残篇中查找与该主题相关的所有讨论。

73. 人

在对火与水的交替升腾展开研究时，从"小宇宙"着手最为便利。一般来说，相较于发生在世界之中的类似过程，我们所掌握的有关人体之中两种蒸发物的资料更为确切，并且赫拉克利特似乎也正是在借用人体对世界进

---

[1] 亚里士多德，《论灵魂》B，2.405a26，τὴν ἀναθυμίασιν ἐξ ἧς τἆλλα συνίστησιν［是一种蒸发物，万物由之构成］。

[2] 格斯纳向我们指出了在这部著作中存在着赫拉克利特主义的问题，而伯奈斯则是第一个在对赫拉克利特体系的重构中尽可能充分利用这部著作的人。有关这一主题的较早的文献基本上都已经被卡尔·弗雷德里希的《希波克拉底研究》（1899）取代。他向我们表明（正如我在本书第一版中已经指出的那样），这部作品成书于我在本书 §184 中简单勾勒的那个折中主义和反动的时期，他还指出，之前曾被认为主要是赫拉克利特主义的 c3 受到了恩培多克勒和阿那克萨戈拉的深刻影响。然而我认为，弗雷德里希错误地把这一章节归给了阿凯劳斯学派中一位无名的"自然哲学家"，抑或甚至是阿凯劳斯本人；它更像是柏拉图在《克拉底鲁篇》413c（见第 133 页，注释[1]）描述的折中主义的赫拉克利特主义者会说的话。他无疑错误地认为那套关于水、火平衡的学说并不是赫拉克利特主义的，也没有理由仅仅因为那段文本中引用的评论碰巧在文字上几乎与 c3 的开头完全一致，就将它从它的上下文中分离出来。

[3] 《论生活方式》i.5. 我这样读：ἡμέρη καὶ εὐφρόνη ἐπὶ τὸ μήκιστον καὶ ἐλάχιστον· ἥλιος, σελήνη ἐπὶ τὸ μήκιστον καὶ ἐλάχιστον· πυρὸς ἔφοδος καὶ ὕδατος［昼与夜，对应最大的尺度与最小的尺度；正如日与月，对应最大的尺度与最小的尺度；火和水的升腾］。不管怎样，处于 χωρεῖ δὲ πάντα καὶ θεῖά καὶ ἀνθρώπινα ἄνω καὶ κάτω ἀμειβόμενα［但是万物，无论是神圣者还是众人，都处在相互交换的向上或向下的流变中］和 πάντα ταὐτὰ καὶ οὐ τὰ αὐτά［一切相同，一切又不同］之间的句子必是赫拉克利特主义的表达方式。

150

行解释，而非相反。亚里士多德暗示说灵魂是干燥的蒸发物，[①] 这已为残篇所证实。人由火、水、土三种物质所构成。但正如火在"大宇宙"中被认为是唯一的智慧，同样在"小宇宙"中也唯独火具有意识。一旦火离开了身体，剩下的只是毫无价值的土和水（残篇85）。当然，赋予人生命的火也同世界中的火一样要经历"向上之路与向下之路"。《论生活方式》中保存了一句明显带有赫拉克利特主义特征的话："无论是凡人还是神圣者，万物皆通过交换而进行向上和向下的流变。"[②] 我们和世间任何事物一样，皆处在不断地变化之中。在任意两个相继瞬间的我们既是也并非同一个人（残篇81）。我们

151 体内的火无时不在变成水，水也无时不在变成土；但由于同时进行着相反的过程，我们看上去保持不变。[③]

74.（a）沉睡与清醒

然而这并非全部。人要经历体内水和火的"尺度"的某种浮动，正是这种浮动引起了睡与醒、生与死的交替。关于这个问题，常被援引的是塞克斯都·恩披里柯的一段话，它再现了埃奈西德姆的论述。[④] 如下（《希腊哲学史》41）：

　　自然哲人认为，环绕着我们的[⑤]是理性的，是具有意识的。根据赫

---

① 亚里士多德，《论灵魂》A，2.405a25（《希腊哲学史》38）。第尔斯将那段发现于阿里乌斯·狄都谟斯残篇42之后的话 καὶ ψυχαὶ δὲ ἀπὸ τῶν ὑγρῶν ἀναθυμιῶνται [而灵魂都蒸发自潮湿之物] 归给赫拉克利特本人。可是我不太相信赫拉克利特曾使用过 ἀναθυμίασις 这个词。他似乎更倾向于将这两种蒸发物称作 καπνός 和 ἀήρ（参见残篇37）。

② 《论生活方式》i.5，χωρεῖ δὲ πάντα καὶ θεῖα καὶ ἀνθρώπινα ἄνω καὶ κάτω ἀμειβόμενα.

③ 似乎埃庇哈尔谟斯的残篇2，第尔斯（170b，凯贝尔）提到了这一点："现在再看看众人。一个成长，另一个逝去，所有的一切永远都在变化。那按其本性（κατὰ φύσιν）发生变化并且从不停留在同一地点的东西，将已经不同于那已经毁灭了的东西。因而你和我在昨天是不同的，而当下则是完全不同的人，我们将再次成为不同的人，甚至会再次变成相同的人，以此方式以致无穷。"一个不愿偿还债务负债者如是说。

④ 塞克斯都援引了"埃奈西德姆，根据赫拉克利特"。纳托尔普主张（《研究》第79页），埃奈西德姆确曾将赫拉克利特主义与怀疑论结合在一起。第尔斯（《希腊学述》第210、211页）则坚持认为他仅仅对赫拉克利特的理论进行了描述。但这个争论并不影响我们对这段话的使用。

⑤ Τὸ περιέχον ἡμᾶς [那环绕着我们的] 与 τὸ περιέχον τὸν κόσμον [那环绕着宇宙的] 相对，却又相互呼应。

拉克利特，当我们通过吸气吸入这神圣的理性时，我们变得理性。我们在睡眠中遗忘，但又在清醒时再次变得有意识。因为在睡眠状态，当诸感官的通道被关闭时，我们的心灵便与将我们环绕着的心灵分隔开来，与它的联系只通过呼吸像根茎一样被维持下来（由此其他联系方能被重新建立）；当被如此分离开来的时候，它便失去了先前所具有的记忆能力。然而，当我们重新醒来，它又像透过窗户一样通过诸感官的通道，与那周遭的心灵会合，重新获得了理性能力。于是，如同余烬一般，一旦被带到火焰近旁，便会变得红且热，若它们被重新由此撤走，便又复熄灭，周遭心灵中寓居在我们体内的那份也是一样，当它被幽闭的时候，便不再理性，一旦通过最大数量的通道与整体建立联系，便恢复与整体相似的本性。

152

在这段话中明显掺杂有大量后来的思想。特别是赫拉克利特不可能将"那环绕着我们的"等同于气，因为赫拉克利特对气一无所知，只是将气当做某种形式的水（§27）。有关诸感官的孔道或通道的讨论对他而言可能同样陌生，因为孔道理论应被归给阿尔克迈翁（§96）。最后，对心灵和身体的区分过于明确。另一方面，给呼吸以重要角色很可能是赫拉克利特的主张，因为我们已在阿那克西美尼那里看到了这种说法。同时，我们也近乎无法质疑那则引人注目的明喻——余烬在被置于火焰近旁时会发光——的真实性（参见残篇77）。赫拉克利特本来的学说无疑是说，睡眠是由体内潮湿、黑暗的蒸发物的侵蚀引起的，这种蒸发物源自身体中的水，它的侵蚀使火势变得衰微。睡眠时，我们与存在于公共世界中的火失去联系，于是各自回退到自己的世界中（残篇95）。在火和水势均力敌的灵魂中，这种平衡将通过清晨明亮蒸发物同等地升腾来恢复。

75.（b）生与死

但在任何灵魂中，火和水都不会长久地像这样保持平衡。无论二者中的任何一个占据优势地位，结果无不是死亡。让我们依次对这些情况进行分析。我们知道，对灵魂来说，变成水就是死亡（残篇68）；而这正是发生在那些追求快乐的灵魂中的事。因为快乐便是使灵魂湿润（残篇72），正如我们在醉汉身上所观察到的那样，由于灵魂过于湿润，他竟行不知所之（残篇73）。即使在借小酌稍作消遣之后，较之于平日，人们也更加难以掩饰自己的蠢笨（残篇108）。这便是我们务必戒绝放纵的原因（残篇103）；毕竟，无论我们的内心所欲究竟为何者，它无不要以生命——亦即我们体内的火——为代价来换取（残篇105）。我们再来看另一种情况。具有最少水分的干燥的灵魂是最高贵的灵魂（残篇74）；但处于主导地位的火与处于主导地位的水一样会造成死亡。然而，这却是一种不同寻常的死亡，并为那些如此这般死去的人赢得了"更好的命运"（残篇101）。

此外，正如夏和冬是一，并且它们必然通过"对立"相互产生，生和死也是如此。我们被告知，它们同样是一；年轻和年迈亦然（残篇78）。因此，灵魂时而生，时而死；它会在不同情况下或变成火，或化为水，从而再次踏上不休止的向上之路和向下之路。由于过分潮湿而死的灵魂会下降成为土；但从土中会有水生出，而从水中则会再一次呼出灵魂（残篇68）。因此我们还被告知（残篇67），神和人确实为一。他们生着彼此的生，死着彼此的死。那些因火而死的有朽者成为不朽者，[①] 他们成为生者与死者的监护人（残篇123）；[②] 而那些不朽者反过来也会变成有朽者。万物皆为另一物之死（残篇64）。生者和死者总是在不断地变换位置（残篇78），就像棋盘上孩子的棋子一样（残篇79），这不仅适用于那些已经变成水的灵魂，还适用于那些已经成为火的灵魂，它们现在是专司监护之职的精灵。真正的疲惫是持续地处在相同的状态（残篇82），而真正的休憩则是变化（残篇83）。休憩在任何其他的意义上都无异于衰解（残篇84），[③] 因此它们也再一次地出生。赫拉克利特估计，维持生与死之平衡的循环周期是三十年，这是一个人能成为祖父

---

① "不朽者"一词因具有悖谬的效果而被使用。严格地说，他们从某个角度看都是有朽者，而从另一个角度看，又都是不朽者。

② 那些在战斗中倒下的人显然也有同样的命运（残篇102）。罗德在《灵魂》（Ⅱ，第二版，第148页以下）中拒绝承认赫拉克利特相信灵魂能在死亡之后存在。严格地说，这无疑是一种学说内的不一致；不过，我和策勒、第尔斯一样相信，这是一种我们完全可以承认的不一致。柏拉图在《斐多篇》中用以确立灵魂不朽学说的第一个论证就是赫拉克利特主义的生、死同睡、醒的对应关系。

③ 这些残篇依照这种联结方式为普罗提诺、扬布里柯和努梅尼奥斯所引用（《希腊哲学史》46c），并且似乎不太可能像罗德那样，认为他们没有以这种方式对它们进行诠释的任何依据。他们对语境有所了解，而我们却没有。

所需要的最短时间（残篇 87-89）。[1]

76. 日与年

让我们转向世界。第欧根尼告诉我们，火依靠来自陆地和海洋的明亮蒸汽来维持，而湿润则靠黑暗的蒸汽来维持。[2] 这些使潮湿元素得以增加的"黑暗"蒸汽究竟是什么？如果我们还记得阿那克西美尼的"气"，我们就会倾向于将其视作黑暗本身。我们知道，将黑暗作为光明之缺乏的观点并不古老。于是，我认为赫拉克利特相信，夜晚和冬季乃是由于源自大地和海洋的黑暗的上升——他在山顶上当然会看到山谷的幽暗——而这种黑暗是潮湿的，它极大地增加了湿元素，以致扑灭了太阳的光芒。但这同样摧毁了黑暗自身的力量。除非太阳使它运动，否则它便不再能够上升，因此一个新的太阳（残篇 32）才有可能被点亮，并在一段时间内通过消耗潮湿元素来滋养自身。但这只能持续一段时间。燃烧耗尽明亮蒸汽后，太阳失去了自己的养料，以致黑暗蒸汽再次占据上风。从这个意义上说，"昼与夜同一"（残篇 35）。其中任何一个都预示着另一个；它们不过是同一过程的两个方面，唯有在这个过程中，才能找到它们真正的解释根据（残篇 36）。

夏季和冬季以相同的方式得到解释。我们知道，太阳的"回归运动"在那个时代是一个受到普遍关注的话题，而在太阳向南退行的过程中，赫拉克利特自然而然地注意到由太阳自身热量引起的潮湿元素的升腾。然而，这却削弱了太阳产生蒸发的能力，因此它必须回归北方补充滋养。这至少是斯多

155

---

[1] 普鲁塔克，《论神谕的衰微》415d，ἔτη τριάκοντα ποιοῦσι τὴν γενεὰν καθ' Ἡράκλειτον, ἐν ᾧ χρόνῳ γεννῶντα παρέχει τὸν ἐξ αὑτοῦ γεγεννημένον ὁ γεννήσας [他们依据赫拉克利特的观点认为一代有三十年，这正是一位父亲有一位本身有儿子的父亲所需要的时间]。斐洛残篇，哈里斯编，第 20 页，δυνατὸν ἐν τριακοστῷ ἔτει αὖ τὸν ἄνθρωπον πάππον γενέσθαι κτλ [在三十年中一个人能成为祖父等]。岑索里努斯，《论生日》17.2，"hoc enim tempus（triginta annos）*genean* vocari Herakleitos auctor est, quia *orbis aetatis* in eo sit spatio: orbem autem vocat aetatis, dum natura ab sementi humana ad sementim revertitur [这时间（三十年）被赫拉克利特称作'代'，因为生命的循环也是那么长：而他将这一循环称作生命的周期，自然在此期间从人的种子送回至播种]。词组 orbis aetatis 似乎意指 αἰῶνος κύκλος，"生命的轮回"。如果是这样我们便可以同俄耳甫斯教的 κύκλος γενέσεως [生之轮回] 相比较。

[2] 第欧根尼，ix.9（《希腊哲学史》39b）。

亚学派的学说，① 由于它出现在《论生活方式》中，似乎又表明该学说源自赫拉克利特。下面这段话显然来自赫拉克利特：

> 并且（火和水）依次在可能的最大限度内占据优势，并在可能的最小限度内处于劣势。由于下列原因，二者皆无法彻底占据优势。如果火前进至水的极限，便会缺乏滋养。于是，它便回退到一个可以获得滋养的地方。如果水推进至火的最大限度，运动便衰竭。于是，它停滞在这一点上；一旦停滞，就不再具有抵抗的力量，反而作为滋养物被下降到它让的火所消耗。由于这些原因，二者皆无法彻底占据优势。但是，如果在任何时候以任何方式克服了其中的任何一个，那么现存的任何事物都不会是它们当下的样子。只要事物如其所是地存在，水和火也会永远如此，两者都永远不会消失。②

77. 大年

赫拉克利特还谈到过一种，被认为是"大年"的较长周期，它在不同记载中被描述为 18000 年或 10800 年不等。③ 至于赫拉克利特认为在这所谓大

156

---

① 参见西塞罗，《论神性》iii.37："Quid enim? non eisdem vobis placet omnem ignem pastus indigere nec permanere ullo modo posse，nisi alitur：ali autem solem，lunam，reliqua astra aquis，alia dulcibus（from the earth），alia marinis? eamque causam Cleanthes（fr.29 Pearson；I.501 v. Arnim）adfert cur se sol referat nec longius progrediatur solstitiali orbi itemque brumali，ne longius discedat a cibo [事实上，它是什么？你不是认为，所有火都需要滋养并且任何一种［火］都不能持久，除非它被滋养：太阳、月亮和其他天体在一些情况下从水中［获得滋养］，在另一些情况下从地中，在另一些情况下从海中？这就是克里安西斯给出的原因（残篇 29，皮尔逊；I.501 v. 阿尼姆），他解释了为什么太阳自己会转回来，也不会在夏天的轨道上像在冬天的轨道上那样走的更远，也不会更加远离滋养]。"

② 其希腊原文见下文，第 147 页，注释③。弗雷德里希认同这段话和前文一段引文（第 137 页，注释③）有相同来源，但既然那段话来自《论生活方式》i.3，他也同样否认这段话是赫拉克利特的观点。然而他没有考虑到这段话呈现了斯多亚学派的理论——这增加了它是赫拉克利特观点的可能性。即使我同意弗雷德里希的理论，我仍然会将当前这段话理解为在对"自然哲学家"的讨论中插入赫拉克利特观点，而不是将另一段文本理解为在讨论赫拉克利特的部分中插入"自然哲学家"的观点。参见第 137 页，注释②。

③ 埃修斯，ii.32.3. Ἡράκλειτος ἐκ μυρίων ὀκτακισχιλίων ἐνιαυτῶν ἡλιακῶν（τὸν μέγαν ἐνιαυτὸν εἶναι）[赫拉克利特认为，大年包含 10800 个太阳年]。岑索里努斯，《论生日》ii，Herakleitos et Linus [赫拉克利特和利诺斯]，XDCCC。

年中究竟发生了些什么，我们并没有确切的说法。巴比伦人曾主张 36000 年是一个周期，而 18000 年正是该周期的一半，这可能与赫拉克利特将一切循环过程划分为"向上之路和向下之路"有关。斯多亚学派——或其中的一些人——认为大年是两次世界性大火之间的时间，可他们又慎重地将它确定为比赫拉克利特所主张的还要长得多的一个周期；同时，无论如何，我们都不应该毫不迟疑地将那套关于普遍大火的学说归给赫拉克利特。[①] 我们必须首先在之前已讨论过的较短周期的类比之上解释大年。

我们已经看到，"一代"是一个人成长为祖父的最短时间，而这也是灵魂经历向上之路或向下之路所需的时间。于是，对那个相对较长的周期最为自然的解释无疑便是，它相当于火依照某种"尺度"在世界中经历通向土的向下之路，或经历重新回到火的向上之路所需要的时间。柏拉图暗示，人们已经认识到了人的周期与世界周期之间的相似性，[②] 而这通过亚里士多德的一段话中得到了令人费解的确证——这段话通常被认为与那套周期性的大火的学说相关。他所探讨的问题是"诸天"——亦即他所谓的"第一层天"——是否永恒，并且在他看来，将这一问题同赫拉克利特的火联系起来是自然而然的。他援引了赫拉克利特与恩培多克勒的观点，他们两人一道主张"诸天"交替着如当下这般存在，或在其他情况下消逝；继而他指出，这并不是说它们真的彻底消逝，而不过是类似于说某人与世长辞，如果我们认为他从一个男孩长大成人后又会重新变回男孩的话。[③] 这里明显提到了代际与"大

157

---

① 　关于斯多亚学派的学说，参见内梅修斯，《论人的本性》38（《希腊哲学史》503）。亚当（《理想国》ii，第 303 页）承认并没有某种世界的毁灭或大火标志着柏拉图所谓"年"的终结，但他拒绝作出一个在我看来十分自然的推论，即这两件事之间的联系属于较晚的时代，因此，在没有任何证据表明赫拉克利特曾把大火与年联系起来的情况下，我们不该将这种联系归给他。

② 　无论我们如何理解细节问题，这都无疑是 ἀνθρώπειον 和 θεῖον γεννητον［人与神圣者的生成］这两个周期之间的类似性的一般含义。见亚当，《理想国》ii，第 288 页以下。

③ 　亚里士多德，《论天》A，10.279b14，oἱ δ᾽ ἐναλλὰξ ὁτὲ μὲν οὕτως ὁτὲ δὲ ἄλλως ἔχειν φθειρόμενον, ... ὥσπερ Ἐμπεδοκλῆς ὁ Ἀκραγαντῖνος καὶ Ἡράκλειτος ὁ Ἐφέσιος［而其他人则主张它交替处于不同的状态……例如恩培多克勒和爱菲斯的赫拉克利特］。亚里士多德指出，这确实仅仅相当于说它是永恒的，并不断改变其形式，ὥσπερ εἴ τις ἐκ παιδὸς ἄνδρα γιγνόμενον καὶ ἐξ ἀνδρὸς παῖδα ὁτὲ μὲν φθείρεσθαι ὁτὲ δ᾽ εἶναι οἴοιτο［就像有人认为男人生成自男孩，而从男人又生出男孩，时而毁灭时而存在］（280a14）。论及恩培多克勒的观点出现在《论生成和毁灭》B，6.334a1 以下。亚里士多德认为两套理论都不乏瑕疵，它们都没有将诸天的本质视作诸元素向上或向下运动之外的东西。

年"的相似性，果真如此，那么对这段话的通常理解便必然是错误的。它确实与一套认为一定"尺度"的火能够在经历向上之路和向下之路的整个过程中保持自身同一性的理论不大一致，但这两种说法的不一致也正是我们在讨论不同个体灵魂的连续性时无法回避的。然而，应被注意的是，尽管 18000 是 36000 的一半，10800 却是 360×30，它使得每个代际都相当于大年中的一天，从而支持了这个比 30 更高一级的数字，即 10800。①

78. 赫拉克利特是否曾教导过某种普遍的大火？

大多数作家将那套关于周期性大火——或用斯多亚学派术语来说，即 ἐκπύρωσις——的学说归给赫拉克利特。② 这显然与他一贯的看法相悖，这一点也为策勒所承认，他在复述前面（第 144 页）我们引用过的那段柏拉图的话后补充说道："赫拉克利特不打算在那套主张世界在构成上有周期性变化的学说中违背这一原则；如果两套学说并不相容，那便是他并没有注意到这一矛盾的存在。"尽管赫拉克利特的论述中很可能存在矛盾，但在这里却不太可能是这样一个矛盾。首先，这与其体系的核心观点——那个贯彻于他全部思想的见解（§67）——并不一致，即便支持这一点的证据足够充分，我们也只能承认这不过是一种可能。第二，这种解释有悖于柏拉图将赫拉克利特和恩培多克勒进行对比的主旨（§68），也就是，赫拉克利特宣称"一"永远是多，并且"多"永远是一，而恩培多克勒则宣称"万物"交替地是多和一。于是，策勒的理解使我们不得不认为赫拉克利特无意中断然否定了自己的发现，而柏拉图在讨论这一发现时，也对这一矛盾视而不见。③

----

① 参见塔内里，《希腊科学》，第 168 页。相应地，第尔斯在埃修斯的文本中将它读作 μυρίων ὀκτακοσίων（《前苏格拉底哲学家残篇》12A13）。

② 施莱尔马赫和拉萨尔是值得注意的例外。策勒、第尔斯和贡珀茨都主张赫拉克利特笃信 ἐκπύρωσις。

③ 策勒在第五版（第 699 页）中似乎意识到了最后的这个困难，因为他在这里说道："这是一个未被他发现的矛盾，并且柏拉图很可能亦然（*und den wahrscheinlich auch Plato*）。"这在我看来仍需进一步论证。无论柏拉图是否可能犯错，他都特别明确地说赫拉克利特宣称 ἀεί [永远]，而恩培多克勒宣称 ἐν μέρει [有时]。伊奥尼亚的缪斯们被称为 συντονώτεραι [强硬派]，而西西里的缪斯们则被称为 μαλακώτεραι [温和派]，仅仅因为后者"没有严苛地主张"（ἐχάλασαν）一套认为它永远都是这样（τὸ ἀεὶ ταῦτα οὕτως ἔχειν）的学说。

在亚里士多德的著作中也没有任何同柏拉图的说法相抵牾的段落。我
们已经看到，在他说到赫拉克利特与恩培多克勒一道主张诸天在两种状
态间轮流交替的那段话中，他所谈论的并非世界，而是被亚里士多德等同
于他自己所谓"第一层天"的实体——火。① 在他宣称万事万物在某时某
刻都会变成火的时候，也和我们的解释十分一致。这并不是说它们同时都
变成了火，而可能不过是赫拉克利特向上之路和向下之路的学说的一种
说法。②

　　有关赫拉克利特所教导的普遍大火学说的最早记述，事实上出自斯多　　159
亚学派的作家之手。基督教的护教士们同样对末日大火的观念抱有浓厚兴
趣，并全盘接受了斯多亚学派的观点。然而奇怪的是，即便在斯多亚学派内
部，对此问题的看法也不尽相同。马可·奥勒留在某处主张："于是所有这
些事物都会被纳入到宇宙的理性之中，无论是通过周期性的大火，还是通过
由永恒的交换造成的革新。"③ 确实也有人认为赫拉克利特根本就没有主张过
普遍大火。"我从许多人那里听到了这一切，"普鲁塔克安排自己作品中一个
角色说，"我看到斯多亚主义的大火遍布于赫西俄德的诗歌中，就像它遍布
于赫拉克利特的作品和俄耳甫斯的诗行一样。"④ 由此可见，这一问题存在争
论，我们因此会期待任何能够给此问题下定论的赫拉克利特的话语会被反复

---

① 见上文，第 143 页，注释③。

② 《物理学》Γ，205a3（《形而上学》Κ，10.1067a4），ὥσπερ Ἡράκλειτός φησιν ἅπαντα
γίνεσθαί ποτε πῦρ [如同赫拉克利特所说，在某时万物都变成火]。策勒将它翻译为
es werde alles dereinst zu Feuer werden [万物都将在某时变成火]；但那将需要的词是
γενήσεσθαι [会变成]。这里也没有其观点中 ἅπαντα（"不仅仅是 πάντα"）暗示万物立即变
成火的意思。在亚里士多德的时代，πᾶς 与 ἅπας 并无区别。当然，正如爱尔斯所言，现
在时可能被用在"不同时代不间断的更迭"的表达中（《前苏格拉底哲学家残篇》12A10
注释）；但从策勒的论证目的出发，我们需要的不仅仅是某种可能的意思，而是某种必然
的意思。

③　马可·奥勒留，x.7，ὥστε καὶ ταῦτα ἀναληφθῆναι εἰς τὸν τοῦ ὅλου λόγον, εἴτε κατὰ περίοδον
ἐκπυρουμένου, εἴτε ἀιδίοις ἀμοιβαῖς ἀνανεουμένου. 其中 ἀμοιβαί [交换] 尤其带有赫拉克利
特主义特征，由于马可在别处都遵从了斯多亚学派的一般解释，该陈述更值得注意。

④　普鲁塔克，《论神谕的衰微》，415f，καὶ ὁ Κλεόμβροτος, Ἄκούω ταῦτ' ἔφη, πολλῶν καὶ ὁρῶ
τὴν Στωικὴν ἐκπύρωσιν, ὥσπερ τὰ Ἡρακλείτου καὶ Ὀρφέως ἐπινεμομένην ἔπη οὕτω καὶ τὰ
Ἡσιόδου καὶ συνεξάπτουσαν. 正如策勒所承认的那样（第 693 页注释），这表明存在着一些
反对斯多亚主义 ἐκπύρωσις 的人尝试否认赫拉克利特对它的支持。

引用。值得特别注意的是，竟没法给出任何一个诸如此类的引文。①

相反，一旦我们转向那些被认为是支持了这一主张的少数残篇，只会愈加清晰地看到根本没有任何证据表明赫拉克利特曾谈论过某种普遍的大火。最常被引用的是残篇24，在这里我们被告知赫拉克利特曾宣称火既是缺乏，也是过量。这正是他的风格，对我们的解释来说，它具有显而易见的意义，而残篇36则进一步地确证了我们的解释。其次是残篇26，在这里我们读到，火在升腾中审判万物，并给万物定罪。然而，这则残篇并未表明火将同时而非依次审判万物，这里的措辞也着实让我们想到"火和水的升腾"——我们已看到将这一观点归给赫拉克利特的原因——但它又被明确地说是被限定在某个最大限度之内。② 这些似乎是斯多亚学派和基督教的护教士们所能找到的全部文本，无论我们对这些残篇的诠释正确与否，很明显它们都不足以支撑他们的结论，而他们也从未发现过任何更为明确的材料。

寻找与普遍大火相抵牾的残篇则容易得多。第一，残篇20和残篇29中的"尺度"一定是指同一种东西，而它们必须依据残篇23来解释。如若这样，那么残篇20，特别是残篇29，便径直同那个普遍大火的观念相矛盾了。"太阳不会超出他的尺度。"③ 第二，"交换"这个比喻在残篇22中被用来描述火的嬗变，它同样指向相同的结论。当人们用金子交换商品或用商品交换金子时，尽管所有者有所变更，但商品或金子的总数或"尺度"都未曾改变。全部的货物和黄金并没有落在同一个人的手里。同样地，在某物转变成火的时候，如果这个"交换"是公正的，那么必定有同样数量的事物不再是火；而

---

① 这一直被称作纯然的 *argumentum ex silentio* [默证；由于支持某事的人未提供证据，因此某事不是真的]；但在类似情况下，*argumentum ex silentio* 相较于其他都更为有力。明确的陈述可能被错误地解释；但如果我们了解到某个问题曾被激烈地辩论过，却发现辩论双方都无法提供出一个清晰明确的文本来支持自己的立场，那么便没有任何一个现存的结论是无可反驳的。相同的评价也适用于有关这一问题的现代看法。第尔斯简单地宣称我的观点"是错误的"(*ist irrig*)，但他并未举出这样说的任何新理由。结论是，他根本没有任何新的理由。

② 《论生活方式》i.3，ἐν μέρει δὲ ἑκάτερον κρατεῖ καὶ κρατεῖται ἐς τὸ μήκιστον καὶ ἐλάχιστον ὡς ἀνυστόν [但它们中的一个依次在可能的最大限度内占据优势，并在可能的最小限度内处于劣势]。

③ 如果有人怀疑这词确实是"尺度"的意思，可以对比阿波罗尼亚的第欧根尼，残篇3中该词的这种用法。

依理逆司的警惕使我们确信它必将是公正的（残篇 29），她确保了太阳的索取不会比他的给予更多。当然，正如我们所看到的，存在着某种变化；但这差异被严格限制在一定范围内，并且从长远来看，它将通过在其他方面的变化获得补偿。第三，残篇 43 足以为据，在这里赫拉克利特指责荷马意欲消弭冲突。冲突的消弭意味着万物将或将同时选取向上之路，或将同时选取向下之路，而不再"向相反的方向运行"。如果它们全部选取了向上之路，那么就一定会有一场普遍的大火。然而，倘若赫拉克利特自己便认为这是命运的安排，他又怎么会谴责荷马祈求某种必要的圆满呢？[①] 第四，我们注意到残篇 20 所讨论的是这个世界，[②] 而不仅仅是"永恒的活火"，这个世界同样被说成是永恒的，它之所以不朽似乎因为它总按照相同的"尺度"燃烧和熄灭，换言之，沿着某个方向的侵蚀会被接踵而至的、沿相反方向的侵蚀补偿。最后，拉萨尔依据我们在前面引用过的《论生活方式》的总结句所提出的论证，的确没有受到策勒的有力反驳，后者认为这句话并不能体现赫拉克利特的观点，因为它暗示万物皆是火和水。但这句话根本不是这个意思，它不过是说人像诸天体一样，在火和水之间摇摆；而这正是赫拉克利特所教导的。于是在这段话中，我们不光读到火和水都无法彻底占据上风，还读到了对此给出的一个非常好的理由，并且这个理由与赫拉克利特的其他观点惊人的一致。[③] 倘若那种普遍的大火真会发生的话，那么的确很难看出，世界如何能够在与上述观点保持一致的同时从普遍的大火中恢复。整个过程取决于

161

162

---

① 这正是柏拉图在《斐多篇》(72c) 中用以证明 ἀνταπόδοσις [偿付] 的必然性所使用的论证，那段文本中的一系列论证都有着鲜明的赫拉克利特主义特征。

② 无论我们如何理解这里的 κόσμος，意思都是一样的。确实，如果我们与伯奈斯一道认为它的意思是"秩序"，那么这个论证只会变得更为有力。κόσμος 就其任何意义来说都不可能从 ἐκπύρωσις 中幸存，并且斯多亚学派相应地主张 κόσμος 是 φθαρτός [可被毁灭的]，尽管赫拉克利特曾宣称它是永恒的。

③ 《论生活方式》i.3（见前文，第 137 页，注释②），οὐδέτερον γὰρ κρατῆσαι παντελῶς δύναται διὰ τάδε· τό <τε> πῦρ ἐπεξιὸν ἐπὶ τὸ ἔσχατον τοῦ ὕδατος ἐπιλείπει ἡ τροφή· ἀποτρέπεται οὖν ὅθεν μέλλει τρέφεσθαι· τὸ ὕδωρ τε ἐπεξιὸν τοῦ πυρὸς ἐπὶ τὸ ἔσχατον, ἐπιλείπει ἡ κίνησις· ἵσταται οὖν ἐν τούτῳ, ὅταν δὲ στῇ, οὐκέτι ἐγκρατές ἐστιν, ἀλλ' ἤδη τῷ ἐμπίπτοντι πυρὶ ἐς τὴν τροφὴν καταναλίσκεται· οὐδέτερον δὲ διὰ ταῦτα δύναται κρατῆσαι παντελῶς, εἰ δέ ποτε κρατηθείη καὶ ὁπότερον, οὐδὲν ἂν εἴη τῶν νῦν ἐόντων ὥσπερ ἔχει νῦν· οὕτω δὲ ἐχόντων ἀεὶ ἔσται τὰ αὐτὰ καὶ οὐδέτερον οὐδαμὰ ἐπιλείψει [译文见上文 §76]。

这样一个事实，即过量同时也是缺乏，换言之，火的升腾增强了潮湿的蒸发物，而水的升腾则使火丧失了产生蒸发的能力。这样，那场大火即便只出现片刻，[①] 也会摧毁新世界产生所仰赖的对立紧张关系，继而使运动不再可能了。

79. 争斗与"和谐"

我们现在已经能够更清楚地理解那呈现于"向上之路和向下之路"上的争斗或对立法则了。在任意时刻，火、水和土这三种聚集物中的任何一种都会由两个相等的部分构成——它们当然会像我们前面所描述的那样经历某种波动——其中一部分选择了向上之路，而另一部分则踏上了向下之路。事实上，万物的两个部分都"拉向相反的方向"，这种"对立""使事物结合在一起"，并使它们保持某种只能暂时地、在一定限度内波动的平衡。虽然它在另一方面也是冲突，却还是用这种方式成就了宇宙的"隐秘的协调"（残篇47）。至于"弓与琴"（残篇45），我认为坎贝尔对这个比喻作出了最好的解释。"当箭离开弓弦的时候，"他说，"双手向着相反的方向拉动，并作用在弓的不同位置（参见柏拉图，《理想国》iv.439），而琴的动人音符也是由于类似的紧绷与保持。宇宙的奥秘同样如此。"[②] 因此，战争在世界中如同在人类社会中一样，也是万物的父亲和君王；荷马希望冲突能够停止，这确实无异于祈愿世界毁灭（残篇43）。

我们从斐洛那里获悉，赫拉克利特曾借许多例子支持他的理论，其中一些仍能被找到。伪亚里士多德的《论宇宙》（Περὶ κόσου）中有一段话便属此类，它与希波克拉底主义者所著的《论生活方式》存在着惊人的一致性。

---

① 第尔斯在他对残篇66（=26 拜沃特）的注释中试图通过主张 ἐκπύρωσις 规模很小并且只持续片刻来将 ἐκπύρωσις 所造成的困难降到最小；但悖谬仍然存在。第尔斯认为赫拉克利特"只在形式上晦涩"，而"他自己对自己观点的意义和范围洞若观火"（《赫拉克利特》第 i 页）。对此我愿意补充一点，也许正是由于斯多亚学派时常难以从他的话语中读出他们自己的想法，他才被称作"晦涩"的。

② 坎贝尔的《泰阿泰德篇》（第二版），第 244 页。伯奈斯通过讨论弓和琴的形状来解释这个短语，但这不太可能成立。维拉莫维茨的解释以坎贝尔为基础。"Es ist mit der Welt wie mit dem Bogen, den man auseinanderzieht, damit er zusammenschnellt, wie mit der Saite, die man ihrer Spannung entgegenziehen muss, damit sie klingt [世界就像弓一样，在被拉开后会迅速地弹回，就像琴一样，人们必须拉到它的紧绷状态，它才会发出声响]"（《希腊读本》，ii. 第 129 页）。我们在这里似乎感受到毕达哥拉斯派"调好的弦"的影响。

实际上可以肯定，两部著作的作者具有相同的材料来源，即赫拉克利特，因为存在于二者间的一致性在某种程度上同样存在于《赫拉克利特书简》中，后者虽系伪书，但一定是出自某个确曾掌握原始材料的作家之手。该论证认为，由于人类自身恰恰按照与自然相同的方式行动，因此他们对自然据以运转的法则缺乏认识是令人惊讶的。画家利用色彩的对比产生了和谐的效果，音乐家则是通过高音和低音的对立。"倘如人使得一切事物都别无二致，那么它们就不再有任何趣味了。"还有许多类似的例子，其中一些必然出自赫拉克利特之口，但要将它们同后世作家的补充区分开来却并非易事。①

164

80. 相反者的关联

有几段赫拉克利特的残篇自成一组，在流传至今的各种表述中最引人注目。这些残篇以最直接的方式断言那些通常被视为相反者的事物的同一性。在已经给出的对"昼夜是一"的解释中，可以找到理解其意涵的线索。我们已经看到，赫拉克利特并不是说白昼即是黑夜或黑夜亦为白昼，而是认为它们是同一个过程——火和水的"尺度"的浮动过程——的两个方面，如若缺少其中之一，另一个也便不再可能。任何对夜晚的解释也将适用于对白天的解释，反之亦然，因为这将是对这两个方面的共同解释，只不过它时而表现为对其中一个方面的解释，时而表现为对另一个方面的解释。这不过是原初的火是一——即便在它的分殊中——这个原则的一个具体应用罢了。就其自身，甚至作为一个统一体来说，它既是过量，也是缺乏；既是战，也是和（残篇36）。换言之，火的"满足"使之转化为其他形式，寻求"在变化中的静止"（残篇83），并在相反者间"隐秘的协调"

---

① 下面这个句子（《论生活方式》i.5），καὶ τὰ μὲν πρήσσουσιν οὐκ οἴδασιν, ἃ δὲ οὐ πρήσσουσι δοκέουσιν εἰδέναι· καὶ τὰ μὲν ὁρέουσιν οὐ γινώσκουσιν, ἀλλ᾽ ὅμως αὐτοῖσι πάντα γίνεται ... καὶ ἃ βούλονται καὶ ἃ μὴ βούλονται [而他们并不知道他们所做的事情，但他们认为他们知道他们没有做的事情；并且他们并不理解他们所看到的，但一切都为之而发生，既为了他们所欲求的，也为了他们所不欲求的]，具有真正的赫拉克利特的特征。这同样难出自另一位作家之手："他们信任他们的眼睛而不是他们的理智，尽管他们的眼睛甚至连他们的所见之物都不适合进行判断。但我是通过理智来说这些事情的。"这些话在医学学派的编撰者口中略显怪诞，但我们常常从那个爱菲斯人口中听到类似的言论。其他可能来自赫拉克利特的例子有两个人锯木头的图景——"一个人推，一个人拉"——以及那个写作技艺的故事。

中"隐藏自身"（残篇10），这不过是整个过程的一个方面。另一个方面是"缺乏"，它引导火消耗作为燃料的明亮的蒸发物。没有了向下之路，向上之路也便不复存在（残篇69）。倘若二者中任意一个偃旗息鼓，另一个也将戛然而止，世界也将烟消云散，因为要维持一个表面上稳定的现实，二者缺一不可。

所有其他类似的表述都能用相同的方式进行解释。如果没有冷，就不会有热，因为某物只有在它已经是冷的时候，才有可能变暖。这同样适用于湿和干的对立（残篇39）。我们可以看到，这些正是阿那克西曼德那两对首要的相反者，而赫拉克利特表明，发生在它们中间的战争才是真正的和平，因为表现为冲突的正是相反者的共同要素（残篇62）。冲突正是正义，它并不像阿那克西曼德所教导的那样是一方对另一方所犯下的不义，并须双方在共同的基底上最终通过重新吸收的方式弥补。①

这些箴言中最令人惊异的是那句肯定善与恶相同的话（残篇57）。这并不是说善即是恶或恶即是善，而只是说它们是同一事物不可分割的两个方面。某物只有在它已经是恶的情况下才能变成善的，也只有在它已经是善的情况下才会堕落，一切都有赖于对照物。残篇58中的例证清楚地表明了这一点。有人会说，折磨是一种恶，可是由于另一种恶——疾病——的存在，它却成了善；例如，外科医生便是通过对其病人施加折磨来收取费用的。另一方面，正义虽是一种善，但倘若没有作为恶的不义，它便也不会为人所知（残篇60）。这就是人们即便得到了想要的一切，对他来说也不是什么好事（残篇104）的原因。正如世间冲突的停止就意味着世界的毁灭，饥馑、疾病和疲倦的消失也意味着满足、健康以及休憩的消失。

这导致了一种相对主义思想，它为普罗泰戈拉"人是万物的尺度"的学说铺平了道路。② 海水对鱼有益，却对人有害（残篇52），类似的还有很多其他的东西。与此同时，赫拉克利特并不是一个彻底的相对主义者。世

---

① 第一章，§16。

② 柏拉图在《泰阿泰德篇》中对知识相对主义的解释很难被回溯到赫拉克利特本人，他不过是试图表明赫拉克利特主义何以能够产生这样一种学说。如果灵魂是一条河流，并且万物也是一条河流，那么知识当然是相对的。也许后来的赫拉克利特主义者们便是沿着这个方向发展了这一学说。

界的进程不仅仅是一个循环，而是一条"向上和向下之路"。在两条路径交汇的上方的尽头，存在着纯粹的火，由于此处没有分离，因而不存在相对性。我们被告知，虽然对人来说有些事情是坏的，有些事情是好的，但所有的事情对神来说都是善的（残篇61）。赫拉克利特所谓的神或"唯一的智慧"无疑指的正是这种"火"。毋庸置疑，他的意思是，世间普遍存在的对立和相对性并不存在于这种"火"中。残篇96、97以及98所指的一定是这一点。

81. 明智

赫拉克利特在两种意义上谈到了"智慧"或"明智"。我们已经看到，他说智慧"与其他一切相分离"（残篇18），意思是我们藉此洞察到杂多中的统一性；他还用这一术语来描述统一性自身，将其视作"统领一切事物发展过程的思想"。这与那纯粹的火是同义词，后者不能被区分为分别经历向上之路和向下之路的两个部分。唯有这火才是具有智慧的，我们所看到的作为部分事物则没有。我们自己也只有在具有火性的时候才是明智的（残篇74）。

82. 神学

赫拉克利特准备有所保留地将唯一的"智慧"命名为宙斯。这至少似乎是残篇65的意思。很容易猜想这些保留究竟是什么。智慧当然不会被刻画为人的形象。这么说的话，赫拉克利特只是在重复克塞诺芬尼表达过的主张。他进一步认同克塞诺芬尼的观点，认为这个"神"——如果一定要这样称呼它的话——是一；但他这种与流行宗教相悖的一神论更直接的是反对宗教仪式和典礼本身，而非衍生出来的神话故事。他罗列出（残篇124）他那个时代的一些宗教人士，这段残篇的上下文表明，他通过某种方式用将要来临的盛怒来恐吓他们。他批评了向形像祈祷的荒谬（残篇126），以及血罪可以通过淌血来洗刷（残篇130）的奇怪观念。他似乎同样说过，用欢愉、放荡的仪式来表达对狄俄尼索斯的崇拜，同时用阴郁的仪式来取悦哈得斯，这些都是荒谬的（残篇127）。依据那神秘的学说，这两者其实是一；而那唯一的"智慧"应被作为一个整体来崇拜。

83. 赫拉克利特的伦理学

赫拉克利特的道德教诲可以被概括为"遵循共同者"的法则。然而赫拉克利特所强调的并非通常意义上的"共同者"，他对后者根本不屑一顾（残篇 111）。事实上，最令他厌恶的正是"庸众"，他们各自生活在自己的小世界里（残篇 95），就像他们有自己的私人智慧一般（残篇 92）；因此，大众的见解与"共同者"恰恰相反。这一法则的确应被解释为赫拉克利特人类学以及宇宙论观点的必然推论。它首先要求我们保持灵魂的干燥，从而使之被唯一的"智慧"——火——所同化。这才是真正的"共同者"，而最大的错误莫过于像酣眠者一样行动（残篇 94），即让我们的灵魂变得湿润，将自己同世界中的火隔绝。

通过将"共同者"与城邦的律法进行比较，赫拉克利特为斯多亚学派的世界城邦思想奠定了基础。这些城邦律法并不是纯粹的神圣律法：它们是后者并不完美的化身。它们无法完全呈现神圣律法，因为在一切人类事务中，都具有某种相对性（残篇 91）。"与神相比，人是婴孩"（残篇 97）。尽管如此，城邦也必须像捍卫城墙那般捍卫这些城邦律法；如果城邦有幸拥有一个具有干燥灵魂的公民，那么他就是万人（残篇 113），因为他自己就是"共同者"168 的化身。

第四章

埃利亚的巴门尼德

84. 生平

巴门尼德，普赖斯之子，是叙埃雷、埃利亚或韦利亚的公民，该城邦是由一伙来自波凯亚的难民于公元前540—539年在欧音诺特利亚建立起来的殖民地。[①] 第欧根尼告诉我们，巴门尼德的"盛年"在第69届奥林匹亚赛会期间（公元前504—500年），这无疑是阿波罗多洛斯所提供的时间。[②] 另一方面，柏拉图宣称巴门尼德曾在他六十五岁那年在芝诺的陪同下造访雅典，并与那时还年纪尚轻的苏格拉底进行交谈。可是苏格拉底在公元前399年被判处死刑时刚过七十，因此，如果我们假设他在同巴门尼德进行对话时确曾是一个ephebos，亦即年龄在十八到二十岁之间，我们便得知该事件发生的时间为公元前451—449年。只有相当缺乏鉴别能力的人才会宁愿接受阿波罗多洛斯的估计，却拒绝柏拉图的明确陈述，[③] 特别是巴门尼德本人就谈到

---

① 第欧根尼，ix.21（《希腊哲学史》111）。关于埃利亚的建立，见希罗多德，i.165以下。它位于波塞冬尼亚南部卢卡尼亚的海岸上。

② 第欧根尼，ix.23（《希腊哲学史》111）。参见第尔斯，《莱茵语文学博物馆》，第31卷，第34页；以及雅各比，第231页以下。

③ 柏拉图，《巴门尼德篇》，127b（《希腊哲学史》111d）。维拉莫维茨曾主张在柏拉图的作品中从没有时序错乱，不过他在这里（《柏拉图》，卷一，第507页）将这一陈述视作"虚构"。我不敢苟同。首先，我们有关于巴门尼德和芝诺年龄的确切数字，这些数字表明芝诺比巴门尼德年轻二十五岁，而不是阿波罗多洛斯所宣称的四十岁。其次，柏拉图在另外两个地方（《泰阿泰德篇》183e7和《智者篇》217c5）也提到了这次会面，它们似乎并不仅仅是在影射被冠名为《巴门尼德篇》的那场对话。

过自己访问了"所有城邦"，① 并且我们有额外的证据表明芝诺确曾访问过雅
典——相传伯里克利曾在此"受教"于他。② 阿波罗多洛斯所提供的日期仅
仅是依据埃利亚的建城时间（公元前 540 年），这一时间还被他认为是克塞
诺芬尼的"盛年"。在他看来，巴门尼德诞生于这一年，正如芝诺诞生于巴
门尼德的"盛年"。我无法理解何以有人会重视诸如此类的牵强附会。

　　我们已经看到（§55），亚里士多德提到了一种将巴门尼德看作克塞诺芬
尼学生的说法，但事实上可以肯定，正如我们所论及的，这种被他提到的说
法不过是柏拉图在《智者篇》中那句戏谑的评论。③ 克塞诺芬尼亲自告诉我
们，他在九十二岁高龄时仍颠沛流离（残篇 8）。与此同时，巴门尼德已经步
入老年。我们也不应忽视第欧根尼所记载的索提翁的说法：虽然巴门尼德"曾
受教于"克塞诺芬尼，但并没有"追随"他。他实际上是毕达哥拉斯主义者，
狄奥海塔斯之子阿美尼亚斯的"伙伴"，"他后来像对待英雄那样为这个贫穷
但高贵的人营造了一座神龛"。使巴门尼德"转向"哲学生活的正是阿美尼亚
斯，而不是克塞诺芬尼。④ 这并不是什么标新立异的观点。巴门尼德所立的
神龛此后也一直立在那里，就像毕达哥拉斯在麦塔彭的坟墓那样，并且上面
还会有碑铭。另外应该指出的是，斯特拉堡将巴门尼德和芝诺描述为毕达哥
拉斯主义者，克贝也谈到了某种"巴门尼德派和毕达哥拉斯派的生活方式"。⑤
此外，可以肯定的是，巴门尼德诗篇的开头带有讽喻性质，描述了他从某种

169（左侧页码）
170（左侧页码）

---

① 参见第 156 页，注释①。
② 普鲁塔克，《伯里克利》，4，3。见下文，第 282 页，注释①。
③ 见前文，第二章，第 115 页，注释②。
④ 第欧根尼，ix.21（《希腊哲学史》111），与第尔斯（《赫尔墨斯》xxxv. 第 197 页）一起
读作 Ἀμεινίᾳ Διοχαίτα [狄奥海塔斯之子，阿美尼亚斯]。索提翁在他的《师承录》将巴
门尼德同克塞诺芬尼割离，而把他与毕达哥拉斯主义者们联系在一起（《希腊学述》第
146、148、166 页）。在普罗克鲁斯的《巴门尼德篇注》iv.5（库辛）中亦然，Ἐλεᾶται δ᾽
ἄμφω (Parmenides and Zeno) καὶ οὐ τοῦτο μόνον, ἀλλὰ καὶ τοῦ Πυθαγορικοῦ διδασκαλείου
μεταλαβόντε, καθάπερ που καὶ Νικόμαχος ἱστόρησεν [两人（巴门尼德和芝诺）都来自埃利
亚，不光如此，两人还一起接受毕达哥拉斯学派的教导，正如尼各马可在某处记载的那
样]。这可能来源于蒂迈欧。
⑤ 斯特拉堡，vi.1，第 252 页（第 155 页注释②）；克贝，《碑碣》，2（《希腊哲学史》
111c）。斯特拉堡的陈述极具价值，因为它以一些今天已经佚失了的历史学家（特别是蒂
迈欧）的著作为依据。

形式的错误向他所相信的真理的转变，而这又以一种俄耳甫斯主义启示的形式被呈现出来。[①]如果他早年确曾是毕达哥拉斯学派中人，这便是极其自然的，我们因而可以毫不犹豫地承认他所接续的传统。至于巴门尼德和毕达哥拉斯哲学体系的关系，我们随后还会涉及。当下只需注意，他同多数早期哲人一样也参与政治；斯彪西波记载说他曾为自己的城邦立法。还有人补充说，埃利亚的执政官每年都让公民们宣誓恪守巴门尼德为他们所立之法。[②]

85. 诗篇

巴门尼德是第一位使用韵文阐明自己体系的哲人。他的前辈阿那克西曼德、阿那克西美尼以及赫拉克利特都是用散文写作，在所有希腊人中唯有这两位——巴门尼德和恩培多克勒——曾借诗歌阐发哲学观点，至于克塞诺芬尼则与埃庇哈尔谟斯一样，并不是哲学家。恩培多克勒效仿了巴门尼德；并且他无疑受到俄耳甫斯主义的影响。这不管怎么说都是一种创新，只是没有被延续下来。

巴门尼德残篇的大部分都是由辛普利丘保存下来的，后者幸运地将残篇穿插在自己的评注中，因为原文在他的时代已属罕见。[③]我遵从第尔斯的编排。　171

(1)

在将我带到女神那名声煊赫的通衢——此路引导着有识之士穿行

[①]　我们对公元前六世纪启示诗的详细情况知之甚少。我们只能说巴门尼德借鉴了某些这种材料的形式。见第尔斯，"论巴门尼德的诗歌样式"（《柏林科学院会议报告》1896），以及他的《巴门尼德的教诲诗》导言，第9页以下。

[②]　第欧根尼，ix.23（《希腊哲学史》111）。普鲁塔克，《驳克罗泰斯》1226a，Παρμενίδης δὲ τὴν ἑαυτοῦ πατρίδα διεκόσμησε νόμοις ἀρίστοις, ὥστε τὰς ἀρχὰς καθ᾽ ἕκαστον ἐνιαυτὸν ἐξορκοῦν τοὺς πολίτας ἐμμενεῖν τοῖς Παρμενίδου νόμοις [巴门尼德通过最完善的律法使他的祖国恢复秩序，所以执政官每年都会让公民们宣誓恪守巴门尼德的律法]。斯特拉堡，vi.1，第252页，(Ἐλέαν) ἐξ ἧς Παρμενίδης καὶ Ζήνων ἐγένοντο ἄνδρες Πυθαγόρειοι.δοκεῖ δέ μοι καὶ δι᾽ ἐκείνους καὶ ἔτι πρότερον εὐνομηθῆναι [巴门尼德和芝诺，毕达哥拉斯学派中人，正是来自这里（埃利亚）。在我看来，此地之所以曾拥有完善的律法，既是由于这两个人，也是由于之前的人]。我们很难怀疑这同样是来自蒂迈欧的记述。

[③]　辛普利丘，《物理学注》，144，25（《希腊哲学史》117）。辛普利丘当然有学园的图书馆供其使用。第尔斯估计，我们掌握有十分之九的Ἀλήθεια [《论真理》]，以及十分之一的Δόξα [《论意见》]。

万邦——之后，载着我的马车曾将我带到心之所向的任何地方。① 我被带到了那条路上，因为有聪明的马儿载着我在它上面，拉着车，而少女们指引着道路。[5] 车轴在车辖里发出光亮——因为它被两端旋转的车轮所驱使——发出笛子般的声响，此时太阳之女们匆匆要将我带到光明中去，她们把面纱自脸庞揭下，离开了夜的所在。[10]

那里有通往黑夜之路与白昼之途的大门，② 上有石质的门楣，下有石质的门槛。它们高悬在气上，为巨大的门板紧闭，复仇的正义女神掌管着它们的钥匙。少女们用轻柔的话语和机敏的劝说恳求她为她们将大门上的门闩 [15] 毫无疑虑地打开。之后，随着大门的开启，上面铆有钉饰的铜柱一根根地向后转去，显露出一条宽阔的道路。径直穿过大门，在这条大道上，少女们引导着车马，女神 [20] 亲切地把我迎接，并把我的右手握在她的手里，向我诉说了这些话语：

欢迎，年轻人，由不朽的驭手伴随，乘车来到了我的居所！并非邪恶的命运，而是律法和正义将你送到这条 [25] 道路上。的确，它远离人类的足迹！你理应学习一切，不光学习圆满真理那不可动摇的核心，以及那些在其中没有任何真实信念的有死者的意见。但无论如何你还要了解这些事物，——人们该如何经历一切，[30] 判断那些似乎存在的事物。③

但一定要使你的思想远离这种研究方法，也不要让习惯通过它丰富的经验迫使你将游移的眼睛、轰鸣的耳朵或舌头投放在这条路上，而要通过论证④ 来 [35] 判断我所提出的极具争议的证明。这里只余下一条道路能被言说……《希腊哲学史》113。

---

① 塞克斯都曾援引这段话，其最好的抄本读作 κατὰ πάντ' ἄστη [到所有城邦]。于是，巴门尼德便是位像随后一代的智者们那般四下游学的哲人，这使他造访伯里克利时代雅典的说法更为合理。

② 关于这些，参见赫西俄德，《神谱》，748。

③ 我和第尔斯一样，读作 δοκιμῶσ'（即 δοκιμῶσαι）。在翻译 εἶναι 究竟是承接 δοκιμῶσαι 还是 δοκοῦντα 时，我保留了这种模糊性。

④ 这是意指（对话形式的）论证的 λόγος 的最早用法，它通过苏格拉底为人所知。他当然是从埃利亚学派了解到这种用法。赫拉克利特主义者的用法与之大不相同。（见第120页注释①。）

真理之路

(2)

用你的心灵牢牢地凝视那遥远的事物，仿佛它们近在手边。你不能在紧紧抓住是者（what is）[译者按：关于对系词 is 的翻译，见第 158 页，注释①] 的同时与是者分离，既不能将它本身按次序分散开来，也不能使之聚合。《希腊哲学史》118a。

(3)

从何起始对我来说都是一样的，因为我将再次返回那里。

(4，5)

来吧，我将告诉你——而你当倾听并接受我这番话——能被设想的仅有的两条研究之路。首先是信念之路，亦即**"它是"**（It is），而不可能不是。因为真理是它的伙伴。另一条，亦即**"它不是"**（It is not），而必须不是——我告诉你，这是根本没人能够认识的道路。因为你既不可能认识非是者（what is not）——因为这是不可能的——也不可能言说它，因为能被思想的和能够是的是同一个东西。①《希腊哲学史》114。

173

(6)

那能被言说和思想者必定是**"是"**（is）；因为对它来说，是是可能的，而对无来说，是不可能的。② 这是我要劝你三思的。我让你远离这第一

---

① 我仍认为策勒的解释是对 τὸ γὰρ αὐτὸ νοεῖν ἔστιν τε καὶ εἶναι 唯一可能的解释（denn dasselbe kann gedacht werden und sein [因为能被思与是同一]，第 558 页注释 1：英译见第 584 页注释 1）。我们无法将这里的 νοεῖν ἔστιν 同残篇 4 中的 εἰσὶ νοῆσαι "能被思"割裂开来。没有任何一个可被接受的翻译能够使 νοεῖν 作句子的主语，因为一个单独的不定式从不曾被这样使用。（有些语法学家将 ποιεῖν 在一个类似 δίκαιόν ἐστι τοῦτο ποιεῖν 的句子中作主语，但 δίκαιός εἰμι τοῦτο ποιεῖν 这个句子表明这是错误的。）不定式只有在发展出完全不定式（the articular infinitive）之后才能够作主语 [参见门罗，《荷马史诗方言语法》§§ 233，234，242]。不定式最初的与格的含义马上解释了这种用法（νοεῖν ἔστιν，"是为了思想"，"能够被思想"，ἔστιν εἶναι，"是为了是"，"能够是"）。

② 这里的解读与上一个注释中所解释的一模一样。τὸ λέγειν τε νοεῖν τ' ἐόν 这句话的意思是"那能被言说和思想的东西"，它被辛普利丘正确地复述出来（《物理学注》，第 86 页，29，第尔斯），εἰ οὖν ὅπερ ἄν τις ἢ εἴπῃ ἢ νοήσῃ τὸ ὄν ἐστι [因此，任何人可能言说或思想的任何东西都是是者]。于是，ἔστι γὰρ εἶναι 的意思是"能够是"，而最后的短语应被解读为 οὐκ ἔστι μηδὲν (εἶναι)，"无没有任何可能是"。

条研究道路，同样也要远离另一条，[5] 在这条路上有死者们一无所知，当面一套、背后一套地彷徨着，因为无能为力在他们的胸中导引着彷徨的思虑，使他们像耳聋目盲者那般被裹挟前行。毫无辨别力的庸众认为它既是又不是相同的和不相同的，① 并且万物朝相反的方向运动！② 《希腊哲学史》115。

(7)

因为这是永远无法被证明的——是的事物不是；你就要使你的思想远离这条研究的路径。《希腊哲学史》116。

(8)

只剩下一条路径供我们言说，亦即，**它是**。在这条路径上有许多表明是者不生不灭的标志，因为它是完整的、③ 不动的和没有尽头的。
它既非曾是，亦非将是，因为**它**在当下一下子就**是**一个连续的 [5] 一

174

---

① 我理解为 οἷς νενόμισται τὸ πέλειν τε καὶ οὐκ εἶναι ταὐτὸν καὶ οὐ ταὐτόν。不定式 πέλειν καὶ οὐκ εἶναι 的主语是"它"（*it*），而这也必须被补充上 ἔστιν 和 οὐκ ἔστιν。这种理解方式使我们不必认定巴门尼德曾用（τὸ）οὐκ ἔστιν 代替（τὸ）μὴ εἶναι 来表达"非存在"的意思。πέλειν 和 εἶναι 间除韵律方面上的差异外并无其他不同。[译者按：根据柏奈特对这句话的理解，巴门尼德在这里的意思并不是"'存在'（τὸ πέλειν）和'非存在'（τὸ μὴ εἶναι）既相同又不相同"，而是"事物既是又不是相同的，既不是相同的又不是不同的"。由于这种观点暗示某种是X的事物可以同时不是X，它便误入了违反无矛盾律的"是却同时不是"的歧途。于是，句中的 εἶναι 所发挥的是其逻辑功能，因而只能被理解为"是"而非"存在"。为了使这句话同上文保持一致，前文所涉及的两条路也便只能翻译和理解为"是，而不可能不是"以及"它不是，而必须不是"。类似地，在巴门尼德强调系词的逻辑功能的情况下，笔者将它们翻译为"是"，而在其他没有刻意强调系词的逻辑功能的论述中，由于"是"和"存在"的相关性，我又遵照汉语表达习惯酌情将它们翻译为"存在"。另外参见后面的 §86 以及第 163 页，注释①。]

② 我将 πάντων 理解为中性，将 παλίντροπος κέλευθος [相反方向的路] 等同于赫拉克利特的 ὁδὸς ἄνω κάτω [向上、向下之路]。我并不认为它同 παλίντονος（或 παλίντροπος）ἁρμονίη [相反方向的协调] 有什么关系。见第三章，第 124 页，注释①。

③ 我倾向于和普鲁塔克（《驳克罗泰斯》，1114c）一样，读作 ἔστι γὰρ οὐλομελές。普罗克鲁斯（《巴门尼德篇注》1152, 24）同样读作 οὐλομελές。辛普利丘在这里还抄了 μουνογενές 一词，他在别处（《物理学注》，第 137 页，15）将巴门尼德的一称作 ὁλομελές。伪普鲁塔克《汇编》5 的读法 μοῦνον μουνογενές 有助于解释我们的这个困惑。我们只需要认为某个头脑中想着《蒂迈欧篇》31b3 的人，在学园中那份巴门尼德著作抄本的行前写下了 μ，ν，γ 这三个字母。巴门尼德不可能说是者"只会被生成"，尽管毕达哥拉斯学派可能如此这般地理解世界。

了。你想要为它找出何种起源？它以何种方式，又从何种源头生长出来？……我不能让你主张或认为它来自非是者，因为任何非是者既不能被思想，也无法被言说。并且，倘若它来自无，有什么必要能让它 [10] 迟一点而非早一点产生出来呢？因此它必然或完全是，或根本不是。真理的力量也不会蒙受除了从自身而来之外的任何从不是者而来的东西。因此，正义并不放松她的锁链，允许任何事物生成或毁灭，而是牢牢将它抓紧。我们由此产生的判断 [15] 便取决于此：**"它是，抑或它不是？"** 当然，人们认为——也不得不认为——我们将要把一条途径放在一边，因为它既不能被思想也无法被言说（因为它并非正确的方式），而另一条途径则是实在的且真实的。那么，**是者**如何可能在未来才将是？它又怎么能够生成？如果它曾生 [20] 成，便不是；如果它将在未来生成，便同样不是。因此并没有生成，毁灭也未曾听说。《希腊哲学史》117。

它是不可分的，因为它全是相同的，而不会在一个位置较之于另一个位置有更多①，否则会妨碍它合为一体；也绝不会有更少，而一切都充满了是者。因此它是 [25] 完全连续的，因为是者与是者相接。

此外，它在巨大锁链的桎梏中是不动的，无始无终，因为生成和毁灭已被驱离，真实的信念也将它们摒弃。它是同一的，静止在相同的位置上，居留于自身之中。因此它永远保持在它的位置上，[30] 因为强大的必然性将它限制在这从各个方向将它紧紧围绕的界限的桎梏之中。因此是者不可能是无限的，因为它什么也不需要；然而倘若它是无限的，它便处于一种需要一切的状态中了。②《希腊哲学史》118。

175

---

① 关于此处 μᾶλλον [更多] 所带来的诸多困难，见第尔斯的注释。如果强调这个词，那么他的解释便是可以被接受的；但在我看来，这仅仅是一例"极端表述"。诚然对一的不可分性来说，唯一重要的是者在一处相较于在另一处更少的情况；但如果它在一处更少，那么相较于此处，它在另一处就会更多。无论如何，这里明显是在影射毕达哥拉斯学派的"气"或"虚空"使现实不复连续。

② 辛普利丘确实读作 μὴ ἐὸν δ' ἂν παντὸς ἐδεῖτο，但这在韵律上是不可能的。我在此遵照贝克删去了 μή，并采信了策勒的解释。第尔斯同样如此。

159

　　能被思想的事物与思想为之存在的事物是相同的；① 因为，你无法离开是者——那被言说的东西——发现思想 [35]。② 并且在是者之外，没有也不会有任何是的东西，因为命运已将它束缚，以致它整全且不动。因此有死者们提出并信以为真的所有这些，都不过是名称罢了——生成和毁灭，存在 [40] 和不存在，位置的变化以及光色的改变。《希腊哲学史》119。

　　另外，既然它具有一条最外面的界限，它在各个方面都是完满的，就像一个滚圆的球体，从中心到所有方向的距离都相等，因为它不可能在一处比另一处 [45] 更大或更小。因为不存在能够妨碍它向四周均等延展的无物，也没有任何是的东西能在这里相较是者更大，而在那里相较是者更小，因为它是完全不可毁损的。因为那个到所有方向的距离都相等的点，到边界的距离都趋于均等。《希腊哲学史》120。

意见之路

　　现在我将结束我有关真理的可靠的言辞和 [50] 思想。自此你要认识有死者们的信念，且听我一系列极具欺骗性的言谈吧。

　　有死者们已决定命名两种形式，其中的一种他们并不应当命名，他们正是在此处偏离了真理。他们已将它们区分为形式上的对立者，并且已赋予它们使彼此相互区分的标志。他们将柔和的、很轻的天火分配给一方，在各方向上都与自身相同，却与另一方不同。另一方正与之相反，是暗夜，是一个稠密且沉重的物体。我把这些的全部安排都告诉你，如它看上去可信的那般，因为这样，任何有死者的思想都不会胜过你了。《希腊哲学史》121。

(9)

　　既然万物已被称作光明和黑夜，属于每一种力量的名称也被分配给了这些和那些事物，一切都立刻充满了光明和暗夜，双方对等，因

---

① 关于对 ἔστι νοεῖν [能够被思想的] 的解释，见前文，第 157 页，注释①。

② 第尔斯正确地指出，伊奥尼亚方言中的 φατίζειν 等同于 ὀνομάζειν [命名]。我认为，这句话的意思如下。我们可以随心所欲地给事物命名，但不会有与某个并不属于任何实在之物的名称相对应的思想。

为二者都与对方无关。

(10, 11)

你将要知道天空的本质，以及天空中的一切迹象，以及光芒四射的太阳那纯洁火炬的辉煌活动，以及它们是从何处产生的。你还将获悉那圆脸月亮的游离不定的行为，以及她的本质。你同样将知道包围着 [5] 我们的诸天，它们是从何处产生出来的，以及必然性如何引领并将它们束缚在星辰的界限之中……大地、太阳、月亮、为一切所共有的天空、银河、最外层的奥林波斯以及星辰的炽热力量是如何产生出来的。《希腊哲学史》123，124。[10]

(12)

那些较窄的环带中充满了没有混杂的火，而在它们旁边的那些则充满着黑夜，在这些中间则汹涌着它们那份火。在这些中间的是引领万物进程的神，因为她是一切苦痛的分娩以及一切生殖的肇始者，将雌性送到雄性的 [5] 怀抱中，也把雄性送到雌性的怀抱里。《希腊哲学史》125。

(13)

在众神中她首先创造了爱神。《希腊哲学史》125。

(14)

用借来的光在夜间照耀，① 绕着大地乱转。

(15)

永远朝向太阳的光束。

(16)

因为正如思想在任何时刻都会和难免迷误的器官的混合体在一起，它在人这里也同样如此，因为那思想着的，亦即这些肢体的本质，在每一个和所有的人那里都相同，因为他们的思想是在他们中间更多一

---

① 请注意此处莫名其妙地呼应了《伊利亚特》v.214。恩培多克勒亦有此举（残篇45）。这似乎是一个玩笑，它受克塞诺芬尼的启发而来。在克塞诺芬尼这里，月亮首次被发现是因反射光而发亮的。阿那克萨戈拉可能已经将这个观点介绍给了雅典人（§135），但这些诗行表明这一观点并非他的首创。

点的东西。①《希腊哲学史》128。

(17)

男孩在右，女孩在左。②

(19)

根据人们的意见，事物因此曾产生，也因此在当下存在。在时间中，他们将会成长和消亡。人们已将固定的名字分配给这些中的每一个事物。《希腊哲学史》129b。

86."它是"

在诗歌的第一部分，我们看到巴门尼德的主要兴趣在于证明它是；然而乍一看，那是的东西究竟是什么并不十分清晰。他只是说，是者，是。毫无疑问，这便是我们所说的物体。它当然被认为是具有广延的，因为它被相当严肃地说成是一个球体（残篇 8，43）。此外，亚里士多德还告诉我们，巴门尼德只相信某种可感的实体。③ 巴门尼德在任何地方都未曾使用过"存

---

① 这则关于知识理论的残篇在巴门尼德诗歌的第二部分得到解释，它必须同塞奥弗拉斯特告诉我们的那段"关于感觉的残篇"（《希腊学述》第 499 页；参见第 175 页）联系在一起。他似乎在这里谈到人们思想的特征取决于他们身体中光明或黑暗元素的主导优势。他们在光明元素主导时睿智，在黑暗元素占据上风时愚蠢。

② 这是巴门尼德胚胎学中的一则残篇。第尔斯的残篇 18 是对引于《希腊哲学史》127a 塞利乌斯·奥雷利安努斯拉丁文六音步诗行的重译。

③ 亚里士多德，《论天》Γ，1.298b21，ἐκεῖνοι δὲ (οἱ περὶ Μέλισσόν τε καὶ Παρμενίδην) διὰ τὸ μηθὲν μὲν ἄλλο παρὰ τὴν τῶν αἰσθητῶν οὐσίαν ὑπολαμβάνειν εἶναι κτλ. [而他们（麦里梭和巴门尼德的追随者们）对一切可感实体之外的任何存在都一无所知，等等] 欧德谟斯同样如此，他在其《物理学》第一卷（载于辛普利丘，《物理学注》第 133 页，25）中谈到了巴门尼德：τὸ μὲν οὖν κοινὸν οὐκ ἂν λέγοι. οὔτε γὰρ ἐζητεῖτό πω τὰ τοιαῦτα, ἀλλ᾽ ὕστερον ἐκ τῶν λόγων προῆλθεν, οὔτε ἐπιδέχοιτο ἂν ἃ τῷ ὄντι ἐπιλέγει. πῶς γὰρ ἔσται τοῦτο "μέσσοθεν ἰσοπαλὲς" καὶ τὰ τοιαῦτα; τῷ δὲ οὐρανῷ (the world) σχεδὸν πάντες ἐφαρμόσουσιν οἱ τοιοῦτοι λόγοι [他所说的也不会是普遍者。因为不光这些问题还没有被研究，到后来才从论证中有所进展，而且他所说的关于是者的观点也不会被承认。因为这怎么能"从中间均等地向四周延展"以及其他？但对于天（世界），近乎全部这些论证都是恰当的]。新柏拉图主义者们当然将"一"视作 νοητὸς κόσμος [可思的宇宙]，辛普利丘将球体称作"神话中的臆造"。特别参见博伊姆克，《巴门尼德是者的一性》（《古典语文学年鉴》，1886，第 541 页以下）以及《质料的问题》，第 50 页以下。

在"（Being）这个词，① 并且值得注意的是，他也避免使用"神"这个在他前
代和后代的思想家中间都曾被广泛使用的术语。他关于它是的断言相当于
是说，宇宙就是一个充实之物（*plenum*），无论在世界的内部还是外部，都
没有真空。由此推断出不可能存在运动。与赫拉克利特通过赋予"一"以一
种变化的力量进而使之能够解释世界的做法不同，巴门尼德将变化视作幻觉
而摒弃。他十分彻底地表明，如果认真看待"一"，你便不得不否认其他一
切。因此，以往对这个问题的所有解决办法都未曾切中要害。阿那克西美尼
认为自己的疏散和凝聚理论挽救了首要实体的统一性，但他并没有注意到，
由于假定是者在某处相对另一处较少，他事实上也就肯定了非是者的存在
（残篇 8，45）。毕达哥拉斯的解释暗示了世界之外存在有真空或空气，它进
入世界并将诸单元分开（§53）。该理论同样假定了非是者的存在。赫拉克利
特的理论一样不尽人意，因为它建立在火既是又不是（残篇 6）这一矛盾的
基础上。

　　人们也怀疑前面提到的诗句中所暗示的并不是赫拉克利特，尽管质疑
的理由并不充分。策勒十分正确地指出，赫拉克利特从未说过"存在"和
"不存在"同一（对残篇 6，8 的传统翻译）；于是，倘若除此之外没有别的
什么依据，那么认为巴门尼德在这里提到了赫拉克利特便是十分可疑的。
然而，根据所讨论的观点，"万物朝相反的方向运动"这个说法只能被理
解为赫拉克利特的"向上和向下之路"（§71）。而且正如我们所看到的，
巴门尼德并没有将"存在（Being）与非存在（not-Being）同一"这个观
点归给他所攻击的哲人，他只说它既是又不是相同的，既不是相同的又不
是不同的。② 这是这句话很自然的意思，它十分准确地叙述了赫拉克利特
的理论。

87. 巴门尼德的方法
　　巴门尼德诗歌中最新颖的是他的论证方法。他首先追问自己探讨的所

---

① 我们一定不能将 τὸ ἐόν 翻译为"Being"，das Sein 或是 l'être [译者按：这三个词分别在英语、
　　德语、法语中意为"存在"]。它的意思是"what is"，das Seiende，ce qui est [译者按：这
　　三个词分别在英语、德语、法语中意为"是者"]。至于 (τὸ) εἶναι [存在]，它并没有出现，
　　也不太可能在这个时期出现。

② 见上文，残篇 6，第 158 页，注释①。

有观点的共同前提是什么，并发现这前提乃是非是者的存在。接下来的问题便是，这前提是否能被思想，答案是不能。只要进行思想，你便必须思想些什么。因此并不存在"无"。只有能是的东西才能被思想（残篇5），因为思想是为了是者而存在的（残篇8，34）。

巴门尼德十分严格地贯彻了这一方法。他不会让我们假装认为某种不得不承认的事物是不可设想的。诚然，如果我们决心只认可我们所能理解的，就会和自己的感官发生直接的冲突——它向我们呈现了一个充斥着变动和败坏的世界。巴门尼德宣称，感官在冲突中惨败。这便是物质一元论的必然结果，而这则针对物质一元论的大胆宣言也将永久将其埋葬。倘若巴门尼德缺少了那份探索出他所处时代各种盛行观点的逻辑终结的勇气，抑或缺少接受这一结论的勇气，无论这结论看上去何其悖谬，人们也许会始终在对立、疏散与凝聚、一与多的无尽循环中继续。正是巴门尼德提出的彻底的辩证法，才使得进步成为可能。现在，哲学要么放弃一元论，要么放弃物质主义。但它并不能放弃物质主义，因为无形之物尚属未知。因此它放弃了一元论，并最终导向了原子论。而原子论，就我们所知，是主张世界是运动之物体这一观点的余音。①

180

88. 结论

巴门尼德进一步揭示了由承认它是所得到的所有推论。它必须是不生不灭的。一方面，它不可能从无中产生，因为"无"根本不存在；另一方面，它也不可能从某物产生，因为除了它自身，没有给任何其他东西留下空间。在是者的旁边不可能有任何其他事物能够从中产生的真空，因为真空就是"无"，而"无"无法被思想，因此也便不可能存在。是者从未被生成，将来也不会有任何事物生成。"它是，抑或它不是？"如果它是，那么它现在一下子就是了。

柏拉图清楚地知道这是对真空存在的否定。他说，巴门尼德认为"万物

---

① 从我们当下所持有的观点来看，甚至原子论能否被正确地称作一元论是存疑的，因为它暗示了空间的实存。最为现代的一元论都不是物质主义的，因为它们将能（energy）替代物体作为终极实存。

是一，并且一在自身之中保持静止，并无运动的余地。"①亚里士多德同样对此了然于心。他主张，巴门尼德之所以持有"一"不动的立场，正是因为还没有人曾设想过有任何可感事物之外的实体。②

那是的东西是，它不能更多也不能更少。因此，它在任何一处就会和在别处一样多，世界是一个连续的、不可分的充实（plenum）。由此立刻可以得出结论，它必须是不可运动的。如果它运动，就必须运动到真空之中，而真空并不存在。它在各个方向都被是者——被实在——所包围。由于相同的原因，它必须是有限的，并且在它之外什么也没有。就其本身而言，它是完整的，并不需要无限地向根本不存在的真空中延展。它也因此是球状的。它在每个方向上都同样地实存，而球体是满足这一要求的唯一形式。任何其他形式都将在一个方向上比另一个方向更是。

181

89. 作为唯物主义之父的巴门尼德

总结来说，是者是一个有限的、球状的、不动的、有形的充实，在它之外没有任何东西。现象中的多样性与运动、真空和时间，皆为虚幻。由此我们可以看到，早期宇宙论者们所探寻的首要实体而今已经演变成为某种"物自身"。自此，它再也没有彻底失去这一特质。随后出现的诸如恩培多克勒的元素，阿那克萨戈拉的所谓"同质体"，以及留基波和德谟克利特的原子，正是巴门尼德意义上的"是者"。巴门尼德并不像有人说的那样是"唯心主义之父"；相反，所有的唯物主义都奠基于他有关实存的见解。

90. "有死者们"的信念

一般认为，巴门尼德在他诗歌的第二部分提出了一套有关事物起源的二元论，以此作为他对可感世界的推测性解释，或如贡珀茨所言，"他所提出的是有死者们的意见，这段描述并不仅限于呈现其他人的观点。它同样包含了他自己的主张，只要它们未被限制在那种明显的哲学必然性的无可

---

① 柏拉图，《泰阿泰德篇》180e3，ὡς ἕν τε πάντα ἐστὶ καὶ ἕστηκεν αὐτὸ ἐν αὐτῷ οὐκ ἔχον χώραν ἐν ᾗ κινεῖται. 麦里梭也明确地表述过这一点（残篇7，第294页）。但柏拉图也清楚地将这个观点归于巴门尼德。

② 亚里士多德，《论天》Γ，1.298b21，引于前文，第162页注释③，以及他在那里所引用的其他文本。

辩驳的基础上。"① 诚然，亚里士多德看上去在某处也支持了上述观点，却犯下了时序错乱的错误。② 同时这也并不真是亚里士多德的观点。亚里士多德十分清楚巴门尼德从未在任何意义上承认过"非存在"的存在，但是将诗歌第二部分的宇宙论称作巴门尼德的宇宙论是一种极为自然的说法。他的听众也会明白究竟在何种意义上能够这样说。至少漫步学派的传统认为，巴门尼德在诗歌的第二部分旨在陈述"大多数人"的信念。塞奥弗拉斯特便是这样阐明这个问题的，亚历山大似乎更将宇宙论说成是某种在巴门尼德本人看来完全错误的东西。③ 另一派观点来自新柏拉图主义者，特别是辛普利丘，他认为"真理之路"是对可思世界的说明，而"意见之路"则是对可感物的描述。不用说，这几乎与那个由贡珀茨提出的用康德主义对应巴门尼德一样是一种严重的时序错乱。④ 巴门尼德本人用最明确的语言告诉我们，在他所阐述的这套理论中并不存在任何真理，他不过是将它作为"有死者们"的信念讲述出来。正是这一点使塞奥弗拉斯特将其说成是"大多数人"的意见。

可是，他的解释虽较辛普利丘的解释更为可取，却同样不能让人信服。"大多数人"根本不会采信如巴门尼德阐述的那套复杂的二元论，即便假设他试图表明那些流行的世界观如何能被最好地系统化，这也过于牵强。"大多数人"很难通过这样一种方式——将他们的各种信念以某种他们注定无法

---

① 《希腊思想家》，第一卷，第 180 页以下。

② 《形而上学》A，5.986b31（《希腊哲学史》121a）。亚里士多德对这一问题的表述方式取决于他对残篇 8 和残篇 54 的解读，他认为这两种"形式"中的一种是 τὸ ὄν [是者]，另一种是 τὸ μὴ ὄν [非是者]。参见《论生成和毁灭》A，3.318b6，ὥσπερ Παρμενίδης λέγει δύο, τὸ ὄν καὶ τὸ μὴ ὄν εἶναι φάσκων [因为巴门尼德说有两个，主张有是者和非是者]。最后这句话清楚地表明，当亚里士多德说到 Παρμενίδης 时，他有时候所指那个我们应将其称作"巴门尼德"的人。

③ 塞奥弗拉斯特，《自然哲学学说》，残篇 6（《希腊学述》，第 482 页；《希腊哲学史》121a），κατὰ δόξαν δὲ τῶν πολλῶν εἰς τὸ γένεσιν ἀποδοῦναι τῶν φαινομένων δύο ποιῶν τὰς ἀρχάς [根据多数人的意见，为了说明现象的生成，他认为本原有两种]。关于亚历山大，参见辛普利丘，《物理学注》，第 38 页，24，εἰ δὲ ψευδεῖς πάντῃ τοὺς λόγους οἴεται ἐκείνους (Ἀλέξανδρος) κτλ [而如果他（亚历山大）认为那些论证全都是错误的，等等]。

④ 辛普利丘，《物理学注》，第 39 页，10（《希腊哲学史》121b）。贡珀茨，《希腊思想家》，第一卷，第 180 页。

从中将自己的信念辨识出来的形式呈现给他们——认识到自己的错误。这看上去其实是众多解释中最不可信的一个。但它仍不乏支持者，因此有必要指出，这些信念之所以被称作"有死者们的意见"，仅是由于讲述者乃是女神这一非常简单的原因。此外，我们必须注意到，巴门尼德禁止了两条研究之路，而我们已经看到其中的第二条路——它同样被明确归给"有死者们"——必定是赫拉克利特的体系。于是我们可以预见另一条路同样也是同时代某个学派的思想体系，除了毕达哥拉斯学派以外，似乎很难再找到任何一个在这一时期具有相当重要性的学派了。而今大家一致承认诗歌的第二部分存在着毕达哥拉斯学派的思想，因此，在没有相反证据的情况下，可以假定这部分诗歌的所有宇宙论观点都有着相同的来源。巴门尼德有关赫拉克利特的讨论似乎仅限于我们方才提到的那些话，在那些话中他禁止了第二条研究之路。他确实是在暗示，实际上只有两条路能被设想，赫拉克利特将二者结合起来的企图终是徒劳。① 无论如何，毕达哥拉斯主义者在当时的意大利是更重要的对手，我们理应期待巴门尼德明确自己对这一学派的看法。

然而，他为什么认为值得把一个他认为是错误的观点放入六音步诗行中，至今仍不十分清楚。在这里，重要的是要记住巴门尼德曾经是毕达哥拉斯主义者，这首诗是他对自己先前信仰的弃绝。在诗歌的"序言"中，他清楚地告诉我们，他已经走出了黑暗，进入了光明。在这种情况下，人们通常会认为有必要指出自己先前观点的谬误。女神告诉他，他必须学习那些信念，以及"人们该如何正确地经历所有事物，判断那些似乎存在的事物"。在另一个地方，我们获得进一步的提示。他将要了解这些信念，"于是没有任何有死者的信念将胜过他"（残篇 8，61）。如果我们还记得毕达哥拉斯学派的体系在当时仅仅通过口口相传流传下来，我们将会看到这可能意味着什么。巴门尼德创立了一个持有不同立场的学派，他有必要向自己的门徒讲授那套他们有可能要去反对的思想体系。无论如何，他们都无法在缺乏任何相关知识的情况下理智地拒斥它，而相关的知识须由巴门

① 参见残篇 4 和残篇 6，特别是 αἵπερ ὁδοὶ μοῦναι διζήσιός εἰσι νοῆσαι［能被设想的仅有的两条研究之路］这段话。第三条道路，亦即赫拉克利特的道路，只是作为一种未经周密考虑的想法补充上来的——αὐτὰρ ἔπειτ' ἀπὸ τῆς κτλ.［同样也要远离另一条，等等］。

尼德本人提供。①

91. 宇宙二元论

有观点认为，巴门尼德诗歌的第二部分是对同时代毕达哥拉斯学派宇宙论的一个概览，这虽必定无法得到严格的证明，但却是极为可能的。毕达哥拉斯主义在公元前五世纪末以前的全部历史诚然都来自推测，但如果我们看到巴门尼德作品中的某些想法与他自己的世界观毫无关联，并且如果我们在后世的毕达哥拉斯主义中发现了完全相同的观点，那么最自然而然的推断便是，后世的毕达哥拉斯主义者们乃是从他们的前辈那里继承的这些观点，并形成了该团体的部分经典论述。如果我们能够发现它们都是对伊奥尼亚宇宙论中某些特征的发展，这便会被证实。毕达哥拉斯来自萨摩斯，就我们所能看到的，其思想的原创性并没有主要体现在他的宇宙论见解中。我们已经指出（§53），世界气息的观念来自阿那克西美尼，我们也不必因同样发现了阿那克西曼德学说的印记而感到惊异。然而，倘若我们只局限于亚里士多德就这一问题的论述就很难发现实情，同往常一样，我们有必要对他的说法详加审视。他首先宣称巴门尼德的两种元素是暖和冷。② 仅在这一点上，他确实有残篇为据，因为巴门尼德所谈论的火当然是暖，而另一种具有一切相反性质的"形式"则必定是冷。于是，我们在这里看到了米利都派学术传统中的"相反者"。然而，亚里士多德将它们等同于火和土的做法是极具误导性的，尽管塞奥弗拉斯特在这一点上追随了他。③ 收录有巴门尼德这首诗歌原作的辛普利丘（§85）在提到了火和土之后，随即补充道"更准确地说是光

---

① 我和第尔斯一样，将残篇 1 和残篇 32 读作 χρῆν δοκιμῶσ᾽ εἶναι。第尔斯同样认为在第二部分中蕴含的是其他人的意见，并不在任何意义上被认为是真的。维拉莫维茨的一系列反驳（《赫尔墨斯》，xxxiv. 第 203 页以下）在我看来并不令人信服。如果我们对他的理解是正确的，巴门尼德从未主张"这种假设性的解释……相较于其他任何一个都更优"。他所说的是，这是完全不实的。

② 《形而上学》A，5.986b34，θερμὸν καὶ ψυχρόν［暖和冷］；《物理学》A，5.188a20；《论生成和毁灭》A，3.318b6；B，3.330b14。

③ 《物理学》A，5.188a21，ταῦτα δὲ (θερμὸν καὶ ψυχρὸν) προσαγορεύει πῦρ καὶ γῆν［尽管他将它们（热和冷）称作火和土］；《形而上学》A，5.986 b34，οἷον πῦρ καὶ γῆν λέγων［也就是所说的火和土］。参见塞奥弗拉斯特，《自然哲学学说》，残篇 6（《希腊学述》，第 482 页；《希腊哲学史》121a）。

明和黑暗";① 这一点极具启发性。最后，亚里士多德将稠密元素等同于"非是者"②，亦即诗歌第一部分中的非实在，但这很难与该稠密元素为土的观点相协调。另一方面，如果我们假设这两种"形式"中的第二种——也就是不该被"命名"的那种——是毕达哥拉斯学派的气或虚空，就能够很好地解释亚里士多德何以将它等同于"非是者"了。于是，我们似乎有理由暂且忽略稠密元素与土的同一，而在稍后将会看到这一观点可能是如何产生的。③ 塞奥弗拉斯特更进一步的主张——暖是动力因，而冷是质料或被动因——④ 这当然不能被认为是一种符合史实的说法。

我们已经看到，辛普利丘以自己手边的巴门尼德诗歌原作为依据，通过将火和土替换为光明和黑暗，纠正了亚里士多德的讹误。他所援引的残篇也充分地支持了他的观点。巴门尼德本人将一种"形式"称作光明、火焰和火，而将另一种称作夜，我们现在亟须思考的是它们是否能被等同于毕达哥拉斯学派的有限与无限。我们有充分的理由相信（§58），世界气息的观念应属毕达哥拉斯主义的最早形式，并且将这种"无界限的气息"等同于黑暗是没有任何困难的，毕竟黑暗十分贴切地象征着无限。"气"或雾一直被认为是黑暗元素。⑤ 而赋予模糊的黑暗以规定性的则必然是光明或火，这或许能够解释希帕索斯对该元素的重视了。⑥ 于是，我们也许可以得出这样的结论，即毕达哥拉斯学派对有限与无限的区分——对此我们将在后面加以讨论（第七章）——最初就是通

186

<hr/>

① 《物理学注》，第25页，15，ὡς Παρμενίδης ἐν τοῖς πρὸς δόξαν πῦρ καὶ γῆν（ἢ μᾶλλον φῶς καὶ σκότος）[就像巴门尼德在他关于意见的论述中的火和土（更准确地说是光明和黑暗）]。普鲁塔克，《驳克罗泰斯》，1114 b 中同样如此：τὸ λαμπρὸν καὶ σκοτεινόν [明和暗]。

② 《形而上学》A, 5.986 b 35, τούτων δὲ κατὰ μὲν τὸ ὂν τὸ θερμὸν τάττει, θάτερον δὲ κατὰ τὸ μὴ ὄν [在这些当中，他将热安排在存在之列，而另一个在非存在之列]。见上文，第166页，注释②。

③ 见下文，第七章，§147。

④ 塞奥弗拉斯特，《自然哲学学说》，残篇6（《希腊学述》，第482页；《希腊哲学史》121a），这为学述作家们所接受。

⑤ 请注意在[普鲁塔克]《汇编》残篇5（《希腊学述》，第581页）中，稠密元素被等同于"气"：λέγει δὲ τὴν γῆν τοῦ πυκνοῦ καταρρυέντος ἀέρος γεγονέναι [但他宣称土在稠密的气落下时被生成了]。这完全是阿那克西美尼的学说。关于将这"气"等同于"雾和黑暗"，参见第一章§27以及第五章§107。我们可以进一步看到，柏拉图有意安排了一名毕达哥拉斯主义者讲出这后一种等同关系（《蒂迈欧篇》52d）。

⑥ 见上文，第98页。

过这种粗糙的形式被呈现出来的。另一方面，倘若我们也像许多批评家那样将黑暗等同于有限，将光明等同于无限，便会陷入一系列无法克服的困难。

92. 诸天体

现在我们要转向诗歌第二部分所阐发的概览性的宇宙观。尽管残篇不足，学述传统也不易被理解，但仍有足够的证据表明，我们在这个问题上同样站在毕达哥拉斯学派的立场上。埃修斯说：

> 巴门尼德认为存在着相互交叉、① 相互围绕的环带，分别由稀薄和稠密的元素构成，而在这些中间的是其他由光明和黑暗构成的混合环带。那环绕着它们一切的像城墙一样坚实，而在其下方的是一个火的环带。在所有环带之中者同样坚实，并反过来为一个火的环带所环绕。混合环带中心的这个圆环是所有其他一切运动和生成的原因。他把它称作"掌控它们进程的女神"，"命运的执掌者"以及"必然性"。——埃修斯，ii.7.1（《希腊哲学史》126）。

93. στέφαναι

将这些"环带"视作球体是极不合理的。στέφαναι 这个词的意思可以是"边沿"或"边缘"或类似的东西，② 但它似乎不太可能被用在球体上。同样不大可信的是将那环绕着所有冠状物的坚实的圆视作球体，否则"像城墙一样"的说法便极不贴切。③ 这样，我们似乎又看到了某种类似于阿那克西曼德所谓"轮环"的东西，而毕达哥拉斯极有可能接受了他的理论。我们并不缺乏证据表明毕达哥拉斯学派正是用这种方式看待天体的。柏拉图的厄尔神话一定在它的一般特征上是毕达哥拉斯主义的，在这则神话中我们所听说

187

---

① 此处 ἐπαλλήλους 的意思看上去最像是"相互交叉"，就像银河同黄道交叉那样。ἐπάλληλος 这个词与 παράλληλος 相反。

② 正如第尔斯所指出的，στεφάνη 在《荷马史诗》中被用在金发带（Σ597）和头盔的边缘（H12）。可以补充的是，它严格来讲指的是两个同心圆之间的形状（普罗克鲁斯，《几何原本注》，I. 第163页，12）。它总是指某种环状的事物。

③ 我们务必谨记，τεῖχος 是指城墙或防御工事，而欧里庇得斯则使用 στεφάνη 来指城墙（《赫卡柏》910）。希思评论说（第69页）"巴门尼德的整全是球体"与此无关。我们在这里并未涉及他自己的观点。

的并不是球体，而是同心轮环的"边"，这些轮环像相互套在一起的容器一般。[①] 在《蒂迈欧篇》中同样没有球体，有的只是一些成一定角度相互交叉的环带或条带。[②] 最后，在荷马史诗体的《致阿瑞斯的诗颂》——它似乎是在毕达哥拉斯学派的影响下创作完成的——之中，被用来指代行星轨道词是 ἄντυξ，而它的意思一定是"边沿"。[③]

事实上，在亚里士多德将欧多克索斯为了"拯救现象"（σῴζειν τὰ φαινόμενα）而作为假设提出的几何结构转变成为实存之物以前，没有任何证据表明有人曾接受过天球理论。[④] 在巴门尼德的时代，球体还不会被用来解释任何缺少了它们就不能更简单地获得解释的事物。

我们随后被告知这些"环带"相互环绕或相互交叉，它们由稀薄元素和稠密元素构成。我们还了解到在它们之间是由光明和黑暗构成的"混合环带"。首先，我们要注意到光明和黑暗、稀薄和稠密完全是一种东西，但这里看上去有些混乱。我们有理由怀疑这些说法是否具有除残篇 12 以外的其他根据，而残篇 12 必然能被解释为在火的环带之间，存在着若干含有一部分火的夜的环带。这种理解或许是正确的，但我认为这样理解这段话会更为自然：较窄的圆环被更宽的夜的圆环所包围，而每一个圆环都有自己的一部分火在它中间奔涌。于是，最后这段话只是简单重复说较窄的圆环充满了纯

188

---

① 《理想国》x.616d5，καθάπερ οἱ κάδοι οἱ εἰς ἀλλήλους ἁρμόττοντες［正如相互套在一起的一套碗］；e1，κύκλους ἄνωθεν τὰ χείλη φαίνοντας（σφονδύλους）［（螺纹）边缘从上面看上去呈圆形］。

② 《蒂迈欧篇》36b6，ταύτην οὖν τὴν σύστασιν πᾶσαν διπλῆν κατὰ μῆκος σχίσας, μέσην πρὸς μέσην ἑκατέραν ἀλλήλαις οἷον χεῖ（the letter Χ）προσβαλὼν κατέκαμψεν εἰς ἓν κύκλῳ［随后，他将这全部混合物按长度一分为二，将两份中的每一个中心对中心地拼在一起，就像字母 Χ，再将它们弯成圆形］。

③ 《致阿瑞斯的诗颂》，6：πυραυγέα κύκλον ἑλίσσων αἰθέρος

　　　　　　ἑπταπόροις ἐνὶ τείρεσιν, ἔνθα σε πῶλοι

　　　　　　ζαφλεγέες τριτάτης ὑπὲρ ἄντυγος αἰὲν ἔχουσι.

［你在七道飞驰的以太之光中转动你的火环，在这里你燃烧着的坐骑使你保持在第三条轮圈边沿。］

于是，在提到毕达哥拉斯派的某个核心观点时，普罗克鲁斯对金星说道（h.iv.17）：εἴτε καὶ ἑπτὰ κύκλων ὑπὲρ ἄντυγας αἰθέρα ναίεις［抑或你处在以太第七层圈环的边沿上］。

④ 关于欧多克索斯的同心球体，见希思，第 193 页以下。

净的火，① 于是我们又获得了一个相当准确的对阿那克西曼德"轮环"的描述。

94. 女神

巴门尼德说："位于那些中间的是掌控一切事物进程的女神。"按照埃修斯的解释，这是指在"混合环带"的中间，而辛普利丘则宣称它指的是在所有的环带中间，亦即世界的中心。② 除了巴门尼德本人的描述以外，他们二人都不太会有更为可靠的根据，但巴门尼德的话却是模棱两可的。从辛普利丘的表述可以清楚地看出，他将这位女神视作毕达哥拉斯学派的赫斯提或中央之火，而塞奥弗拉斯特却根本不可能这样说，因为他清楚并曾指出巴门尼德将大地描述为圆形，并且位于世界的中心。③ 正是在这段话中，我们被告知那存在于所有环带中间的东西是坚实的。事实上，塞奥弗拉斯特所提供的材料彻底排除了将女神视作中央之火的可能。我们不能说那位在所有环带中间的东西是坚实的，并且在它之下又有火的环带。④ 而将女神贬谪到坚实的地球的中心似乎同样不太合适。

埃修斯进一步告诉我们，这个女神被称为"必然性"（Ananke）和"命运的执掌者"。⑤ 我们已经知道，她"掌控着一切事物的进程"，也就是说，

---

① 这种重复（παλινδρομία）是典型的希腊风格，但在句号结束时的重复通常会给开头的陈述增加新的色彩。这种新的色彩在此处由ἵεται一词表现出来。我虽然并不坚持这种解释，但在我看来它似乎比第尔斯的解释更为简洁，后者不得不将"夜晚"等同于"大地"，因为他将它等同于στερεόν。

② 辛普利丘，《物理学注》，第34页，14（《希腊哲学史》125b）。

③ 第欧根尼，ix.21，πρῶτος δ᾽ αὐτὸς τὴν γῆν ἀπέφηνε σφαιροειδῆ καὶ ἐν μέσῳ κεῖσθαι［而他是第一个宣称大地是球形并位于中心的］。参见viii，48（关于毕达哥拉斯），ἀλλὰ μὴν καὶ τὸν οὐρανὸν πρῶτον ὀνομάσαι κόσμον καὶ τὴν γῆν στρογγύλην，（参见柏拉图《斐多篇》97d），ὡς δὲ Θεόφραστος, Παρμενίδην［他第一个将天称作宇宙，并称大地为球状的，而塞奥弗拉斯特说是巴门尼德］。这似乎表明我们有理由将球状大地的学说归给毕达哥拉斯（参见第100页）。

④ 我不去讨论第尔斯在《巴门尼德的教诲诗》第104页给出的对περὶ δ πάλιν πυρώδης的解释，这一解释在《希腊哲学史》162a被采信，因为事实上，这一解释现在已被撤回了。在其《前苏格拉底哲学家残篇》后来的版本中，他读作καὶ τὸ μεσαίτατον πασῶν（sc.τῶν στεφανῶν）στερεόν，<ὑφ᾽ ᾧ> πάλιν πυρώδης（sc.στεφάνη）［而万物（即诸环带）的最中心是坚实的，〈在此之下〉又是火的（即环带）］。这是一个明显的矛盾。

⑤ 菲伦博恩新颖地将κληροῦχον［掌管命运的］修订为κληδοῦχον［掌管钥匙的］，《希腊哲学史》126接受了这一修订。这主要基于这种观点，即埃修斯（或塞奥弗拉斯特）设想的是《序诗》中（残篇1，第14行）掌管钥匙的女神。但我现在认为厄尔神话中的κλῆροι［命运］向我们提供了正确的解释。

她控制着天界诸环带的运动。辛普利丘补充说——不幸的是，他并没有引用巴门尼德的原话——她在某时将灵魂从光明世界送至看不见的世界，又在某时从看不见的世界送回光明世界。[①] 在厄尔神话中要更为确切地描述女神的活动是困难的，这样我们似乎再一次站在了毕达哥拉斯的立场上。另外还应注意到，我们在残篇 10 中读到必然性如何掌管诸天，并迫使它们牢牢掌控星辰的固定进程，而在残篇 12 中，我们被告知她是所有交配和分娩的肇始者。最后，在残篇 13 中，我们获知她首先创造了众神中的爱神。所以，我们将在恩培多克勒那里发现，正是必然性这则古老的神谕或裁决造成了众神的堕落，并在生之轮回中显形。[②]

190

　　如果能够确定必然性在厄尔神话中的位置，那么我们就一定会对此处女神在宇宙中所处的位置更有把握。可是我们先不必提出这个棘手的问题，却可以根据塞奥弗拉斯特的说法自信地主张她位于大地和诸天之间的某个位置。无论我们是否相信"混合环带"，对此而言这并无分别，因为埃修斯关于女神位于混合环带中间的说法无疑意味着她处在大地和天之间。在西塞罗多少有些让人困惑的一段话中，女神被等同于其中一条环带，[③] 而这套关于轮环或环带的整个理论可能指的是银河。因此在我看来，我们必须将银河设想为一条位于太阳和月亮所处环带之间的环带，而这又与巴门尼德在残篇 11 中引人注目的提法完美吻合。关于其他的枝节问题我们最好不要过于乐观，尽管有趣的是，有人认为是毕达哥拉斯发现了晨星和暮星的同一，而另

---

① 辛普利丘，《物理学注》，第 39 页，19，καὶ τὰς ψυχὰς πέμπειν ποτὲ μὲν ἐκ τοῦ ἐμφανοῦς εἰς τὸ ἀειδές（i.e.ἀιδές），ποτὲ δὲ ἀνάπαλίν φησιν [她说她有时将诸灵魂从可见之处送到不可见之处，有时相反]。我们可能应将它同第欧根尼，ix.22（《希腊哲学史》127）有关人产生自太阳的陈述联系起来（按照抄本将猜测的 ἰλύος，读作 ἡλίου）。

② 恩培多克勒，残篇 115。

③ 西塞罗，《论神性》i.11, 28："Nam Parmenides quidem commenticium quiddam coronae simile efficit（στεφάνην appellat），continente ardore lucis orbem, qui cingat caelum, quem appellat deum [至于巴门尼德，创造了一种类似于环带的虚构（他称为 στεφάνην），一种围绕着天的发着光的连续圆环，他称之为神]"我们或许可以将它同埃修斯，ii.20, 8 的陈述联系在一起：τὸν ἥλιον καὶ τὴν σελήνην ἐκ τοῦ γαλαξίου κύκλου ἀποκριθῆναι [太阳和月亮被同银河的圆环分离开来]。

191   一些人认为这是巴门尼德的发现。①

除此之外，可以肯定巴门尼德还进一步描述了其他诸神是如何诞生以及如何消亡的，这是一种我们认为属于俄耳甫斯教的观念，并且很可能也属于毕达哥拉斯学派。我们在讨论恩培多克勒时还会重新涉及这一点。在柏拉图的《会饮篇》中，阿伽通将巴门尼德与赫西俄德并列，作为叙述诸神在古代施行暴行的人。② 如果巴门尼德确是在阐述毕达哥拉斯的神学，这正是我们所应期待的；相反，用任何一种为了信念之路而提出的其他理论对此进行解释，似乎都是无望的。③ 这些东西应被归于神学思辨，而非"大多数人"的信念。我们更不能认为巴门尼德也许只是为了表明那种关于世界的流行观点——如果它被准确地表述出来的话——究竟暗示着什么，而亲自编造出这些故事。在我看来，我们必须要求任何一种理论都应该对这首诗中明显不是无足轻重的所有部分进行解释。

95. 生理学

在描述同时代人观点的时候，正如我们从残篇中看到的，巴门尼德不得不对生理学问题做了大量阐述。和其他万物一样，人也是由暖和冷构成，死亡是由于暖的消失。他还提出了一些有关繁殖的奇特观点。首先，雄性

---

① 第欧根尼，ix.23，καὶ δοκεῖ (Παρμενίδης) πρῶτος πεφωρακέναι τὸν αὐτὸν εἶναι Ἕσπερον καὶ Φωσφόρον, ὥς φησι Φαβωρῖνος ἐν πέμπτῳ Ἀπομνημονευμάτων· οἱ δὲ Πυθαγόραν [有人相信（巴门尼德）是第一个发现暮星赫斯佩罗斯和晨星福斯福罗斯二者同一的人，就像法博尼诺斯在他的《大事记》第五卷所说；但其他人则相信是毕达哥拉斯]。参见 viii.14（关于毕达哥拉斯），πρῶτόν τε Ἕσπερον καὶ Φωσφόρον τὸν αὐτὸν εἰπεῖν, ὥς φησι Παρμενίδην [他是第一个宣称暮星赫斯佩罗斯和晨星福斯福罗斯相同的人，正如巴门尼德所说]。因此第尔斯现在按照所有抄本来理解（公认的读法 οἱ δὲ φασι Παρμενίδην 来自卡索邦）。我们没有必要认为巴门尼德在他的诗中明确地作出了这一表述；其中也许存在着某个明确无误的暗示，就像在恩培多克勒在残篇 129 中所做的那样。在那种情况下，我们应确认这样一个观点，即巴门尼德的 Δόξα 其实是毕达哥拉斯学派的学说。如果诚如阿西勒斯所说，诗人瑞吉翁的伊比库斯在巴门尼德之前便宣布了这一发现，那么我们就会解释说瑞吉翁——正如我们将看到的——曾一度成为毕达哥拉斯学派的中心。

② 柏拉图，《会饮篇》195c1。这是在暗示这些 παλαιὰ πράγματα [旧事] 是 πολλὰ καὶ βίαια [充满纷争的]，包括 ἐκτομαί [阉割] 以及 δεσμοί [绑缚]。伊壁鸠鲁主义对此的批评被记录在费罗德姆斯，《论虔敬》，第 68 页，贡伯茨；以及西塞罗，《论神性》i.28（《希腊学述》534；《希腊哲学史》126 b）。

③ 关于这些理论，见 § 90。

来自右侧，雌性来自左侧。女人有更多的暖，男人则有更多的冷——我们
将看到恩培多克勒对这一观点作出了反驳。[1] 正是人体内冷暖的比例决定了
人们思想的特点，因此，即使是失去了暖的尸体仍能够感觉寒冷和黑暗。[2]
这些材料的残篇单就本身而言并没有向我们提供很多信息，但它们以一种
有趣的方式将自身同医学史联系起来，并指明这样一个事实，即一个主要
的医学学派与毕达哥拉斯主义团体过从甚密。我们知道，克罗同甚至在毕
达哥拉斯的时代之前便已经凭借当地的医生名显于世。[3] 我们同样知道在克
罗同有一位生活在毕达哥拉斯和巴门尼德之间的卓越医学作家的名字，我
们了解到的有关此人的少数事实已经使我们能够认为，巴门尼德描述的生
理学观点绝非某种个别的兴趣，而是一块路标，藉此我们能够回溯到一种
最具影响力的医学理论的起源和发展，正是这种医学理论将健康解释为诸
相反者的平衡。

96. 克罗同的阿尔克迈翁

亚里士多德告诉我们，克罗同的阿尔克迈翁[4] 在毕达哥拉斯垂垂老矣
时仍是一个年轻人。他事实上并没有像后世作家那样，将此人说成是毕
达哥拉斯学派中人，尽管他指出，阿尔克迈翁似乎要么是从毕达哥拉斯
学派那里发展出自己关于对立的理论，要么是他们通过他才发展出这套
理论。[5] 无论如何，他与毕达哥拉斯学派的团体都有着密切的联系，这可
以通过其著作的少量残篇之一获得证明。它开头这样讲："克罗同人阿尔
克迈翁，佩利索斯的儿子，曾经对布罗提诺斯、莱翁、巴苏罗斯讲过这
些话。关于不可见的东西以及有死的东西，诸神掌握有确定的知识，正

---

① 关于所有相关论述，见《希腊哲学史》127a，以及亚里士多德，《论动物的部分》B，2.648
　　a 28；《论动物的生成》Δ，I.765 b 19。

② 塞奥弗拉斯特，《论感觉》3，4（《希腊哲学史》129）。

③ 见第 80 页，注释②。

④ 关于阿尔克迈翁，特别参见瓦赫特勒，《克罗同的阿尔克迈翁》（莱比锡，1896）。

⑤ 亚里士多德，《形而上学》A，5.986a27（《希腊哲学史》66）。第尔斯将 a30 读作
　　ἐγένετο τὴν ἡλικίαν <νέος> ἐπὶ γέροντι Πυθαγόρα [他在毕达哥拉斯垂垂老矣时已是一个
　　年轻人]，这是很有可能的。参见扬布里柯《毕达哥拉斯传》104，此处阿尔克迈翁在
　　συγχρονίσαντες καὶ μαθητεύσαντες τῷ Πυθαγόρᾳ πρεσβύτῃ νέοι [和他们生活在同一时期并师
　　从毕达哥拉斯，在年龄上他们年轻] 中间被提到。

193 像对于人们却要推测……"① 很遗憾，这段引文至此戛然而止，但我们由此仍有两点收获。首先，阿尔克迈翁像所有希腊最优秀的医学作家一样在立论时有所保留；其次，他把自己的作品献给了毕达哥拉斯团体的领袖们。②

阿尔克迈翁的重要性在于他是经验心理学的奠基者。③ 他认为大脑是共同的感觉中枢，希波克拉底和柏拉图正是从他这里接受了这一观点，尽管恩培多克勒、亚里士多德以及斯多亚学派后来又转而接受了更为原始的观点，认为心脏是感觉的核心器官。毫无疑问，阿尔克迈翁是通过解剖的方法作出了这一发现。有可信的材料宣称他曾实践过解剖活动，尽管神经还未曾像今天这样被辨识出来，但他已然认识到存在着某种"通道"（πόροι），它们可能由于损伤使感觉无法向大脑传递。④ 他还区分了感觉和理解力，虽然我们无从知晓他如何区分二者。阿尔克迈翁关于具体感觉的理论十分引人注意。在他身上，我们已经发现了希腊视觉理论的一般特征，即试图把将视觉看作从眼睛中发出的光线与将视觉看作投向画面而反映在眼中的光线这两种观点结合起来。他还认识到空气对于听觉的重要性，尽管他将其称作虚空，这完全是受到了毕达哥拉斯派的影响。至于其他感觉，我们的材料更少，但足以

194 表明他曾对这一主题进行过系统的研究。⑤

对一个和毕达哥拉斯学派过从甚密的人来说，他的天文学却看上去粗

---

① Ἀλκμαίων Κροτωνιήτης τάδε ἔλεξε Πειρίθου υἱὸς Βροτίνῳ καὶ Λέοντι καὶ Βαθύλλῳ· περὶ τῶν ἀφανέων, περὶ τῶν θνητῶν, σαφήνειαν μὲν θεοὶ ἔχοντι, ὡς δὲ ἀνθρώποις τεκμαίρεσθαι καὶ τὰ ἑξῆς（残篇一，第尔斯《前苏格拉底哲学家残篇》14b1）。这段残篇并没有使用常见的多里亚方言的事实有力地支持了它的真实性。

② 按照各式各样的记载，布罗提诺斯（或布朗提诺斯）是毕达哥拉斯的女婿或岳父。莱翁是扬布里柯的名录中的几个麦塔彭人之一（第尔斯，《前苏格拉底哲学家残篇》45A），而巴苏罗斯大概正是同样在名录中被提到的波塞冬尼亚人巴苏劳斯。

③ 比尔教授在《古希腊的基本认知理论》中对早期历史中有关这个问题的方方面面进行了集中讨论。我必须将这部著作介绍给读者，这有助于对所有细节做进一步的了解。

④ 塞奥弗拉斯特，《论感觉》26（比尔，第252页，注释1）。关于阿尔克迈翁的解剖学，我们只有哈尔西狄乌斯的权威记载，而他则是从更为古老的材料来源中获得的关于这一方面的信息。这些πόροι以及由损伤所作出推断的真实性可以由塞奥弗拉斯特担保。

⑤ 具体可见比尔，第11页以下（视觉），第93页以下（听觉），第131页以下（嗅觉），第180页以下（触觉），第160页以下（味觉）。

略异常。据说，他接受了阿那克西美尼关于太阳的理论以及赫拉克利特对日食、月食的解释。[1] 然而，如果我们确实能够认为巴门尼德在诗歌的第二部分所反映的是毕达哥拉斯的观点，我们就可以看出，他在这些问题上并没有比米利都学派走得更远。他有关诸天体的理论仍然立足于"气象学"。更值得注意的是，人们将行星的轨道运动方向与诸天的周日自转方向完全相反的观点归给了阿尔克迈翁。这一观点可能是他从毕达哥拉斯那里了解到的，它自然而然地使我们想起了在阿那克西曼德体系中所发现的那些困难。[2] 这无疑与他有关灵魂不朽——因为它类似于不朽的东西，并像天体一样永远处于运动状态——的主张密切相关。[3] 事实上，似乎正是此人提出了那套由柏拉图借毕达哥拉斯主义者蒂迈欧之口宣讲出来的奇怪观点，即灵魂在自身之中有旋转的圆环，就像诸天以及诸行星一样周转不停。这似乎也可以解释他进一步提出的主张，即人之所以死亡是因为他不能将开始与结束合二为一。[4] 诸天体的运行轨道总是完美的圆形，但在人头脑中，圆却可能无法完成自身。

阿尔克迈翁视健康为"平等"，该理论显然会立即将他与阿那克西曼德等早期研究者联系起来，这一理论也对后世的哲学发展产生了至为深远的影响。他首先注意到"人类大多数东西都成双成对"，他的意思是，人是由热和冷、湿和干以及其他相反者构成的。[5] 疾病只是上述对立面中任意一方的"独裁"——这与阿那克西曼德的所谓"不正义"是一个意思——而健康

195

---

[1] 埃修斯，ii.22，4，πλατὺν εἶναι τὸν ἥλιον [太阳是宽的]；29，3，κατὰ τὴν τοῦ σκαφοειδοῦς στροφὴν καὶ τὰς περικλίσεις (ἐκλείπειν τὴν σελήνην) [(月发生食) 是由于碗状物的旋转和倾斜]。

[2] 埃修斯，ii.16，2，(τῶν μαθηματικῶν τινες) τοὺς πλανήτας τοῖς ἀπλάνεσιν ἀπὸ δυσμῶν ἐπ' ἀνατολὰς ἀντιφέρεσθαι.τούτῳ δὲ συνομολογεῖ καὶ Ἀλκμαίων. [(按照数学) 行星都朝着与恒星相反的方向运动，自西向东。而阿尔克迈翁承认这一点。] 关于阿那克西曼德体系中的困难，见第61页以下。

[3] 亚里士多德，《论灵魂》，A，2.405a30 (《希腊哲学史》66c)。

[4] 亚里士多德，《问题篇》17，3.916a33，τοὺς ἀνθρώπους φησὶν Ἀλκμαίων διὰ τοῦτο ἀπόλλυσθαι, ὅτι οὐ δύνανται τὴν ἀρχὴν τῷ τέλει προσάψαι [阿尔克迈翁说，人之所以死亡是因为他们不再能够将开始同结束连接]。

[5] 亚里士多德，《形而上学》A，5.986a27 (《希腊哲学史》66)。

则是基于平等律法之上的自由统治。① 这是西西里医学学派最为重要的学说，我们将在随后考察它对毕达哥拉斯主义发展的影响。它和"孔道"学说一起，在后世科学中扮演着至关重要的角色。

196

---

① 埃修斯，v.30，I，Ἀλκμαίων τῆς μὲν ὑγιείας εἶναι συνεκτικὴν τὴν ἰσονομίαν τῶν δυνάμεων, ὑγροῦ, ξηροῦ, ψυχροῦ, θερμοῦ, πικροῦ, γλυκέος, καὶ τῶν λοιπῶν, τὴν δ' ἐν αὐτοῖς μοναρχίαν νόσου ποιητικήν· φθοροποιὸν γὰρ ἑκατέρου μοναρχία [阿尔克迈翁认为，健康的关键是各种力量的"平等"，湿和干，冷和热，苦和甜，以及其余，在这之中的"独裁"可以造成疾病，因为任何一方的独裁都是毁灭性的]。

第五章

阿克拉加斯的恩培多克勒

97. 多元论

早期伊奥尼亚学派普遍相信万物是一，而今巴门尼德却表明，如果这"一"确实是，我们就必须承认它不能以不同的形式存在。感觉极具欺骗性，它向我们呈现出一个流变且具有多样性的世界。人们似乎无法回避他的论证，因而我们发现，自此以后，所有真正推进了哲学发展的思想家们都放弃了一元论的假设。那些仍坚持一元论的人们则采取了一种批判性的态度，使自己立足于辩护巴门尼德的学说来反对一切新的观点。其他人则宣扬一种被极端化了的赫拉克利特的学说，还有些人继续阐述早期米利都学派的体系，但这一时期最杰出的人物却都是多元论者。物质主义的假设已被证明根本无法承载任何一种一元论的结构。

98. 恩培多克勒的生平

恩培多克勒是西西里的阿克拉加斯的公民。他是唯一在哲学史上占有重要地位的多里亚城邦的本土公民。[①] 据信，他父亲的名字是墨同。[②] 他的祖父也被叫做恩培多克勒，并在第 71 届奥林匹亚赛会（公元前 496—前 495 年）

---

① 见导言 § Ⅱ（第 3 页）。

② 埃修斯，i.3，20（《希腊哲学史》164），阿波罗多洛斯，载于第欧根尼 viii.52（《希腊哲学史》162）。比德兹在《恩培多克勒传》（冈，1894）中对恩培多克勒的生平细节进行了讨论，并对材料来源进行了细致的评析。

179

197 上赢得马术比赛。① 阿波罗多洛斯将恩培多克勒本人的盛年定在了第 84 届奥林匹克赛会的第一年（公元前 444—前 443 年），这正是图里城建城的时间。从第欧根尼的引述中可以看到，公元前五世纪的传记作家瑞吉翁的格劳克斯② 曾说，恩培多克勒在新城建成后不久便造访了那里。但我们并不一定要相信他在那时年仅 40 岁。这是阿波罗多洛斯通常的假设，但我们有理由认为这个对应其盛年的年份太迟了。③ 更可能的情况是，恩培多克勒直到被从阿克拉加斯放逐之后才去的图里，而事发时他可能已经年逾四十。因此，我们最多只能说，他的祖父在公元前 496 年依然健在；而他自己在公元前 472 年，亦即塞戎死后仍活跃于阿克拉加斯；并且，他逝世于公元前 444 年之后。

99. 作为政治家的恩培多克勒

恩培多克勒无疑在塞戎死后的一系列政治事件中发挥了重要作用。西西里的历史学家蒂迈欧似乎对此已经有过深入的论述，并讲述了一些故事，

198 这些故事显然来自后来若干流传了约有一百五十年的真实传统。但正如所有流行的传统一样，这些传统同样有些含混不清。故事的生动枝节被记录下来，主干却被略去不提。不过，我们或许仍要感谢这位"不经之谈的收集

① 关于这件事，我们有阿波罗多洛斯的可靠记载（第欧根尼 viii.51，52；《希腊哲学史》162），而阿波罗多洛斯所遵循的是埃拉托斯塞奈斯《奥林匹亚赛会优胜者》，为后者所采信的是亚里士多德。赫拉克勒德斯在他的《论疾病》（Περὶ νόσων）（见下文第 182 页，注释③）中，曾谈到更为年长的恩培多克勒是位"饲马师"（《希腊哲学史》162a），而蒂迈欧在其著作的第十五卷中提到了他。萨堤洛斯则混淆了他和他的孙子。

② 格劳克斯曾撰写过一部 Περὶ τῶν ἀρχαίων ποιητῶν καὶ μουσικῶν [《论创制和音乐的开端》]，据说与德谟克利特生活在同一个时代（第欧根尼 ix.38）。阿波罗多洛斯补充说（《希腊哲学史》162），按照亚里士多德和赫拉克勒德斯的说法，恩培多克勒在六十岁时去世。可是我们将会看到，ἔτι δ' Ἡρακλείδης [译者按；以及赫拉克勒德斯] 这几个词是施图茨的猜测，抄本中写的是 ἔτι δ' Ἡράκλειτον [译者按；以及赫拉克利特]，而第欧根尼肯定地说（ix.3）赫拉克利特活了六十岁。另一方面，如果亚里士多德的说法来自 Περὶ ποιητῶν [《论创制》]，那么我们不清楚他究竟为什么要提到赫拉克利特，而赫拉克勒德斯是恩培多克勒传记的一个主要来源。这两个名字经常被搞混。

③ 见第尔斯，《恩培多克勒和高尔吉亚》，2（《柏林科学院会议报告》，1884）。塞奥弗拉斯特宣称（《希腊学述》第 477 页，17）恩培多克勒出生在"阿那克萨戈拉之后不久"，即在公元前 500 年后不久（见下文 §120）。由于他一定在巴门尼德之后，因而我们遵循柏拉图的观点，认为巴门尼德比阿波罗多洛斯所认为的要年长约十五岁（见上文 §84）。一般我们应该注意，图里建城的这个标志性时间在很多地方都误导了阿波罗多洛斯。近乎每一个和图里有关的人（例如希罗多德，普罗泰戈拉）都被说成是出生在公元前 484 年。

者"①——正如他的批评者们所称呼他的那样——他通过向我们展示恩培多克勒同时代者的曾孙们有关这个人的记述，让我们能够估量此人在历史上的重要性。② 所有的故事都意在显示他民主信念的力量，我们特别被告知，他曾解散千人议事会——这或许是某个寡头组织或小团体。③ 也许正因为如此，他才获得了那个据亚里士多德所言他曾拒绝了的王位。④ 不管怎么说，我们看到恩培多克勒是那个时代阿克拉加斯伟大的民主领袖，尽管我们并不清楚他具体做了什么。

100. 作为宗教导师的恩培多克勒

然而，恩培多克勒还有着另一个公共身份，蒂迈欧发现这很难与其政治观点保持一致。他自称是神，还以此身份接受同胞的敬意。事实上，恩培多克勒不仅仅是一位政治家，他身上还有不少"医师"的影子。根据萨堤洛斯的说法，⑤ 高尔吉亚坚称自己曾在他的老师施行巫术的时候在场。我们可以从《净化》的残篇中看到这究竟是什么意思。恩培多克勒是新宗教的传道者，该宗教寻求通过纯净和禁欲而从"生之轮回"中解脱出来。俄耳甫斯教在塞戎治下的阿克拉加斯似乎影响甚广，甚至在恩培多克勒的诗歌与品达向王子述说的那首俄耳甫斯颂诗之间，也存在着若干措辞上的一致。⑥ 另一方面，没有理由怀疑阿摩尼乌斯在残篇 134 中指的是阿波罗，⑦ 如果确实如此，

199

---

① 此人在索伊达斯的相应词条中被称作 γραοσυλλέκτρια。

② 例如蒂迈欧（载于第欧根尼 viii.64）曾说，有一次他被邀请与一位执政官共进晚餐。晚餐很丰盛，却没有招待酒水。其他人什么也没说，但恩培多克勒很生气，并坚持上酒。可是主人说他在等议事会的军士官。那个官员到达后便被任命为宴会的主持人。这当然是主人的任命。他随即表现出一种暴政的端倪，命令大家要么饮酒，要么把酒浇在他们的头上。恩培多克勒当时什么也没说，但第二天便将他们俩——宴会的主人和主持人——带到法庭，并将二人一并处死！这个故事使我们想起了带有恐怖色彩的无礼控告。

③ 第欧根尼，viii.66, ὕστερον δ' ὁ Ἐμπεδοκλῆς καὶ τὸ τῶν χιλίων ἄθροισμα κατέλυσε συνεστὼς ἐπὶ ἔτη τρία [后来，恩培多克勒在千人议事会成立三年后将其解散]。ἄθροισμα 一词不太可能是指某种合法的议会，而 συνίστασθαι 指的是某种阴谋集团。

④ 第欧根尼，viii.63。亚里士多德可能在他的《智者》中提到此事。参见第欧根尼，viii.57。

⑤ 第欧根尼，viii.59（《希腊哲学史》162）。萨堤洛斯可能采信了阿尔基达马斯。第尔斯认为（《恩培多克勒和高尔吉亚》，第 358 页）阿尔基达马斯的 φυσικός [《自然哲人》] 是一篇以高尔吉亚为主要叙述者的对话。

⑥ 见比德兹，第 115 页，注释 1。

⑦ 见下文，见相应的注释。

那便意味着他和我们所了解到的（§39）毕达哥拉斯一样，信奉一种伊奥尼亚的神秘主义学说。此外，蒂迈欧已经知道恩培多克勒曾因"剽窃论述"而被毕达哥拉斯派盟会开除的故事，[①] 总的来说，残篇 129 很可能指的是毕达哥拉斯。[②] 于是，恩培多克勒似乎极有可能宣扬某种被当时团体领袖们以为是不正统的毕达哥拉斯学说。与他相关的那些奇迹本身似乎只是对他在诗歌中各种暗示的演变结果。[③]

101. 修辞学和医学

亚里士多德宣称恩培多克勒是修辞学的发明者；[④] 盖伦则主张他是意大利医学学派的创始人，并将该学派与科斯和科尼多斯的那些医学学派相提并论。[⑤] 在考虑这两种说法时都必须同他的政治和科学活动相联系。高尔吉亚很可能是他的门徒，而且他也一定做过许多演讲，这些演讲很可能都带有后来被高尔吉亚介绍到雅典的那种措辞华丽的特点，正是这种特点产生了艺术散文的观念。[⑥] 可是他对医学发展产生的影响则更为重大，因为他不仅影响

---

① 第欧根尼，viii.54（《希腊哲学史》162）。

② 见下文，见相应的注释。

③ 例如，蒂迈欧曾说道（载于第欧根尼，viii.60）他是如何通过把驴皮挂在树上来兜住地中海的风进而减弱其强度的。在残篇 111 中，他说他所传授的科学知识将使他的门徒能够控制风。我们还听说他如何使一个已经停止呼吸、没有脉搏长达三十天的女人起死回生。在残篇 111 中，他告诉鲍萨尼亚斯，他的教导能够使他将死者从哈得斯那里领来。关于奄奄一息者（the ἄπνους）的故事在蓬图斯的赫拉克勒德斯所著 Περὶ νόσων [《论疾病》] 中被详细地记载下来，而第欧根尼说，它被恩培多克勒同鲍萨尼亚斯联系起来。这给我们留下一条这些故事究竟何以形成的线索。参见赫拉克利特那则非常相似的轶事，第 118 页，注释④。

④ 第欧根尼，viii.57（《希腊哲学史》162g）。

⑤ 盖伦，《医术》i.1，ἤριζον δ' αὐτοῖς（the schools of Kos and Knidos）... καὶ οἱ ἐκ τῆς Ἰταλίας ἰατροί, Φιλιστίων τε καὶ Ἐμπεδοκλῆς καὶ Παυσανίας καὶ οἱ τούτων ἑταῖροι [那些来自意大利的医师菲利斯提翁、恩培多克勒、鲍萨尼亚斯以及他们的伙伴在那场高尚的较量中和他们（科斯学派和科尼多斯学派）进行竞争]。菲利斯提翁与柏拉图同时代，也是他的朋友；鲍萨尼亚斯是恩培多克勒的门徒，恩培多克勒正是为他创作了这首诗歌。

⑥ 见第尔斯，《恩培多克勒和高尔吉亚》（《柏林科学院会议报告》，1884，第 343 页以下）。宣称高尔吉亚是恩培多克利的门徒的最古老的权威记载来自萨堤洛斯，载于第欧根尼，viii.58（《希腊哲学史》162）；但他的信息来源似乎是阿尔基达马斯，而阿尔基达马斯正是高尔吉亚本人的门徒。在柏拉图的《美诺篇》（76c4-8）中，恩培多克勒的流射和孔道理论被归给了高尔吉亚。

了医学本身，还藉此影响了整个科学思维的倾向。相传恩培多克勒没有继任者，[①] 如果我们将讨论严格地限制在哲学范围内，这样说也并无不可，但他一手创立的医学学派直到柏拉图的时代仍十分活跃，并对后者产生了不小的影响，而对亚里士多德的影响尤甚。[②] 这一学派的基本学说是将四元素等同于热和冷、湿和干。还认为我们通过身体的所有孔道进行呼吸，而呼吸活动同血液的流动密切相关。心脏——而非大脑——被认为是意识的器官。[③] 由恩培多克勒的追随者们所传授的医学有一个更外在的特点，那就是他们仍墨守医学具有某种神秘本性的观念。某位科斯学派中人针对这种观念所提出的异议被保存了下来。他将他们称作"自称特别虔诚的术师、净化者、江湖骗子和庸医"。[④]

201

102. 同前代学者的关系

在恩培多克勒的传记中，我们未曾听闻他关于自然的学说，所得到的线索只有关于他师承的一些说法。阿尔基达马斯有很好的机会了解恩培多克勒，认为他与芝诺同在巴门尼德门下受教。塞奥弗拉斯特也认为他是巴门尼德的追随者和仿效者。但此外，有关他曾"受教于"毕达哥拉斯的说法不可能成立。阿尔基达马斯所指的无疑是"毕达哥拉斯主义者"。[⑤]

有作家认为，恩培多克勒体系的某些部分——特别是其孔道和流射理

---

① 第尔斯（《柏林科学院会议报告》，1884，第 343 页）。

② 见 M. 韦尔曼，《希腊医学家残篇集》，第一卷（柏林，1901）。在韦尔曼看来，柏拉图（在《蒂迈欧篇》中）和卡利斯托斯的迪奥克莱斯都奠基于菲利斯提翁的学说。如果不始终谨记医学的发展历史，就无法理解自此以降的哲学史。

③ 关于四元素，参见匿名的朗德恩西斯，xx.25（梅农的《伊阿特里卡》），Φιλιστίων δ᾽ οἴεται ἐκ δ᾽ ἰδεῶν συνεστάναι ἡμᾶς, τοῦτ᾽ ἔστιν ἐκ δ᾽ στοιχείων· πυρός, ἀέρος, ὕδατος, γῆς. εἶναι δὲ καὶ ἑκάστου δυνάμεις, τοῦ μὲν πυρός τὸ θερμόν, τοῦ δὲ ἀέρος τὸ ψυχρόν, τοῦ δὲ ὕδατος τὸ ὑγρόν, τῆς δὲ γῆς τὸ ξηρόν [而菲利斯提翁认为，我们是由形式构成，亦即由元素——火、气、水、土——构成。每一种都是一种能，火是热，气是冷，水是湿，土是干]。关于呼吸理论，见韦尔曼，第 82 页以下；关于意识乃心之所主，同上，第 15 页以下。

④ 希波克拉底，《论神圣的疾病》（Περὶ ἱερῆς νόσου），C1，μάγοι τε καὶ καθάρται καὶ ἀγύρται καὶ ἀλαζόνες [术师、净化者、江湖骗子和庸医]。整段话都应被读到。参见韦尔曼，第 29 页注释。

⑤ 第欧根尼，viii.54-56（《希腊哲学史》162）。

论（§118）——曾受到留基波的影响。① 然而我们知道，阿尔克迈翁（§96）曾在讨论感觉时提到了"孔道"，恩培多克勒更可能是从他那里接受了这个理论。此外，这也更符合其他某些为阿尔克迈翁以及后来伊奥尼亚哲学家们所共享的生理学观点的发展历史。我们大体能够看到，这些观点是由恩培多克勒所创立的医学学派传播到的伊奥尼亚地区的。②

103. 逝世

我们被告知恩培多克勒为了使自己能被视为神而纵身跳入埃特纳火山之中。这似乎是对某个由他的信徒所传颂故事的恶意歪曲，③ 该故事原本说他在那个夜晚升到天空。④ 这两个故事都不难被人接受，因为当地并没有这样的传统。恩培多克勒并非逝世于西西里 [译者按：埃特纳火山位于西西里岛东海岸]，而是在伯罗奔尼撒半岛，抑或是在图里去世。而他到访过雅典绝不是什么不可能的事。⑤ 柏拉图声称苏格拉底早年便熟悉了他的各种观点，老克里提亚还曾采纳了他的某个极具特色的学说。⑥

---

① 第尔斯，《语文学家论争文集 35》，第 104 页以下，策勒，第 767 页。如果能证明恩培多克勒受到留基波的影响，这对后面几章的主要论点来说将是致命的。我希望表明，留基波受到了后期毕达哥拉斯学派学说的影响（第九章，§171），这反过来也受到恩培多克勒的影响（第七章，§147）。

② 关于阿尔克迈翁的 πόροι，参见亚里士多德，《论动物的生成》，B，6.744a8；塞奥弗拉斯特《论感觉》，26；关于其胚胎学以及其他观点通过恩培多克勒传给伊奥尼亚自然学家的途径，参见弗雷德里希，《希波克拉底研究》第 126 页以下。

③ 《希腊哲学史》，162 h。这个故事在被讲述时总带有敌意。

④ 《希腊哲学史》，同上。这个故事由蓬图斯的赫拉克勒德斯讲述，它出现在恩培多克勒有关 ἄπνους [奄奄一息] 的传奇故事的最后。

⑤ 蒂迈欧在一定程度上驳斥了这些常见的故事（第欧根尼，viii.71 以下，《希腊哲学史》，同上）。他非常肯定恩培多克勒在前往奥林匹亚向希腊人朗诵过他的诗歌之后，就再也没有返回西西里。前往图里殖民的计划当然在奥林匹亚得到了讨论，同时我们知道来自伯罗奔尼撒半岛和其他地方的希腊人也加入了讨论。他之所以会去雅典很可能与此事相关。

⑥ 见我所编辑的《斐多篇》96b4 注释。关于克里提亚，见亚里士多德《论灵魂》，405b6。这正是出现在柏拉图《蒂迈欧篇》中的那个克里提亚，他当然不是三十僭主中的那位，而是他的祖父。《蒂迈欧篇》中的克里提亚是位老人，他对那些发生在自己童年的事件记得一清二楚，但却全然忘却了发生在前几天的事情（《蒂迈欧篇》26b）。他还告诉我们梭伦的诗歌在他小的时候是很新奇的（同上 21b）。很难理解他是如何被认为是一个寡头的，尽管第尔斯、维拉莫维茨和 E. 迈耶似乎在将他与那位寡头等同时都没有感到困难。同样十分清楚的是，那个和阿那克翁交换诗歌般恭维的一定是祖父（第尔斯，《前苏格拉底哲学家残篇》3 ii. 第 81 页，B1）。三十僭主中的克里提亚斯并没有善终。

104. 著作

如果不考虑讽刺作家色诺芬尼的话，那么恩培多克勒便是第二位用诗歌阐述自己体系的哲学家。他也是希腊人中最后的一个，因为伪毕达哥拉斯的诗歌可以暂且忽略。卢克莱修在这一方面效仿了恩培多克勒，就像恩培多克勒效仿巴门尼德一样。当然，诗歌的意象给诠释者带来了困难；但相较于赫拉克利特的散文，从恩培多克勒的诗句中把握其哲学要旨还是更容易一些。

105. 残篇

相较于任何早期希腊哲人，我们所掌握的恩培多克勒的残篇都更丰富。如果我们能够相信第欧根尼和索伊达斯的抄本，那么亚历山大里亚的图书管理员们曾估计《论自然》和《净化》总共有 5000 行，其中大约 2000 行属于前者。① 第尔斯提供了其中的 350 行，以及他有关宇宙论诗歌的部分诗行，这些或不足全部的五分之一。铭记这一点至关重要：即使在这种有利的情况下，仍有大量材料佚失。其他被亚历山大里亚的学者们归在恩培多克勒名下的诗歌可能并非出自他的手笔。②

我按照第尔斯的编排顺序列出这些残篇：

(1)

鲍萨尼亚斯，智者安吉特斯之子，请君侧耳听！

(2)

由于散布在他们全身各处的种种能力是拮据的，而突然降临在他

---

① 第欧根尼，viii.77（《希腊哲学史》162）；索伊达斯在相应的词条下 Ἐμπεδοκλῆς· καὶ ἔγραψε δι' ἐπῶν Περὶ φύσεως τῶν ὄντων βιβλία β′, καὶ ἔστιν ἔπη ὡς δισχίλια［恩培多克勒：他撰写过六音步诗《论存在者的本性》两卷，约有两千行］。然而，《净化》似乎不太可能长达 3000 行，因此第尔斯主张将第欧根尼的 πεντακισχίλια 读作 πάντα τρισχίλια。见第尔斯，《论恩培多克勒的诗》（《柏林科学院会议报告》，1898，第 396 页以下）。

② 罗德的希罗尼穆斯宣称（第欧根尼，viii.58）他曾见到恩培多克勒的四十三部悲剧；但是参见斯坦因，第 5 页以下。他还提到（第欧根尼，viii.57）关于希波战争的诗歌，它似乎从亚里士多德《问题篇》929b16 的变体文本而来，贝克尔读作 ἐν τοῖς Περσικοῖς［在他的《论希波战争》中］。可是在《气象学》Δ, 4.382a1 中，相同的文本据说写的是 ἐν τοῖς φυσικοῖς［在他的《论自然》中］，尽管 E 在那里同样有 Περσικοῖς。

们身上的灾难很多，使他们谨慎的思虑迟钝！他们只看到了其本身并非生命的生命的一小部分，① 并且注定转瞬即逝，像青烟一样升腾、消散。每一个人都只相信 [5] 他在各条路上步履匆匆时偶然碰到的东西，并漫不经心地夸耀他发现了整体。这些事物极不可能被人的眼睛看见，或被人的耳朵听见，也极不可能为他们的心灵所把握！然而，既然你已找到自己到达此地的途径，你就一定不会比有死者的心灵所能了解的更多。《希腊哲学史》163。

（3）

……铭记在你沉默的心中。

（4）

但是诸神啊，请使我的口舌避开那些人的疯狂。请使我的唇齿神圣，让纯洁的泉源自它流出！而您，被多方拜求的、白臂的处女缪斯啊，我恳求让我能够倾听那依法只给朝生暮死的孩童们听到的内容！请你加速我由虔敬的住所而来的前行之路，御驶 [5] 我的马车！在有死者手上没有任何光荣的花环会让你将它们从地上拾起，如果他们借你之名言说那逾越了合法且正当的事物，以便在智慧之上攫取一席之地。

来吧，运用你的各种官能，用一种使每个事物都清楚的方式仔细考量。不要认为你的视觉比 [10] 你的听觉更加可靠，也不要认为你轰鸣的耳朵胜过你舌头清楚明白的指导；② 也不要对你身体上其他理解力由之开启的任何部分妄自菲薄，而要用一种使每一事物都清楚的方式来对它们仔细考量。《希腊哲学史》163。

（5）

但实在有太多低劣的心智怀疑比他们更美好的心智。一旦我的话语在你的内心中分散开来，③ 你就一定要按照我的缪斯向你吩咐的可靠

---

① 塞克斯都的抄本写的是 ζωῆσι βίου。第尔斯读作 ζωῆς ἰδίου。我还是倾向于接受斯卡利杰尔的 ζωῆς ἀβίου。参见残篇 15，τὸ δὴ βίοτον καλέουσι [他们所谓的生命]。

② 指的是味觉而非言语。

③ 克莱门特将其读作 διατμηθέντος 很可能成立，如果我们将 λόγοιο 理解为"论述""论证"的话（参见 διαιρεῖν [分开，分散]）。第尔斯猜测是 διασσηθέντος，并翻译为"当他们的话语穿透过你心灵的滤网时"。

说明那样学习。

(6)

首先请听万物的四根：闪耀的宙斯，赐予生命的赫拉，埃冬纽斯和奈斯提斯，其泪水是有死者的甘泉。《希腊哲学史》164。[①]

(7)

……非被生成的。

(8)

我将告诉你另一件事。并不存在任何一种有朽之物的实体[②]，它们邪恶的死亡也没有任何终结。它们只是混合在一起的东西的混合和交换。实体不过是人们给予这些事物的一个名相。《希腊哲学史》165。

205

(9)

但是他们（主张?）当光和气（偶然地?）按照人的样式，或按照野兽、植物或鸟类的样式混合的时候，事物便生成了，而当这些事物再一次分离时，他们便（错误地?）称之为不幸的死亡。我自己也依照

---

① 这四种"元素"是借用神话中神的名字被提出的，关于这个问题，参见下文第209页，注释③。

② 普鲁塔克（《驳克罗泰斯》1112a）宣称，φύσις 在这里意为"出生"，正如它作为死亡的相反者所表明的那样，并且，迄今为止的所有注释家（包括我自己）都采信了这种解释。另一方面，这则残篇显然是在讨论 θνητά [有死者们]，而恩培多克勒不可能是在说有死者不会死亡。θνητά 不过是四种元素的有朽的结合物（参见，残篇 35，11），并且问题的关键是他们不断地生成并毁灭。因此，正如洛夫乔伊教授所指出的那样（《哲学评论》，xviii. 第371页以下），θανάτοιο τελευτή [死亡的终结] 在这里不可能被等同于 θάνατος [死亡]，它的意思很可能是"死亡的终结"。而在一段文本中（《形而上学》Δ，4.1015a1），亚里士多德仔细区分了 φύσις 的各种含义，并援引这行诗来说明 ἡ τῶν ὄντων οὐσία [存在者的实体] 的含义（进一步的讨论见附录）。我将 ἐπὶ τοῖσδ᾽ [给予这些的] 这个短语理解为 ἐπὶ τοῖς θνητοῖς [给予有死者们的]，并且根据我对这则残篇的理解，暂存的复合物或结合物——诸如肉，骨，等等——并没有自己的 φύσις。唯有这四种"不朽的"元素各自具有不灭的 φύσις。阿波罗尼亚的第欧根尼否认"元素"具有终极实在性的方式证实了这种解释。他说（残篇2）εἰ τούτων τι ἦν ἕτερον τοῦ ἑτέρου, ἕτερον ὂν τῇ ἰδίᾳ φύσει [如果这些中的任何一个和其他都不相同，那么它便是因其本性而与众不同]，亦即，他宣称元素是 θνητά。

这种习惯并如此这般地称呼它。①

（10）

206

复仇着的死亡。

（11，12）

愚夫！——因为他们没有深远的思虑，——他们认为那从前不是的东西能够生成，或者任何事物都能够湮灭而且被彻底毁灭。因为任何事物都不可能从绝对的不是者中生成，是者不可能、也从未听说它会湮灭；因为它将永远是，无论 [5] 人们将它放在哪里。《希腊哲学史》165a。[译者按：恩培多克勒在这里明显是在呼应巴门尼德的残篇8。我们在第158页的注释①中对巴门尼德哲学中系词的翻译原则进行了说明，即，在巴门尼德强调系词的逻辑功能的情况下，将其翻译为"是"，相应地将 τὸ ὄν 译为"是者"，而在强调对象存在的论述中，会遵照汉语表达习惯将其翻译为"存在"。巴门尼德对其后的自然哲学家产生了巨大影响，他们在写作中甚至会直接使用巴门尼德的术语 τὸ ὄν 来回应后者有关存在问题的思考。为了强调哲学家们在思想史上的联系，我们将哲学家们在呼应巴门尼德思想时所使用的 τὸ ὄν 一词统一译为"是者"，并将相关的系词翻译为"是"，而在其他强调对象之存在的论述中，则会遵照汉语表达习惯将系词翻译为"存在"。]

---

① 根据我的理解，这则残篇讨论的是"元素"，其中 φῶς 和 αἰθήρ（火和气）被作为例子。它们并不经历生成和毁灭，就像残篇 8 中的 θνητά 那样，并且将这些术语运用于它们之上，如同用 φύσις 一词来描述有生有死的有朽的结合物一样是一种惯例。普鲁塔克的文本是残破的，有两三处缺文，但通常的复原又和传统相去甚远。我的复原建议如下，这一方案至少有一个优点，即，它无须改动任何一个字母：

οἱ δ᾽ ὅτε μὲν κατὰ φῶτα μιγὲν φῶς αἰθέρι[κύρσῃ]，

ἢ κατὰ θηρῶν ἀγροτέρων γένος ἢ κατὰ θάμνων

ἠὲ κατ᾽ οἰωνῶν, τότε μὲν τὸ ν[έμουσι] γενέσθαι·

εὖτε δ᾽ ἀποκρινθῶσι, τάδ᾽ αὖ δυσδαίμονα πότμον

ἢ θέμις[οὐ] καλέουσι, νόμῳ δ᾽ ἐπίφημι καὶ αὐτός.

我将第四行的 τάδε 理解为"元素"（例如火和气），严格来说它们与其结合物不同，是不生不灭的。我认为，火和气之所以被特别提到，是因为有灵魂生物的生命仰赖于它们。土和水就其自身是不可能产生生命的。

（13）

而在整全中既无空无，亦无充盈。

（14）

在整全中没有空无。那么，它在何处可能再增添任何事物呢？

（15）

一个在这些问题上智慧的人，永远不会在他的心中揣测：有死者们活他们所谓的生命有多久，他们就存在多久，并经历好运与厄运；而在他们形成之前，以及在衰解之后，他们根本只是虚无。《希腊哲学史》165a。

（16）

因为既然它们（争斗和友爱）以前就存在，那么它们也将会存在；并且在我看来，在无穷的时间中这一对也永远不会缺失。《希腊哲学史》166c。

（17）

我将告诉你一个双重的故事。有时它只从多中生长为单一；有时它被分为多而不是一。有朽之物的生成是双重的，而毁灭也是双重的；万物的聚合造成了一个生成，并将其破坏；而另一个则会成 [5] 长，并像被分开的事物一样解体。这些事物从不停止连续的位置变换，时而万物通过友爱合而为一，时而每一个又由于争斗之憎恨朝不同方向被分开。这样，就它们的本性使它们从多中生出一，并且一在被四分五裂之后 [10] 再次成为多而言，它们是生成的，它们的生命也不停留。但是，由于它们从不停止连续的位置改变，就它们围绕存在的循环流转而言，又始终是不动的。

……

但是来吧，请听我的话，因为正是学习让人增长智慧。正如我先前所说，在我宣示我言谈开头 [15] 的时候，我将告诉你一个双重的故事。有时它长在一起，只从多成为一，有时它又被分得四分五裂，以至于是多而不是一；——火和水和土和广袤的气；在这些之外还有可憎的争斗，对每一个的影响均等，而友爱在它们中间，[20] 长和宽相等。你一定要用你的心智将她沉思，而不是双目失神地坐着。据知，正是她被灌注在有死者的身体中。正是她使他们具有了关于友爱的思想，产生了和平。他们用欢乐之神和阿佛洛狄忒的名字来称呼她。还没有

207

有死者曾［25］留意到在他们中间绕来绕去的她，① 但你一定要注意我无欺的讲述。

因为全部这些都相等并且同样地古老，然而各自掌握某种特殊的权力，并拥有自己独特的本性，但随着时间的流转它们依次占据上风。而且在这些之外［30］无物生成，它们也不会毁灭；因为，如果它们曾不断地毁灭，它们现在将不再存在，并且又有什么能够使这整全有所增加，而它又来自何处呢？同样地，它如何会毁灭，既然这些事物没有真空？那里只有这些，但彼此相互贯通，它们时而［35］变成这，时而变成那，② 如此这般，直到永远。《希腊哲学史》166。

(18)

友爱。

(19)

紧抓不放的友爱。

(20)

这（友爱与争斗的竞争）在有死者的肢体中十分明显。有时，友爱在催发生命的旺季，将作为身体部分的所有肢体团结；有时，它们被残酷的争斗切割，独自［5］在生命之海的浪边徘徊。植物，住在水里的鱼类，栖息于丘山之上的兽类，以及靠翅膀翱翔的水鸟，皆是如此。《希腊哲学史》173d。

(21)

来吧现在，看一看那见证了我先前论述的事物，以防在先前清单中，关于它们形式的仍有什么缺陷。且看那太阳，处处明亮且温暖，以及那沐浴在炎炎且明亮之光辉中的所有不朽者。③ 且看那雨水，处处黑暗且冰冷；［5］以及从土中长出致密且坚固的东西。当它们处于仇恨

---

① 读作 μετὰ τοῖσιν。可是我依然认为克纳茨基于古文书学所提出的令人钦佩的猜测 μετὰ θεοῖσιν（亦即，在元素中间）是值得考虑的。

② 认同第尔斯，保留了 ἄλλοτε。

③ 与第尔斯一样，读作 ἄμβροτα δ' ὅσσ' ἴδει。关于 ἶδος［热，炎热］这个词，参见残篇 62,5；73，2。这里提到的是由凝固的气构成的月亮以及其他天体，从火半球那里它们获得自己的光芒。见下文，§113。

之中，所有这些全都具有了不同的形式并分离开来；而在友爱中它们聚集起来，并且渴望彼此。

因为从这些之中已涌现出一切曾是、现在是并且今后将是的事物——树木、男人和女人，野兽、飞鸟以及 [10] 寓居水中的游鱼，是的，还有那寿高尊荣的诸神。《希腊哲学史》166i。

因为存在的只是这些，但它们相互贯通，获得不同的形状——混合就是这样将它们改变。《希腊哲学史》166g。

(22)

因为所有这些——太阳、大地、天空和海洋——与它们被分散各处、位于有朽之物中的所有部分是合而为一的。即使如此，所有更适于混合的东西都彼此相似，并在友爱之中被阿佛洛狄忒统而为一。[5] 此外，那些在起源、混合以及各自形式上差别最大的东西，也是最敌对的，完全不习惯于统一，并且由于争斗的命令而感到遗憾，因为争斗已使它们产生出来了。

(23)

正像画家在精心绘制奉献给神庙的作品，智慧已很好地教导了这些人技艺，——在他们用双手抓取各色颜料的时候，他们按照合适的比例将它们混合，一些多些，另一些则少些，从它们那里便产生出相似于一切的形象，造出了树木、[5] 男人和女人，野兽、飞鸟以及寓居水中的游鱼，是的，还有那寿高荣尊的诸神，——这样，请不要让这谬误遍布你的心智，① 认为无可计数的有死生物有其他的来源。要清楚地知道这一点，因为你是从女神那里 [10] 听来的这段讲述。②

(24)

从一个顶峰向另一个顶峰迈步之时，不要只顺着一条言语的道路走到最后……

---

① 遵从布拉斯（《古典语文学年鉴》，1883，第 19 页）和第尔斯的读法：
οὕτω μή σ᾽ ἀπάτη φρένα καινύτω κτλ.
参见赫西丘斯：καινύτω· νικάτω。这与辛普利丘所提供的抄本十分接近，并且赫西丘斯收集了很多恩培多克勒主义者的评注。

② 女神当然指的是缪斯。参见残篇 5。

（25）

正确的事情说两遍也无妨。

（26）

因为它们随着圆圈的转动轮流占据优势，并逐渐变成彼此，并在它们指定的时间内变得强大。《希腊哲学史》166c。

存在的只是这些，但它们相互贯通，变成了人和野兽的族群。它们时而全部都被友爱聚合为一个秩序；时而 [5] 每一个又被争斗的憎恨带往不同的方向，直到它们再次成为一，并完全被压制。这样，就它们惯于从多成为一，并再次分裂成多于一而言，它们被 [10] 生成了，它们的生命并不长久；但就它们从未停止不断变化而言，它们就在这个循环中始终是不动的。

（27）

在那里（在球体内）既分辨不出太阳的迅疾肢体，不，也无法分辨出朴茂的、伟力无穷的大地，也不能分辨出大海，——神被如此牢固地限制在和谐的紧密的覆盖中，球形且圆润，他在圆形的孤独状态中怡然自乐。①《希腊哲学史》167。

（27a）

在他的肢体中没有纷争，也没有不当的争斗。

（28）

但他在各个方面都相等，并且完全没有尽头，是球状且圆润的，他在圆形的孤独状态中怡然自乐。

（29）

从他的背上并没有长出两个分枝，他没有脚，没有敏捷的膝盖，没有生殖的部分，然而它是球状的，在各个方面都相等。

（30，31）

但当争斗在神的肢体内变强，并跳出来诉求他的特权时，在由强有力的誓言为他们设置好的相互交替的适当时刻，……因为神的一切肢

---

① 如果确实有 μονίη 一词，它的意思不可能是"静止"，而只能是"孤独"。没有理由变动 περιηγέι 一词，尽管辛普利丘记的是 περιγηθέι。

体便依次震动了。《希腊哲学史》167。

(32)

关节使两个东西结合在一起。

(33)

甚至当无花果汁使白色的乳汁固定并且结合在一起的时候……

(34)

将面粉与水黏结在一起①。

(35，36)

但现在我将重新回到那几条我先前曾践履过的颂唱之路，从我的话语中汲取新的话语。当争斗坠入到涡流的最深处，而友爱抵达旋转的中心时，其中万物便结合在一起，从而只形成一。这并不是一蹴而就的，而是按照它们的意愿 [5] 从不同的方位结合起来的；而当它们混合在一起，争斗便开始运动到最远的边界。但有许多事物仍保持着纯粹，与那些正被混合的事物，也就是争斗尚未衰败、依旧存在其中的一切事物，交替出现，因为它 [10] 并没有完全彻底地从圆环的最外沿退出。一些仍留在其中，另一些已经从整全的肢体中退出。但在它突奔出来的同时，一股无暇友爱的、柔善且不朽的泉流也成比例地涌入，旋即那些曾经不朽的事物变得有朽，曾经 [15] 纯粹的事物也被混合，每一个都在改变着自己的道路。而当它们混合在一起，无数种类的有死动物被赋予了各种形式，分散于四野，蔚为壮观。②《希腊哲学史》169。

211

(37)

土使它自己的量增加，气使气的体积增大。

(38)

来吧，我现在首先要告诉你太阳的起源，③ 以及我们现在所见的一

---

① 阳性的 κολλήσας 表明主语不可能是 Φιλότης；卡斯滕无疑正确地坚信恩培多克勒在这里引入了面包师的明喻。从人类技艺中取材是他的风格。

② 在这则残篇中我们清楚地看到那些 ἀθάνατα [不死者们]（诸元素）如何被等同于"纯粹之物"，以及那些 θνητά [有朽者们]（有朽的复合物）如何被等同于"混合之物"。

③ 克莱门特的抄本上有 ἥλιον ἀρχήν [作为开端的太阳]，而 ἡλίου ἀρχήν [太阳的起源] 的读法只是一种权宜之计。第尔斯将它读作 ἡλικά τ' ἀρχήν，"具有相同年龄的最初（元素）"。

切都从其中涌现出来的诸本原，大地以及波涛汹涌的大海，潮湿的蒸汽以及将万物紧紧地包裹了一圈的提坦大气。《希腊哲学史》170a。

(39)

如果大地之深和浩瀚的气是无限的——这是个由许多有死者自负地脱口而出的愚蠢说法，尽管他们只看到了整全的一点点……①《希腊哲学史》103b。

(40)

那灼烈的太阳和温柔的月亮。

(41)

但（阳光）被集结起来，环绕着浩瀚的诸天。

(42)

当他运行到她的上方时，她便将他的光线切断，并在地上投下一个和那面色苍白的月亮一样宽的阴影。②

(43)

即便这样，阳光碰到月亮那又宽又大的圆，便立刻折返，以致照射到天上。

(44)

它带着平静的面容反射回奥林波斯。《希腊哲学史》170c。

(45，46)

有一个圆形的、借来的光环绕着大地，就像车轴绕着那最遥远的（目标）一样。③

(47)

因为她凝视着对面威严的太阳那神圣的圆。

(48)

是大地通过遮挡光线而造成了黑夜。

---

① 亚里士多德在《论天》B，13.294a21 中引用了这几行，它们被他归给了克塞诺芬尼。见前文，第二章，第 113 页，注释③。

② 我将第尔斯所猜测的 ἀπεστέγασεν ... ἔστ' ἂν ἴῃ 翻译了出来。

③ 见第 161 页，注释①。

(49)

……属于孤独且盲目的黑夜。

(50)

而伊里斯从海里带来风或暴雨。

(51)

(火) 急速地上升……

(52)

而在地下燃烧着许多火。《希腊哲学史》171a。

(53)

因此它（气）在那时碰巧在快速移动着，尽管时常是别样的。《希腊哲学史》171a。

213

(54)

但气用它长长的根深入大地之下。《希腊哲学史》171a。

(55)

海是大地的汗水。《希腊哲学史》170b。

(56)

盐在太阳光束的作用下凝固。

(57)

在它（大地）上面，许多没有脖子的头出现了，没有肩膀的胳膊独自游荡。没有前额的眼睛上下流转。《希腊哲学史》173a。

(58)

形单影只的肢体游荡着寻求结合。

(59)

但是，当神与神进一步混合在一起时，这些东西便如各自可能碰巧发生的那般结合在一起，而它们之外的其他许多事物也不断地产生出来。

(60)

长着无数只手的蹒跚而行的动物。

(61)

有着脸和胸膛并看向不同方向的造物被生了出来；一些是人面牛的后代，其他一些又作为牛头人的后裔出现，还有的动物将男人女人的本性混合起来，有着不育的① 部分。[5]《希腊哲学史》173b。

（62）

来吧现在，听一听随着那火的分离，它是如何使男人和涕泪涟涟的女人在黑夜中让新生的幼芽产生出来的，因为我的叙述既非不得要领，也不是毫无根据。完整自然的诸形式首先从土中产生，含有部分的水和火。② 火渴望趋近它的同类，将这些送向高处，[5] 但他们尚未显示出肢体的美好形式，也没有人所特有的声音和部分。《希腊哲学史》173c。

（63）

……但是（孩童的）肢体的物质被分为两部分，一部分包含在男人的身体中（而一部分则包含在女人的身体中）。

（64）

欲望在他身上降临，通过视觉将他提醒。

（65）

……它被灌入到纯净的部分；当它遇到冷的时候，女人由之产生。

（66）

那被分开的阿佛洛狄忒的牧场。

（67）

因为子宫在它比较温暖的部分产生了男人，而这便是男人黝黑、比较强壮且毛发蓬乱的原因了。

（68）

在第八个月的第十日，它变成一种白色的腐败物。③

（69）

双重分娩。④

---

① 与第尔斯一样，读作 στείροις。

② 保留了在辛普利丘抄本中读到的 εἴδεος（亦即 ἴδεος）。参见前文第 190 页，注释③。

③ 亚里士多德（《论动物的生成》Δ，8.777a7）主张，恩培多克勒认为牛奶是腐败的血。πύον 一词的意思是脓汁。这可能是关于 πυός "牛初乳" 的一个双关，但它的元音却是长元音。

④ 说的是在第七个月和第九个月分娩的女性。

(70)

*羊皮。*①

(71)

但是，如果你对这些事物的把握——关于所有那些为阿佛洛狄忒所组织起来的有朽之物的形式和颜色是如何从水、土、气、火的混合中产生出来的，并在当下如此这般地生成——有任何不足之处……

215

(72)

参天大树和海中的鱼是如何……

(73)

甚至在那个时候，库普里斯准备着温暖，②将大地在水中浸润之后，她便把它交付给迅疾的火使之变硬……《希腊哲学史》171。

(74)

引领着没有歌声而生生不息的鱼群。

(75)

所有那些内部致密而外部稀疏的事物，都曾在库普里斯手上接受过这样一种松弛……

(76)

你可以从生活在海中的那种背负沉重的贝类、海螺以及石皮龟身上看到这一点。在他们身上，你可以看到土质部分处在皮肤的最外层。

(77—78)

是湿润③使常绿乔木长势旺盛，全年果实累累。

(79)

所以，参天的橄榄树们首先生蛋……

(80)

因此石榴是晚生的，而苹果是多汁的。

---

① 指的是胎儿周围的膜。

② 与第尔斯一样，读作 ἰδέα ποιπνύουσα。

③ 在这里似乎清楚地是 ἠήρ [气]的意思。参见残篇100，第13行，以及第208页，注释②。

(81)

216

酒是树皮中的水，在木头中腐烂。

(82)

毛发和树叶，以及鸟类厚实的羽毛，以及长在强有力肢体上的鳞片，都是相同的东西。

(83)

但刺猬的毛是尖尖的，直立在它们的背上。

(84)

正如在某人打算动身在狂风暴雨中整夜穿行的时候，要为他准备一个灯笼，一簇燃烧的火苗，将它固定在角质的板条里以阻挡各式各样的风，它们使风吹过来的气流分散，光却透过它们，将无穷尽的 [5] 光束射过缝隙，它越精细，透过的便越多，[1] 而后，她（友爱）甚至同样地将火元素——那圆圆的瞳孔——围困，困在薄膜和精密的组织里，它们被很多奇妙的孔道贯穿。它们拒止了瞳孔周围深水的进入，却允许火的穿行，[10] 火越精细穿行的就越多。《希腊哲学史》177b。

(85)

但（眼睛里）柔和的火焰中只有微量的土。

(86)

从这些当中，神圣的阿佛洛狄忒塑造出了永不倦怠的眼睛。

(87)

阿佛洛狄忒用友爱的铆钉将它们拼在一起。

(88)

一个视觉由两只眼睛产生。

(89)

要知道，流射会从所有已经生成的事物中涌出。《希腊哲学史》166h。

217

---

① 见比尔，第16页，注释1，此处适当地引用了柏拉图，《蒂迈欧篇》，45b4（τοῦ πυρὸς ὅσον τὸ μὲν κάειν οὐκ ἔσχεν, τὸ δὲ παρέχειν φῶς ἥμερον [这火并不是为了燃烧，而是为了发出柔和的光]）。

(90)

甜把握甜，苦奔向苦；酸朝向酸，暖伴随暖。

(91)

水更能与酒融为一体，但不能与油（混合）。《希腊哲学史》166h。

(92)

铜与锡混合。

(93)

鲜红染料的花与灰色亚麻布混合在一起。[①]

(94)

河底的黑色来自阴影。同样的现象在洞穴中也能被看到。

(95)

因为它们（眼睛）最初在库普里斯的手里长在一起。

(96)

在它宽阔的漏斗里，仁慈的土接受了八分之二的奈斯提斯，以及八分之四的赫菲斯托斯。就这样产生了白骨，按照神圣的比例凝聚在一起。

(97)

脊椎（断了）。

(98)

土停靠在阿佛洛狄忒优良的港湾里，按几乎相等的比例同这些——赫菲斯托斯、水和闪光的气——相遇，要么它稍微多一点，要么它们少一点而它多一点。由这些便生成了血和不同形式的肉。《希腊哲学史》175c。

(99)

铃……（耳朵上的）肉芽。[②]

---

① 关于这则残篇，见米勒德，《诠释恩培多克勒》，第38页，注释3。
② 关于残篇99，见比尔，第96页，注释1。

(100)

这样，① 万物都要吸气并再次将它呼出。所有事物都有无血的肉管遍布在它们的躯体表面；而在这些的入口处，皮肤最外层的表面到处都打开了紧密聚在一起的毛孔，从而在血液中开出一条无碍的通道 [5] 供气通过。于是，当稀薄的血液从这些退去时，空气冒着泡急速涌入；当血液回流时，它再次被呼出。就像一个女孩玩弄着一座闪亮的黄铜水钟，当她将 [10] 管子的孔口按在可爱的手上，并将水钟浸入大量晶莹轻柔的水体时——水流并不会随即流入容器，里面大量的气② 紧紧压在密排的孔眼上，将水抵挡在外面，直到她打开压紧气流的盖子为止；随后空气逸出，等量的 [15] 水流了进来，——正是按照相同的方式，当水占据了铜质容器的深处，并且开口和通道被人手阻断时，外面的气努力进入，将水阻滞在发出刺耳声音的瓶颈出口，压在它的液面上，直到她放手为止。[20] 于是，相反地，风恰好按照与先前相反的方式吹了进来，等量的水流出以腾出空间。③ 即使这样，当四肢涌动的稀薄血液往回涌向内部时，气流也会匆匆涌入。但当 [25] 血液流回时，气

219

----

① 这段文本为亚里士多德所引用（《论呼吸》473b9），他很奇怪地错将 ῥινῶν 当做 ῥίς 而非 ῥινός 的属格形式。关于水钟的经典论述出现在《问题篇》914b6 以下（将 b12 的 ἄλλου 读作 αὐλοῦ）。这是一种金属容器，顶部有狭窄的颈部（αὐλός），底部有某种带有孔洞（τρήματα, τρυπήματα）的过滤器（ἠθμός）。《问题篇》中的这段文字将解释这种现象的理论归给阿那克萨戈拉，我们将看到他同样进行了这个实验（§131）。

② 亚里士多德的抄本此处有 ἀέρος，尽管气在残篇的其他四个诗行中被称作 αἰθήρ（第 5 行，第 7 行，第 18 行，第 24 行）。我们更容易假定亚里士多德在这里犯了一个小错误，而不是恩培多克勒在别处某种刻意回避的意义上使用 ἀήρ（第 208 页，注释②），并且这一怀疑由 ἀέρος 的形式并非 ἠέρος 得到确认。因此我认为斯坦因将其读作 αἰθέρος 是正确的。

③ 这似乎是在《问题篇》914b26 中描述的那个实验，ἐὰν γάρ τις αὐτῆς (τῆς κλεψύδρας) αὐτὴν τὴν κωδίαν ἐμπλήσας ὕδατος, ἐπιλαβὼν τὸν αὐλόν, καταστρέψῃ ἐπὶ τὸν αὐλόν, οὐ φέρεται τὸ ὕδωρ διὰ τοῦ αὐλοῦ ἐπὶ στόμα. ἀνοιχθέντος δὲ τοῦ στόματος, οὐκ εὐθὺς ἐκρεῖ κατὰ τὸν αὐλόν, ἀλλὰ μικροτέρῳ ὕστερον, ὡς οὐκ ὂν ἐπὶ τῷ στόματι τοῦ αὐλοῦ, ἀλλ' ὕστερον διὰ τούτου φερόμενον ἀνοιχθέντος [因为如果有人将漏壶的筒中灌满水，并将管道封堵，将管道倒过来朝下，那么水也不会沿着管道流到管口。即便管口敞开，水也不会立即沿管道涌出，而是在稍后，因为它不是在管口，而在管口敞开后它才沿着管道流出来]。修饰语 δυσηχέος 最好被理解为是指 915a7 处提到的 ἐρυγμός 或 "喷出"。任何人都能用水瓶产生这一效果。要不是由于这个修饰语，我们便不禁将 ἰσθμοῖο 读作 ἠθμοῖο，而这事实上是少数抄本的读法。

会再次等量地呼出。

（101）

（狗）用它的鼻孔追踪到野兽肢体的碎片，以及它们足蹄留在柔软草地上的气息。[1]

（102）

因此，万物都分有它们的气息和味道。

（103，104）

因此，万物都按照命运的意志具有思想……并由于那些最为稀疏的东西在它们坠落时聚在了一起。

（105）

（心脏）寓居在那流向相反方向的血液的海洋里，人们所说的思想主要就在此处，因为心脏周围的血液就是人的思想。《希腊哲学史》178a。

（106）

因为人的智慧根据他们面前的东西而增长。《希腊哲学史》177。

（107）

因为万物都是从这些当中形成并结合在一起的，人们也通过这些来思想并感受欢愉和痛苦。《希腊哲学史》178。

220

（108）

他们变得有多么的不同，那些将它们自身呈现给他们心智（在梦中）的思想就会有多么的不同。[2]《希腊哲学史》177a。

（109）

因为我们用土看到土，用水看到水；凭借气我们看到明亮的气，凭借火看到摧枯拉朽的火。我们凭借友爱看到友爱，凭借强烈的憎恨看到憎恨。《希腊哲学史》176。

（110）

因为，如果在坚定的心灵支持下，你将以善良的意图和无误的谨

---

① 关于残篇101，见比尔，第135页，注释2。

② 我们从辛普利丘，《论灵魂注》第202页，30处得知这是指在梦中。

慎来思考这些事物，那么你将在你的一生中大量地拥有所有这些东西，并且你将从它们之中获得许多其他的东西。因为这些事物自己生长到你的心里——这正是每个人真实 [5] 本性的所在。但如果你追求另一类事物，就像人们那样，成千上万的不幸会使他们谨慎的思想愚钝，时间一到，这些事物很快就会将你抛弃，因为它们渴望再次回到他们的同类中间，因为知道万物皆具有智慧并分得一份 [10] 思想。

(111)

你要学习所有对抗疾病和衰老的一切药物，因为只为了你，我愿完成这一切。你会平息那横扫大地、毁坏田地的不倦的风；并且，如果你愿意的话，你会重新恢复它们迅疾的气流。你 [5] 会在黑雨之后给人们带来应时的干旱，还会把夏季的干旱变为滋润树木的溪流，如同从天倾泻而下一般。你会使死人从哈得斯那里复活。

《净化》

(112)

这个的伟大城邦俯看着阿克拉加斯的黄色岩石，并有城堡在其上，繁忙于种种善行，有外邦人所尊崇的海港，居住在其中的朋友们，不擅恶行的人们，全在欢呼。我，一位不朽的神，走在你们中间，而不再是凡人，一旦与我相遇，我便受到所有人的崇敬，被冠以束发带 [5] 和花环。每当我和尾随而来的这些人，有男有女，步入繁华的城邦，我都立刻受到崇敬；他们在不可计数的人群中跟随着我，向我询问增益的方法；有些人求请神谕，[10] 而有些人长久以来一直受各式各样严重的病痛折磨，祈求我教授祛病的话语。《希腊哲学史》162f。

(113)

但我何必为这些事情喋喋不休，就好像我胜过有死、有朽之人是一件大事似的？

(114)

朋友们，我确实知道真理就在我要讲的话中，但这对人们来说是困难的，他们嫉妒信念对他们灵魂的攻击。

221

（115）

　　有一条必然性的神谕，是诸神古老的戒律，[①] 它是永恒的，并被普遍的誓言密封，无论何时某个与天齐寿的精灵，被鲜血罪恶地污染他的双手，[②] 抑或追随争斗并背弃自己的誓言，他便必须在三万个春秋中远离 [5] 蒙福者的寓所，自始至终以各种各样有死者的形态投生，从一条生命的劳苦历程变换到另外一条。因为强而有力的气将他驱使入海，海又把他吐在干燥的大地之上；大地将他投入 [10] 熊熊烈日的光束下，而他又把他抛回到气的旋涡里。一个接一个地接受他，而一切都将他拒斥。我此时便是这些中的一个，一个被放逐者，一个远离诸神的流浪者，因此我信赖疯狂的争斗。《希腊哲学史》181。

（116）

　　卡里斯憎恶无法容忍的必然性。

222

（117）

　　因为我在此之前曾是一个男孩以及一个女孩，一丛灌木、一只鸟以及大海之中的一条哑鱼。《希腊哲学史》182。

（118）

　　当我看到那陌生的土地时，我哭泣且哀嚎。《希腊哲学史》182。

（119）

　　我是从何等的荣耀、何等的福佑中堕落，走在大地之上的有死者中间。

（120）

　　我们来到了这个有屋顶的洞穴之中。[③]

（121）

　　……这个无喜乐之地，此处有死亡和愤怒，还有厄运的大军；焦灼

---

① 必然性是一个俄耳甫斯教的重要形象，并且恩培多克勒的学生高尔吉亚曾说 θεῶν βουλεύμασιν καὶ ἀνάγκης ψηφίσμασιν [诸神的安排以及必然性的裁定] [《海伦颂》，6]。

② 我保留了第三行的 φόνῳ（第尔斯同样如此）。第四行的第一个单词已经佚失。第尔斯主张它是 Νείκεϊ——这很可能是对的——并将 ἀμαρτήσας 等同于 ὁμαρτήσας。我照此进行了翻译。

③ 据波菲利所言（《论纽墨菲的洞穴》,8），这些话语出自那些将灵魂领入世界之中的"大能"之口（ψυχοπομποὶ δυνάμεις）。"洞穴"并非源自柏拉图主义，而源于俄耳甫斯教。

的瘟疫、腐败和洪水在笼罩着阿忒牧场的黑暗中蔓延。

(122, 123)

那里有① 克托尼亚和举目千里的赫利欧庇 [译者按: Χθονίη (Chthonie, 克托尼亚) 和 Ἡλιόπη (Heliope, 赫利欧庇) 分别指大地之神和太阳之神],血腥的不和之神和温文尔雅的和谐之神,卡利斯托和埃舍尔 [译者按: Καλλιστώ (Kallisto, 卡利斯托) 和 Αἰσχρή (Aischre, 埃舍尔) 分别指美神和丑神],迅速之神和耽搁之神,可爱的真理之神和黑头发的易变之神,出生之神和衰毁之神,睡眠之神和清醒之神,运动之神和静止之神,加冕的崇高之神和卑贱之神,沉默之神和声音之神。《希腊哲学史》182a。

(124)

唉,不幸的人类啊,被诅咒的苦痛:这就是你们由之而生的争斗和呻吟!

(125)

他使它们从有生命的造物中死去,不断改变它们的形状。

(126)

(女神) 给他们穿上了一套奇异的肉的衣服。②

(127)

在野兽中,它们③ 变成栖息于丘山、躺卧在地面的狮子;而在树木中,则变成郁郁葱葱的月桂。《希腊哲学史》181b。

(128)

他们④ 既没有一个阿瑞斯神,也没有库多摩斯,也没有宙斯王,也没有克洛诺斯,也没有波塞冬,但有女王库普里斯……他们取悦她,

---

① 这段话在很大程度上是以《伊利亚特》xviii.39 以下纽墨菲的目录为原型。在费瑞库德斯处便已经能够看到克托尼亚 (第欧根尼, i.119)。

② 我保留了 ἀλλόγνωτι,尽管它多少有些不好解释。关于俄耳甫斯教长袍 (the Orphic chiton) 在诺斯替意象中的历史,见伯奈斯《塞奥弗拉斯特论虔敬》注释 9。它被认为是上帝为亚当所制的衣肤。也参见莎士比亚的"泥制易朽的皮囊"。

③ 这是最好的 μετοίκησις (埃里亚努斯,《论动物的本性》xii.7)。

④ 指黄金时代的居民。

他没有脚，没有迅捷的膝，也没有毛茸茸的部分；然而，他仅是一个神圣且无法形容的心智，以迅疾的思想闪遍整个宇宙。《希腊哲学史》180。

(135)

（这对一些来说是非法，对另一些来说却并非非法）但万物的法则适用于各处，通过统御广泛的气以及天上无限的光。《希腊哲学史》183。

(136)

你们不愿停止刺耳的杀戮吗？你们没有看见你们在自己轻率的内心中吞噬彼此吗？《希腊哲学史》184b。

(137)

父亲将他自己变了形的儿子提起来，伴随着祈祷将他屠杀。迷信的傻瓜！他们跑到献祭者那里，乞求怜悯，而他，对他们的哭号充耳不闻，在他的厅堂中将他们杀戮，备办好邪恶的盛宴。用类似的方式，儿子擒住他的父亲，孩子们擒住他们的 [5] 母亲，夺走他们的性命，啖食同类的肉。《希腊哲学史》184b。

(138)

用铜抽干他们的生命。①

(139)

啊，我有祸了。那无情的死亡之日还未将我毁灭，在此之前，我已做出用我的双唇吞食的邪恶行径！《希腊哲学史》184b。

(140)

彻底戒除月桂树的叶子。

(141)

不幸的人们，极其不幸的人们，让你们的双手远离豆子！

(142)

属于持盾宙斯的那座有屋顶的宫殿将永远不会让他欣喜，……的房屋同样不能。

(143)

---

① 关于残篇 138 和 143，见瓦伦关于亚里士多德《论诗》21.1457b13 的讨论，以及第尔斯在《赫尔墨斯》，xv. 第 173 页。

洗涤你的双手，将水从不易变形的铜里的五股泉水切下。《希腊哲学史》184c。

(144)

戒除恶行!《希腊哲学史》184c。

(145)

因此你们必因大恶而心烦意乱，将无法让你们的灵魂从不幸的悲痛中解脱。

(146，147)

但在最后，他们成为有死者中间的预言家、游吟诗人、医生和王公贵胄；由此他们像至高荣耀的众神一样冉冉升起，和其他诸神一起分享起居饮食，免于人类的苦痛，注定平安，不受伤害。[5]《希腊哲学史》181c。

(148)

……将人包裹起来的土。

226

106. 恩培多克勒和巴门尼德

在他诗歌的一开始，恩培多克勒就愤然提到那些自称发现了整体的人（残篇2）；他甚至称其为"疯狂"（残篇4）。他所针对的无疑是巴门尼德。然而，他本人的立场并不是怀疑主义。他仅仅反对草率地构建一套宇宙理论的企图，而不是尝试"用一种使每一事物都清楚的方式"理解我们遇到的每一事物（残篇4）。这就意味着我们一定不能像巴门尼德那样拒斥诸感官的辅助作用。然而，我们很快就发现恩培多克勒同样建立了一套解释万物的体系，尽管这个体系不再是一元论体系。

人们常说，恩培多克勒的这个体系是调和巴门尼德和赫拉克利特的一种尝试。可是，要在其中找到赫拉克利特学说的任何痕迹都绝非易事，而说该体系旨在对埃利亚学派与诸感官进行调和的话则更为确切。恩培多克勒近乎一字不差地重复了埃利亚学派对"是者"具有唯一实在性和不朽性的论证（残篇11-15）；他关于"球体"的观点似乎也来自巴门尼德对实在的描述。①巴门尼德曾认为，诸感官的虚幻世界以一个有形、球状、连续、永恒、不动

---

① 参见恩培多克勒残篇27、28和巴门尼德残篇8。

的充实为基础，而恩培多克勒正是自此出发的。他似乎说过，我们如何以巴门尼德的球体为前提，理解我们所知的世界？我们如何将运动引入不动的充实之中？巴门尼德并不需要否认球体内部有运动的可能，尽管他必定会否认球体本身的任何运动，但即便承认这种可能性也不能解释一切。如果球体的任意部分有所移动，由于没有真空，移动了的物体的空间必定立即会被其他物体填充。然而它也将恰好和被取代的物体同属一类，因为"是者"是一。运动的结果与静止别无二致，这就是没有任何变化的原因。但是真的有必要假设球体内各部分完全同质吗？显然不是，这不过是一种古老且不合理的感觉，即存在（existence）必定是一。但我们也不能将各种感官呈现给我们的无数存在形式视作终极实在。它们没有自身的 φύσις［本性］，无时不在消亡（残篇 8），因此唯一的解决方法是，假设有限数量的终极实在形式。这样，巴门尼德有关是者的全部观点便都适用于这些形式中的每一种了，而我们所知的那些转瞬即逝的存在形式能够被解释为它们的混合与分离。"元素"（στοιχεῖα）概念——一个后来出现的术语①——一经发现，相应的表述也随之而生。就具体事物而言，如我们的感官告诉我们的，它们既生成又消亡；但如果我们所关注的是构成它们的基本元素，便会与巴门尼德一道主张"是者"既不被生成，也不被毁灭（残篇 17）。元素是不朽的，正如米立都学派那种"永恒、不朽"的唯一本性（φύσις）。

107."四根"

恩培多克勒认为万物有"四根"（残篇 6）——火、气、土、水。它们似乎是通过将传统中每个"相反者"——热与冷、湿与干——设想为一种完全巴门尼德意义上的实存之物而获得的。然而，需要注意的是，他并没有将气称作 ἀήρ，而是称作 αἰθήρ，② 这一定是因为他希望避免将它与 ἀήρ 一词在

---

① 关于术语 στοιχεῖον 的发展历史，参见第尔斯的《论元素》。欧德谟斯宣称（载于辛普利丘，《物理学注》，第 7 页，13）柏拉图是第一个使用这个术语的人，但这可能是他从毕达哥拉斯学派那里学来的。原始的术语是 μορφή 或 ἰδέα。

② 在残篇 17，第 18 行，第尔斯与塞克斯都和辛普利丘一样，读作 ἠέρος ἄπλετον ὕψος。可是普鲁塔克读作 αἰθέρος，而且显而易见，在列举元素时，αἰθέρος 这个词更易错写成 ἠέρος，而非相反。残篇 38，第 3 行中并没有列举元素，在此，ὑγρὸς ἀήρ（亦即，低空迷蒙的空气）有别于传统中的 Τιτὰν αἰθήρ（亦即，亮蓝的天空）。残篇 78 中明显指的是潮湿。关于残篇 100，13，参见第 200 页，注释②。这些是仅有的几段恩培多克勒似乎是在大气之气的意义上谈到 ἀήρ 的文本。

此之前的意思相混淆。事实上，他已经发现了大气之气是一种明显不同的有形实体，既不能被等同于真空，也不能被等同于稀薄的雾气。水也不是液态的气，而是某种颇为不同物质。[①] 恩培多克勒借助水钟证明了这一真相，而我们仍然能够看到他将此发现运用于对呼吸和血液运动的解释的诗行（残篇100）。亚里士多德取笑了那些试图通过将空气封入水钟和排空酒囊来表明没有真空的人。他说，这些人不过是证明了空气是一种东西。[②] 然而，这正是恩培多克勒想要证明的，也是科学史上最重要的发现之一。我们将恩培多克勒所说的 αἰθήρ 译为"气"是适当的，但我们必须注意不要用同样的方式翻译 ἀήρ。阿那克萨戈拉可能是第一个用它指大气之气的人。

　　恩培多克勒还用一些神的名字来称呼"四根"——"闪耀的宙斯，赐予生命的赫拉，埃冬纽斯和奈斯提斯"（残篇6）——尽管这些名字究竟以何种方式被分配给各个元素依旧存疑。奈斯提斯据说是西西里的水神，而对她的描述表明她所代表的是水；但至于其他三个名称则聚讼纷纭。可是这并不会对我们构成任何妨碍。[③] 我们已经做好了看到恩培多克勒将诸元素称作神的准备，因为早期思想家无论将何物看作首要实体，无不是以这种方式进行

229

---

① 参见第一章，§17。

② 亚里士多德，《物理学》Δ.6，213a22（《希腊哲学史》159）。亚里士多德只在这段话中提到了阿那克萨戈拉的名字；但他使用的是复数形式，而我们从残篇100得知水钟实验曾为恩培多克勒所用。

③ 古时，荷马式的寓言作家认为赫拉是土，埃冬纽斯是气，这种观点通过波塞冬纽斯为埃修斯所接受。它是这样产生的：荷马式的寓言家对恩培多克勒的科学并不感兴趣，也没有看到他的 αἰθήρ 与荷马的 ἀήρ 有所不同。而它是一种黑暗元素，夜晚是它的一种形式，因此它很自然地被看做埃冬纽斯。同样，恩培多克勒将赫拉称作 φερέσβιος [赐予生命的]，这是在赫西俄德和在荷马体的诗颂中对土的修饰词。另一种观点将赫拉等同于气，这是柏拉图在《克拉底鲁篇》中的理论，另外将埃冬纽斯等同于土。荷马式的寓言家进一步将宙斯等同于火，无疑是 αἰθήρ 一词的使用让他们持有这一观点。如我们将会看到的，αἰθήρ 在阿那克萨戈拉那里所指的一定是火，但毫无疑问，它在恩培多克勒这里指的是气。这样看来，克纳茨认为（"恩培多克勒"，《献给赫尔曼·乌泽纳的古典语文学论文》，1891，第1页以下）恩培多克勒所说的明亮的气是宙斯，这种观点似乎是正确的。这样一来，埃冬纽斯就代表火；对一位内心想念着故乡火山和温泉的西西里诗人来说，没有什么是比这种联系更为自然的了。他提到在土本身之下燃烧的火（残篇52）。如果是这样，我们就不得不赞同荷马式寓言作家的说法，认为赫拉是土了；而 φερέσβιος Ἥρα 一定也只能是"地母"。这个修饰语称似乎只用于大地和谷物。

言说。我们只要记得，神这个词并不是在宗教意义上被使用的。恩培多克勒从未向诸元素祷告或献祭。

恩培多克勒将"万物之根"视作永恒之物。没有什么能够从虚无中生成，抑或毁灭成虚无（残篇12）；是者是，并且没有产生或消亡的余地（残篇8）。此外，亚里士多德告诉我们，他教导说它们是不可改变的。① 恩培多克勒将此表述为"它们永远都是一样的"。再者，这四个元素全都"平等"，这种说法在亚里士多德看来似乎有些奇怪，② 但在恩培多克勒时代却十分易懂。最重要的是，四元素是基础性的。所有其他物体都可分，直到最终获得诸元素；但恩培多克勒在没有说明存在着某种火和其他元素反过来由之所构成的元素的情况下（而他也确实未曾说过），并不能对火和其他元素作进一步的解释。③

"四根"作为元素被穷尽地列举出来（残篇23最后），因为它们解释了世界向诸感官所呈现的一切性质。当我们发现——我们也确实发现——把恩培多克勒奉为创始人的医学学派将四元素等同于构成了其体系理论基础的"相反者"，亦即热与冷、湿与干，④ 我们便立即了解了该理论同先前有关实在看法的联系。我们务必谨记，性质概念这时尚未形成。阿那克西曼德无疑将"相反者"视作事物；尽管在巴门尼德之前，从未有人完全意识到主张某物是一个事物究竟意味着什么。这是我们在这里所到达的阶段。尽管性质概念尚未出现，但人们已经对他们在说某物是的时候所牵涉的东西有了清晰的理解。

亚里士多德两次主张，虽然恩培多克勒认为有四种元素，但他将它们当做两个元素，将火与其余所有元素对立。⑤ 他说，我们可以亲自从他的诗

---

① 亚里士多德，《论生成和毁灭》B，1.329 b1。

② 同上，B，6.333a16。

③ 同上，A，8.325b19（《希腊哲学史》164e）。这一点被后来的作家们完全误解，以至于他们将 στοιχεῖα πρὸ τῶν στοιχείων [在诸元素之先的诸元素]（埃修斯，i.13, 1; 17, 3）的学说归给了恩培多克勒。毕达哥拉斯学派和柏拉图的批评使诸元素的这个假说对亚里士多德来说是难以理解的，更不必说他的后继者了。正如柏拉图所说（《蒂迈欧篇》48b8），它们"甚至并非音节"，而只是"字母"（στοιχεῖα）。这就是亚里士多德将它们称作 καλούμενα στοιχεῖα [所谓的元素] 的原因（第尔斯，《论元素》，第25页）。

④ 菲利斯提翁用这种方式表述了这个问题。参见第183页，注释③。

⑤ 亚里士多德，《形而上学》A，4，985a31；《论生成和毁灭》B，3.330b19（《希腊哲学史》164e）。

歌中看到这一点。就一般理论而言，我们无法看到诸如此类的观点；但是在探讨世界的起源问题时（§112），就会发现火起到了主导作用，这也许就是亚里士多德的所指。同样属实的是在生物学中（§114-116），火发挥着特殊的功能，而其他三者或多或少以相同的方式起作用。但是我们必须记得，火并非比其他元素更为卓越：它们全都是平等的。

108. 争斗和友爱

埃利亚学派的批评使人们不得不对运动进行解释。[①] 我们已经看到，恩培多克勒以"四根"的原始状态为起点，认为它和巴门尼德球体的不同之处仅在于它是混合物，而不是同质的、连续的物质。正是这种不同使变化和运动成为可能；但是，如果球体外部并没有任何类似毕达哥拉斯学派的"气"的物质进入其中而使元素分离，就不会有任何东西从中产生。恩培多克勒因此认为存在着这样一种实体，并将其命名为争斗。但是，它的效果是将球体内所有元素彻底分离，随后也不会再发生别的什么；这就需要其他某物将诸元素重新聚合。恩培多克勒认为这便是友爱；在他看来，它与被灌输在人体之中使物质结合起来的动力同属一种（残篇 17 与 22 以下）。事实上，他作为医学学派的创始人，自然从生物学角度看待此事。他说，还未有有死者留意到，那种人们已知在其体内的友爱，同样存在于诸元素中间。

恩培多克勒所说的争斗与友爱并不是某种无形的力量。它们的确发挥着作用，却仍是有形之物。这在当时是不可避免的；人们还无法设想任何无形之物。亚里士多德当然对这种被他视为动力因的特质感到困惑。他说，[②]"恩培多克勒的友爱，既是动力因，因为它使事物聚在一起，也是质料因，因为它是混合物的一部分。"塞奥弗拉斯特也表达了同样的观点，他说[③]恩培多克勒有时将友爱与争斗作为动力，而有时又将二者与其他四根置于同一个层面。在残篇中，毋庸置疑，二者是占据空间且有形的。凡此六者都被称作是"平等的"。友爱据说与其他元素"在长和宽上相等"，而争斗被描述为和它们中的每一个都有相等的重量（残篇 17）。

231

---

① 参见导言，§Ⅷ。

② 亚里士多德，《形而上学》A，10.1075b3。

③ 塞奥弗拉斯特，《自然哲学观点》，残篇 3（《希腊学述》，第 477 页；《希腊哲学史》166b）。

友爱的功能是造成聚合，争斗的功能则是将其再次打破。然而，亚里士多德恰切地指出，从另一种意义上说，是友爱造成了分裂，而争斗带来了统一。当球体因争斗而破碎时，其结果是——举例来说——球体内全部的火聚集起来成为一体；另一方面，当友爱将所有元素重新聚集在一起时，聚集着的每种元素又被分离开来。他在另一处讨论中表明，尽管争斗被认为是毁灭的原因，并且它事实上也破坏了球体，但也的确用这种方式产生了其他一切。① 因此，我们必须仔细对恩培多克勒的友爱与在他看来同样在世界形成过程中发挥重要作用的"相似者相互吸引"进行区分。后者并不是另外一种元素；它由每种元素的特殊本性决定，仅在争斗分裂球体时方能生效。友爱则相反，它会造成不相似者的相互吸引。

109. 混合与分离

但在争斗将诸元素分离之后，是什么决定了它们的运动方向？恩培多克勒似乎只提到它们各自都朝某个特定的方向"快速移动着"（残篇53），而没有作进一步的解释。柏拉图在《法篇》② 中对此提出了严厉的批评，因为这样就没有了设计构思的余地。亚里士多德同样指责他没有对那被他赋予了相当重要性的偶然性提供说明。他也谈到了必然性，但同样没有作进一步的解释。③ 争斗凭借必然性或"强有力的誓言"在某刻进入球体（残篇30）；我们所获悉的仅限于此。

被恩培多克勒用来描述诸元素运动的表述是它们"穿过彼此"（残篇17和34）。亚里士多德告诉我们，④ 他通常用"孔道的相似性"来解释混合物。这也是对"相似者相互吸引"的正确解释。当然，相似物体的"孔道"大小相差无几，因此这些物体能够很容易地混合在一起。另一方面，较为细小的物体会"穿过"粗大的物体，无法混合，而粗大之物却根本无法进入较为细小物体的孔道之中。正如亚里士多德所说，这确实隐含了一套类似于原子论的学说；但却没有证据表明恩培多克勒本人对此有所察觉。亚里

---

① 《形而上学》A，4.985a21；Γ，4.1000a24; b9（《希腊哲学史》166i）。

② 柏拉图，《法篇》x.889b。该文献并非针对恩培多克勒，但用词上可以看出柏拉图想到的主要是他。

③ 亚里士多德，《论生成和毁灭》B，6.334a1；《物理学》Θ，1.252a5（《希腊哲学史》166k）。

④ 亚里士多德，《论生成和毁灭》A，8.324b34（《希腊哲学史》166h）。

士多德提出的另一个问题更具启发性。他问道，孔道究竟是空无的还是充实的？如果孔道是空无的，那么在否认虚空之后会是怎样？如果是充实的，那么我们为什么还要假设孔道的存在？[①]恩培多克勒会发现这些问题是很难回答的。

110. 四个时期

如前所述，我们显然一定要对循环的四个时期进行区分。首先是一个球体，所有元素都被友爱混合于其中。其次是友爱逐渐消散、争斗参与进来的时期，因此诸元素在这个时期内部分地分离，部分地聚合。在第三个时期，诸元素完全分离，此时友爱处在世界之外，争斗使相似者间肆意吸引。最后，友爱将使诸元素重新聚合在一起，争斗逐渐消散。这让我们回到球体，循环重新开始。我们目前的世界只会是在第二个时期或第四个时期。似乎一般认为我们当下处在第四个时期中；[②]我希望表明我们所处的是第二个时期，即争斗渐渐处于上风的时期。

111. 我们的世界——争斗的产物

恩培多克勒明确指出（残篇 17），第二个时期和第四个时期都出现了一个有朽之物的世界（θνητά），而难以置信的是，他却不曾确定究竟哪一个才是我们的世界。亚里士多德显然认为争斗在我们世界中是越来越多的。他在一处主张，恩培多克勒"认为当下正处在争斗时期的世界与先前处于友爱时期的世界具有相似的状态。"[③]他在另一个地方告诉我们，正是因为将这个世界——其中的诸元素是彼此分离的——描述为从处在分离状态的事物中产生

234

[①]　亚里士多德，《论生成和毁灭》A，8.326b6。

[②]　这是策勒的观点（第 785 页以下），但他承认外部证据——特别是亚里士多德的证据——都完全支持另一种观点。他的困境在于残篇，如果可以表明这些残篇可以依据亚里士多德的陈述获得解释，那么问题就迎刃而解了。

[③]　亚里士多德，《论生成和毁灭》B，6.334a6，τὸν κόσμον ὁμοίως ἔχειν φησὶν ἐπί τε τοῦ νείκους νῦν καὶ πρότερον ἐπὶ τῆς φιλίας。米勒德（《诠释恩培多克勒》，第 45 页）补充了塞奥弗拉斯特《论感觉》§20，συμβαίνει δὲ καὶ ἐπὶ τῆς Φιλίας ὅλως μὴ εἶναι αἴσθησιν ἢ ἧττον διὰ τὸ συγκρίνεσθαι τότε καὶ μὴ ἀπορρεῖν [此外在友爱的时期，根本不会有感知觉，抑或较少，既然事物在那时合在一起，而不产生流射]。此处的 ἐπὶ τῆς Φιλίας 和 τότε 呼应着 ἐπὶ τοῦ Νείκους 和 νῦν 的对立。

用虔敬的礼品，用绘制的肖像①和香韵精巧的香水，用纯粹的没药和芬芳的乳香的祭品，并向地面泼洒棕蜜的奠酒。而祭坛并没有洁净的公牛鲜血的恶臭——而这是人类中间最可恶的事情，在剥夺生命之后又吃掉漂亮的肢体。《希腊哲学史》184。

(129)

而在他们中间有一位掌握着不同寻常的知识的人，他在各种智慧的事务上都至为娴熟，是最具智慧的人，因为无论何时动用他的全部心灵，他都轻而易举地看到人们在十辈子，甚至二十辈子中的所有一切事情。②

224

(130)

因为万物对于人是温顺且和善的，无论走兽还是飞鸟，友善的感觉也在各处都被点亮。《希腊哲学史》184a。

(131)

如果你，不朽的缪斯，曾在一日之事上屈尊关照我的努力，那么当我向你祈求时，哦，卡利俄佩，当我发出关于神圣诸神的纯净言论时，请再次站在我的身旁。《希腊哲学史》179。

(132)

蒙福就是一个人获得了丰富的神圣智慧；不幸的则是他在心中只对诸神有一个模糊的意见。

(133)

我们不可能将神置于我们的眼前，抑或用我们的双手将其把握，这些是通往人心的说服之路中最宽阔的一条。

(134)

因为他没有在身体上装配有人的头颅，肩膀上没有生长出两条枝干，

---

① 波菲利的抄本上有 γραπτοῖς τε ζώοισι。伯奈斯的修订（为《希腊哲学史》所采用）并不使我信服。我大胆认为是 μακτοῖς，依据是法博尼诺斯有关恩培多克勒在奥林匹亚进行无血献祭的故事（载于第欧根尼，viii.53）。

② 蒂迈欧早已认为这几行指的是毕达哥拉斯（第欧根尼，viii.54）。由于我们被告知（第欧根尼，同上）也有人认为这几句诗行指的是巴门尼德，很明显这里并没有一个特定的名字。

是不自然的，恩培多克勒才略过了事物在友爱时期的生成。[①] 该评论的意思不过是恩培多克勒认为争斗在增加，或者换句话说，他将事物的发展过程描绘为球体的分解，而不是事物由分离状态逐渐聚合的过程。[②] 如果我们正确地认为，他安排自己解决的是这个世界从巴门尼德球体的起源问题，那么这便应该是我们所期望看到的，而这也同样符合那些将世界描绘为越来越坏而非越来越好的趋势预测。于是，我们所需考虑的就只是这个体系的细节能否支撑这个一般性的观点了。

112. 争斗作用下世界的形成

首先是一个球体，在其中"万物的四根"混杂在一起，我们注意到这个球体在残篇中和诸元素一样被称作神，亚里士多德也不止一次地用这种方式提到它。[③] 我们切记友爱本身就是该混合物的一部分，[④] 而争斗则从四面八方

235

[①] 亚里士多德，《论天》Γ，2.301a14，ἐκ διεστώτων δὲ καὶ κινουμένων οὐκ εὔλογον ποιεῖν τὴν γένεσιν. διὸ καὶ Ἐμπεδοκλῆς παραλείπει τὴν ἐπὶ τῆς φιλότητος· οὐ γὰρ ἂν ἠδύνατο συστῆσαι τὸν οὐρανὸν ἐκ κεχωρισμένων μὲν κατασκευάζων, σύγκρισιν δὲ ποιῶν διὰ τὴν φιλότητα· ἐκ διακεκριμένων γὰρ συνέστηκεν ὁ κόσμος τῶν στοιχείων ("our world consists of the elements in a state of separation")，ὥστ' ἀναγκαῖον γενέσθαι ἐξ ἑνὸς καὶ συγκεκριμένου [但是认为生成来自被分离的运动之物并不合理。因此恩培多克勒甚至略过了友爱的时期：因为他无法通过构建分离之物，并通过友爱聚合，来构造天，因为宇宙已经将诸元素从相互分离中组合起来了（"我们的世界由处于分离状态的元素构成"），因此必然来自一和聚集]。

[②] 这并不一定意味着恩培多克勒对友爱的世界只字未提，因为在残篇 17 中，他显然说到了两个世界。我们足以认为，他在用一般术语对二者描述之后，继而又对争斗的世界进行了详细的讨论。

[③] 亚里士多德，《论生成和毁灭》B，6.333b21（《希腊哲学史》168e）；《形而上学》B，4.1000a28（《希腊哲学史》166i）。参见辛普利丘，《物理学注》，第 1124 页（《希腊哲学史》167b）。亚里士多德在其他地方将它称作"一"。参见《论生成和毁灭》A，1.315a7（《希腊哲学史》168e）；《形而上学》B，4.1000a29（《希腊哲学史》166i）；A，4.985a28（《希腊哲学史》同上）。这多少包含了亚里士多德式的某种"发展"。恩培多克勒说万物"合为一（into one）"，这与说万物"合为唯一（into the One）"是两码事。后一种表述方式表明它们在球体中失去了各自的同一性，而成为了类似亚里士多德所说的"质料"。正如书中所指（第 210 页，注释③），亚里士多德很难理解不可还原的元素概念；但毫无疑问，对于恩培多克勒来说，球体中的元素与它们从球体分离之后的状态相同，都保持着"本来的样子"。亚里士多德也十分清楚球体是一个混合物。请对比我们在第一章 §15 中对阿那克西曼德的"一"进行讨论时所遇到的困难。

[④] 这就解释了亚里士多德的说法。他曾言之凿凿（《形而上学》B，1.996a7）地表明友爱是一的基体，就像赫拉克利特的火、阿那克西美尼的气、泰勒斯的水；他也曾对此心有疑虑（《形而上学》B，4.1001a12）。他认为所有元素都在友爱中融合，从而失去了各自的同一性。在这种情况下，他正是在友爱中辨识出自己的"质料"。[译者按：注释中两处引文有误，正确位置分别是《形而上学》A，1.996a7 和《形而上学》A，4.1001a12]

环绕或包围着球体，正如在早期体系中无界限包围着世界一般。然而争斗并不是无界限的，它在量上与四根各元素以及友爱都相等。

在一个既定时间，争斗开始进入球体，而友爱则开始离开球体（残篇30、31）。残篇本身对这一过程的解释十分有限；但埃修斯和普鲁塔克主义者的《汇编》保留了他们中间一个相当可靠的传统，呈现了塞奥弗拉斯特关于这一问题的论述。

> 恩培多克勒认为，气首先被分离了出来，然后是火。接下来是土，由于它受到其旋转的推动而高度地被压缩，水从中喷涌而出。薄雾由水的蒸发而来。诸天从气中形成，太阳从火中形成，而属地之物则从其他诸元素的凝结而来。埃修斯，ii.6.3（《希腊学述》，第334页；《希腊哲学史》170）。

> 恩培多克勒认为，气从诸元素的原始混合物中分离出来后，会扩散成一个圆圈。在气之后，火向外窜出，找不到任何其他位置，于是向上窜到环绕着气的坚固物之下。[1] 有两个半球环绕大地旋转，一个完全由火构成，另一个是气和少量火的混合物。他认为后者是夜晚。由于火在一个半球内的聚积而在此占据优势，他从这一事实中找到了它们运动的起因。伪普鲁塔克，《汇编》，残篇10(《希腊学述》，第582页；《希腊哲学史》170a)。

236

于是，诸元素中首先被争斗分离出来的是气，它居于世界最外圈的位置上（参见残篇38）。然而，我们一定不能过于刻板地认为它"成一个圆圈"围绕着世界。恩培多克勒似乎认为诸天的形状像一个蛋。[2] 在这里，我们或许发现了俄耳甫斯教的印记。无论如何，外圈的气凝固或冻结起来，我们便有了水晶天穹作为世界的边界。我们注意到，是火将气凝固，并使之变成冰。一般来说，火具有使事物成为固体的能力。[3]

---

[1]　关于 τοῦ περὶ τὸν ἀέρα πάγου [环绕着气的坚固物] 这个短语，参见 Περὶ διαίτης, i.10.1, πρὸς τὸν περιέχοντα πάγον [朝向坚固的环绕物]。以及《马克抄本》相应词条中，βηλός ... τὸν ἀνωτάτω πάγον καὶ περιέχοντα τὸν πάντα ἀέρα [门槛……在最上方的坚固物，环绕着所有的气]。

[2]　埃修斯，ii.31，4（《希腊学述》，第363页）。

[3]　埃修斯，ii.11，2（《希腊哲学史》170c）。

　　火向上突奔，在由冻结天空形成的上半部分凹面球体上，取代了一部分气。于是，被取代的气携着一小部分火下沉。如此产生了两个半球：一个是完全由火构成的，即昼半球；另一个是夜半球，由气和少量火构成。

　　在上半球积聚的火扰乱了诸天的平衡，使之旋转；这种旋转不仅带来了昼夜交替，也由于它的迅速使天地安于其位。亚里士多德告诉我们，这可以通过类比于一杯绕着绳子末端旋转的水加以说明。[1] 这种用实验进行说明的方式与恩培多克勒的方法别无二致。它和"离心力"没有任何关系，旨在表明快速运动能够抵消下落的趋势。

113. 日、月、星辰和大地

237　　我们将会看到，在对昼夜的解释中并没有提到太阳。白昼是火热昼半球发出的光，黑夜则是大地在火半球位于另一边时所投下的影子（残篇48）。那么什么是太阳呢？普鲁塔克主义者的《汇编》[2] 再次向我们提供了答案："太阳究其本质并不是火，而是火的映像，就像我们在水中看到的一样。"普鲁塔克本人安排了他的一个角色说道："你嘲笑恩培多克勒，因为他说太阳是大地的产物，产生于天光的映像，而后再次'面容平静地飞速回到奥林波斯'。"[3] 埃修斯说：[4]"恩培多克勒认为有两个太阳：一个是原型，是在世界的一个半球中的火，充满了整个半球，总与它自己的映像相对；另一个

---

① 亚里士多德，《论天》B，1.284a24；13.295a16（《希腊哲学史》170b）。柏拉图，《斐多篇》99b6，διὸ ὁ μέν τις δίνην περιτιθεὶς τῇ γῇ ὑπὸ τοῦ οὐρανοῦ μένειν δὴ ποιεῖ τὴν γῆν [因此有人让大地保持静止]。用 τὸ ἐν τοῖς κυάθοις ὕδωρ [在水杯中的水] 的进行的实验（κύκλῳ τοῦ κυάθου φερομένου πολλάκις κάτω τοῦ χαλκοῦ γινόμενον ὅμως οὐ φέρεται κάτω [在杯子沿圆周旋转时，[杯中水] 尽管通常会在铜的底部，却没有落下]）使我们想起了残篇100中的水钟实验。借此要表明的是 δίνη [旋涡] 的 φόρα [运动] 凭借它的速度克服了 οἰκεία ῥοπή [本身的下落趋势]。

② [伪普鲁塔克]《汇编》，残篇10（《希腊学述》第582页，11；《希腊哲学史》170c）。

③ 普鲁塔克，《论普西亚的神谕》，400b（《希腊哲学史》170c）。我和第尔斯都保留了抄本中 περὶ γῆν 的读法。

④ 埃修斯，ii.20，13（《希腊学述》，第350页），Ἐμπεδοκλῆς δύο ἡλίους· τὸν μὲν ἀρχέτυπον, πῦρ ὂν ἐν τῷ ἑτέρῳ ἡμισφαιρίῳ τοῦ κόσμου, πεπληρωκὸς τὸ ἡμισφαίριον, αἰεὶ κατ' ἀντικρὺ τῇ ἀνταυγείᾳ ἑαυτοῦ τεταμένον· τὸν δὲ φαινόμενον, ἀνταύγειαν ἐν τῷ ἑτέρῳ ἡμισφαιρίῳ τῷ τοῦ ἀέρος τοῦ θερμομιγοῦς πεπληρωμένῳ, ἀπὸ κυκλοτεροῦς τῆς γῆς κατ' ἀνάκλασιν γιγνομένην εἰς τὸν ἥλιον τὸν κρυσταλλοειδῆ, συμπεριελκομένην δὲ τῇ κινήσει τοῦ πυρίνου. ὡς δὲ βραχέως εἰρῆσθαι συντεμόντα, ἀνταύγειαν εἶναι τοῦ περὶ τὴν γῆν πυρὸς τὸν ἥλιον.

是可见的太阳，是在另一个充满了与火混合的气的半球上的映像，它由圆形大地在晶莹的太阳上的映像产生，并被火半球的运动所带动。或者总而言之，太阳是属地之火的映像。”

这些文本，特别是最后一段，一点也不清晰易懂。[①] 被我们称为太阳的映像不可能在与火半球相对的半球上，因为那是夜半球。我们宁可认为，火半球的光被大地聚集并反射回到火半球本身。于是，被我们称作太阳的表象与大地在大小上相等。我们或许可以这样解释这一观点的起源。那时人们刚刚发现了月亮是通过反射光来发光的，他们又总是倾向于把所有新颖理论运用到比实际适用范围更广的领域。在公元前五世纪的早期，人们看到反射的光无处不在；某些毕达哥拉斯主义者同样持有一套类似的主张（§150）。

也许，恩培多克勒正是在这种关联之中宣称光的传播需要一定时间，尽管其传播速度快到让我们无法觉察。[②]

“月球是由被火截断的气构成的；它像冰雹一样被冻结，它的光来自太阳。”换言之，它是一团冻结的气，与围绕着诸天的固态天空是同一种物质。第欧根尼宣称，恩培多克勒曾教导说它比太阳小，而埃修斯告诉我们，它到大地的距离是大地到太阳距离的一半。[③]

恩培多克勒并没有用反射光来解释恒星，甚至也未曾如此解释行星。它们由火构成，这是由气承载的火，在第一次分离中，气被向上喷射的火推进地下。恒星附着在冻结的气上；行星无碍地运行。[④]

恩培多克勒知晓日食成因的正确理论（残篇 42），该理论与月光理论同为这一时期的重大发现。他还认识到夜晚是大地圆锥形的阴影，而不是某种蒸发物（残篇 48）。

风可以用火半球和气半球的相反运动来解释。气的压缩是雨的成因，

---

① 我严重怀疑这种含混是由塞奥弗拉斯特一些吹毛求疵的批评（见下文第 270 页，注释③）造成的。很可能是他指出了这个理论暗示有“两个太阳”。

② 亚里士多德，《论感觉》6.446a28；《论灵魂》B，7.418b20。

③ [伪普鲁塔克]《汇编》，残篇 10（《希腊学述》第 582 页，12；《希腊哲学史》170c）；第欧根尼，viii.77；埃修斯，ii.31, 1（参见《希腊学述》，第 63 页）。

④ 埃修斯，ii.13, 2 和 11（《希腊学述》，第 341 页以下）。

这种压缩迫使气中任何可能存在的水都以水滴的形式从它的孔道中流出。闪

239 电是以大致相同的方式被迫从云中迸出的火。①

土最初与水混合在一起，但是由高速旋转造成的日益增强的挤压使水不断涌出，因此海洋是"大地的汗水"——亚里士多德反对这种表达，认为它不过是个诗意的比喻。海水的咸涩可通过这一类比获得解释。② 大地理所当然地会与涡流（δίνη）一起旋转。

114. 有机体的组合

恩培多克勒继而向我们表明，按照不同比例混合起来的四元素如何生成了骨、肉以及诸如此类有朽之物。这些当然都是友爱的产物，但这并没有和我们前面所接受的关于当前世界所处时代的观点相矛盾。友爱绝无已被从这个世界放逐的可能，尽管它终将在某天离开。它在当下仍能够造成元素的结合，但正是由于争斗的不断增多，它们无不是有朽之物。比例（λόγος）在此处发挥着重要的作用，毫无疑问，这受到了来自毕达哥拉斯学派的影响。

有机结合之所以是可能的，有赖于土中仍有水甚至还有火的事实（残篇52）。西西里的温泉便证明了这一点，更不必说埃特纳火山了。恩培多克勒似乎用一个极具个人特色的比喻对这些泉水进行了解释，这一次，他的比喻来自对洗澡水进行加热。③ 他所采用的比喻基本上都取材于人类的发明和生产。

115. 植物

植物和动物都是在友爱和争斗的影响下由四元素构成的。对树和植物

---

① 埃修斯，iii.3，7；亚里士多德，《气象学》B，9.369b12，以及亚历山大的评注。

② 亚里士多德，《气象学》B，3.357a24；埃修斯，iii.16，3（《希腊哲学史》170b）。参见亚里士多德，《气象学》B，1.353b11 处明确的文献。

③ 塞内卡，《自然问题》，iii.24，"facere solemus dracones et miliaria et complures formas in quibus aere tenui fistulas struimus per declive circumdatas, ut saepe eundem ignem ambiens aqua per tantum fluat spatii quantum efficiendo calori sat est.frigida itaque intrat, effluit calida. idem sub terra Empedocles existimat fieri [人们通常建造蛇形容器、圆筒和其他几种形状的容器，在这些容器中，我们把细铜管排成下降的螺旋状，这样水就可以反复地围绕着同一堆火流动，流过足够的空间便被加热了。于是冷水进，热水出。恩培多克勒猜测，同样的事情也发生在大地之下]。"

进行讨论的残篇是 77-81；这些残篇连同某些亚里士多德主义者的论述以及学述传统，使我们对该理论的原貌有了十分全面的了解。埃修斯的文本在这里实在支离破碎；但或许我们可以这样翻译理解： 240

> 恩培多克勒宣称，树是最早从土中生长出来的生物，那时阳光还未播撒，昼夜还未分别；由于其混合物的均衡相称，它们拥有雌性和雄性的比例；它们生长着，由于大地之中的热而不断长高，因而它们是大地的一部分，正如胚胎是子宫的一部分；果实是从植物内部分泌出来的水和火，那些缺水的植物会在水分被夏日的酷炎蒸发之后脱落叶片，而那些水分较多的植物则会保持常绿，如月桂、橄榄树和棕榈树；味道的差异是由于土中所含微粒的不同以及植物从土壤中所吸收微粒的不同，如葡萄藤，因为葡萄酒的好坏并不在于葡萄藤的不同，而在于滋养葡萄藤的土壤。埃修斯，v.26，4（《希腊哲学史》172）。

在亚里士多德看来，恩培多克勒用植物所含土和火的相反自然运动来解释植物向上和向下两个方向的生长，[1] 这一观点是错误的。当然，我们一定要用相似者相互吸引来替换"自然运动"（§109）。塞奥弗拉斯特的说法与之大体相同。于是，植物的生长便被看做是诸元素在争斗作用下相互分离时的事件。[2] 仍有火存在于大地之下（残篇 52），它在向上的过程中遇到了向下"突奔"以期"靠近同类"的有水的浸润的土，它们在残存于世的友爱的影响下合并，形成一个暂时的结合体，也就是我们所谓的树或植物。

在伪亚里士多德《论植物》的开头，[3] 我们被告知恩培多克勒将欲求、感知，以及快乐和痛苦的能力归给了植物，他还正确地注意到它们雌雄同体。这一点为埃修斯所提及，在伪亚里士多德的论著中也获得了讨论。到目前为止，如果我们还能够相信拜占庭时期对一个拉丁语版本——它本身是对 241

---

① 亚里士多德，《论灵魂》B，4.415b28。

② 塞奥弗拉斯特，《论植物的原因》，i.12，5。

③ [亚里士多德]《论植物》A，1.815a15。

阿拉伯语译本的翻译——的翻译，[1] 就会从中获得有关其原因的提示。我们在那里了解到，植物是"在一个状态并不完美的世界中"形成的，[2] 事实上，在那个时候争斗还未曾占据上风，以至尚未对不同性别进行区别。我们将会看到，原始的动物种类也都是如此。奇怪的是，恩培多克勒从未对植物真正的繁衍过程进行观察，而只是简单地说他们自发地"生蛋"（残篇 79），亦即果实。

116. 动物的进化

讨论动物进化的残篇（57-62）必须根据残篇 17 的这段陈述来理解，即有朽之物的生成和毁灭都是双重的。埃修斯在一段话中准确地区分出了这四个阶段，[3] 我们将会看到，有证据认为其中两个阶段指的是世界历史的第二时期，而另两个阶段指的是世界历史的第四时期。

第一个阶段，动物的不同部分分别出现。它们是没有脖子的头，没有肩膀的胳膊，没有额头的眼睛（残篇 57）。显然，这一定是我们所说世界历史第四时期的第一个阶段，正是在这个阶段中，友爱进入而争斗淡出。亚里士多德明确指出这是受友爱支配的时期，正如我们已经看到的，他的意思是友爱在这个时期中不断增加。[4] 他还据此表明，这些分散的部分随后在友爱的作用下被组合到了一起。[5]

第二个阶段，分散的肢体被结合起来。它们先是按所有可能的方式被结合（残篇 59）。于是存在过人头牛、双面双乳的物种，以及各种各样的怪物（残篇 61）。在它们之中，那些适合活下来的便活了下来，其他的则消失

---

[1] 英国人阿尔弗雷德在亨利三世统治的期间将阿拉伯语版本翻译成拉丁文。该版本在文艺复兴时期又被一位居住在意大利的希腊人重新译成了希腊语。

[2] A，2.817b35，"mundo ... diminuto et non perfecto in complemento suo"（阿尔弗雷德）。

[3] 埃修斯，v.19，5（《希腊哲学史》173）。

[4] 亚里士多德，《论天》Γ，2.300b29（《希腊哲学史》173a）。参见《论生成和毁灭》A，18.722b19，其中残篇 57 被这样介绍 καθάπερ Ἐμπεδοκλῆς γεννᾷ ἐπὶ τῆς Φιλότητος [按照恩培多克勒的说法，生成发生在友爱的时期]。辛普利丘在《论天注》，第 587 页，18 处主张，μουνομελῆ ἔτι τὰ γυῖα ἀπὸ τῆς τοῦ Νείκους διακρίσεως ὄντα ἐπλανᾶτο [肢体们由于争斗的区分作用仍然独立存在，它们游荡着]。

[5] 亚里士多德，《论灵魂》Γ，6.430a30（《希腊哲学史》173 a）。

殆尽。在友爱时期，动物的进化正是如此这般地发生了。[①]

第三个阶段，球体的统一性为争斗所破坏。因此，这是我们世界进化的第一个阶段。它开始具有"完整的自然形式"，不存在对性别或物种的任何区分。[②] 它们由土和水构成，并通过寻求同类的火的向上运动被产生出来。

第四个阶段，不同性别和不同物种相互区分开来，新的动物不再从诸元素中生成，而是通过繁衍产生。

在这两个进化过程中，恩培多克勒一直受到适者生存观念的影响。亚里士多德对此进行了严厉的批判。他说，"我们可以假设万物皆偶然地发生，就像它们是为了某种目的而被产生出来的一样。某些东西之所以被留存下来，是因为它们自发地具有了某个适宜的结构，而那些并非被这样组织起来的东西则已经灭亡或正在灭亡，正如恩培多克勒所说的人面牛。"[③] 在亚里士多德看来，这为偶然留下了太多空间。一个令人好奇的例子被记载下来。据说某个早期的无脊椎动物尝试转身，在这个过程中却折断了脊背，脊椎的形成藉此获得解释。这是一种有益的变化，因而被留存下来。[④] 要指出的是，这显然属于争斗的时期，而不像人头牛那样属于友爱的时期。适者生存同为这两个时期的进化法则。

117. 生理学

争斗带来的区分造成了性别的差异。不同于巴门尼德在其第二部分（§95）中提出的理论，恩培多克勒认为温暖的元素在雄性中占据优势，并且雄性是在子宫较温暖的部分中孕育而生（残篇 65）。胎儿部分地由雄性的精液构成，部分地由雌性的精液构成（残篇 63）；正是新生个体的物质能够被分为雄性和雌性的这一事实，使它们二者看到对方时会产生欲望

243

---

① 这由辛普利丘很好地表述出来，《论天注》，第 587 页，20。ὅτε τοῦ Νείκους ἐπεκράτει λοιπὸν ἡ Φιλότης ... ἐπὶ τῆς Φιλότητος οὖν ὁ Ἐμπεδοκλῆς ἐκεῖνα εἶπεν, οὐχ ὡς ἐπικρατούσης ἤδη τῆς Φιλότητος, ἀλλ᾽ ὡς μελλούσης ἐπικρατεῖν [一旦友爱掌控了争斗……因此恩培多克勒说这些事件发生在友爱时期，并不是在友爱已经支配了一切的时候，而是在它即将支配一切的时候]。他在《物理学》第 371 页，33 中说长着人头的牛是 κατὰ τὴν τῆς Φιλίας ἀρχήν [由于友爱的原因]。

② 参见柏拉图，《会饮篇》189e。

③ 亚里士多德，《物理学》B，8.198b29（《希腊哲学史》173a）。

④ 亚里士多德，《论动物的部分》A，1.640a19。

（残篇64）。雄性和雌性精液中孔道的某种相似性为繁衍后代所必须，恩培多克勒用这种相似性的缺失对骡子的不育进行了解释。子代与在其形成过程中贡献最大的父母一方最为相像。然而我们注意到，雕像和绘画同样会对后代的相貌造成影响。双胞胎和三胞胎是精液的过剩和分裂造成的。①

恩培多克勒认为胎儿被一层薄膜包裹着，其形成始于第三十六天，到了第四十九天则彻底形成。最先成形的是心脏，最后形成的是指甲之类的东西。胎儿直到出生的一刻——也就是周围不再有液体之后——才开始呼吸。生产发生在怀孕的第九个月或第七个月，因为孕期原本是九个月，后来减少到七个月。乳汁出现在第八个月的第十天（残篇68）。②

244　死亡是体内的火与土在争斗作用下的最后分离，二者一直都在努力"靠近同类"。睡眠是一种同火性元素在某种程度上的暂时分离。③动物在死后被分解成诸种元素，这些元素要么参与到新的组合之中，要么与"自己的同类"永久地结合在一起。在这里根本不会有灵魂不朽的问题。

甚至在生命体中，我们也可以看到相似者相互吸引在动物中发挥作用，就像它在植物向上和向下生长中的作用一样。头发和枝叶是一回事（残篇82）；一般来说，动物的火性部分趋向上方，土性部分趋向下方，尽管也有例外，比如我们能够看到某些贝类的土性部分竟在上方（残篇76）。之所以会有这些例外，是因为世上仍存在着大量的友爱。我们还从不同种类动物的诸种习性中看到了相似者的相互吸引。那些在体内含有最多的火的动物能在天空飞翔；而在体内土占优势的动物则生活在陆地，就像总坐在砖瓦之上的狗那样。④水生动物的躯体以水为主。但这一点并不适用于鱼类，它们具有很强的火性，需要在水中使自身冷却。⑤

恩培多克勒格外关注呼吸现象，他对呼吸的解释被完整地保存下来（残

---

① 埃修斯，v.10，1；11，1；12，2；14，2。参见弗雷德里希，《希波克拉底研究》，第126页以下。

② 埃修斯，v.15，3；21，1（《希腊学述》，第190页）。

③ 埃修斯，v.25，4（《希腊学述》，第437页）。

④ 埃修斯，v.19，5（《希腊学述》，第431页）。参见《欧德谟伦理学》H，1.1235a11。

⑤ 亚里士多德，《论呼吸》14.477a32；塞奥弗拉斯特，《论植物的原因》，i.21。

篇 100）。他认为，我们会通过皮肤上的所有孔道——而不仅仅是呼吸器官——来呼吸。之所以会有呼与吸的交替，是因为血液在从心脏流到体表后会再流返回来，这可以通过水钟来解释。

动物的营养和生长当然也可以用相似者的相互吸引来解释。身体的各个部分都有能够接纳恰当食物的孔道。快乐和痛苦源自缺乏或具有相似的诸元素，亦即能被孔道接纳的营养物质。泪水和汗水都是某种造成血液凝固的失调的产物，它们可以说是血液中的乳清。①

118. 知觉

关于恩培多克勒所主张的知觉理论，我们尚有塞奥弗拉斯特的原话：

> 恩培多克勒以相同的方式谈论到一切感觉，他说知觉的形成是由于有一些适合每种感觉通道的"流射"。因为这个缘故，一种感觉无法判断另一种感觉的对象，因为有些感觉的通道对感觉对象来说太宽，而另一些感觉的通道对感觉对象来说太窄，所以后者要么一直穿过通道而没有接触，要么根本无法通过。《希腊哲学史》177b。

> 他也试图说明视觉的本性。他说眼睛的内部由火构成，而环绕它的则是土和气，② 由于眼睛的精细，火能够像灯笼里的光一样通过土和气（残篇 84）。火和水的通道被安排得相互交替；通过其中火的通道，我们感知发光的对象，通过其中水的通道，我们感知黑暗的对象；每一类对象都各自与一类通道相适合，诸种颜色是由"流射"带给视觉的。《希腊哲学史》同上。

> 但眼睛并不是按照相同方式构成的；有的眼睛由相似的元素构成，有些则由相反的元素构成；有些眼睛的火在中心，而有些眼睛的火则在外边。因此，有些动物在白天目光敏锐，有些动物则在夜晚看得清楚。那些具有较少火的眼睛在白天目光敏锐，因为其中的火要被外面的火提高到内外均等；而那些具有较少相反者（即水）的眼睛则在夜晚看得

---

① 关于营养，参见埃修斯，v.27, 1；关于快乐和痛苦，参见埃修斯，iv.9, 15；v.28, 1；关于泪水和汗水，参见 v.22, 1。

② 那是水性的蒸汽，而不是气元素或 αἰθήρ（§107）。它和下面提到的"水"是一种东西。因而没有必要遵从卡斯滕和第尔斯在 πῦρ [火] 之后插入 καὶ ὕδωρ [和水]。

清楚，因为这样它们的缺陷得到了弥补。但在相反的情况下，每种眼睛都以相反的方式发挥作用。那些火占优势的眼睛会在白天目眩，因为还在继续增加的火会阻塞并占据水的孔道。他说，那些水占优势的眼睛在夜晚也遭遇同样的困难，因为火会为水所阻碍。这要一直继续到水被气分离出去以后，因为在这两种情况下，作为补偿的都是相反者。最温和且最卓越的视力是按均等比例由两种元素构成的视力。这差不多就是他关于视觉所说的。

他主张听觉是由外面的声音造成的，当空气被语音推动时，耳内就听到了声音，因为听觉是耳朵内部的一种钟鸣，他把耳朵称作"肉芽"。空气振动时，便打击坚实的部分并产生声音。① 他主张嗅觉是由呼吸产生，这就是为什么嗅觉最灵敏的那些人的气息有着最剧烈的运动，并且大多气味来自最细、最轻的物体。② 至于触觉和味觉，他并没有指出它们是怎样产生的，也没有指出它们是凭借什么而产生的，他只向我们提供了一个适用于一切的解释：感觉是由于对孔道的适应产生的。快乐是由与之构成元素及其混合物的相似之物产生的；痛苦则是由相反之物产生的。《希腊哲学史》同上。

他对思想和无知也给出了十分相似的解释。思想从相同者中产生，无知从相异者中而来，因而就是说思想和知觉都是相同，或近乎相同。因为在列举出我们何以借助事物本身认识事物之后，他又补充说："因为万物都是从这些中形成和结合在一起的，也正是通过这些，人们思想并感觉欢愉和痛苦"（残篇 107）。由于这个原因，我们主要是用我们的血液来思想，因为在其中，身体一切部分的诸元素都最彻底地混合在一起。《希腊哲学史》178。

于是，所有身体中混合物是相等或近乎相等的人，以及所有身体中诸元素既没有过大的间隔，也不是太小或太大的人，都是最聪明的，也具有最精准的知觉；而那些与他们接近的人也相称地聪明。那些情况与此相反的人是最愚蠢的。身体中诸元素为间隔分开并且稀疏的那些

---

① 比尔，第 96 页，注释 1。

② 比尔，第 133 页。

人，是愚笨且操劳的；身体中它们紧紧挤压并分裂成许多极细小片的那些人，是冲动的，他们想入非非却鲜克有终，因为他们的血液流动得太快了。那些在他们身体的某一部分有比例均衡的混合物的人，会在那一方面聪敏。这便是有些人是优秀的演说家，而有些人是优秀工匠的原因了。后者的双手由良好的混合物构成，而前者的舌头由良好的混合物构成，具有其他一切特殊的才能的人亦复如是。《希腊哲学史》同上。

247

　　因此，知觉是通过我们体内的某种元素与外界的同种元素相遇而产生的。当感觉器官的诸孔道——对万物持续散发出来的"流射"来说——既不过大也不过小时，就会发生这种相遇（残篇89）。嗅觉通过呼吸得到解释。人在呼吸的同时吸入了适合孔道的小颗粒。恩培多克勒用感冒病人的例子证明了这一点，[1] 他们由于呼吸困难而无法嗅闻。我们还在残篇101中读到，他为了支持这一理论还提到了狗的嗅觉。恩培多克勒似乎未曾对有关嗅觉的细节问题进行说明，也根本没有提到触觉。[2] 听觉是通过空气的运动来被解释的，空气撞击了耳内的软骨并使之摆动，听上去似铃铛一般。[3]

　　恩培多克勒的视觉理论[4] 相对更为复杂；由于柏拉图让他笔下的蒂迈欧接受了这一理论的大部分内容，它在哲学史上十分重要。阿尔基达马斯便认为眼睛是由火和水组成的（§96）。[5] 正如灯笼中的火焰为角质所保护而免于风吹（残篇84）；虹膜里的火同样由具有细微孔道的薄膜保护，使之不被瞳孔中环绕着的水熄灭，火可以从孔道中出去，水却不能由之进入。视觉由眼内发出并与物体相遇的火产生。

　　恩培多克勒同样意识到，他所谓的"流射"也可以从物体进入眼睛，因为他将颜色定义为"从适合孔道并被感知的形状（或'物体'）的流

248

---

① 埃修斯，iv.17，2（《希腊学述》，第407页）。比尔，第133页。

② 比尔，第161—163、180—181页。

③ 比尔。第95页及以下。

④ 比尔。第14页及以下。

⑤ 塞奥弗拉斯特，《论感官》，26。

射"。① 关于这两种有关视觉的解释究竟如何协调，以及我们究竟能够在多大程度上将柏拉图《蒂迈欧篇》中的理论归功于恩培多克勒，还不是十分清楚。我们所援引的说法似乎暗示着某种与之十分相似的情况。②

塞奥弗拉斯特告诉我们，恩培多克勒并没有对思想和知觉进行区分，这一点亚里士多德已经作过评述。③ 产生知觉的主要部位是血液，四元素在其中最均匀地混合，特别是在靠近心脏的血液中（残篇 105）。④ 不过这并不排除身体的其他部分同样能够进行感知的观点，恩培多克勒的确认为一切事物都有它们的思想（残篇 103）。但由于血液是更加精细的混合物，因而格外敏感。⑤ 由此，恩培多克勒自然而然地接受了巴门尼德在诗歌第二部分中持有的观点（残篇 16），即我们的知识因我们身体构造的不同而不同（残篇 106）。

119. 神学与宗教

恩培多克勒的理论神学让我们想起了克塞诺芬尼，而他的实践宗教教导则让我们想到了毕达哥拉斯以及俄耳甫斯教。在诗歌的开头部分，我们被告知某些"神"是由诸元素构成的，因此他们虽然"长寿"却注定死亡（残篇 21）。诸元素和球体也被称作神，但却完全是在"神"这个词的另一种意义上被使用的，而诸元素不被毁灭。

如果我们转向《净化》中的宗教教导，就会发现万物按照一套轮回学说发展变化。关于这一点的一般意义，我们在前文已进行了充分的阐述（§42）；恩培多克勒给出的细节不同寻常。根据必然性的要求，那些有罪的"精灵们"被迫离开天上的家，流浪三万个春秋（残篇 115）。他本人就是这样一位被

---

① 此定义援引自柏拉图《美诺篇》76d4 中的高尔吉亚。我们所有的抄本都有 ἀπορροαὶ σχημάτων，但是在韦内图斯抄本 T（Ven.T）的页边有 γρ.χρημάτων，这很可能属于一个古老的传统。在伊奥尼亚方言中 χρήματα 是"东西"的意思。参见第尔斯，《恩培多克勒和高尔吉亚》，第 439 页。

② 比尔，《古希腊的基本认知理论》，第 18 页。

③ 亚里士多德，《论灵魂》Γ，3.427a21。

④ 《希腊哲学史》178a。这是西西里学派的特色学说，并由他们传给了亚里士多德和斯多亚学派。另一方面，柏拉图和希波克拉底采纳了阿尔基达马斯（§97）的观点，认为大脑是意识的所在。之后，柏拉图在叙拉古的朋友菲利斯提翁，替换了在血液中流动的 ψυχικὸν πνεῦμα（"动物精神"）。

⑤ 比尔，第 253 页。

放逐的神，因为相信疯狂的争斗而从高位跌落。四种元素厌恶地将他从一种元素抛给另一种元素；所以他不仅曾是一个人、一株植物，甚至也曾是一条鱼。若要使自己从原罪的脏污中得到净化，唯有通过培养仪式的圣洁感，通过净化以及戒食动物的肉。因为动物是我们的亲属（残篇137），加害它们就是弑亲。在这一切之中，存在着某些与宇宙论相关的地方。我们看到了"强而有力的誓约"（残篇115；参见残篇30），四元素，作为原罪之源的恨，以及黄金时代的女王库普里斯（残篇128）。但是这几点都不是最为基本的，而在恩培多克勒的宇宙论体系中也并没有给净化所预设的不朽灵魂留下位置。在这一时期，似乎一直有一道鸿沟存在于人们的宗教信仰——如果他们有的话——和他们的宇宙论观点之间。我们提到的寥寥几个关联点可能还不足以让恩培多克勒本人对此有所察觉。　250

第六章
克拉佐美奈的阿那克萨戈拉

120. 生平

阿波罗多洛斯告知我们有关阿那克萨戈拉生平的一切，似乎都基于法莱隆人德米特里的权威记载。在他的《执政官名录》中，德米特里谈到了阿那克萨戈拉，说他在二十岁时——在卡利亚斯或卡利亚德斯的执政期间（公元前 480—前 479 年）——就已经在雅典"开始成为一名哲学家"了。[①]这个日期很可能源于对这位哲学家受审时的年龄的推算，而德米特里有各种各样的机会从今天已经佚失的材料中获取消息。阿波罗多洛斯推断阿那克萨戈拉出生在第七十届奥林匹亚赛会期间（公元前 500—前 496 年），并补充说他逝世于第八十八届奥林匹亚赛会的第一年（公元前 428—前 427年），享年七十二岁。[②]他无疑认为他自然不会活得比伯里克利更久，而且要在柏拉图出生的那年去世。[③]还有一种说法——尽管来源可疑，但可能同样来自德米特里——认为，阿那克萨戈拉在雅典生活了三十载。如果确实如此，我们便认为他居住在那里的时间大约是从公元前 480 年到公元前450 年。

---

① 第欧根尼，ii.7（《希腊哲学史》148）。关于执政官名字的变体，见雅各比，第 244 页，注释 1，关于一般的编年，见泰勒在《古典学季刊》，xi. 第 81 页以下，他的论证在我看来是可信的。

② 我们必须和斯卡利杰尔一样，读作 ὀγδοηκοστῆς，以使数字无误。

③ 关于阿波罗多洛斯的主张，见雅各比，第 244 页以下。

这些日期无疑与事实相差无几。亚里士多德告诉我们，[1] 阿那克萨戈拉比恩培多克勒年长，后者可能在公元前 490 年之前出生（§98）；塞奥弗拉斯特则宣称，[2] 恩培多克勒出生"在阿那克萨戈拉之后不久"。德谟克利特也曾说自己在阿那克萨戈拉的晚年时代还是一个小伙子，而他一定出生于公元前 460 年前后。[3]

251

121. 早年

阿那克萨戈拉来自克拉佐美奈。塞奥弗拉斯特告诉我们，他父亲的名字是海格西布罗斯。[4] 传统认为，他轻视财产而追寻科学。[5] 无论如何，可以肯定早在前四世纪，他便被认为是那种过着"理论生活"的人了。[6] 当然，有关他睥睨世俗之物的故事被后来的历史小说家利用，并被包装成为惯常的箴言。但在这里，我们对此并无兴趣。

发生在阿那克萨戈拉早年的一个事件被记录下来，即，一块巨大的陨石于公元前 468—467 年坠落到埃戈斯河里。[7] 我们的权威资料告诉我们他预言了这件奇事。这显然是荒谬的。但我们将有理由相信，此事可能促成他对早期宇宙论最引人注目的背离，并接受了那种让他在雅典遭到了谴责的观

---

[1]　亚里士多德，《形而上学》A，3.984a11（《希腊哲学史》150a）。

[2]　《自然哲学学说》，残篇 3（《希腊学述》，第 477 页），载于辛普利丘，《物理学注》，第 25 页，19（《希腊哲学史》162e）。

[3]　第欧根尼，ix.41（《希腊哲学史》187）。关于德谟克利特的生平，见第九章，§171。

[4]　《自然哲学学说》，残篇 4（《希腊学述》，第 478 页），为其他学述作家所重复。

[5]　柏拉图，《大希庇阿斯篇》283a，τοὐναντίον γὰρ Ἀναξαγόρᾳ φασὶ συμβῆναι ἢ ὑμῖν· καταλειφθέντων γὰρ αὐτῷ πολλῶν χρημάτων καταμελῆσαι καὶ ἀπολέσαι πάντα· οὕτως αὐτὸν ἀνόητα σοφίζεσθαι [因为他们说发生在阿那克萨戈拉身上的事和发生在你身上的事正好相反，因为虽然很多钱都被留给了他，他却将其忽视，并失去全部；他的智慧如此愚蠢]。参见普鲁塔克，《伯里克利》16。

[6]　亚里士多德，《尼各马可伦理学》K，9.1179a13。参见《欧德谟伦理学》A，4.1215b6 以及 15，1216a10。

[7]　第欧根尼，ii.10（《希腊哲学史》149a）。普林尼，《自然史》ii.149，所给出的时间是七十八届奥林匹克赛会的第二年；而尤塞比乌斯所给出的则是七十八届奥林匹克赛会的第三年。但参见《帕罗编年史》57，ἀφ' οὗ ἐν Αἰγὸς ποταμοῖς ὁ λίθος ἔπεσε ... ἔτη ΗΗΠ, ἄρχοντος Ἀθήνησι Θεαγενίδου [一块石头曾在那之后坠落在埃戈斯河中……205 年，塞盖尼德在雅典为执政官]，指的是公元前 468—67 年。第欧根尼 ii.11 的文本有残损。推荐的复原本见雅各比，第 244 页，注释 2；以及第尔斯《前苏格拉底哲学家残篇》46A1。

点。不管怎么说，那块巨石的坠落给当时的人们留下了深刻的印象，甚至在
普林尼和普鲁塔克时代，它仍能被游客参观。①

122. 同伊奥尼亚学派的关系

学述作家们将阿那克萨戈拉说成是阿那克西美尼的门徒。② 这不可能是
真的；阿那克西美尼极有可能在阿那克萨戈拉出生之前就已经死了。但是，
仅仅说这种说法产生于阿那克萨戈拉的名字在《师承录》中紧跟在阿那克西
美尼的名字之后的事实是不够的。我们可以从塞奥弗拉斯特本人的一个残篇
中找到其最初来源，他说阿那克萨戈拉是"阿那克西美尼的哲学的一个伙
伴"。③ 然而，如果我们接受了"导言"（§ XIV）中所阐述的有关科学"学
派"的观点，那么这一表述就有了完全不同的意义。它的意思是，古老的伊
奥尼亚学派在公元前 494 年米利都城毁败之后幸存了下来，并继续在亚细亚
的其他城邦蓬勃发展。此外，它还意味着，在该学派第三位伟大的代表人物
之后，并没有出现过任何杰出的人物，并且无论该团体的领袖由谁担任，仍
会传授"阿那克西美尼的哲学"。

这里最好简要指出我们在接下来的几章中将会得到的一些结论，它们
有关公元前五世纪上半叶的哲学发展。我们将发现，尽管传统的伊奥尼亚学
派依然能够孕育出伟大的思想家，却无力使他们恪守成式。阿那克萨戈拉便
走上了他自己的道路；麦里梭和留基波虽然仍保留着一系列足以揭示其灵感

---

① 普林尼，见先前引文，"qui lapis etiam nunc ostenditur magnitudine vehis colore adusto [那
块石头仍被展览，其大小像一辆车那么大，颜色焦黄]。"参见普鲁塔克《赖山德》12，
καὶ δείκνυται ... ἔτι νῦν [它正在被展览……直到现在]。

② 西塞罗，《论神性》i.26（依照费罗德姆斯），"Anaxagoras qui accepit ab Anaximene disci-
plinam（i.e.διήκουσε）[阿那克萨戈拉接受了阿那克西美尼的学说]"；第欧根尼，i.13（《希
腊哲学史》4）和 ii.6；斯特拉堡，xiv.p.645，Κλαζομένιος δ᾽ ἦν ἀνὴρ ἐπιφανὴς Ἀναχαγόρας
ὁ φυσικός, Ἀναξιμένους ὁμιλητής [克拉佐美奈的自然哲学家阿那克萨戈拉——一位著名的
人——是阿那克西美尼的追随者]；尤塞比乌斯，《福音预备》第 504 页；[盖伦]《哲学史》
3；奥古斯丁，《上帝之城》viii.2.

③ 《自然哲学学说》，残篇 4（《希腊学述》，第 478 页），Ἀναξαγόρας μὲν γὰρ Ἡγησιβούλου
Κλαζομένιος κοινωνήσας τῆς Ἀναξιμένους φιλοσοφίας κτλ. [因为克拉佐美奈的阿那克萨戈
拉，海格西布罗斯之子，接受了阿那克西美尼的哲学，等等]。在他的第五版中（第 973
页，注释 2），策勒采用了文中所主张的观点，并通过比对有关留基波的一条类似的说法，
κοινωνήσας Παρμενίδη τῆς φιλοσοφίας [在接受了巴门尼德的部分哲学之后]，确证了这一
观点。见下文第九章，§172。

来源的传统观点，但同时受到了埃利亚学派辩证法的极大影响，以致使他们无法继续满意于阿那克西美尼的理论。只有像第欧根尼这样的二流头脑才会捍卫正统体系，而像萨摩斯的希彭那样的三流头脑甚至回退到了泰勒斯那套更为粗糙的理论。随着我们讨论的深入，这个预先概述的具体内容也会愈加清晰；此处，我们只需要提请读者注意这样一个事实，即传统的伊奥尼亚哲学现已成为我们叙述的某种背景，正如俄耳甫斯和毕达哥拉斯的宗教思想在前面几章中所扮演的角色一样。

123. 阿那克萨戈拉在雅典

阿那克萨戈拉是首位在雅典定居的哲学家。我们并不知道是什么使他在萨拉米斯海战那年来到此处。但他曾是波斯国的臣民，因为克拉佐美奈在伊奥尼亚起义遭到镇压之后便已陷落，而他很可能曾在波斯军中效力。①

相传阿那克萨戈拉是伯里克利的老师，而柏拉图的证词使这一事实变得毋庸置疑。在《斐德若篇》②中，柏拉图借苏格拉底之口说："所有伟大的技艺，都需要谈论和讨论自然研究中有关崇高事物的部分，因为这似乎是启迪我们高远心智和遍及四方的效力的源泉。伯里克利在原有天赋的基础上又获得了这种学识。他似乎遇到了阿那克萨戈拉，一个从事科学研究的人；并且用关于崇高事物的理论使自己充分满足，获得了有关心灵和理智之真实本性的知识，这正是阿那克萨戈拉论述的主题，他从这个源泉中汲取了所有能使其演讲术精进的东西。"这显然是说伯里克利在成为杰出的政治家之前就与阿那克萨戈拉相伴在一起了。伊索克拉底同样主张伯里克利是两位"智者"——阿那克萨戈拉和达蒙——的学生。③达蒙的教导无疑发

① 这也许可以解释在审判中对他提出的"里通波斯（Medism）"的指控（§124）。也许，同样重要的是阿波罗多洛斯（也许还有法莱隆人德米特里）说他 κατὰ τὴν Ξέρξου διάβασιν [在薛西斯海峡时]——当然是指赫勒斯滂海峡——只有二十岁，如果阿那克萨戈拉当时并没有和薛西斯在一起，那么便很难解释得通了。很难想象还有什么能让一个年轻的克拉佐美人在那个时候跑到雅典来。

② 270a（《希腊哲学史》148c）。

③ 伊索克拉底，《论交换》（Περὶ ἀντιδόσεως）235, Περικλῆς δὲ δυοῖν (σοφισταῖν) ἐγένετο μαθητής, Ἀναξαγόρου τε τοῦ Κλαζομενίου καὶ Δάμωνος [伯里克利曾是两位智者——克拉佐美奈的阿那克萨戈拉和达蒙——的学生]。

生在伯里克利的青年时代，^① 可以推断，阿那克萨戈拉的教导也是如此。

一个更困难的问题是所谓欧里庇得斯与阿那克萨戈拉的关系。最古老的权威记载来自埃托利亚的亚历山大，他是一名诗人和图书管理员，曾在托勒密二世（约公元前 280 年）的宫廷里生活。他将欧里庇得斯称作"受勇敢的阿那克萨戈拉精心照料的人"^②。在那段主张科学生活实属蒙恩的著名残篇中，欧里庇得斯所指的可能正是阿那克萨戈拉，但也同样可能是在谈论其他任何一位宇宙论者，而且这里确实更为自然的是在影射一位更传统的思想家。^③ 另一方面，阿那克萨戈拉很可能并没有一蹴而就地发展出了自己的体系，他无疑是从传授阿那克西美尼的体系开始的。此外，另有一则残篇清楚地阐明了阿那克萨戈拉的核心思想，并且它几乎无法被归之于其他任何人。^④

124. 审判

如果我们接受法莱隆的德米特里的年表，那么对阿那克萨戈拉的审判显然就必定发生在伯里克利政治生涯的早期。^⑤ 这是由萨堤洛斯保存下来的传统说法，他宣称控告者为米勒西阿斯之子修昔底德，指控的罪名是不敬神

255

---

① 达蒙（或达蒙尼德）一定在公元前 460 年前后活跃于政坛（迈耶，《古代史》，iii.567；维拉莫维茨，《亚里士多德与雅典》，i.134），因此他一定在公元前 500 年前后出生。根据迈耶的说法，达蒙在公元前 443 年之前便被放逐，并且刻有被放逐者姓名"达蒙尼德之子达蒙"的陶器碎片也已被发现（布克纳，《阿那克萨戈拉档案》，1914，第 95 页）。如果我们假定他在前 445 年被流放，又在前 435 年回归故土，那么他接下来同苏格拉底的关系便是自然而然的了。柏拉图不太可能与他私下相识。关于上述所有问题，见罗森贝格，《新年鉴》，第三十五卷，第 205 页以下。

② 盖琉斯，xv.20，"Alexander autem Aetolus hos de Euripide versus composuit"；ὁ δ' Ἀναξαγόρου τρόφιμος χαιοῦ（法尔克纳改写自 ἀρχαίου）κτλ. ["但是埃托利亚的亚历山大写下了下列关于欧里庇得斯的诗句"；阿那克萨戈拉坚毅的学生啊，等等。]

③ 见"导言"第 9 页，注释③。

④ 《希腊哲学史》150b。

⑤ 对阿那克萨戈拉的审判一般被认为发生在伯罗奔尼撒战争爆发的不久之前。埃佛罗斯就是如此报告的（这为迪奥多罗斯，xii.38 所复述），普鲁塔克（《伯里克利传》32）也遵从了相同的记述。然而，我们已经充分地认识到了埃佛罗斯所撰年表的实用主义特征，并不能据此推断出任何结论。索提翁主张克莱翁是控告者，他一定也假定审判发生在更晚的时间。

和里通波斯。① 由于修昔底德于公元前 443 年遭到放逐，对阿那克萨戈拉的审判便很可能发生在公元前 450 年前后，与对伯里克利另一位老师达蒙的放逐先后发生。② 如果确实如此，我们便立即明白柏拉图为什么从来没有安排苏格拉底与阿那克萨戈拉会面了。在苏格拉底成长到对科学理论发生兴趣的年纪之前，他就已经将学派移交给了阿凯劳斯。③ 不过我们确实从柏拉图那里了解到指控他不敬神的依据何在。这是因为阿那克萨戈拉主张太阳是块炽热的石头，而月球是土质的，④ 我们将看到他的确持有这些观点（§133）。至于剩下的事，最有可能的解释是他从监狱中逃了出来，被伯里克利送走他乡。⑤ 我们知道这种事情在雅典是可能的。

　　被从第二故乡驱逐之后，阿那克萨戈拉自然而然回到了伊奥尼亚，在那里他至少享有能够随心所欲进行教学的自由。他在米利都的一块殖民地兰普萨克斯定居下来，我们有理由相信他在那里创建了一个学派。诚若如此，那么他在逝世前就一定在兰普萨克斯居住过一段时间。⑥ 兰普萨克斯人在他们的广场上筑起了一座纪念他的祭坛，以此献给"心灵"和"真理"；他的忌日也一直被确定为学龄儿童的假日，相传这是他自己的要求。⑦

256

---

① 第欧根尼，ii.12，Σάτυρος δ' ἐν τοῖς Βίοις ὑπὸ Θουκυδίδου φησὶν εἰσαχθῆναι τὴν δίκην, ἀντιπολιτευομένου τῷ Περικλεῖ· καὶ οὐ μόνον ἀσεβείας ἀλλὰ καὶ μηδισμοῦ· καὶ ἀπόντα καταδικασθῆναι θανάτῳ [萨堤洛斯在他的《名人传》中说控告者是修昔底德，是伯里克利的反对者；罪名是里通波斯和不敬神；他在不在场的情况下被判处死刑]。

② 这与阿那克萨戈拉在雅典生活了三十年的说法是完全一致的（第 228 页）。至于对达蒙的放逐，见第 232 页，注释①。

③ 《斐多篇》中那段著名的话（97b8 以下）清楚地表明，阿那克萨戈拉在苏格拉底还相当年幼的时候就已经离开了雅典。他只是间接地（从阿凯劳斯那里?）听闻了他的学说，并立刻找到了阿那克萨戈拉的书来读。倘若阿那克萨戈拉本人仍在雅典，对苏格拉底来说，找到他并向他请教便是一件极其简单的事情，而这也会成为柏拉图撰写对话的绝佳主题。柏拉图描写了苏格拉底同巴门尼德和芝诺交谈，却没有安排他与阿那克萨戈拉相识，这个事实具有显而易见的重要性。

④ 《申辩篇》26d。

⑤ 普鲁塔克，《尼西阿斯》23（《希腊哲学史》148c）。参见《伯里克利》32（《希腊哲学史》148）。

⑥ 见第十章，§191 中阿凯劳斯的记述。

⑦ 关于赠予阿那克萨戈拉这些荣誉的最古老的权威记载来自高尔吉亚的门徒阿尔基达马斯，他说这些在他的时代依然存在。亚里士多德，《修辞学》B，23.1398b15。

125. 著作

第欧根尼将阿那克萨戈拉归在了只留下一部著作的哲学家之列，同时也记录了人们对这部著作的一般评价，认为它是"以一种崇高和令人愉快的风格"写就的。① 没有任何有力的证据与这段证词相左，究其本源，它来自亚历山大里亚的图书管理员。② 传说阿那克萨戈拉曾写过一篇关于风景画透视法的论文，但这绝不可能是真的；③ 还有一种说法说他曾撰写过一部探讨圆形面积计算方法的著作，而这不过是对普鲁塔克相关表述的误解。④ 我们从前面提到的《申辩篇》中的那段话可知，阿那克萨戈拉的作品在雅典可以用一个银币买到；这部著作具有一定的篇幅，这可以从柏拉图借苏格拉底之口谈论它的方式获悉。⑤ 辛普利丘在公元六世纪曾得到了一份抄本，这无疑是学园图书馆的收藏；除了一两条十分可疑的例外，我们现有的全部残篇都是由他保存下来的。不幸的是，他的引用似乎仅限于探讨一般原则的第一卷，这使我们对阿那克萨戈拉究竟如何处理具体问题

257　有些茫然。

126. 残篇

我根据第尔斯的文本和编排给出下列残篇：

　　（1）万物曾都在一起，既在数量上是无限的，又无限地小，因为，就连小也是无限的。而当万物都在一起的时候，由于微小，它们中没有任何一个能被辨识出来。因为气和以太在万物中占据了上风，它们二者都是无限的，因为这些在万物之中是最大的，无论是在数量上还

---

① 第欧根尼，i.16；ii.6（《希腊哲学史》5；153）。

② 绍巴赫（《克拉佐美奈的阿那克萨戈拉残篇》第 57 页）从伪亚里士多德的《论植物》817a27 中杜撰出一部被冠名为 τὸ πρὸς Λεχίνεον [《告莱基纽斯》] 的著作来。但在阿尔弗雷德源自希腊文本的拉丁版本中只说到 et ideo dicit lechineon [因此他告诉莱基纽斯]；而这似乎是由于我们无法辨认出阿拉伯语文本的缘故，现存的拉丁版本正是从这个阿拉伯语文本来的。参见迈耶，《植物学史》i.6o。

③ 维特鲁威，vii. 前言 ii。一个试图用某个伟大的名字来装点自己著作的杜撰者，马上会想到那个相传曾教导过欧里庇得斯的哲学家。

④ 普鲁塔克，《论放逐》607f。这段话的意思仅仅是说，他曾在监狱的地板上画了一些与求解圆形面积相关的图形。

⑤ 《申辩篇》26d-e。其中 βιβλία 的表述可能暗示它不止一卷。

是在尺寸上。①《希腊哲学史》151。

（2）因为气和以太从那包围着世界的东西中分离出来，而那包围着的东西在数量上是无限的。《希腊哲学史》同上。

（3）也没有小者之中的最小，而总是有更小的，因为是者不可能由于切割而不再是。② 但总有比大者更大的东西，并且在数量上与小者相等，并且相较于它自身，每个东西都是既大又小的。《希腊哲学史》159a。

（4）既然这些事物如此这般，我们便必须假定在聚合着的事物之中内含有许多各种各样的事物，并有着具有各种形状、颜色和气味的万物的种子（《希腊哲学史》同上），在它们之中形成了人类，以及其他有生命的动物，这些人和我们一样居住在城邦，在田地间耕作；并且和我们一样，也有太阳和月亮以及其他的东西；他们的大地为他们生长许许多多、各种各样的东西，他们将其中最好的收进居所并加以利用（《希腊哲学史》160b）。因此，关于分离我说了很多，藉此表明分离出来的事物不仅会在我们这里，在其他地方亦然。

但在它们被分离之前，在万物都还在一起的时候，甚至任何颜色都不能被辨识出来，因为万物的混合——湿和干、热和冷的混合，以及明和暗混合，而且其中还混合有许多的土，以及大量不可计数、彼此完全不一样的种子——妨碍了它。因为在其他东西中也没有一种与另一种类似。这些事物既然如此，我们便必须主张万物在整体之中。《希腊哲学史》151。③

（5）而当那些东西被这样确定之后，我们一定认识到，它们这一切既不更多，也不更少，因为对它们来说不可能比一切更多，而一切永远相等。《希腊哲学史》151。

---

① 辛普利丘告诉我们这正是第一卷的开篇。被第欧根尼在 ii.6（《希腊哲学史》153）所援引的句子并不是阿那克萨戈拉的一则残篇，而是一段概要，正如被归给赫拉克利特的 πάντα ῥεῖ（第三章，第133页）。

② 第尔斯保留了抄本中的 τὸ μή，策勒则将其更正为 τομῆ，这在我看来是可信的。

③ 在本书第一版中，我已经指出，辛普利丘曾三次将它当做一段连续的残篇引用，并且我们也无权将其拆散。第尔斯现已将其作为单独一段话来刊载。

235

(6) 而且既然大的部分和小的部分在数量上是相等的，由于这个原因，万物也会在一切之中；它们同样不可能分离地存在，而万物分有一切的部分。既然不可能有最小之物，它们便不可能被分离，也不可能就其自身被生成；正像它们最初曾是的那样，它们现在也应该是在一起的。在万物之中包含有许多东西，无论是在由分离而来的较大的东西中，还是在较小的东西中都有相等的数量。

(7) ……因此我们无法知晓这些被分离出来的东西的数目，无论是通过言语还是通过行动。

(8) 同一个世界之中的东西，既不被分离，也无法用斧子将一个与另一个砍断，无论是将热从冷砍断还是将冷从热砍断都不行。《希腊哲学史》155e。

(9) ……当这些东西旋转并由于力量和快速被分离。快速带来了力量。它们的快速与当下人类中间任何事物的迅疾都不相似，而在各个方面都快速好多倍。

(10) 头发怎么可能从并非头发中产生，肉又怎么可能从非肉中产生？《希腊哲学史》155，f，注释1。

(11) 除心灵以外，一切中都有一切的一部分，而在有些事物中同样存在着心灵。《希腊哲学史》160b。

(12) 所有其他东西都分有一切的一部分，但心灵却是无限且自治的，它不与任何事物相混合，而是唯一的，是作为其自身的自身。因为如果它并非作为其自身存在，而是与别的什么相混合，它便会分有万物——倘若它真的与什么东西相混合的话；因为在一切之中都有一切的一部分，正像在前面我说过的那样，并且那些与它混合在一起的东西还会阻碍它，以致它将不再能够用现在仅仅凭借自身就具有的方式来统御万物。因为它是万物中最精微且最纯粹的，还具有关于一切的全部知识以及最强大的力量；心灵统御着一切有生命的事物，无论是较大的还是较小的。并且心灵统治着整个旋转，以至它在最初便开始旋转。并且它首先从一小点开始旋转；而现在这旋转已扩展到了更大的空间里，并仍将扩展到更大的空间之中。那一切混合在一起的、分离开来的以及被区分开来的东西，全都为心灵所知晓。心灵也会安排万物：

259

那过去将要存在的一切，过去存在而现在不存在的一切和现在存在的一切，当下星辰、太阳、月亮旋转于其中的这个旋转，以及被分离出来的气和以太。正是这一旋转造成了分离，稀薄从稠密中分离，热从冷中分离，明亮从黑暗中分离，干从湿中分离。并且在很多事物中存在着很多部分。但除了心灵之外，没有任何东西是完全与其他事物分离或区分开来的。并且所有的心灵都是相似的，无论较大的还是较小的；尽管没有任何别的东西类似于任何其他东西，但每个个别事物都最明显的是并且也曾是那些在其中所具有的最多的东西。《希腊哲学史》155。

（13）而当心灵开始使事物运动时，分离就发生在被运动的一切之中，而心灵发动了什么程度的运动，万物便会被分离到何种程度。并且在事物被运动和被分离的同时，旋转又使它们更加分离。

（14）而那永远存在的心灵，确实存在于其他一切所在的那里，在那包围着的东西之中，也在那业已被它聚合起来的以及自它分离出去的事物之中。①

（15）稠密、潮湿、寒冷与黑暗聚集在现在是土的地方，而稀薄、温暖、干燥（与明亮）则出走到更远处以太的部分。②《希腊哲学史》156。

（16）在这些事物被分离出来的时候，土从它们中凝固，因为从雾霭中分离出水，而从水中分离出土。石头从土中为寒冷所凝固，而这些急剧产生出来，比水还多。《希腊哲学史》156。

（17）希腊人在谈论生成和毁灭时用词不当；因为无物生成抑或毁灭，而是存在之物的混合和分离。因此，假如他们把生成称作混合，把毁灭称作分离，那就正确了。《希腊哲学史》150。

（18）是太阳赋予月亮以明亮。

---

① 辛普利丘所提供的残篇 14 如下（第 157 页，5）：ὁ δὲ νοῦς ὅσα ἐστί τε κάρτα καὶ νῦν ἐστιν。第尔斯则读作 ὁ δὲ νοῦς, ὃς ἀ[εί] ἐστί, τὸ κάρτα καὶ νῦν ἐστιν。前后呼应的 ἀεὶ ... καὶ νῦν 强有力地支持这种读法。

② 关于残篇 15 的文本，参见《希腊哲学史》156a。我遵从朔恩根据希波吕特增补了 καὶ τὸ λαμπρόν [与明亮]。

(19) 我们将太阳在云层中的映像称作虹。它是暴风雨的先兆；因为环绕着云流动的水引起了风，或作为雨倾泻而下。

(20) 伴随着天狼星（?）的升起，人们开始收获；随着它的下落，他们开始犁地。它被隐藏了四十个昼夜。

(21) 由于感官的羸弱使我们无法辨识真相。

(21a) 那显现出来的是不可见之物的样子。

(21b)（我们能够利用较为低等的动物）因为我们运用我们自己的经验、记忆、智慧和技艺。

(22) 所谓"鸟乳"就是蛋白。

127. 阿那克萨戈拉和他的前辈们

阿那克萨戈拉的体系同恩培多克勒的体系一样，旨在协调埃利亚学派所主张的有形实体不可变化的学说与一个到处都呈现出生成和毁灭现象的世界的存在。巴门尼德的结论被坦率地接受并被重申。没有任何东西能被增添给万物，因为不可能比一切更多，而一切永远相等（残篇5）。任何事物都不会毁灭。人们通常所谓的生成和毁灭，其实是混合与分离（残篇17）。

无论从哪方面来看，阿那克萨戈拉的混合理论都很可能来自恩培多克勒这位年纪略小于他的同时代者，后者的诗歌可能在阿那克萨戈拉发表其论文之前便已经问世了。[①] 不管怎样，我们已经看到雅典人在公元前五世纪中叶之前就已经了解了恩培多克勒的观点。我们已经看到恩培多克勒是如何通过主张相反者——热与冷、湿与干——是一些东西，以及它们中的每一个都在巴门尼德的意义上实存的方式来试图拯救现象世界的。阿那克萨戈拉认为这些都还不够。一切变成其他一切，[②] 构成世界的东西并非按照这种方式

261

---

① 然而，我现在并不认为这是亚里士多德在《形而上学》A，3.984a12（《希腊哲学史》150a）中所谓 τοῖς ἔργοις ὕστερος［在活动方面较后］的意思。不管怎么说，塞奥弗拉斯特都未曾这样理解这段话，因为他在说到柏拉图的时候模仿了这段话（《希腊学述》484，19），说他 Τούτοις ἐπιγενόμενος Πλάτων τῇ μὲν δόξῃ καὶ τῇ δυνάμει πρότερος, τοῖς δὲ χρόνοις ὕστερος［出生在他们之后的柏拉图在观点和能力方面较强，而在时间上较迟］。他似乎将亚里士多德的表述理解为"他的成就较低"。

② 亚里士多德，《物理学》A，4.187b1（《希腊哲学史》155a）。

"用斧头砍断"（残篇8）。相反，正确的表达必须是：一切中都有一切的一部分（残篇11）。

128."一切在一切之中"

阿那克萨戈拉试图证明这一点的部分论证被埃修斯残缺不全地保存了下来，第尔斯又从给纳齐亚泽努斯的圣格列高利作评注的注释家那里找到了一些原话。"当我们采食丰饶女神的果实或者饮水的时候"，他说，"我们只汲取一种营养。可是，头发怎么可能从非头发中产生，肉又怎么可能从非肉中产生?"（残篇10）。[①] 这正是早期的米利都学派一定会提出的那种问题，只是对生理学的兴趣而今已明确地取代了对气象学的兴趣。我们将在阿波罗尼亚的第欧根尼那里看到一条类似的思路（残篇2）。

我们不能将"一切中都有一切的一部分"简单地理解为是指在世界形成之前的那种原始混合物（残篇1）。相反，即便现在"万物也都在一起"，并且无论大小，一切都有着相同数量的"部分"（残篇6）。唯有在其中一部分不再存在的情况下，一个较小物质微粒所包含部分的数量才有可能更小；但是，如果某物在严格的巴门尼德的意义上是，那么它便不可能仅仅因为分割而不再是（残篇3）。物质是无限可分的，因为并不存在最小的事物，同样也没有某个最大的事物。但无论一个物体是大是小，它所包含的刚好是相同数量的"部分"，也即一切的一部分。

129. 诸部分

那些在一切之中都有其部分的"东西"是什么？过去人们通常将阿那克萨戈拉的理论如此这般地呈现，就好像他曾宣称，比如说小麦，同时内含有肉、血、骨头以及诸如此类的细小微粒；但我们已经看到，物质是无限可分的(残篇3)，并且最小的微粒和最大的颗粒所具有的"部分"一样多(残篇6)。这对传统观点来说是致命的。无论我们将切分进行到何种程度，我们都无法获得任何"未混合的"东西，因此根本就不存在一种具有单纯本性的微粒，无论它何其微小。

262

---

① 埃修斯，i.3，5（《希腊学述》第279页）。见《希腊哲学史》155f 以及注释1。我和乌泽纳一样，读作 καρπὸν。

这个困难只能用一种方法来解决。① 在残篇8中，所给出的那些并非"用斧子将一个与另一个砍断"的东西的例子是热和冷；而在其他地方（残篇4，15），还提到了其他传统的"相反者"。亚里士多德认为，如果我们假定第一本原是无限的，那么它们要么如德谟克利特所言在种类上是一，要么相互对立。② 辛普利丘追随波菲利和塞米斯修斯，将后一种观点归给了阿那克萨戈拉；③ 亚里士多德本人也暗示说，阿那克萨戈拉的相反者和"同质体"一样能够被称作第一本原。④

263

于是，那为一切事物所包含的是这些相反者的部分，而不是那些具有不同形式的物质的部分。每一颗微粒，无论它是大是小，都包含了那些相反性质中的任意一种。热的东西在一定程度上同时也是冷的。阿那克萨戈拉断言，连雪也都是黑色的；⑤ 也就是说，甚至连白色的东西也同时含有一定份额的相反性质。这就足以表明这种学说同赫拉克利特的观点的联系

---

① 见塔内里，《希腊科学》，第283页以下。我仍认为塔内里的解释本质上是正确的，尽管他关于它的说法需要某种修正。对我们来说，将热和冷、干和湿设想为"东西"（χρήματα）无疑是困难的；但是我们务必牢记，即便在性质概念（ποιότης）获得定义之后，这种思维方式仍旧存在。盖伦（《论自然能力》i.2，4）在这一点上仍十分清楚：永恒存在的正是诸性质。他说，οἱ δέ τινες εἶναι μὲν ἐν αὐτῇ (τῇ ὑποκειμένῃ οὐσίᾳ) βούλονται τὰς ποιότητας, ἀμεταβλήτους δὲ καὶ ἀτρέπτους ἐξ αἰῶνος, καὶ τὰς φαινομένας ταύτας ἀλλοιώσεις τῇ διακρίσει τε καὶ συγκρίσει γίγνεσθαί φασιν ὡς Ἀναξαγόρας [其他人倾向于认为这些性质确实存在（于实体之中），但它们是不可变化的和永恒不变的，并且这些明显的性质改变由分离和聚合产生，正如阿那克萨戈拉所说]。

② 亚里士多德，《物理学》A，2.184b21，ἢ οὕτως ὥσπερ Δημόκριτος, τὸ γένος ἕν, σχήματι δὲ ἢ εἴδει διαφερούσας, ἢ καὶ ἐναντίας [要么如德谟克利特所说的那样，属是一，但在形状或者种上有别，要么相对立]。

③ 《物理学注》，第44页，1。他继续提到θερμότητας ... καὶ ψυχρότητας ξηρότητάς τε καὶ ὑγρότητάς μανότητάς τε καὶ πυκνότητας καὶ τὰς ἄλλας κατὰ ποιότητα ἐναντιότητας [关于相反性质，有热……和冷，干和湿，疏和密，以及其他]。然而他注意到亚历山大并不接受这种解释，并将διαφερούσας ἢ καὶ ἐναντίας [有别抑或对立] 连在一起，一并归给德谟克利特。

④ 《物理学》A，4.187a25，τὸν μὲν (Ἀναξαγόραν) ἄπειρα ποιεῖν τά τε ὁμοιομερῆ καὶ τἀναντία [阿那克萨戈拉认为同质体和对立者是无限的]。亚里士多德自己的理论只在一点上与之不同：在他看来ὕλη [质料] 先于ἐναντία [相反者]。

⑤ 塞克斯都，《皮浪主义》i，33（《希腊哲学史》161b）。

（§80）。①

130. 种子

阿那克萨戈拉和恩培多克勒的理论区别如下。恩培多克勒曾经说过，如果对构成这个世界的各种事物进行分割，特别是对肉、骨以及诸如此类的身体的部分进行分割，只要分割得足够彻底，便会得到四"根"或元素，后者因而是最终的实在。阿那克萨戈拉则认为，无论将这些事物中的任何一种分割得多么彻底——它们是无限可分的——都永远不会得到某个由于微小而不具有所有相反者之一份的某个部分。另一方面，一切之所以能够变化为其他一切，正是由于每种物质的——用他的话讲——"种子"都包含有一切的一部分，亦即全部相反者的一部分，尽管其比例有所不同。如果我们一定要使用"元素"这个词的话，那么阿那克萨戈拉体系中的元素正是这些种子。

亚里士多德通过说阿那克萨戈拉将 ὁμοιομερῆ［同质体］视作 στοιχεῖα［元素；στοιχεῖον 的复数形式］表达了这个意思。② 我们已经看到 στοιχεῖον 这个词出现在阿那克萨戈拉之后，也可以自然而然地认为 ὁμοιομερῆ 这个词不过是亚里士多德为"种子"起的名称。在亚里士多德自己的体系中，ὁμοιομερῆ 处在构成它的诸元素（στοιχεῖα）以及它所构成的诸器官（ὄργανα）中间。心脏不能被分割为心脏，而肉的部分却仍是肉。这样的话，从亚里士多德自己的观点来看，他的说法是清楚明白的，但我们没有理由假定阿那克

264

---

① 这种联系已经被那位折中主义的赫拉特利特主义者注意到了——我将《论生活方式》（Περὶ διαίτης）归之于他（见第三章，第 137 页，注释②）。参见这句话：ἔχει δὲ ἀπ' ἀλλήλων τὸ μὲν πῦρ ἀπὸ τοῦ ὕδατος τὸ ὑγρόν· ἔνι γὰρ ἐν πυρὶ ὑγρότης· τὸ δὲ ὕδωρ ἀπὸ τοῦ πυρὸς τὸ ξηρόν· ἔνι γὰρ καὶ ἐν ὕδατι ξηρόν［同样相互地，火从水那里获得湿，因为在火中具有湿；水从火那里获得干，因为在水中同样具有干］。

② 亚里士多德，《论生成和毁灭》A，1，314a18，ὁ μὲν γὰρ（Anaxagoras）τὰ ὁμοιομερῆ στοιχεῖα τίθησιν, οἷον ὀστοῦν καὶ σάρκα καὶ μυελόν, καὶ τῶν ἄλλων ὧν ἑκάστῳ συνώνυμον τὸ μέρος ἐστίν［因为他（阿那克萨戈拉）将同质体作为元素，例如骨、肉、髓，以及其他那些部分具有相同名称的东西］。这当然被塞奥弗拉斯特和学述作家们转述；但值得注意的是，埃修斯假定阿那克萨戈拉曾和自己一样使用过这个术语，于是给出了完全错误的意思。他说 ὁμοιομέρειαι 之所以被这样称呼，是因为 τροφή［营养物］的微粒和躯体的微粒具有相似性（《希腊学述》279a21；《希腊哲学史》155f）。卢克莱修，i.830 以下（《希腊哲学史》155f）基于一些伊壁鸠鲁主义的材料来源，对这个问题提出了一个类似的解释。这种解释显然无法和亚里士多德的说法兼容。

萨戈拉也使用了这样一种特定的方式来表述自己的思想。唯一能够断定的是，他认为"种子"——被他用来替代恩培多克勒的"根"——并不是处于分离状态的相反者，而每一方都包含有它们全体的一部分。如果阿那克萨戈拉本人的确使用过"同质体"这一术语，而辛普利丘却未曾引用过任何含有这一术语的残篇，这将是非常奇怪的事情。

这两个体系的差别也可以从另一个角度来考虑。阿那克萨戈拉的理论并没有让他将恩培多克勒的元素认作是首要的。对恩培多克勒的观点存在着许多显而易见的反驳，特别是在土的问题上。阿那克萨戈拉用一种完全不同的方式对它们进行了解释。虽然在一切之中都有一切的一部分，但事物都表现为其中所具有的最多的东西（残篇 12 最后）。于是我们可以说，气是那在其中有最多冷的东西，而火则是那在其中有最多热的东西，如此等等，同时还坚持认为火中有一部分冷，而气中也有一部分热。① 那些被恩培多克勒认为是元素的大堆物质实际上是各式各样"种子"的堆聚。事实上，它们中的每一个都是一个 πανσπερμία [泛种，或一切种子的混成]。②

265

131."万物在一起"

从这一切可以得出，当"万物在一起"的时候，并且在事物的不同种子都在无限小的微粒中混合的时候（残篇 1），所显现出来的便是某种长久以来被视作首要实体的样子。事实上，它们也确实呈现为"气和以太"的样子，因为那些从属于这些的性质（东西）——即热和冷，在量上压倒了宇宙

---

① 参见上文，第 240 页。

② 亚里士多德，《论生成和毁灭》A，1.314a29。德谟克利特曾使用过 πανσπερμία 一词（亚里士多德《论灵魂》A，2.404a8；《希腊哲学史》200），这个词还出现在《论生活方式》中（见先前引文）。我们似乎可以自然而然地假定它也曾像 σπέρματα [种子] 这个概念一样，为阿那克萨戈拉本人所使用。但在亚里士多德《形而上学》A，3.984a11（《希腊哲学史》150a）中，水和火被明确地归为 ὁμοιομερῆ 之列，这给我们带来了极大的困难。伯尼茨将 καθάπερ ὕδωρ ἢ πῦρ 这句话理解为"正如我们刚刚所看到火和水在恩培多克勒的体系中所扮演的角色那样"。无论如何，καθάπερ 都紧紧地接在 οὕτω 之后，而它的大概意思是，阿那克萨戈拉认为那些对 στοιχεῖα 而言正确的也同样适用于 ὁμοιομερῆ。我们最好删去 πῦρ 之后的逗号，并在 φησι 后补添一个逗号，因为 συγκρίσει καὶ διακρίσει μόνον 是对 οὕτω ... καθάπερ 的解释。在接下来的一句话中，我按照策勒（《哲学史档案》ii.261）将 ἄλλως 读作 ἁπλῶς。同样参见亚里士多德，《论天》Γ，3.302b1（《希腊哲学史》150a），上述问题在此处被十分清楚地表达出来。

中的其他所有东西，而一切事物最明显地都是其中所具有的最多的东西（残篇 12 最后）。于是在此处，阿那克萨戈拉将自己同阿那克西美尼联系起来。在他们二人这里，事物在世界形成之前的原初状态基本相同；不过在阿那克萨戈拉看来，原初的物质不再是首要实体，而是由无数种子——它们又被分割出了无限小的部分——所构成的混合物。

　　这种物质是无限的，类似于阿那克西美尼的气。既然在它周围别无他物，它便自己支撑着自己。① 此外，它所包含的万物的"种子"在数量上是无限的（残篇 1）。但是，由于这无数的种子能被区分为那些在其中由冷、湿、致密和黑暗等部分占优势的种子，以及那些在它们之中由暖、干、稀疏和光明等部分占优势的种子，我们可以说原初的物质是无限的气与无限的火的混合。当然，气的"种子"内含有在火中占主导地位的"东西"的"部分"，反之亦然；但我们仍认为一切都是在其中所具有最多的那种东西。最后，这种混合物中并不存在虚空，对该理论的这个补充因巴门尼德的论述而成为必要。不过值得注意的是，阿那克萨戈拉还为埃利亚学派关于这一问题的纯粹思辨补充了一个实验证明。他像恩培多克勒那样（残篇 100）利用了水钟（klepsydra）实验，也通过膨胀的皮囊揭示了气的物质性。②

　　132. 心灵

　　和恩培多克勒一样，阿那克萨戈拉需要某种外部原因来造成混合物的运动。巴门尼德已经表明，物体永远无法像米利都学派所设想的那样使自身运动。阿那克萨戈拉将运动的原因命名为心灵。正是这一点使亚里士多德说他"像一个清醒的人一样，从先前那些信口开河者中脱颖而出"，③ 他也通常被认为是将精神引入哲学的第一人。然而，针对阿那克萨戈拉提出这一理论的方式，苏格拉底在《斐多篇》中表达了自己的失望之情，这理应使我们在接受对它的过高看法之前驻足反思。柏拉图安排苏格拉底说

266

---

① 亚里士多德，《物理学》Γ，5.205b1（《希腊哲学史》154a）。

② 《物理学》Z，6.213a22（《希腊哲学史》159）。在《问题篇》914b9 以下有针对水钟实验的完整讨论，这段话已被我们用在对恩培多克勒残篇 100 的解释中。见上文第 200 页，注释①。

③ 亚里士多德，《形而上学》Α，3.984b15（《希腊哲学史》152）。

道："我曾听人朗读一本书，据他所言是阿那克萨戈拉的著作，其中宣称是心灵给世界以秩序的，并且是万物的原因。听闻这个原因，我满心欢喜，认为他确实是正确的……但是，当我继而发现此人根本未曾诉诸心灵的时候，过高的期待便全然落空了。他在对事物的安排中并没有赋予它任何因果性力量，而是给了气、以太、水和其他许多奇奇怪怪的东西。"① 亚里士多德一定是在考虑着这段话的时候说道："阿那克萨戈拉将心灵作为他解释世界形成的救命稻草；每当他不知如何解释事物何以必然如此的时候，就会将其生拉硬拽进来。但在其他情况下，他便将其他事物而非心灵作为原因。"② 上述论述能很好地说明，阿那克萨戈拉的心灵与恩培多克勒的友爱和争斗处于相同的位置，只要一窥他对心灵的看法，这一点便会得到确证。

267

首先，心灵是纯粹的（残篇 12），并且不像其他事物那样包含一切事物的一部分。但几乎根本没有必要说有某种非物质的心灵，因为没有人会料想它是热的或是冷的。它保持纯粹的结果是它"统御"一切，这在阿那克萨戈拉的话语中就是说，它造成了事物的运动。③ 赫拉克利特曾大致如此说过火，恩培多克勒也曾大致如此地描述过争斗。此外，它是万物中"最精微的"，因此它可以渗透到任何地方，而强调无形之物比有形之物"更精微"是没有意义的。诚然，心灵还"知晓一切"；但赫拉克利特的火或许同样如此，④ 第欧根尼的气无疑也是如此这般。⑤ 策勒确实认为阿那克萨戈拉意图谈论某种

---

① 柏拉图，《斐多篇》97b8（《希腊哲学史》155d）。

② 亚里士多德，《形而上学》A，4.985a18（《希腊哲学史》155d）。

③ 亚里士多德，《物理学》Θ，5.256b24, διὸ καὶ Ἀναξαγόρας ὀρθῶς λέγει, τὸν νοῦν ἀπαθῆ φάσκων καὶ ἀμιγῆ εἶναι, ἐπειδήπερ κινήσεως ἀρχὴν αὐτὸν ποιεῖ εἶναι· οὕτω γὰρ ἂν μόνως κινοίη ἀκίνητος ὢν καὶ κρατοίη ἀμιγὴς ὤν [因此阿那克萨戈拉正确地指出，心灵就不能遭受也不混杂，因为他将其作为运动的本原：因为它只有不受动才能以这种方式造成运动，唯有纯粹才能统御]。这段话只是由于 κρατεῖν [统御] 的意思而被援引。毫无疑问，ἀκίνητος ὢν 这个短语并不符合史实，而在《论灵魂》Γ，4.429a18 中提出的解释尤甚。阿波罗尼亚的第欧根尼（残篇 5）将 ὑπὸ τούτου πάντα κυβερνᾶσθαι（传统的米利都语词）[万物受它掌控] 与 πάντων κρατεῖν [统御万物] 联系在一起。

④ 如果我们保留抄本中残篇 1 中的 εἰδέναι [知晓]。在任何情况下，τὸ σοφόν [智慧] 之名都同样地暗示这一点。

⑤ 见残篇 3，5。

无形之物；但他同时承认他未能成功地做到这一点，^①这是具有历史意义的一个关键。心灵当然是被设想为占据着一定空间的，因为我们获悉它有较大和较小的部分（残篇 12）。

事实可能是阿那克萨戈拉用心灵替代了恩培多克勒的友爱和争斗，因为他希望保留传统伊奥尼亚学派关于某种"知晓"万物的实体的传统学说，并将它与一套有关某种"发动"万物之实体的全新理论相协调。同样，也许正是由于他对生理学问题——不同于纯粹的宇宙学问题——的兴趣日益浓厚，才使他探讨起心灵而非灵魂来。对希腊人来说，前一个概念无疑暗示同生命体存在着某种密切的联系，后者则不然。但无论如何，阿那克萨戈拉的原创性更多地体现在他的实体理论，而不是他有关心灵的学说。

268

133. 诸世界的形成

世界的形成开始于心灵带动"一切都在一起"的混合物之一部分进行旋转运动（残篇 13），这个旋转运动逐渐扩展到越来越广阔的空间。它的快速（残篇 9）造成了稀疏和稠密、冷和热、黑暗和光明、湿和干的分离（残篇 15）。这种分离产生了两种体量巨大的物质，一种主要由稀疏、热、光明和干构成，被称作"以太"；另一种则以相反的性质为主，被称作"气"（残篇 1）。其中，"以太"或"火"^②占据外层，而"气"占据中心（残篇 15）。

接下来的阶段是从气中分离出云、水、土以及石头（残篇 16）。阿那克萨戈拉在此处紧紧追随了阿那克西美尼，不过他在对天体起源的论述中表现得更具原创性。我们在残篇 16 的最后读到，石头"急剧产生出来，比水还多"；还从一些学述作家那里得知，诸天体被他解释为由于土的快速旋转而撕裂出来的石头，它们由于自身的高速运动而变得炽热。^③也许那颗坠落于埃戈斯河的陨石同这个理论的源起有关。我们还将看到，该理论必定会认为大地也随着"旋涡"（δίνη）一起旋转。

---

① 策勒，第 993 页。

② 注意，在被恩培多克勒说成是"以太"的地方阿那克萨戈拉说是"气"，对阿那克萨戈拉来说，"以太"等同于"火"。参见亚里士多德，《论天》Γ，3.302b4，τὸ γὰρ πῦρ καὶ τὸν αἰθέρα προσαγορεύει ταὐτό [因为他将火和以太称作同一个东西]，以及同上，Α，3.270b24，Ἀναξαγόρας δὲ καταχρῆται τῷ ὀνόματι τούτῳ οὐ καλῶς· ὀνομάζει γὰρ αἰθέρα ἀντὶ πυρός [阿那克萨戈拉错误地使用了这个词，因为他称以太而不是火]。

③ 埃修斯，ii.13, 3（《希腊学述》，第 341 页；《希腊哲学史》157c）。

134. 无数的世界

关于残篇4，我们没有理由认为它不是连续的，[①]并且由此可以清楚地看到，阿那克萨戈拉接受了常见于伊奥尼亚学派的无数世界理论。"不仅在我们这里会发生事物的分离，在其他地方也同样如此"，这句话的意思只能是，在无限的混合物中，心灵引发了不止一个部分的旋转运动。埃修斯言之凿凿地将阿那克萨戈拉归在那些认为只存在一个世界的哲学家之列；[②]但这条证言却不能被认为与那些残篇一样重要。策勒认为这段残篇所探讨的是月亮。其观点可谓荒谬，难道有人会说月亮上的居民"和我们一样也有太阳和月亮"？[③]

135. 宇宙论

通过对比下面希波吕特的这段话[④]和我们在第一章（§29）援引的材料可以看出，阿那克萨戈拉的宇宙论显然以阿那克西美尼的宇宙论为基础：

(3) 大地在形状上是扁平的，并因为它的尺寸和没有虚空而保持悬浮。[⑤]由于这个原因，气十分强大，并且承载着那为它所托起的大地。

(4) 在大地表面的潮湿中，大海源自大地中的水（因为当它们被蒸发时，余下的部分变得咸涩），[⑥]也来源自汇入其中的河流。

(5) 河流既来源于雨水，也源自大地之中的水，因为大地是中空的，在它的孔洞中有水。由于从埃塞俄比亚流淌而下的雪水，尼罗河

① 见上文，第235页，注释③。
② 埃修斯，ii.1, 3（《希腊学述》，第327页）。
③ 此外，我们可以证明这段话（残篇4）的位置相当靠近作品的开篇。参见辛普利丘《物理学注》，第34页，28: μετ' ὀλίγα τῆς ἀρχῆς τοῦ πρώτου Περὶ φυσέως［紧接着《论自然》第一卷的开篇］，第156页，1，καὶ μετ' ὀλίγα［并且紧接］（在残篇2之后），而残篇2出现在，μετ' ὀλίγον［紧接］（在残篇1之后），残篇1是整部著作的开篇。说它是在谈论其他"世界"在这里实在更为恰切，而不是在谈论月亮。
④ 《对各种异端的反驳》i.8, 3（《希腊学述》，第562页）。
⑤ 这是一条基于埃利亚学派对虚空的否定而对传统观点所作出的补充。
⑥ 此处文本残损，但其大概意思可从埃修斯iii.16.2获知。

在夏季上涨。① 270

（6）太阳、月亮以及所有星辰都是燃烧的石头，被以太的旋转带着绕行。在星辰之下的是太阳和月亮，以及某些随它们一起旋转的物体，但对我们却不可见。

（7）我们之所以感觉不到星辰的热，是由于它们到大地的距离太远；此外，它们也不似太阳那般温热，这是因为它们占据了一个相对寒冷的区域。月亮更在太阳之下，离我们也更近。

（8）太阳在大小上超过了伯罗奔尼撒。月亮没有她自己的光，而是得之于太阳。星辰的运行会经过大地之下。

（9）月食的发生是由于大地遮挡了来自太阳的光，有时月亮之下的物体也挡在它的前面。日食发生在新月之时，这时月亮将它从我们面前遮挡起来。由于大气的斥力，太阳和月亮在它们的运行过程中都会折返。月亮频繁地折返回来，因为它无法克服寒冷。

（10）阿那克萨戈拉是第一个确定日食、月食同日月光照关系的人。他还说月亮是土质的，并且上面有平原和峡谷。银河是那些未被太阳照亮的星辰的光的反光。流星可以说是火花，它们由于天穹的运动跳了出来。

（11）当空气因太阳变得稀薄时，当事物被灼烧后前进到天穹之上并被裹挟时，风便产生了。雷和闪电是由于热击打在云上而产生的。

（12）地震是由上方的气撞击大地下方的气造成的，因为后者的运动使漂浮在它上面的大地摇晃。

所有这些都证实了塞奥弗拉斯特的说法，即阿那克萨戈拉曾是阿那克西美尼学派的成员。漂浮在气上的平坦大地，月亮下方的暗黑物体，用大气的阻力解释二至点和月亮的"折返"，以及对风、雷、闪电的解释，这些无

---

① 抄本读作 ἐν τοῖς ἄρκτοις，对此第尔斯接受了弗雷德里希的 ἐν τοῖς ἀνταρκτικοῖς。我认为按照埃修斯的 ἐν τῇ Αἰθιοπίᾳ （iv.1，3）进行翻译更为稳妥。希罗多德曾提到这种观点（ii.22）。塞内卡（《自然问题》iv.2，17）指出，该观点为埃斯库罗斯（《乞援人》559，残篇300，诺克）、索福克勒斯（残篇797）以及欧里庇得斯（《海伦》3，残篇228）所接受，他们自然而然地从阿那克萨戈拉那里获得了这个见解。

271 不来自米利都学派。至于月光以及月食、日食的成因，雅典人自然而然地将这些发现归功于阿那克萨戈拉。但另一方面，这些发现似乎不太可能是由一个相信大地扁平的人作出的，而有充分的证据表明它们事实上来自毕达哥拉斯学派。①

136. 生物学

"除心灵以外，一切中都有一切的一部分，而在有些事物中同样存在着心灵"（残篇11）。阿那克萨戈拉在这句话中阐明了有灵魂之物和无灵魂之物的区别。他告诉我们，那"统御"一切有生命之物的——亦即那使一切有生命之物运动的——是同一个心灵，无论这生物是较大的还是较小的（残篇12）。诸种生物中的心灵是完全一样的（残篇12），由之而来的结论是，我们在动植物世界中所观察到的理智在程度上的不同，完全取决于它们躯体结构的差异。心灵是一样的，但它更有可能在一个躯体中而非另一个。人是众多动物中最具智慧的一种，这并不是因为他拥有更好的心灵，而是因为他长有双手。② 这与先前有关这一问题的思想进路是一致的。巴门尼德在其诗歌的第二部分（残篇16）就已经认为人的思想由我们的四肢结构所决定。

因为所有心灵都是一样的，所以我们在看到植物被视作生物时并不感到惊讶。如果我们能够在这一点上相信伪亚里士多德的《论植物》③，那么阿那克萨戈拉就曾主张它们一定在生长和落叶的过程中感受到了快乐和痛苦。普鲁塔克宣称，他曾将植物称作"固定在土中的动物"④。

植物和动物最初都起源于 πανσπερμία [泛种]。当空气中包含的植物种
272 子被雨水带下来后，植物便出现了。⑤ 动物同样以类似的方式产生。⑥ 和阿那克西曼德一样，阿那克萨戈拉认为动物首先出现在潮湿的元素中。⑦

137. 感觉

从前面阿那克萨戈拉少数几句简短的评论中，我们似乎探察到了他对

① 见第 161 页，注释①。
② 亚里士多德，《论动物的部分》Δ，10.687a7（《希腊哲学史》160b）。
③ [亚里士多德]《论植物》A，1.815a15（《希腊哲学史》160）。
④ 普鲁塔克，《自然问题》1（《希腊哲学史》160），ζῷον … ἐγγειον [土中的动物]。
⑤ 塞奥弗拉斯特，《植物志》iii，1，4（《希腊哲学史》160）。
⑥ 伊里奈乌斯，《反异端》ii.14，2（《希腊哲学史》160a）。
⑦ 希波吕特，《对各种异端的反驳》i.8，12（《希腊学述》，第 563 页）。

恩培多克勒的批评态度。而在阿那克萨戈拉的知觉理论中，特别是在知觉是知觉相反者的观点中，我们同样可以看到这种态度。[1] 塞奥弗拉斯特对此的说明[2] 如下：

> 但是阿那克萨戈拉宣称知觉通过相反者产生，因为相似者不为相似者作用。他试图详尽列举这些特殊的感觉。我们通过瞳孔中的图像来看；但图像不会投射在具有相同颜色的事物上，而只投射在颜色不同的事物上。在大多数生物的身上，瞳孔在白昼具有不同的颜色，而在有些动物身上，瞳孔在夜间同样如此。相应地，那些生物在夜间视力好。但一般来说，眼睛在夜间——相比于在白昼——更多地具有相同的颜色。于是图像多是在白天投射到瞳孔上的，因为光是图像的伴随因，而且由于普遍的颜色都更易于将图像投射到它的相反者上面。[3]
>
> 触觉和味觉分辨各自对象的方式是一样的。那些和我们一样暖或一样冷的东西既不会通过接触使我们感受到温暖，也不会通过接触使我们感受到冰凉；同样，我们也不是借助它们自身来理解甜味和酸味。我们通过暖认识冷，通过咸认识淡，通过酸认识甜，依据我们在每一个中的缺失；因为所有这些一开始都在于我们之中。我们用同样的方式嗅和听；前者借助同时进行的呼吸过程，后者借助传播进入大脑的声响，因为包围着它的骨头是中空的，而声音就是从它上面发出来的。[4]
>
> 所有的感觉都伴随着疼痛，这种观点似乎是第一个假设的必然结果，因为所有不同的事物都通过接触而引发疼痛。这疼痛因持续时间长或感觉上的过度而变得明显。鲜艳的色彩和刺耳的噪音都会带来疼痛，并且我们也无法长时间地耽于同一个事物。越大的动物其感受能力就越强，并且一般来说，感知能力是同感觉器官的大小成比例的。那些长着大而澄澈、明亮眼睛的动物能看到巨大的物体，并且还能从

273

---

[1]　比尔，第 37 页。
[2]　塞奥弗拉斯特，《论感觉》，27 以下（《希腊学述》第 507 页）。
[3]　比尔，第 38 页。
[4]　比尔，第 208 页。

很远的地方看到，反之亦然。①

听觉与之相同。大的动物能听到巨大的以及遥远的声响，而较小的声响则不被察觉；小的动物能感知轻微的以及那些近在咫尺的声音。②嗅觉亦是如此。稀薄的空气中有更多的气味，因为在空气被加热和变得稀薄之时，它就有了味道。一个体型巨大的动物在呼吸时将稠密的和稀薄的空气一并吸入，而体型娇小的动物则只吸入稀薄的空气；因此大的感知得更多。因为气味在近的时候比远的时候更容易被感知，因为它更稠密，而在被分散后则变得微弱。但是，大致说来，大型动物并不会嗅到稀薄的气味，而小动物也闻不到稠密的气味。③

该理论在某些方面标示着对恩培多克勒理论的发展。阿那克萨戈拉主张感觉依赖于相反者的刺激，并将它和疼痛联系起来，这是一个成功的思想。许多现代理论都是奠基于类似的观点。

由塞克斯都保存下来的残篇表明，阿那克萨戈拉认为感官并不能触及事物的真相。但是尽管如此，我们决不能将他视作一名怀疑主义者。将亚里士多德保存下来的说法④——"事物如我们所认为的那样存在"——作为证据是毫无价值的。它出自某部格言集，而非阿那克萨戈拉本人的著作；其适用范围很可能是道德领域。阿那克萨戈拉确实说过（残篇21）"感官的羸弱使我们无法辨识真相"，但这不过是说我们看不到那存在于一切中的一切的274 "部分"；例如，存在于白中的黑的部分。我们的感官只向我们展示那些占据优势地位的部分。他同样说过，所见之物给了我们观看不可见者的能力，这275 显然与怀疑主义的立场大相径庭（残篇21a）。

---

① 比尔，第209页。
② 比尔，第103页。
③ 比尔，第137页。
④ 《形而上学》Δ，5.1009b25（《古希腊哲学史》161a）。

第七章

毕达哥拉斯主义者

138. 毕达哥拉斯学派

在失去他们在亚该亚诸城邦中的统治地位之后，毕达哥拉斯派将自己集中在了瑞吉翁；但在那里建立的学派并没有维持很久，只有阿库塔斯一个人留在了意大利。费洛劳斯和吕西斯——后者从克罗同大屠杀中死里逃生时还是一个年轻人——设法前往了忒拜。[①] 从柏拉图那里我们获悉，费洛劳斯在前五世纪末就已经到了那里，而后来吕西斯成了埃帕美农达斯的老师。[②] 不过一些毕达哥拉斯主义者在此之后得以返回意大利。费洛劳斯当然便是如此，柏拉图暗示他在公元前 399 年——在苏格拉底被判处死刑的那一年——之前就离开了忒拜。学派在公元前四世纪主要活动于多利安城邦塔拉斯，并且我们发现，毕达哥拉斯派一直是反对叙拉古的狄俄尼修斯的中坚力量。阿库塔斯便活跃在这一时期。他是柏拉图的朋友，近乎实现了哲人王的理想。塔拉斯由他统治了多年，阿里斯托克塞努斯告诉我们，此人在战场上未尝败绩。[③] 他还是数学化机械学的发明者。与此同时，毕达哥拉斯主义已植根于东方。吕

276

---

① 扬布里柯，《毕达哥拉斯传》251。最早记载了这一切的权威是蒂迈欧。没有必要将抄本中的 Ἀρχύτου 变更为 Ἀρχίππου（正如第尔斯遵照贝克曼所做的那样）。我们所讨论的是较晚的一代，那句话的开头便是 οἱ δὲ λοιποὶ τῶν Πυθαγορείων [其余那些毕达哥拉斯主义者]，亦即，阿尔西普斯和吕西斯之外的那些人——他们将在接下来的部分被讨论。

② 关于费洛劳斯，见柏拉图，《斐多篇》61d7；e7；关于吕西斯，见扬布里柯，《毕达哥拉斯传》250（《希腊哲学史》59b）中的阿里斯托克塞努斯。

③ 第欧根尼，viii.79-83（《希腊哲学史》61）。阿里斯托克塞努斯本人便来自塔拉斯。（由阿里斯托克塞努斯述说的）达蒙和品提亚斯的故事就发生在这一时期。

西斯留在了忒拜，正是在这里西米亚斯和克贝曾受教于费洛劳斯；其余的瑞吉翁的毕达哥拉斯主义者则定居在弗雷乌斯。阿里斯托克塞努斯本人熟识该学派的最后一代传人，色雷斯的哈尔基德人克塞诺菲罗斯的名字与方同、艾刻克拉底、迪奥克莱斯以及弗雷乌斯的波鲁姆纳斯托斯一起被提到。他说，这些人都是费洛劳斯和欧律托斯的门徒。① 我们还从柏拉图那里获悉，忒拜的西米亚斯、克贝以及弗雷乌斯的艾刻克拉底还曾是苏格拉底的伙伴。② 克塞诺菲罗斯曾是阿里斯托克塞努斯的老师，他在雅典健康地生活到 105 岁。③

139. 费洛劳斯

这一代学人实际上已属于晚期毕达哥拉斯学派了；我们现在将要讨论的是费洛劳斯。我们通过外部来源了解的他的教导可谓寥寥无几。学述作家们的确将一套详尽的行星系统理论归给此人，但亚里士多德却从没有将这套理论同他的名字联系在一起。他将其称作"毕达哥拉斯学派"或"某些毕达哥拉斯主义者"的理论。④ 不过我们似乎很自然地认为，柏拉图《斐多篇》和《高尔吉亚篇》中的毕达哥拉斯主义元素主要来自费洛劳斯。柏拉图借苏格拉底之口表示过惊异，他惊异于西米亚斯和克贝竟没有从费洛劳斯那里了解到自杀何以非法，⑤ 这似乎是在暗示，忒拜的毕达哥拉斯主义者们用"爱智者"这个词专指探寻从生命的重负中解脱方法的人。⑥ 费洛劳斯很可能将肉

277

---

① 第欧根尼，viii.46（《希腊哲学史》62）。

② 《斐多篇》的整个场景都预设了这一点，柏拉图不太可能歪曲此事。西米亚斯和克贝在年龄上比柏拉图稍小，倘若他们不是苏格拉底的弟子，他几乎不会大胆将两人介绍为苏格拉底的学生。色诺芬（《回忆苏格拉底》i.2.48）同样将西米亚斯和克贝列在自己罗列的苏格拉底亲炙弟子的名单中，并在另一个地方（iii.11，7）告诉我们他们在忒拜便受到苏格拉底的感召，此后再也没有离开他的左右。

③ 见阿里斯托克塞努斯，载于瓦莱里乌斯·马克西姆，viii.13，摘录 3；以及索伊达斯词条。

④ 见下文，§§150-152。

⑤ 柏拉图，《斐多篇》61d6。

⑥ 这可以从《斐多篇》64b 中西米亚斯的评论中看出。如果 φιλόσοφος, φιλοσοφεῖν, φιλοσοφία 这些词不曾以某种方式为前五世纪的一般忒拜人熟知，那么这整段话便没有任何意义。而蓬图斯的赫拉克勒德斯认为是毕达哥拉斯发明了这个词，并在和西锡安或弗雷乌斯僭主莱翁的会话中将其阐明。参见第欧根尼，i.12（《希腊哲学史》3），viii.8；西塞罗，《图斯库路姆论辩集》v.3.8。也参见阿尔基达马斯的评论，这段评论被援引于亚里士多德，《修辞学》B，23.1398 b18，Θήβησιν ἅμα οἱ προστάται φιλόσοφοι ἐγένοντο καὶ εὐδαιμόνησεν ἡ πόλις [在忒拜，那些领袖一成为爱智者，城邦便繁盛起来]。

体（σῶμα）说成是灵魂的坟墓（σῆμα）。[①] 于是我们似乎有理由认为他传授了某种形式的传统毕达哥拉斯主义的宗教学说，并特别强调知识是一种解脱的方法。这是我们从柏拉图那里得到的印象，他是我们掌握的最为权威的材料来源。

我们进一步了解到费洛劳斯曾撰写过关于"数字"的论著，因为在对毕达哥拉斯学派有关这一主题若干理论的解释说明中，斯彪西波所遵循的正是此人。[②] 也许他主要从事的是算术研究，而我们几乎无法怀疑他的几何学说是我们在前面一章中所描述过的原初类型。欧律托斯是他的门徒，我们已经看到（§47）他的观点依然十分粗糙。

而今我们还了解到费洛劳斯曾撰写过医学论著，[③] 尽管他明显受到过西西里学派学说的影响，却站在毕达哥拉斯派的立场上对这些学说提出了反对意见。特别是，他宣称我们的身体仅由暖构成，并不分有冷。只是在出生之后，冷才通过呼吸进入身内。这与传统毕达哥拉斯学派理论之间的联系是显而易见的。正像宇宙中的火吸入并限制那环绕世界的冷且黑暗的气息（§53），我们的身体也从外部吸入寒冷的气息。费洛劳斯认为胆汁、血液和痰是疾病的原因；根据这一理论，他不可避免地要反对西西里学派所主张的痰是冷的观点。痰这个词的词源表明它应该是温暖的。我们将会看到，也许正是这种对西西里学派医学的高度关注，才促成了晚期毕达哥拉斯主义中一些最引人注目的发展。

278

---

① 由于我们将会看到的种种原因，我在这一点上并不重视费洛劳斯的残篇 14 第尔斯 =23 穆拉赫（希腊哲学史 89），但似乎《高尔吉亚篇》493a5（《希腊哲学史》89b）中这个 μυθολογῶν κομψὸς ἀνήρ [讲寓言的聪明人] 要为记载在那里的整个故事负责。他无论如何一定是 τετρημένος πίθος [有裂缝的水罐] 这个寓言的作者——这个寓言反映了完全相同的一般观点。他在此处被称作 ἴσως Σικελός τις ἢ Ἰταλικός [大概是个西西里人或意大利人]，这意味着他是个意大利人，因为 Σικελός τις [某个西西里人] 只是在暗指提谟克勒翁的 Σικελὸς κομψὸς ἀνὴρ ποτὶ τὰν ματέρ' ἔφα [一个聪明的西西里人曾对他的妈妈说]。除了费洛劳斯和他的某个伙伴，我们不知道苏格拉底还能从哪个意大利人那里了解到这些观点。

② 见前文，第二章，第 92 页，注释②。

③ 这是对我们传统中不足之处（"导言"，第 22 页）的很好说明，在摘录于《匿名的朗德恩西斯》之中的梅农的《伊阿特里卡》被出版之前，这一点完全不为人所知。见第尔斯在《赫尔墨斯》xxviii. 第 417 页以下。

140. 柏拉图和毕达哥拉斯学派

就我所知，这便是历史上的费洛劳斯，尽管人们通常以一种截然不同的方式塑造他，甚至将他称为哥白尼的先驱。为了理解这一点，我们必须将注意力转向一个故事——一个文学上的共谋。

我们已经看到柏拉图曾在一两处提到过费洛劳斯，[①] 但这并不意味着他在毕达哥拉斯学派科学理论的发展中扮演过重要的角色。关于这一点，我们知道的最为详尽的说明是柏拉图借洛克里斯的蒂迈欧之口所传达的，关于后者，除了他选择告诉我们的事情之外，我们对他一无所知。至少很明显，他应该曾在苏格拉底的壮年时期访问过雅典，[②] 而且他必定也差不多是与费洛劳斯同时代的人。柏拉图不太可能将那些事实上由比他更著名的同时代者作出的发现归功于他。不过柏拉图有为数不少的论敌和诋毁者，阿里斯托克塞努斯便是其中的一个。我们知道，他曾令人惊奇地说《理想国》的大部分内容都可以在普罗泰戈拉的某部作品中找到，[③] 此外，他似乎还是柏拉图从费洛劳斯那里购得"毕达哥拉斯主义的三卷著作"，并从中抄袭出《蒂迈欧篇》这个故事的最初来源。按照这种说法，那"三卷著作"本为费洛劳斯所有；但由于他曾陷入极度贫困境地，狄翁才得以应柏拉图的请求，斥资一百个银米那，从他或他亲戚那里将书购回。[④] 可以肯定的是，这个故事无论如何在三世纪就已经流行了，因为讽刺文学作家弗雷乌斯的蒂孟对柏拉图这样说道："柏拉图，你也有广收门徒之心啊！你用许多枚银币换来薄薄的一本小书，由此就可以学着写作《蒂迈欧篇》了。"[⑤] 卡利马科斯的学生赫尔米普斯说，"某位作家"宣称柏拉图花了四十个亚历山大里亚的银米那，亲自从费洛劳斯的亲戚那里购得这几卷著作，然后从中抄出了《蒂迈欧篇》；而阿里斯塔库斯的学生萨堤洛斯则说他花了一百个银米那通过蒂孟将其购回。[⑥]

---

① 见第 251 页，注释②，以及第 253 页，注释①。

② 这可以从他被描绘成与年迈的克里提亚（第 184 页，注释⑥）与年纪尚小的赫尔谟克拉底交谈的事实中得出。

③ 第欧根尼，iii.37。类似的指控可以参见策勒，《柏拉图》，第 429 页，注释 7。

④ 扬布里柯，《毕达哥拉斯传》199。第尔斯将这个故事归给阿里斯托克塞努斯（《哲学史档案》，iii. 第 461 页，注释 26）是明显正确的。

⑤ 蒂孟，残篇 54（蒂尔斯），载于盖琉斯。

⑥ 关于赫尔米普斯和萨堤洛斯，见第欧根尼，iii.9；viii.84，85。

在这些叙述中，没有任何迹象表明这部著作出自费洛劳斯本人；它们不过是在暗示柏拉图买下的要么是毕达哥拉斯的一部著作，要么至少是一本由费洛劳斯收藏的对毕达哥拉斯教导的可靠记录。后来人们普遍认为它指的是那部被归在洛克里斯的蒂迈欧名下，题为《论世界灵魂》的伪书；[1]但是现在已经证明，这本书的成书时间不可能早于公元一世纪。而且，它明显是根据柏拉图的《蒂迈欧篇》编纂而成，其目的不过是坐实柏拉图剽窃的说法。然而它并不符合那个至关重要的要求，即它由三卷构成——这一直是这个故事的一个关键。[2]

280

刚才提到的这些作家中，没有一位自称曾亲睹这著名的"三卷著作"；[3]但后来，至少有两部作品据说正是这"三卷著作"。第尔斯已经表明，一部由三个部分构成的著作——被冠名为《论教育》《论政治家》《论自然》（Παιδευτικόν, πολιτικόν, φυσικόν）——用伊奥尼亚方言写就，被归给了毕达哥拉斯。它主要是基于阿里斯克塞努斯的《毕达哥拉斯学派箴言集》（Πυθαγορικαὶ ἀποφάσεις）写作而成，但无法确定其成书时间。[4]公元前一世纪，马格尼西亚的德米特里宣称自己援引了费洛劳斯发表著作的开头。[5]不过这段话用的是多里亚方言。德米特里事实上并没有说这部作品是费洛劳斯本人撰写的，即便那些被斯托拜乌斯以及后世作家保存并归在费洛劳斯名下的大量摘录无疑也是一样。相反，倘若宣称确实它是由费洛劳斯本人所写，那么便与最初的故事一点都不一致了；但不难看出他的名字是如何与之联系在一起的。据说，另一部托毕达哥拉斯之名流传下来的著作事实上出自吕西斯的手笔。[6]伯克表明，被归给费洛劳斯的作品很可能也由三卷构成，而普罗克鲁斯认为这部作

---

① 同样参见扬布里柯，《尼各马可算术入门注》，第 105 页，11；普罗克鲁斯，《蒂迈欧篇注》，第 1 页，迪尔。

② 它们是 τὰ θρυλούμενα τρία βιβλία（扬布里柯《毕达哥拉斯传》199），τὰ διαβόητα τρία βιβλία（第欧根尼，viii.15）。

③ 正如拜沃特所说（《语文学杂志》i. 第 29 页），这部著作的历史"读起来与其说像一本书的历史，不如说像一团飘浮在富于想象力的作家们心中的文学鬼火的历史。"

④ 第尔斯，《一部毕达哥拉斯的伪著》（《哲学史档案》iii. 第 451 页以下）。

⑤ 第欧根尼，viii.85（《希腊哲学史》63b）。第尔斯读作 πρῶτον ἐκδοῦναι τῶν Πυθαγορικῶν <βιβλία καὶ ἐπιγράψαι Περὶ> Φύσεως。

⑥ 第欧根尼，viii.7。

品指的是《酒神的女信徒们》①——这是一个别出心裁的带有亚历山大里亚特征的标题，让人们不禁想到希罗多德的"缪斯们"。斯托拜乌斯所做的两段摘录均出自这部作品。当然，必须承认整个故事都十分可疑。

141."费洛劳斯残篇"

伯克论证说，所有保存在费洛劳斯名下的残篇确实都出自其人之口；却没有人会像他那么笃定。那段探讨灵魂的大段摘录，即便那些认为除此之外的所有残篇都并非伪作的人，也会将它排除在外。② 我们同样不能认为这种立场是合理的。伯克认为，我们没有任何理由主张曾存在过不止一部作品，他由此得出的结论是，我们务必要么承认所有的这些残篇都是真实的，要么将它们全部斥为伪作。③ 但由于许多学者仍坚持认为这些残篇中大部分都是真的，我们断不能将它们一并置之不理。诚然在这一阶段，由这些残篇所提出学说而来的争论会造成表面上的循环论证，但关于这些残篇，需要马上指出两个严重的缺陷。

首先，我们必须要问，费洛劳斯是否可能用多里亚方言进行写作？在伯罗奔尼撒战争之前，伊奥尼亚方言一直是被用于科学和哲学写作的语言，我们没有理由假定早期毕达哥拉斯学派曾使用任何其他方言进行写作。④ 毕达哥拉斯本人就是伊奥尼亚人，在他生活的年代里，他建立自己盟会的各亚该亚城邦也不太可能使用多里亚方言。⑤ 克罗同的阿尔克迈翁似乎就是用

---

① 普罗克鲁斯，《几何原本注》，第22页，15（弗利德莱因）。参见伯克，《费洛劳斯》，第36页以下。伯克指的是由三位女信徒组成的雕塑群像，在他看来，她们是伊诺、阿高厄和奥托诺厄。

② 这段话可见于《希腊哲学史》68。对这段残篇以及其他残篇的详细讨论，参见拜沃特，《论被归给毕达哥拉斯主义者费洛劳斯的诸残篇》（《语文学杂志》，i.第21页以下）。

③ 伯克，《费洛劳斯》，第38页。第尔斯（《前苏格拉底哲学家残篇》，第246页）将《酒神的女信徒们》与三卷《论自然》（同上，第239页）区分开来。不过，由于他将后者等同了购自费洛劳斯的三卷著作，并认为这是真的，因而对当前论证并不造成严重影响。

④ 见第尔斯，《哲学史档案》iii.第460页以下。

⑤ 关于亚该亚方言，见科利茨和贝希特尔文集中《碑铭方言》中霍夫曼的文章，第二卷，第151页。关于多里亚方言是如何缓慢地渗透到卡尔基斯诸城邦的，我们可以从瑞吉翁的米基斯铭文中的混合方言中看出（《碑铭方言》，iii.2，第498页），它的成文晚于公元前468—467年。我们没有理由认为克罗同的亚该亚方言的生命力稍逊一筹。可以从希罗多德那里看到，在那里仍有对多里亚人的强烈偏见。

伊奥尼亚方言进行写作的。① 第尔斯说费洛劳斯以及随后的阿库塔斯是最早使用家乡方言的毕达哥拉斯主义者；② 但对费洛劳斯来说，很难说哪里才是他的家乡，而且也很难看出他作为一个亚该亚难民何以会在忒拜用多里亚方言写作。③ 阿库塔斯也未曾用塔拉斯的拉哥尼亚方言进行写作，而使用的是所谓"通俗的多里亚方言"，他较费洛劳斯晚了一代，这便大不一样了。在费洛劳斯以及随后的一段时期，多里亚城邦的公民甚至都将伊奥尼亚方言作为学术语言。叙拉古的历史学家安条克便用伊奥尼亚方言进行写作，多里亚的医学作家科斯和科尼多斯也是一样。那部毕达哥拉斯的伪作——它被一些学者归在吕西斯名下——所使用的是伊奥尼亚方言；而那部关于"秘传"的著作——被归在安德罗基德斯名下——同样如此，④ 这表明，即便是在亚历山大里亚时期，伊奥尼亚方言仍被认为是毕达哥拉斯主义著作的正统语言。

282

其次，在一段残篇中毫无疑问地提到了五种正立方体，其中的四种被等同于恩培多克勒的元素。⑤ 但柏拉图在《理想国》中告诉我们，立体几何在进行对话的那个时期还未曾被充分研究，⑥ 我们也有明确的证据表明，这

---

① 少量残篇中有一个多里亚方言（或亚该亚方言？）的形式，ἔχοντι（残篇 1），但阿尔克迈翁将自己称作 Κροτωνιήτης [来自克罗同的]，这十分重要，因为 Κροτωνιάτας [克罗同人] 同时属于亚该亚和多里亚两种方言。

② 《哲学史档案》iii. 第 460 页。

③ 他在梅农《伊阿特里卡》中的摘录里被明确称作克罗同人（参见第欧根尼 viii.84）。的确，阿里斯克塞努斯将他和欧律托斯称作塔拉斯人（第欧根尼，viii.46），但这只是说他在离开忒拜后于塔拉斯定居。这些差异在那些并不定居一处的哲学家中十分常见。欧律托斯也被说成是克罗同人和麦塔彭人（扬布里柯，《毕达哥拉斯传》148, 266）。另外参见第 301 页关于留基波的注释①，以及第 321 页关于希彭的注释①。

④ 关于安德罗基德斯，见第尔斯，《前苏格拉底哲学家残篇》，第 281 页。正如第尔斯所指出的（《哲学史档案》iii. 第 461 页），甚至琉善在写作中都特意安排毕达哥拉斯讲伊奥尼亚方言。

⑤ 参见残篇 12=20M（《希腊哲学史》79），我按斯托拜乌斯的抄本来读这个残篇，但将明显的增补或重复放在括号内：καὶ τὰ ἐν τᾷ σφαίρᾳ σώματα πέντε ἐντί⟨τὰ ἐν τᾷ σφαίρᾳ⟩, πῦρ, ὕδωρ καὶ γᾶ καὶ ἀήρ, καὶ ὁ τᾶς σφαίρας ὁλκὰς πέμπτόν [球体中的物体共有五种⟨在球体中的物体是⟩，火、水、土和气，而球体的容器是第五种]。在任何情况下，我们都没有理由像第尔斯那样读作 τὰ μὲν τᾶς σφαίρας σώματα。关于四元素被等同于四种正立方体，参见 §147，而对第五种正立方体——正十二面体——的描述，参见 §148。

⑥ 柏拉图，《理想国》528b。

五个所谓的"柏拉图主义图形"是在学园内被发现的。在对欧几里德的评注中我们读到，毕达哥拉斯学派只知道正方体、棱锥体（四面体）和十二面体，八面体和二十面体则是由泰阿泰德发现的。[①] 这足以表明我们有充分的理由对"费洛劳斯的残篇"持怀疑态度，另外，由于亚里士多德似乎并没有看到过这些残篇由之而来的那部著作，我们的怀疑理由因而更加充分了。[②]

283

142. 问题

于是我们必须寻找其他证据。根据前文所言，我们显然可以先从柏拉图那里学会如何同情地看待毕达哥拉斯主义。亚里士多德虽未曾同情地看待毕达哥拉斯学派的思维方式，却也在尽力地理解它们——这是因为这种思维方式在柏拉图及其后继者的哲学中扮演着非常重要的角色，他必须尽可能清楚地为他自己和他的门徒阐明这两种学说之间的关系。于是，我们所要做的就是本着柏拉图的精神对亚里士多德的讲述进行阐释，进而考虑这个由我们以这种方式重构出来的学说是如何与先前诸种体系相联系的。这无疑是一项

---

① 海伯格，《欧几里德的几何原本》，第五卷，第 654 页，1，ἐν τούτῳ τῷ βιβλίῳ, τουτέστι τῷ ιγ', γράφεται τὰ λεγόμενα Πλάτωνος σχημάτων τῶν Πυθαγορείων ἐστίν, ἃ αὐτοῦ μὲν οὐκ ἔστιν, τρία δὲ τῶν προειρημένων σχημάτων τῶν Πυθαγορείων ἐστίν, ὅ τε κύβος καὶ ἡ πυραμὶς καὶ τὸ δωδεκάεδρον, Θεαιτήτου δὲ τό τε ὀκτάεδρον καὶ τὸ εἰκοσάεδρον. [他在这部著作中，也就是在第十三卷中，描述了五种柏拉图图形，这些图形并不是他本人的，五种中有三种属于毕达哥拉斯学派，即正方体，四面体和十二面体，而八面体和二十面体则属于泰阿泰德]。即便十二面体的铭刻比八面体和二十面体的更为困难，但正如纽博尔德指出的（《哲学史档案》xix. 第 204 页），这也并不构成对上述观点的反驳。我们无权基于先验概率拒绝上述明确的证言（毫无疑问来自欧德谟斯）。实际上，在卢浮宫和其他地方收藏有十分古老的凯尔特和伊特鲁里亚的十二面体（G. 洛里亚，《真正的科学》，第 39 页），鉴于前文提到的毕达哥拉斯主义与北方的联系，这一事实具有重要意义。

② 在亚里士多德全集中费洛劳斯只被提到过一次，在《欧德谟伦理学》B, 8.1225a33 ἀλλ' ὥσπερ Φιλόλαος ἔφη εἶναί τινας λόγους κρείττους ἡμῶν [但正如费洛劳斯所说，有些论证对我们来说太强了]，这看上去像是一句箴言。此外，他的名字甚至在任何地方都没有被提到过。倘若亚里士多德确曾看到过一部他阐释毕达哥拉斯学派体系的著作，这将是不可思议的。亚里士多德一定从柏拉图的《斐多篇》中了解到费洛劳斯的重要性，如果费洛劳斯的著作存在于世，他便一定会得到这部著作。应该补充的一点是，塔内里认为，我们所掌握残篇中的音乐理论对费洛劳斯来说过于超前。他论证说，这套理论一定出现在柏拉图和阿库塔斯之后 [《语文学评论》xxviii. 第 233 页以下]。他在这个问题上的意见当然十分重要。

精细的工作，但由于近年来学者们在早期数学和医学史上取得了一系列最新
发现，这项工作已经变得更有把握。 284

策勒已为我们剔除了后世对这一体系各种解释说明中的柏拉图主义元
素，这为我们扫清了障碍。有两种混入其中的柏拉图主义元素。首先是真正
的学园派表述，例如将"有限"和"无限"等同于"一"和"不定的二"；① 其次，
还有用神和质料的对立来表示"有限"和"无限"的对立的新柏拉图主义学
说。② 我们在这里无须重复策勒的论证，因为现在已没有人会将一套具有这
种形式的学说归在毕达哥拉斯学派的名下了。

这虽然简化了问题，但依旧困难重重。按照亚里士多德的说法，毕达
哥拉斯学派宣称万物是数，尽管这并不是"费洛劳斯"残篇中的学说。在他
们看来，万物具有数，这使它们能够被认识，但其真正本质却并不可知。③
我们已经有理由相信毕达哥拉斯本人曾主张万物是数（§52），他的追随者
们对这一表述的理解也是毫无疑问的，因为亚里士多德明言，他们是在宇宙
论的意义上作出这种表述。就像其他人宣称世界由"四根"或"无数种子"
构成那样，在他们看来，世界在相同的意义上由数字构成。我们不能将其视
作神秘主义而对它不屑一顾。公元前五世纪的毕达哥拉斯学派是一个科学学
派，他们想表达的意思必然是十分明确的。毫无疑问，我们不得不说，他们
是在某种并不自然的意义上使用"万物是数"这句话，但这并不会造成任
何困难。毕达哥拉斯学派十分尊崇先师的原话（αὐτὸς ἔφα），但这种尊崇却 285
往往伴随着某种十分随意的诠释。接下来，我们将从亚里士多德告诉我们有
关数字的学说开始。

143. 亚里士多德和数字

首先，亚里士多德十分清楚毕达哥拉斯主义旨在形成一套与其他宇宙
论体系类似的宇宙论体系。他告诉我们，"尽管毕达哥拉斯学派采用了一些

---

① 亚里士多德明确宣称（《形而上学》A，6.987b25），"他设定了不定的二，而没有将无限
视作一，还使无限包含大和小，这是柏拉图特有的"。

② 策勒，第 369 页以下（英译本第 397 页以下）。

③ 关于"费洛劳斯"的学说，参见残篇 1（《希腊哲学史》64）；关于不可知的 ἐστὼ τῶν
πραγμάτων［数的本质］，见残篇 3（《希腊哲学史》67）。它与后来的 ὕλη［质料］有着
可疑的相似之处，但亚里士多德不可能没有注意到这一点。他无时不在寻找 ὕλη 概念的
雏形。

较之其他更不明显的第一本原和元素，毕竟这些本原和元素并不是他们从可感对象中获得的，但他们所有的讨论和研究都只同自然有关。他们描述了诸天的起源，观察了它各部分的现象，它遭受的一切以及它引发的一切。"①他们将第一本原全部用在这些事物上，"显然和其他自然哲学家一样认为，实在正是那些能被诸感官感知的东西，它被包含在诸天的界限之内"，②尽管"他们采用的第一本原和原因——相比于可感的本原和原因——确实在更高的层面上对实在进行了更充分的解释。"③

这一学说被亚里士多德更精确地表述为：数的元素即是事物的元素，因此事物就是数。④ 他同样肯定地认为这些"事物"是可感事物，⑤并且它们确实是物体，⑥是构成世界的有形之物。⑦世界由数构成的过程真实地发生在一

286

---

① 亚里士多德，《形而上学》A，8.989b29（《希腊哲学史》92a）。

② 亚里士多德，《形而上学》A，8.990a3，ὁμολογοῦντες τοῖς ἄλλοις φυσιολόγοις ὅτι τό γ' ὂν τοῦτ' ἐστὶν ὅσον αἰσθητόν ἐστι καὶ περιείληφεν ὁ καλούμενος οὐρανός。

③ 《形而上学》，同上，990a5，τὰς δ' αἰτίας καὶ τὰς ἀρχάς, ὥσπερ εἴπομεν, ἱκανὰς λέγουσιν ἐπαναβῆναι καὶ ἐπὶ τὰ ἀνωτέρω τῶν ὄντων, καὶ μᾶλλον ἢ τοῖς περὶ φύσεως λόγοις ἁρμοττούσας。

④ 《形而上学》A，5，986a1，τὰ τῶν ἀριθμῶν στοιχεῖα τῶν ὄντων στοιχεῖα πάντων ὑπέλαβον εἶναι [他们认为数的元素是所有存在者的元素]；N，3.1090a22，εἶναι μὲν ἀριθμοὺς ἐποίησαν τὰ ὄντα, οὐ χωριστοὺς δέ, ἀλλ' ἐξ ἀριθμῶν τὰ ὄντα [他们将存在者弄成数，但不是分离的，而且使存在者由数构成]。

⑤ 《形而上学》M，6.1080b2，ὡς ἐκ τῶν ἀριθμῶν ἐνυπαρχόντων ὄντα τὰ αἰσθητά [因此可感物由存在于其中的数构成]；同上，1080b17，ἐκ τούτου（τοῦ μαθηματικοῦ ἀριθμοῦ）τὰς αἰσθητὰς οὐσίας συνεστάναι φασίν [可感实体由它（数学中的数）构成]。

⑥ 《形而上学》M，8.1083b11，τὰ σώματα ἐξ ἀριθμῶν εἶναι συγκείμενα [物体由数构成]；同上，b17，ἐκεῖνοι δὲ τὸν ἀριθμὸν τὰ ὄντα λέγουσιν· τὰ γοῦν θεωρήματα προσάπτουσι τοῖς σώμασιν ὡς ἐξ ἐκείνων ὄντων τῶν ἀριθμῶν [而那些人宣称存在者是数：他们无论如何都将理论应用于物体，就好像它们是由数构成的]；N，3.1090a32，κατὰ μέντοι τὸ ποιεῖν ἐξ ἀριθμῶν τὰ φυσικὰ σώματα, ἐκ μὴ ἐχόντων βάρος μηδὲ κουφότητα ἔχοντα κουφότητα καὶ βάρος [可是按照他们用数构成自然物的方式，具有重且轻的东西是用不具有重和轻的东西构成的]。

⑦ 《形而上学》A，5.986a2，τὸν ὅλον οὐρανὸν ἁρμονίαν εἶναι καὶ ἀριθμόν [整个宇宙是比例或数字]；A，8.990a21，τὸν ἀριθμὸν τοῦτον ἐξ οὗ συνέστηκεν ὁ κόσμος [构成宇宙的是这个数]；M.6.1080b18，τὸν γὰρ ὅλον οὐρανὸν κατασκευάζουσιν ἐξ ἀριθμῶν [因为他们用数构造了整个宇宙]；《论天》，Γ.1.300a15，τοῖς ἐξ ἀριθμῶν συνιστᾶσι τὸν οὐρανόν· ἔνιοι γὰρ τὴν φύσιν ἐξ ἀριθμῶν συνιστᾶσιν, ὥσπερ τῶν Πυθαγορείων τινές [对他们来说宇宙由数构成，因为有些人用数构成自然，正如某些毕达哥拉斯主义者]。

段时间之中，毕达哥拉斯学派对此有详细的描述。①

　　此外，这些数被设想成数学中的数，尽管它们并没有和可感之物分离。② 另一方面，它们不仅谓述其他事物，也有其自身独立的实在性。"他们不认为有限、无限和一是某些另外的实体，就像火、水或其他类似的东西；无限本身和一本身就是被它们所谓述之物的实在，这便是他们说数是一切事物之实在的原因。"③ 因此，用亚里士多德自己的话说，数不仅是事物的形式因，还是事物的质料因。④

　　最后，亚里士多德指出，毕达哥拉斯学派与柏拉图在赋予数以独立实在性的观点上一致；而柏拉图不同于毕达哥拉斯学派的地方在于，他认为这种实在性有别于可感物的实在性。⑤ 让我们详细考虑一下这些说法。

144. 数的元素

　　亚里士多德谈到了某种数的"元素"（στοιχεῖα），它们同时也是万物的元素。如果我们能够探明这究竟是什么意思，那么显然，这便是问题的关键所在。首先，"数的元素"是奇和偶，但这似乎对我们并没有多大助益。可是，我们又看到奇和偶被等同于有限和无限，而后者有理由被认为是毕达哥拉斯宇宙论的最初本原（§53）。亚里士多德告诉我们，是偶数——在它被包含在事物中并受到奇数限定的时候——使事物具有了无限的特性，⑥ 评注家们一致将此理解为，偶数在某种意义上是无限可分性的原因。然而，当他们试图表明究竟何以如此的时候，却陷入了困境。辛普利丘记载了一种多半是由亚历山大提出的解释，大意是说，他们将偶数称作无限，"因为每个偶数都能被分为相等的部分，被分为相等部分的数就其能被一分为二而言是无限的，因为分为等份和对半的过程会无穷无尽地进行。但是，一旦加上奇数，

287

---

① 《形而上学》N，3.1091a18，κοσμοποιοῦσι καὶ φυσικῶς βούλονται λέγειν [他们构造了宇宙，并意图像自然哲人那样言说]。

② 《形而上学》M，6.1080b16；N，3.1090a20。

③ 亚里士多德，《形而上学》A，5.987a15。

④ 《形而上学》，同上，986a15（《希腊哲学史》66）。

⑤ 《形而上学》A，6.987b27，ὁ μὲν（Πλάτων）τοὺς ἀριθμοὺς παρὰ τὰ αἰσθητά, οἱ δ'（οἱ Πυθαγόρειοι）ἀριθμοὺς εἶναί φασιν αὐτὰ τὰ αἰσθητά [他（柏拉图）独特地将数看作不同于可感物，而他们（毕达哥拉斯学派）说数本身就是可感物]。

⑥ 《形而上学》A，5.986a17（《希腊哲学史》66）；《物理学》Γ，4.203a10（《希腊哲学史》66）。

偶数就受到了奇数的限制，因为它使之无法被分割为相等的部分。"① 可是我们明显不能把偶数能被无限二分的观点归给毕达哥拉斯学派。他们一定知道偶数 6 和 10 只能经过一次二分。正确的解释更应该在阿里斯克塞努斯的一段残篇中看到，我们在此读道："偶数是那些被分为相等部分的数，而奇数是那些被分成不相等部分并具有一个中间项的数。"② 这在斯托拜乌斯援引的一段话中——这段话最终可以追溯到波塞冬纽斯——得到了进一步的阐明。这段话如下："当奇数被分成两个相等部分的时候，中间还剩余一个单元；但当偶数被如此分割时，只留下一片既没有物主也没有数的空白场域，这表明它是有缺陷和不完整的。"③ 普鲁塔克又说："在对数的分割中，偶数在任何方向被分割时都只留下一片就像属于它本身的……场域；但是，如果对奇数进行同样的操作，分割后永远会剩余一个中间项。"④ 显然，所有这些文本所说的都是同一件事，它们讨论的只可能是我们已经熟悉了的"项"或点（§47）。分割只能落在它们中间，因为，如果被分割的是一个不可分割的单元，那么分割便会随即终止。

288

---

① 辛普利丘，《物理学注》，第 455 页，20（《希腊哲学史》66a）。我之所以会用这段话来说明这一问题，还要归功于海德尔，"毕达哥拉斯主义哲学中的 πέρας 和 ἄπειρον"（《哲学史档案》xiv. 第 384 页以下）。我所作出的解释在一般原则上与他相同，尽管我认为自己通过将这段话同数的形状相联系，回避了将 ἡ γὰρ εἰς ἴσα καὶ ἡμίση διαίρεσις ἐπ' ἄπειρον 理解为"辛普利丘所增补的尝试性说明"的必要。

② 阿里斯克塞努斯，残篇 81，载于斯托拜乌斯，i. 第 20 页，1，ἐκ τῶν Ἀριστοξένου Περὶ ἀριθμητικῆς...τῶν δὲ ἀριθμῶν ἄρτιοι μέν εἰσιν οἱ εἰς ἴσα διαιρούμενοι，περισσοὶ δὲ οἱ εἰς ἄνισα καὶ μέσον ἔχοντες.

③ [普鲁塔克] 载于斯托拜乌斯，i. 第 22 页，19，καὶ μὴν εἰς δύο διαιρουμένων ἴσα τοῦ μὲν περισσοῦ μονὰς ἐν μέσῳ περίεστι，τοῦ δὲ ἀρτίου κενὴ λείπεται χώρα καὶ ἀδέσποτος καὶ ἀνάριθμος，ὡς ἂν ἐνδεοῦς καὶ ἀτελοῦς ὄντος.

④ 普鲁塔克，《德尔菲的字母 E》，388 a，ταῖς γὰρ εἰς ἴσα τομαῖς τῶν ἀριθμῶν，ὁ μὲν ἄρτιος πάντη διϊστάμενος ὑπολείπει τινὰ δεκτικὴν ἀρχὴν οἷον ἐν ἑαυτῷ καὶ χώραν，ἐν δὲ τῷ περιττῷ ταὐτὸ παθόντι μέσον ἀεὶ περίεστι τῆς νεμήσεως γόνιμον. 我在翻译中省略的话是进一步将奇和偶等同于雄和雌。可以补充上海德尔所援引的文本。参见，例如，尼各马可的话（第 13 页，10，霍赫），ἔστι δὲ ἄρτιον μὲν ὃ οἷόν τε εἰς δύο ἴσα διαιρεθῆναι μονάδος μέσον μὴ παρεμπιπτούσης，περιττὸν δὲ τὸ μὴ δυνάμενον εἰς δύο ἴσα μερισθῆναι διὰ τὴν προειρημένην τῆς μονάδος μεσιτείαν [偶数可以被分成相等的两部分，中间没有一个嵌入的单元；而奇数不能被分成相等两部分的，由于前面所说的中间有一个嵌入的单元]。他特意补充说，这个定义 ἐκ τῆς δημώδους ὑπολήψεως [为多数人所接受]。

145. 数占据空间

毫无疑问，毕达哥拉斯用他的无限指某种具有广延的东西，因为他将其等同于气、黑夜或虚空。于是，我们便预备看到他的追随者们同样认为无限是具有广延的。亚里士多德当然是这样认为的。他论证说，如果无限本身是一种实在，而不仅仅是其他某个实在的谓词，那么它的每一部分也必定是无限的，正如气的每一部分都是气一样。① 他还说毕达哥拉斯学派的无限位于诸天之外，这一说法暗示了相同的观点。② 此外我们便不那么有把握了。费洛劳斯和他的追随者们不可能将无限看作气，因为正如我们将会看到的，他们已接受了关于那种"元素"的恩培多克勒的理论，并对它作出了别种解释。他们中的一位——克苏托斯——论证说，疏散和凝聚预设了虚空的存在；否则宇宙就会扩展到既有边界之外。③ 我们并不清楚此人是否早于原子论者，但这足以表明毕达哥拉斯学派认为无限是一种具有广延之物。

由于无限占据空间，因而有限也一定占据空间，我们同时有望看到，点、线、面都被看做是有限的形式。那便是后来的学说了；但毕达哥拉斯主义的特点在于，点没有被视为某种界限，而是有限和无限的最初产物，它被认为是算术中的单元，而不是零。按照这个观点，点具有一个维度，线具有两个维度，面具有三个维度，而体则有四个维度。④ 换句话说，毕达哥拉斯

289

---

① 亚里士多德，《物理学》Γ，4.204a20 以下，尤其是 a26，ἀλλὰ μὴν ὥσπερ ἀέρος ἀὴρ μέρος, οὕτω καὶ ἄπειρον ἀπείρου, εἴ γε οὐσία ἐστὶ καὶ ἀρχή [但正如气的部分确实是气，如果无限真的是实体和本原，那么类似地它的部分也是无限]。

② 见第二章，§53。

③ 亚里士多德，《物理学》Δ，9.216b25，κυμανεῖ τὸ ὅλον [万物就会膨胀]。

④ 参见斯彪西波保存在《算术神学》第 61 页（第尔斯《前苏格拉底哲学家残篇》32A13）的摘录，τὸ μὲν γὰρ ᾱ στιγμή, τὰ δὲ β̄ γραμμή, τὰ δὲ γ̄ τρίγωνον, τὰ δὲ δ̄ πυραμίς [因为 1 是一个点，2 是一条线，3 是一个三角形，4 是一个三棱锥]。我们知道斯彪西波在这里对费洛劳斯亦步亦趋。亚里士多德，《形而上学》Z，11.1036b12，καὶ ἀνάγουσι πάντα εἰς τοὺς ἀριθμούς, καὶ γραμμῆς τὸν λόγον τὸν τῶν δύο εἶναι φασιν [而他们将万物都还原为数，并宣称线的定义即是二的定义]。这个问题被普罗克鲁斯在《几何原本注》第 97 页，19 中清楚地表述出来，τὸ μὲν σημεῖον ἀνάλογον τίθενται μονάδι, τὴν δὲ γραμμὴν δυάδι, τὴν δὲ ἐπιφάνειαν τῇ τριάδι καὶ τὸ στερεὸν τῇ τετράδι. καίτοι γε ὡς διαστατὰ λαμβάνοντες μοναδικὴν μὲν εὑρήσομεν τὴν γραμμήν, δυαδικὴν δὲ τὴν ἐπιφάνειαν, τριαδικὸν δὲ τὸ στερεόν [他们相应地将点归给 1，将线归给 2，将面归给 3，将体归给 4。此外我们还将看到，他们认为线具有一个维度，面具有两个维度，体具有三个维度]。

学派认为点有大小，线有宽度，面有厚度。简而言之，整套理论都是围绕点是"具有位置"的单元（μονὰς θέσιν ἔχουσα）这个定义展开的。① 正是从诸如此类的元素中，世界才有可能被构造出来。

146. 作为大小的数

这种看待点、线和面的方式与惯常用对称排列的点来表示数字的做法密切相关，我们也已经看到将这种示数方法归给毕达哥拉斯学派的原因了（§47）。人们虽然在几何学上已经取得了长足进步，但将量看作是若干单元总和的传统观念并没有得到修正，因此点才被认为是 1 而不是 0。这便回应了策勒的看法——在他看来，若将毕达哥拉斯学派的数看成是占据空间的，那么便忽略了这一学说的来源是算数而非几何学的事实。我们的解释充分考虑了上述事实，并确实使整个体系的独特之处依赖于此。亚里士多德十分确定地告诉我们，毕达哥拉斯学派的点是有大小的："他们用数构造了整个世界，却假设点是有大小的。至于第一个有大小的点是如何出现的，他们似乎不明所以。"② 策勒认为这只是亚里士多德的一个推论，③ 并且在这个意义上——毕达哥拉斯学派从未觉得有必要对点具有大小的问题作过多说明——他可能是对的。可不管怎样，毕达哥拉斯主义者们似乎很可能将点称作 ὄγκοι。④

此外，策勒也承认并坚持认为，在毕达哥拉斯学派的宇宙论中，数是占据空间的，但他对该学派体系的其他部分提出了质疑：其他诸如"灵魂""正义"和"机会"也被说成是数，但它们却并不能被认为是由点、线、面所构成的。⑤ 可是在我看来，这正是亚里士多德批评毕达哥拉斯学派的那段话中的意思。他说，毕达哥拉斯主义者们认为在世界的某个部分普遍存在

① 亚里士多德在《物理学》E，3.227a27 提到点被等同于单元。

② 《形而上学》M，6.1080b18 以下，1083b8 以下；《论天》Γ，1.300a16（《希腊哲学史》76a）。

③ 策勒，第 381 页。

④ 我们将会看到（§163），芝诺在他关于运动的第四个论证中——直接针对毕达哥拉斯学派——将单元称作 ὄγκοι。埃修斯，i.3，19（《希腊哲学史》76a）说，叙拉古的埃克范托斯是毕达哥拉斯学派中第一个宣称他们所主张的点具有形体的人。同样参见柏拉图在《巴门尼德篇》164d 中对 ὄγκοι 的使用，以及盖伦，《哲学史》18（《希腊学述》，第 610 页），Ἡρακλείδης δὲ ὁ Ποντικὸς καὶ Ἀσκληπιάδης ὁ Βιθυνὸς ἀνάρμους ὄγκους τὰς ἀρχὰς ὑποτίθενται τῶν ὅλων [蓬图斯的赫拉克勒德斯和比提尼亚的阿斯科勒皮亚德斯认为同质的诸点是全体的本原]。

⑤ 策勒，第 381 页。

着"意见"，而在稍稍高于或低于它的部分，就会看到"不正义""分离"或"混和"——在他们看来——各是一个数。但既然"正义"没有大小，又怎么可能在诸天之内的这片区域中找到既有大小又是数的东西呢？[1] 这当然就意味着，毕达哥拉斯学派并没有能够对这些多少有些想入非非的类比与宇宙的几何构成之间的关系作出任何明确的说明。

291

147. 数和元素

我们似乎进一步看到，这一时期的毕达哥拉斯主义与其早期形式不同，此时它试图使自己适应那套全新的"元素"理论。这便使我们有了将它与多元论者联系起来并重新考虑这套体系的必要了。当毕达哥拉斯主义者们回到意大利南部的时候，他们发现盛行于那里的观点将迫使他们对自己的体系进行部分地重构。我们不知道恩培多克勒是否创立过一个哲学团体，但他对这一地区医学学派的影响是毋庸置疑的；现在，我们也知道费洛劳斯曾在医学史上发挥过一定影响。[2] 这为我们提供了一条线索，借此能对先前晦暗不清的事情有所了解。传统的说法是，毕达哥拉斯学派认为元素是由几何图形构成的，我们可以在柏拉图的《蒂迈欧篇》中看到该学说在得到更充分发展之后的形式。[3]

---

[1]　亚里士多德，《形而上学》A，8.990a22（《希腊哲学史》81e）。我这样理解和诠释这段话："因为，鉴于在他们看来'意见'和'机会'位于世界中的某一特定部分，而'不正义'、'分离'和'混合'位于稍高于或低于它们的部分，——为了证明这一点，他们宣称这些中的每一个都是数，——鉴于在世界的那个部分中同样（和伯尼茨一样，读作 συμβαίνη）已存在着一个关于复合大小的数（即，由有限和无限构成），因为那些（数的）属性与它们各自的区域紧密联系在一起；——（鉴于他们主张这两点，）便产生出了这个问题：被我们理解为这些事物（'意见'等）中每一个之所是的数，是否和世界之中的数（亦即宇宙论中的数）相同，抑或彼此不同？"我无法怀疑这些都是由数的元素——有限者和无限者，或如亚里士多德在这里所说的"数的属性"，亦即，奇数和偶数——所构成（συνίσταται）的有广延的数。策勒认为这里指的是"诸天体"，这种看法与之十分接近，但涉及面过于狭窄。这里所涉及的也并非那些物体的数（πλῆθος），而是它们的大小（μέγεθος）。关于对这段话的其他看法，见策勒，第391页，注释1。

[2]　出自梅农《伊阿特里卡》的那段摘录的重新问世使这一切都显露无遗。关于这部著作，见第253页，注释③。

[3]　在埃修斯，ii，6，5（《希腊哲学史》80）中，该理论被归给了毕达哥拉斯。这是一个时序错乱，因为提到了"元素"，表明它必然出现在恩培多克勒之后。阿基里斯在他对同一部著作所做的摘录中指明是 οἱ Πυθαγόρειοι［毕达哥拉斯学派］，这无疑更好地呈现了塞奥弗拉斯特的记载。

如果他们还要维持自己在意大利医学研究中的领军地位，便不可避免地要对292 诸元素作出说明。

　　不过，我们千万不要想当然地认为毕达哥拉斯学派构造元素的方法与我们在柏拉图《蒂迈欧篇》中发现的别无二致。正如我们已经看到的，我们有充分的理由相信毕达哥拉斯学派知道的正多面体只有三种：立方体、棱锥体（四面体）以及十二面体。① 而柏拉图则安排蒂迈欧从火和土开始，② 在构造这些元素的过程中，他接着用这样一种方式指出，八面体和二十面体都能轻而易举地嬗变为棱锥体，而立方体和十二面体则不能。因此，虽然气和水能够轻易地转变为火，土却不能如此。③ 至于十二面体，则是服务于另一个目的而保留下来的，我们马上就会对这一目的进行讨论。上述观点完全符合毕达哥拉斯学派的体系，因为这为巴门尼德在诗歌第二部分所概述的二元论留出了空间。我们知道希帕索斯认为火是第一本原，而我们在《蒂迈欧篇》中也看到了如何将气和水呈现为火的某种形式。不过另一种元素是土，而不像我们已经有理由相信的那样是存在于早期毕达哥拉斯主义中的气。那会是恩培多克勒发现大气并提出一般元素理论之后的自然结果。此外，它还能向我们解释一个先前尚未予以说明的令人困惑的事实，即亚里士多德认为巴门尼德所说的两种"形式"是火与土。④

　　148. 十二面体

　　最有趣的是毕达哥拉斯主义在理论中利用了十二面体。据说，它被认293 为是"宇宙球体"，或是像在费洛劳斯残篇中被说成的那样，是"球状的船体"。⑤ 无论我们如何看待这些残篇的真实性，都没有理由怀疑这是一个正

---

① 见上文，第 258 页。

② 柏拉图，《蒂迈欧篇》31b5。

③ 柏拉图，《蒂迈欧篇》54c4。我们能够看到，柏拉图在《蒂迈欧篇》48b5 处就元素的构造说，οὐδείς πω γένεσιν αὐτῶν μεμήνυκεν［从没有人谈到过它们的生成］，这意味着在蒂迈欧陈述这一理论时该理论还十分新颖。如果联系我们已在 §141 中阐述的内容来理解这段话，我们便倾向于相信柏拉图在这里安排蒂迈欧沿着泰阿泰德的发现，极大地发展了毕达哥拉斯派的学说。

④ 见上文，第四章，第 169 页。

⑤ 埃修斯，ii.6, 5（《希腊哲学史》80）；"费洛劳斯"残篇 12（=20M.；《希腊哲学史》79）。关于 ὁλκάς［船］，见贡德曼《莱茵语文学博物馆》1904，第 145 页以下。在柏拉图《政治家篇》中的毕达哥拉斯主义神话中，世界被视作一艘船，神是这艘船的 κυβερνήτης［舵手］（272e 以下）。πόντος τῆς ἀνομοιότητος［相异性的大海］（273d）正是 ἄπειρον［无限的］。

统的毕达哥拉斯学派的说法，我们必须将它同"龙骨"——这个词被用来形容中央之火——紧密地联系起来。[①] 世界的构造被比作船的建造，在其他作品中同样有这个想法的印迹。[②] 我们了解到有关十二面体的关键也是由柏拉图提供的。《斐多篇》一定是在正多面体学说被完全确立之前完成的。在这篇对话中我们读到，"真实的大地"在被俯视时"五颜六色，像一个由十二块皮革组成的圆球一样"。[③] 在《蒂迈欧篇》的这段话中也提到了相同的东西："此外，由于还剩下一个结构，亦即第五个，神在描绘宇宙时，为了构造宇宙而采用了它。"[④] 关键是十二面体比其他任何正多面体都更近似球体。被用来构成圆球的十二块皮革都是正五边形；如果这些材料不像皮革那样柔韧，我们就会得到一个十二面体而非球体。这表明十二面体在泰阿泰德之前就已经广为人知，我们也能推断十二面体曾被认为是用以建筑诸天之球形外壳的"木料"。

294

学述传统以一种有趣的方式肯定了十二面体在毕达哥拉斯学派体系中的重要性。根据一种说法，希帕索斯由于发现了"由十二个五边形组成的球体"而被溺死在海水之中。[⑤] 从毕达哥拉斯学派用五角星形或 *pentalpha* 作

---

① 埃修斯，ii.4，15，ὅπερ τρόπεως δίκην προϋπεβάλετο τῇ τοῦ παντὸς <σφαίρα> ὁ δημιουργὸς θεός [正如龙骨，德穆革将正义作为整全之球的基础]。

② 参见柏拉图在《理想国》616c3 中使用的 ὑποζώματα [用来加固战船船体的绳索或支架] 一词。由于 ὕλη 在船坞建造中的一般意思是"木料"（在这种情况下它的意思不再是木柴），我认为我们应沿着这个方向寻求对这个词在哲学中专业用法的解释。参见柏拉图，《斐利布篇》54c1，γενέσεως ... ἕνεκα ... πᾶσαν ὕλην παρατίθεσθαι πᾶσιν [一切质料都为了生成而被采用]，这是对前面问题的部分解释 πότερα πλοίων ναυπηγίαν ἕνεκα φὴς γίγνεσθαι μᾶλλον ἢ πλοῖα ἕνεκα ναυπηγίας [你认为造船的目的是船，还是说船的目的是造船?]（同上 b2）；《蒂迈欧篇》69a6, οἷα τέκτοσιν ἡμῖν ὕλη παράκειται [对我们，正如木料被放在木工旁边一样]。

③ 柏拉图，《斐多篇》110b6，ὥσπερ οἱ δωδεκάσκυτοι σφαῖραι，普鲁塔克在《柏拉图学派的论题》1003b 对这个短语的意思作出了正确的解释，καὶ γὰρ μάλιστα τῷ πλήθει τῶν στοιχείων ἀμβλύτητι δὲ τῶν γωνιῶν τὴν εὐθύτητα διαφυγὸν εὐκαμπές ἐστι[τὸ δωδεκάεδρον]，καὶ τῇ περιτάσει ὥσπερ αἱ δωδεκάσκυτοι σφαῖρα κυκλοτερὲς γίγνεται καὶ περιληπτικόν [因为通过众多的元素和钝角在最大程度上摒弃了锐直，[正十二面体] 是曲润的，并通过向四周延展，像那些由 12 片皮革构成的球一样变得圆润和相互外切]。

④ 柏拉图，《蒂迈欧篇》55c4。这段话和上一段话都没有提到黄道带，它应通过十二边形而非十二面体来描述。这预示着诸天能被区分为十二个正五边形区域，诸星座被置于其中。关于这种方法的历史，见纽博尔德，《哲学史档案》xix. 第 198 页以下。

⑤ 扬布里柯，《毕达哥拉斯传》247。参见上文，第二章，第 96 页，注释①。

为其标志的事实中，我们可以部分地推断出他们曾构造出十二面体来。这一图形在后世魔法中的使用是众所周知的；帕拉塞尔苏斯仍用它来象征健康，而这正是毕达哥拉斯学派给五角星形的指称。[1]

149. 灵魂之为某种"和谐"

将灵魂视作一种"和谐"——或更确切地说是一种协调——的观点同四元素理论密切相关。早期的毕达哥拉斯主义不可能持有这种观点，因为，正如柏拉图在《斐多篇》中所表明的，它同主张灵魂能够独立于身体存在的观点相抵牾。这与"一切灵魂能进入一切身体"的信念背道而驰。[2] 另一方面，《斐多篇》告诉我们，曾在忒拜受教于费洛劳斯的西米亚斯和克贝，以及费洛劳斯和欧律托斯的门徒艾刻克拉底都接受这一观点。[3] 柏拉图对这一学说的解释说明与它来源于医学的说法完全吻合。西米亚斯说："我们的身体可以说是被热和冷，干和湿，以及诸如此类的东西绷紧、聚合的，而我们的灵魂则是这些东西在它们很好地按照恰当比例相互混合之后的某种乐律和协调。于是，如果我们的灵魂是一种协调，那么很清楚，一旦身体因疾病或其他的恶而松弛或过度紧绷，灵魂便一定随即被毁灭。"[4] 这明显运用了阿尔克迈翁的理论（§96），也和西西里学派的观点完全一致。它最终证明，公元前五世纪末的毕达哥拉斯主义通过引入恩培多克勒的新本原完成了对传统学说的改造和发展。

我们还可以进一步看到，如果灵魂被认为是一种毕达哥拉斯的意义上协调，我们就会认为它包含三个音程，并能被分辨出四度音程，五度音程和八度音程。这将使波塞冬纽斯关于灵魂三分学说——正如我们所知，它出自

---

[1] 见高，《希腊数学简史》，第 151 页，以及在那里提到的那段话，补充上《琉善注疏》，第234 页，21，拉贝，τὸ πεντάγραμμον] ὅτι τὸ ἐν τῇ συνηθείᾳ λεγόμενον πεντάλφα σύμβολον ἦν πρὸς ἀλλήλους Πυθαγορείων ἀναγνωριστικὸν καὶ τούτῳ ἐν ταῖς ἐπιστολαῖς ἐχρῶντο [五角星：据说五芒星在团体内部是一个通过它能够使毕达哥拉斯主义者们相互识别的符号，并且他们在消息中也使用它]。毕达哥拉斯学派很可能已经知道了被记载于欧几里德，iv.11处那种用中末比（extreme and mean ratio）——亦即所谓"黄金分割"——来分割一条线段的方法了。

[2] 亚里士多德，《论灵魂》A，3.407b20（《希腊哲学史》86c）。

[3] 柏拉图，《斐多篇》85e 以下；关于艾刻克拉底，同上，88d。

[4] 柏拉图，《斐多篇》86b7-c5。

柏拉图的《理想国》——事实上来源于毕达哥拉斯学派的说法很可能是正确的。这个学说确实与柏拉图本人的灵魂观存在矛盾，却同我们刚刚诠释了的观点惊人地一致。[1]

150. 中央之火

被亚里士多德归给"毕达哥拉斯学派"，同时又被埃修斯归给费洛劳斯的那套行星系统十分引人注意。[2] 大地已不再位于世界的中心；它的位置被一团中央之火取代，而这并非太阳。围绕着这团火旋转的有十个天体。首先是对地（Antichthon），其次是地球，地球便成了众行星中的一个。地球之后是月球，而后是太阳、众行星以及恒星所在的天层。我们无法看到中央之火和对地，因为我们所寓居于地球的一侧永远背对着它们。这可以通过类比月球来解释，月球永远将相同的一面朝向我们，所以生活在它另外一侧的人们便永远看不到地球。当然，在我们看来，这就意味着这些天体在绕中央之火公转的同时也在绕着各自的轴旋转，[3] 而在对地围绕中央之火公转的同时，

296

---

① 见斯托克斯，《柏拉图与三分的灵魂》（《心灵·新系列》，第 94 期，1915，第 207 以下）。柏拉图本人在《理想国》443d5 中指出了这种联系，συναρμόσαντα τρία ὄντα, ὥσπερ ὅρους τρεῖς ἁρμονίας ἀτεχνῶς, νεάτης τε καὶ ὑπάτης καὶ μέσης, καὶ εἰ ἄλλα ἄττα μεταξὺ τυγχάνει ὄντα (i.e. the movable notes)［将那三个部分合在一起加以协调，就像协调那三个和声音程，较低的、较高的和中间的，以及其他出现在他们中间的（即可移动的音符）］。于是我们有充分的理由相信，阿里斯提得斯·昆提利安（ii.2）关于 θυμικόν［灵魂的血气部分］是 λογικόν 和 ἄλογον［灵魂的理性部分和非理性部分］之中间者的说法来自音乐家达蒙（戴特斯，《阿里斯提得斯·昆提利安的思想来源》，1870），后者是伯里克利的老师（第 255 页，注释 2），柏拉图主义者苏格拉底在音乐问题上提到他是自己的权威文献来源，但此人一定在柏拉图十分年幼时便已离世。此外，波塞冬纽斯（载于盖伦，《论希波克拉底和柏拉图的学说》，第 428 页和 478 页）将灵魂三分的学说归给了毕达哥拉斯，αὐτοῦ μὲν τοῦ Πυθαγόρου συγγράμματος οὐδενὸς εἰς ἡμᾶς διασῳζομένου, τεκμαιρόμενος δὲ ἐξ ὧν ἔνιοι τῶν μαθητῶν αὐτοῦ γεγράφασιν［既然毕达哥拉斯没有作品流传到我们手上，我便依据他的门徒们撰写的一些作品进行推测］。

② 关于这些权威记载，见《希腊哲学史》81-83。之所以将这套理论归给费洛劳斯可能是由于波塞冬纽斯。那"三卷著作"无疑便存在于他生活的时代。

③ 柏拉图借蒂迈欧之口归给诸天体的自转一定就属此类（《蒂迈欧篇》40a7）。月球的自转与它绕地球的公转周期相同。但如果我们说它根本没有循着自己的轨道旋转，也会得到相同的效果，希腊人就是这么说的。对毕达哥拉斯学派来说，将此扩展到所有天体是十分自然的。这最终产生了亚里士多德的观点，即它们都被固定（ἐνδεδεμένα）在有形球体内。

地球也是如此，所以它永远都在地球的对面。①

埃修斯提出这个体系是由费洛劳斯教导的，但要接受他的这个说法并不容易。亚里士多德从未在任何地方将费洛劳斯同这个体系联系在一起；在《斐多篇》中，苏格拉底对大地以及它在世界中的位置进行了描述，该描述与上述体系截然不同，西米亚斯作为费洛劳斯的门徒竟也没有提出任何异议。② 然而，苏格拉底所描述的无疑是一套毕达哥拉斯学派的理论，还标示着对若干盛行于雅典的伊奥尼亚学派学说的显著发展。苏格拉底宣称大地的稳定并不需要气或任何此类事物的支撑，这也明显是一种十分新颖的观点。甚至阿那克萨戈拉都没能使自己摆脱既有成见，而德谟克利特在其平坦大地的理论中也秉持着相同的观念。我们能够从《斐多篇》中得到的一个很自然的推论当然是，这套球形大地的理论——地球因均衡而保持在世界的中心——属于费洛劳斯本人。诚若如此，那么中央之火学说便是由他之后一代的毕达哥拉斯主义者提出的。

地球绕中央之火公转的理论确实很可能起源于恩培多克勒对太阳光线的解释。埃修斯便将这两件事情紧密地联系在一起，并宣称恩培多克勒相信存在着两个太阳，而"费洛劳斯"则相信存在着两个甚至三个太阳。他的表述虽然含混，却似乎表明我们有理由认为这些理论在塞奥弗拉斯特看来是类似的。③ 我们看

---

① 相较于认为对地永远和地球在一起，这种解释似乎更为自然。参见埃修斯，iii.11，3，τὴν οἰκουμένην γῆν ἐξ ἐναντίας κειμένην καὶ περιφερομένην τῇ ἀντίχθονι [人们寓居的地球位于对面，并绕着对地旋转]。

② 柏拉图，《斐多篇》，108e4 以下。西米亚斯用 καὶ ὀρθῶς γε [的确如此] 这个强调短语表达了他对这种地心说的认同。

③ 埃修斯，ii.20，13（第六章，第 216 页，注释④）与下面这段话对比，出处同上，12，Φιλόλαος ὁ Πυθαγόρειος ὑαλοειδῆ τὸν ἥλιον, δεχόμενον μὲν τοῦ ἐν τῷ κόσμῳ πυρὸς τὴν ἀνταύγειαν, διηθοῦντα δὲ πρὸς ἡμᾶς τὸ φῶς, ὥστε τρόπον τινὰ διττοὺς ἡλίους γίγνεσθαι, τό τε ἐν τῷ οὐρανῷ πυρῶδες καὶ τὸ ἀπ' αὐτοῦ πυροειδὲς κατὰ τὸ ἐσοπτροειδές· εἰ μή τις καὶ τρίτον λέξει τὴν ἀπὸ τοῦ ἐνόπτρου κατ' ἀνάκλασιν διασπειρομένην πρὸς ἡμᾶς αὐγὴν [毕达哥拉斯主义者费洛劳斯认为，太阳是透明的，从宇宙中的火那里接受反射，向我们透过光，用这种方式成了第二个太阳：天穹中的火性之物以及如同镜中映像一般由之而来的火性之物；如果并非如此，那么他会主张有第三个太阳，它通过折返从镜中向我们散发出光]。这当然不是"费洛劳斯"所提出的任何学说中的说法，而是我们常在塞奥弗拉斯特作品中发现的吹毛求疵的批评。此外，它并不是一段相对准确的报道。如果塞奥弗拉斯特曾使用短语 τὸ ἐν τῷ κόσμῳ πῦρ [宇宙中的火]，那么它一定是指中央之火，而 τὸ ἐν τῷ οὐρανῷ πυρῶδες 也一定是指相同的东西，鉴于埃修斯亲自告诉我们（ii.7.7，《希腊哲学史》81）"费洛劳斯"曾使用 οὐρανός 这个术语来表示月下世界。阿基里斯确实说过 τὸ πυρῶδες καὶ διαυγὲς λαμβάνοντα ἄνωθεν ἀπὸ τοῦ ἀερίου πυρός [火性且透明之物被模糊不清的火带向上方]，但他的权威不足以使我们放弃其他的说法。

到，恩培多克勒对于昼夜交替的现象给出了两种前后矛盾的解释（§113），解决这一困难的方法似乎正是让太阳通过反射中央之火的方式发光。如果不久前一些围绕月光以及月食成因的发现被扩展到人们对太阳的思考——这几乎是不可避免的，那么上述理论事实上便会成为一个与这些发现相关的自然议题。

中央之火有着若干具有神话色彩的名称，例如"宇宙的祭坛"，宙斯的"屋舍"或"瞭望塔"，以及"诸神之母"。① 这正是毕达哥拉斯学派的典型风格，但我们一定不要因此忽略这样一个事实，即我们当下所探讨的是一个科学假设。这一科学假设本身是极其重要的，它看到了现象能在最大限度内通过一个位于中央的光源获得"拯救"，大地也因此一定和其他行星一样是一个进行公转的球体。② 事实上我们很想说，相比之下，将中央之火等同于太阳不过是一个细节问题。不管怎么说，这套理论都很可能开启了一个全新的思路，正是顺着这一思路，萨摩斯的阿里斯塔库斯才可能提出日心说来。③ 当然也正是由于亚里士多德成功地将地心说重新确立下来，哥白尼才有了重新发现真理的必要。哥白尼自己曾说过，其探索始于他所读到毕达哥拉斯学派的一些材料。④

不过按照现在这种表述形式，该理论所带来的困难几乎与它解决了的一样多，它也没有长久地获得接受。从亚里士多德那里我们可以清楚地看到，它的批评者提出异议认为该理论并没有能够"拯救现象"，因为它所假定的地球公转会造成不容忽视的视差，而毕达哥拉斯学派却给出了一些让人们相信这些视差小到可以忽略的理由。亚里士多德对双方论证都没有给出清楚的说明，但可以指出，地球的大小被远远低估了，而且我们没有理由认为

① 埃修斯，i.7, 7（《希腊哲学史》81）。普罗克鲁斯，《蒂迈欧篇注》，第 106 页，22（《希腊哲学史》83e）。

② 亚里士多德这样将它表述出来，他说毕达哥拉斯学派认为 τὴν ... γῆν ἓν τῶν ἄστρων οὖσαν κύκλῳ φερομένην περὶ τὸ μέσον νύκτα τε καὶ ἡμέραν ποιεῖν [大地是众星之一，由于绕中心做圆周运动便产生了白天和黑夜]（《论天》B，13.293a23）。

③ 我在这里并不对那种认为赫拉克利特最先提出日心说的主张进行讨论。

④ 在写给教皇保罗三世的信中，哥白尼援引了普鲁塔克，《学说》iii.13, 2-3（《希腊哲学史》83a），还说 Inde igitur occasionem nactus, coepi et ego de terrae mobilitate cogitare [因此，面对这种情况，我开始思考大地的移动]。

299 它的轨道直径比我们现在所知道的地球本身的直径大得多。①

对于地球大小更真实的看法会让我们自然而然地认为，昼夜交替是地球绕自身轴线旋转的结果，在这种情况下，地球还可以被认为是位处中心的。亚里士多德看上去并不知道谁曾持有过这种观点，但塞奥弗拉斯特似乎将它归给了叙拉古的希克塔斯和埃克范托斯——对于这两个人，我们除此之外知之甚少。② 他们显然认为恒星所在的天层是静止的，如果亚里士多德曾对此有所耳闻，那么他几乎一定会有所提及，毕竟他自己的体系完全依赖于周日运动。

----

① 参见亚里士多德，《论天》B，13.293b25，ἐπεὶ γὰρ οὐκ ἔστιν ἡ γῆ κέντρον, ἀλλ' ἀπέχει τὸ ἡμισφαίριον αὐτῆς ὅλον, οὐθὲν κωλύειν οἴονται τὰ φαινόμενα συμβαίνειν ὁμοίως μὴ κατοικοῦσιν ἡμῖν ἐπὶ τοῦ κέντρου, ὥσπερ κἂν εἰ ἐπὶ τοῦ μέσου ἦν ἡ γῆ· οὐθὲν γὰρ οὐδὲ νῦν ποιεῖν ἐπίδηλον τὴν ἡμισείαν ἀπέχοντας ἡμᾶς διάμετρον [因为地球不在圆心上，而是远离它整个半球，他们相信，尽管我们并不位于中心点，没有什么阻止那些现象仍会以相同的方式出现，就好像地球位于中心一样：因为即便现在这样，也没有什么可以表明我们距离中心有直径的一半远]。（当然，τὸ ἡμισφαίριον αὐτῆς ὅλον 指的是亚里士多德自己的天球理论；他实际上指的是轨道半径。）可是，如果有人说既然地心视差可以忽略，那么一般的视差也可以被忽略，这是不可思议的。另一方面，主张地心说的毕达哥拉斯学派（真实的费洛劳斯？）——其观点在《斐多篇》中由苏格拉底阐述——似乎选取了一个特殊的说法，宣称地球是 πάμμεγα [巨大的]（109a9），这将使中央之火理论很难得到辩护。如果费洛劳斯是毕达哥拉斯学派中认为月球轨道半径只有地球轨道半径三倍大的人之一（普鲁塔克，《论〈蒂迈欧篇〉中灵魂的生成》，1028 b），那么他就不可能曾使用那套为亚里士多德所引用的论证。

② 埃修斯，iii.13, 3, Ἡρακλείδης ὁ Ποντικὸς καὶ Ἔκφαντος ὁ Πυθαγόρειος κινοῦσι μὲν τὴν γῆν· οὐ μήν γε μεταβατικῶς, ἀλλὰ τρεπτικῶς[1.στρεπτικῶς] τρόχου δίκην ἐνηξονισμένην, ἀπὸ δυσμῶν ἐπ' ἀνατολὰς περὶ τὸ ἴδιον αὐτῆς κέντρον [蓬图斯的赫拉克勒德斯和毕达哥拉斯主义者埃克范托斯使地球运动：不是通过移动位置，而是通过旋转 [1. 转动] 就像轮子固定的轴，自西向东围绕着它自己的中心]。西塞罗将相同的学说归给希克塔斯（《前学园派》ii.39），但毫无理由地主张此人认为日、月和星辰一样静止。塔内里将希克塔斯和埃克范托斯视作赫拉克勒德斯一部对话作品中的虚构人物，但塞奥弗拉斯特似乎清楚地知道他们的存在。需要补充说明的是，主张大地旋转并不新奇。米利都学派可能认为他们的平坦大地便是如此（§21），而阿那克萨戈拉当然认为平坦大地是旋转的（第245页）。新颖的不过是他们将这种观点运用于球状的大地上。如果我们能确定那些认为地球旋转并坚持地心说的毕达哥拉斯主义者们将中央之火安排在地球的内部，那么就能够证明他们在时间上要晚于"费洛劳斯"的体系。辛普利丘似乎是这么说的（《论天注》，第512页，9以下），这可能援引于已经遗失了的亚里士多德关于毕达哥拉斯学派的著作。然而这一点是可疑的。

无论是主张地球围绕中央之火公转的理论，还是主张它围绕自己的轴线自转的理论，二者在对诸恒星的旋转——这一定是毕达哥拉斯学派所坚持的——进行解释时都会遭遇巨大的困难。它们必定要么是静止的，要么其运动必定与周日运动截然不同。① 很可能正因如此，这个理论才被最终放弃。

在讨论那些主张地球在不断运动的人们的观点时，亚里士多德只提到了一种理论来替代那种地球围绕中央之火公转的学说。他宣称该理论出自《蒂迈欧篇》。根据这一理论，地球并非行星，而是"位于中央"，但与此同时，它还相对于宇宙的轴线进行运动。② 这种运动不太可能像格罗特所认为的那样是一种自转；③ 因为《蒂迈欧篇》的整个宇宙论都在暗示昼夜交替的原因在于诸天的周日运动。④ 虽然不久之后地球便被称作"昼夜的守卫者和创造者"，⑤ 但这并不支持相反的主张，因为黑夜在任何情况下都是地球圆锥

300

---

① 希思（《阿里斯塔库斯》，第 103 页）列举了各种不同的可能性。只有其中两种值得注意。宇宙作为一个整体可能共享 ἀπλανές[诸恒星]的旋转，而日、月和行星除了参与宇宙的旋转之外，还有各自独立的转动。或者 ἀπλανές 的旋转速度慢得难以察觉，在这种情况下，它的运动"虽然不是二分点的岁差，却与之极其相似"（希思，同上）。

② 亚里士多德，《论天》B，13.293b5，ἔνιοι δὲ καὶ κειμένην ἐπὶ τοῦ κέντρου[τὴν γῆν] φασὶν αὐτὴν ἴλλεσθαι καὶ κινεῖσθαι περὶ τὸν διὰ παντὸς τεταμένον πόλον, ὥσπερ ἐν τῷ Τιμαίῳ γέγραπται[还有一些人说，地球位于中央，它围绕那延伸穿过整个宇宙的轴转动和运动，正如在《蒂迈欧篇》中所写的那样]。下一章中的一段援引（296a25）佐证了上面这段话以及对这段话的解释，οἱ δ᾽ ἐπὶ τοῦ μέσου θέντες ἴλλεσθαι καὶ κινεῖσθαί φασι περὶ τὸν πόλον μέσον[而另一些人则主张它位于中心，宣称它围绕中心轴转动和运动]。一切试图表明这另有所指的努力都徒劳无功。因此，我们不能追随亚历山大，将第一段话中的 καὶ κινεῖσθαι 当做插补文字，即使在某些抄本中它被省略了。很可能是由于亚历山大的权威而作出了这些省略。此外，在理解这段文本时，这段话很明显向我们提供了两套地球运动学说中的一种，并且这种运动类似于围绕中央之火的公转，是一种位移（φορά）而非自转。

③ 《柏拉图关于地球转动的学说》（1860）。

④ 柏拉图，《蒂迈欧篇》39c1，νὺξ μὲν οὖν ἡμέρα τε γέγονεν οὕτως καὶ διὰ ταῦτα, ἡ τῆς μιᾶς καὶ φρονιμωτάτης κυκλήσεως περίοδος[因此，黑夜和白天按这种方式并且由于它——在唯一的和最理智的轨道上旋转——被生成了]。这显然指的是在"同的圆"，亦即赤道圆周上的旋转。

⑤ 柏拉图，《蒂迈欧篇》40c1，[γῆν] φύλακα καὶ δημιουργὸν νυκτός τε καὶ ἡμέρας ἐμηχανήσατο[（地球）护卫并创造了黑夜和白天]。关于这一点，参见希思，《阿里斯塔库斯》，第 178 页。

型的影子，因此这也是昼夜交替的原因。到目前为止，伯克和他的追随者似

301　乎都是对的。

可是，当伯克进一步认为《蒂迈欧篇》中 ἰλλομένην [译者按：见于柏拉图《蒂迈欧篇》40b] 一词指的根本不是运动，而是"变成球状的"或"压成的"球形，我便不敢苟同了。先将古典语文学问题存而不论，这种解释已经使亚里士多德的论证毫无逻辑可言了。他说，[①] 如果地球处于运动之中，无论是"在中心以外"还是"位于中心"，这都不可能是一种"自然运动"，因为倘若运动的话，那么任何一块土便都会分有这种运动，我们所看到的每块土的自然运动却都是向"下"，亦即趋向中心。他还说，如果地球处于运动之中，无论是"在中心以外"还是"位于中心"，它都必然像除"第一天球"以外的一切那样具有双重运动，因而会出现诸恒星在纬度上的移动（πάροδοι）和"折返"（τροπαί），但事实并非如此。这样，亚里士多德显然认为第二种关于地球运动的理论和第一种理论都牵涉地球的位移，在他看来，这正是柏拉图在《蒂迈欧篇》中所持有的理论。我们无法相信他可能在这一点上犯有什么错误。[②]

当我们转向《蒂迈欧篇》中的这段话本身，便会发现，一旦这段文本被正确地接受，它便完全证实了亚里士多德关于地球进行某种线性运

302　动的说法，[③] 而伯克的翻译则由于一些语法和词汇学方面的原因不能被采

---

① 亚里士多德，《论天》B，14.296a29 以下。将 ὑπολειπόμενα 这个词用于行星自西向东的视运动，是一种从传统伊奥尼亚学派那里延续下来的观念（第 61 页）。有观点认为大地如果运动，就一定进行双重运动，其依据无非是将大地类比于行星（希思，《阿里斯塔库斯》，第 241 页）。

② 亚里士多德在《蒂迈欧篇》发表前一定已经是学园的一员了，我们知道，柏拉图逝世后，对这篇对话的诠释工作曾是学园的主要工作之一。如果亚里士多德在解释中使用的位移概念是对这一学说的误解，那么亚历山大和辛普利丘一定能够援引克兰托或其他权威的异议。伯克在《蒂迈欧篇》中看到的恰恰是亚里士多德自己的观点，我们无法相信他没能认识到这一事实，也无法相信他会刻意歪曲事实。

③ 对《蒂迈欧篇》中这句话的理由最为充分的读法是，γῆν δὲ τροφὸν μὲν ἡμετέραν, ἰλλομένην δὲ τὴν περὶ τὸν διὰ παντὸς πόλον τεταμένον [而地球，我们的保姆，绕着穿过整全的轴线旋转]。其中的冠词 τὴν 在《巴黎图书馆抄本 A》（Par.A）和在《巴拉丁选集》中都被抄录，很难认为这是被人添加的内容。另一方面，这个冠词很容易被遗漏，因为它的意思并非一目了然。当然，它要按照 τὴν ἐπὶ θάνατον 抑或色诺芬 προεληλυθότος ...τὴν πρὸς τὰ φρούρια 中的 τὴν 那样解释，暗示着某种路线，因而暗示某种线性运动。

纳。① 我们因此要问，与地球"位于中心"的说法相一致的位移运动究竟是什么？除了（大致说来）一个沿宇宙自身轴线的向上、向下运动，似乎别无其他可能。这样一来，ἵλομαι [来回运动] 这个少见的单词唯一有明确依据的意思正是一种有来有回、向前向后的运动。②《斐多篇》中苏格拉底根据某位不具名的宇宙论者的权威记载对地球上各种水系做出了描述，③ 如果我们据此进行判断，还可以补充说毕达哥拉斯学派对这种运动是十分熟悉的。

柏拉图试图用这种运动来解释什么？这是根本无法被确定的，但很明显，单靠同和异的圆——亦即赤道和黄道——的运动并不足以"拯救现象"。如果所有行星都如此这般地运行，那么它们就会要么沿黄道运行，要么与黄道保持恒定的距离，但事实绝非如此。我们需要对它们沿纬度方向的运行进行解释，即说明它们何以时而趋近黄道，时而远离黄道。我们已经看到（第 56 页），阿那克西曼德已经开始专注于对月亮"回归"的研究了。此外，柏拉图在《蒂迈欧篇》的随后几行中也清楚地提到了行星的顺行和

303

---

① 　首先，*globatam*，"压实""聚集"这个意思需要用完成时分词表达，而不是现在时分词，因此我们看到，辛普利丘在转述时不得不使用完成时分词 δεδεμένη 或 δεδεσμηνένη。希思所说的"wound"（《阿里斯塔库斯》，第 177 页）同样应该是"winding"。其次，尽管《巴黎图书馆抄本 A》中有 εἰλλομένην，但亚里士多德、普罗克鲁斯以及其他权威记载都明确支持了 ἰλομένην 这种读法。动词 εἴλω（εἴλλω），εἰλῶ 以及 ἵλω 在抄本中不断被混淆。我认为，我们不太可能认为 ἵλω 在词源上与其他动词相关。似乎 ἱλλός 和 ἱλλαίνω 是更合适的，二者都曾被希波克拉底使用。关于它的意思，见下则注释。

② 　参见索福克勒斯《安提戈涅》340，ἰλλομένων ἀρότρων ἔτος εἰς ἔτος [犁年复一年地后退、前进] 明显是说犁在犁沟里向后、向前运动。辛普利丘强调罗德的阿波罗尼奥斯曾在"囚禁"的意义上使用 ἰλλόμενος，在"捆缚"的意义上使用 εἰργόμενος（参见希思，《阿里斯塔库斯》，第 175 页，注释 6）。不过这并不能削弱抄写员们——甚至阿波罗尼奥斯本人——只是出现了常见混淆的可能性。除非我们对冠词 τὴν 和亚里士多德的证言置之不理，否则就一定会看到一个有关运动的动词。

③ 　参见柏拉图《斐多篇》111e4，此处我们获悉，地球中存在着一种 αἰώρα [震荡]，它造成了塔尔塔罗斯——一道从极点延伸到极点的鸿沟——中河流的上下运动。见我对这段文本的注释。

275

逆行运动。① 我们不一定要详细地说明我们在前面提议的这种运动如何能对这些表面上的不规律现象进行解释；但如果能够借此表明公元前五世纪的毕达哥拉斯学派很可能认为这种运动能够如此，那么这便足够了。对他们来说，用地球有规律的运动——而非行星的任意运动——来对这些现象进行解释似乎是大有可为的；诚若如此，至少表明他们走在一条正确的路上。

为了避免误解，我想补充的一点是，我并不认为柏拉图本人会满意于这套在他看来由早期毕达哥拉斯主义者提出的理论。在一段显然应该发生在他出生之前的对话中，柏拉图阐发了代表其个人见解的观点，这个观点至少在我看来是相当不可思议的。此外，塞奥弗拉斯特曾是柏拉图晚年时期的学园成员，从他无可辩驳的权威记载中我们了解到，柏拉图那时已放弃地心说，尽管我们并不能进一步获悉在他看来位于体系中心的究竟是什么。② 在《法篇》中也同样清楚地表明，他一定认为地球也进行着自转。③

151. 对地

对地的存在同样是为解释日食、月食现象而提出的假设。亚里士多德确实在一段话中宣称，毕达哥拉斯学派是为凑够十个公转天体而将它杜撰出来；④ 但

---

① 普罗克鲁斯在他的评注中将《蒂迈欧篇》20c 处的 προχωρήσεις 和 ἐπανακυκλήσεις 解释为等同于 προποδισμοί 和 ὑποποδισμοί。在其《阿里斯塔库斯》前面的勘误表中，希思反驳了这种解释，并同《理想国》617b 处用于描述行星火星的术语 ἐπανακυκλούμενον 进行了比较，按照他的理解，后者指的仅仅是它"在某种意义上与诸恒星运动方向相反的圆周运动"。不过我们将会看到，斯密尔纳的塞翁在援引这段话时，在 ἐπανακυκλούμενον 之后还有 μάλιστα τῶν ἄλλων [相较于其他之最]，如果它指的是逆行运动，那么意思就十分清楚了。事实上，火星的逆行运动相较于其他行星弧度更大（迪昂，《世界体系》，第一卷，第 61 页）。由于我在我所校勘的《理想国》文本中没有注意到这一点，在此想提出两条之所以相信塞翁保存了柏拉图原话的理由，以修正先前的错误。第一，塞翁的话显然援引自德库里得斯，后者首先确定了我们现在以之为底本的柏拉图文本。其次，μάλιστα τῶν ἄλλων 刚好有 15 个字母，这正是柏拉图文本中出现遗漏的一般长度。
② 普鲁塔克，《柏拉图学派的论题》1006c（参见《努马传》c.11）。我们一定要记得，塞奥弗拉斯特在柏拉图生前最后的时间里是学园的一员。
③ 在相应的文本中（822a4 以下），他认为行星进行简单的圆周运动，并宣称这种观点是他在自己年少时乃至更早以前都没有听说过的。这一定是在说地球在二十四小时内绕轴自转一圈，因为这是在反驳毕达哥拉斯学派关于行星运动是复合的观点。这并不意味着我们一定能在《蒂迈欧篇》中看到这一观点，因为这部对话声称只涉及前五世纪的毕达哥拉斯学派的观点。
④ 亚里士多德，《形而上学》A，5.986a3（《希腊哲学史》83 b）。

这不过是句俏皮话，并且亚里士多德对它的了解确实也不止于此。在他关于毕达哥拉斯学派的著作中，他说月食有时是由于地球的遮挡，有时则是由于对地的遮挡；奥普斯的菲利普也有相同的说法，这在这个问题上是一个足够权威的记述。[①] 亚里士多德甚至在另一段话中向我们展示了这个理论的源起。他告诉我们，有些人认为可能有相当数量的天体绕着中心旋转，对我们来说，尽管它们由于地球的遮挡而不可见，他们还用这种方法解释了月食何以比日食发生的次数更多。[②] 这都是在与对地的紧密联系中被提到的，因此亚里士多德显然认为这两个假设实质上是相同的。该理论的历史似乎是这样。为了对月食进行解释，阿那克西美尼曾假定存在着暗不可见的行星（§29），后来阿那克萨戈拉又复活了这一观点（§135）。某些毕达哥拉斯主义者[③] 为了解释这些黑暗行星的不可见性，曾认为它们位于地球和中央之火中间，接下来的便是将它归为一个天体。这里，我们再一次看到了毕达哥拉斯学派如何尝试对前代学者的各种假设进行简化的。

305

152. 诸天球的和谐

我们已经看到（§54），那个通常被错误地称作"诸天球的和谐"的学说可能是由毕达哥拉斯本人提出的，但对该学说的阐发则一定是在学派下一代成员中完成的，之所以会在我们对它的解释中出现如此巨大的差异，一定是由于公元前五世纪末和前四世纪初盛行着相互冲突的行星运动理论。亚里士多德在一段明确的证言中告诉我们，他对其学说有所了解的那些毕达哥拉斯主义者们相信，诸天体在运行过程中会产生乐音。此外，音的高低由天体的

---

① 埃修斯 .ii.29，4，τῶν Πυθαγορείων τινὲς κατὰ τὴν Ἀριστοτέλειον ἱστορίαν καὶ τὴν Φιλίππου τοῦ Ὀπουντίου ἀπόφασιν ἀνταυγείᾳ καὶ ἀντιφράξει τοτὲ μὲν τῆς γῆς, τοτὲ δὲ τῆς ἀντίχθονος (ἐκλείπειν τὴν σελήνην) [有些毕达哥拉斯主义者，按照亚里士多德和奥普斯的菲利普的说法，（月食）有时是由于大地的反光和遮挡，有时则是由于对地]。

② 亚里士多德，《论天》B，13.293b21，ἐνίοις δὲ δοκεῖ καὶ πλείω σώματα τοιαῦτα ἐνδέχεσθαι φέρεσθαι περὶ τὸ μέσον ἡμῖν ἄδηλα διὰ τὴν ἐπιπρόσθησιν τῆς γῆς.διὸ καὶ τὰς τῆς σελήνης ἐκλείψεις πλείους ἢ τὰς τοῦ ἡλίου γίγνεσθαί φασιν· τῶν γὰρ φερομένων ἕκαστον ἀντιφράττειν αὐτήν, ἀλλ᾽ οὐ μόνον τὴν γῆν [有人甚至认为，可能有这样的一些天体围绕中心运动，由于大地的遮挡我们看不见。他们说，因此月食比日食更多地发生：因为每一个运动的天体都会遮挡它，而不仅仅是地球]。

③ 记载中并没有明确指出他们是毕达哥拉斯主义者，但这样认为是极其自然的。至少亚历山大便是这样认为的（辛普利丘，《论天注》，第 515 页，25）。

速率决定，天体的速率又取决于天体间的距离，后者具有与八度谐音音程相同的比例关系。亚里士多德明确表示，恒星所在的天层参与到天体的交响之中，因为他提到"日、月、星辰，它们无论是在体积还是在数量上都无比巨大，"这不可能单指——或主要指——五大行星。① 我们还被告知，速度较慢的天体会发出低沉的音调，较快的天体则会发出高音调，而根据盛行的传统观点，诸恒星所在的天层——每二十四小时旋转一周——所发出的是八度音程的高音调。接下来的当然是土星，因为尽管它有自己沿相反方向进行的缓慢运动，但仍受到周日运动的"统御"（κρατεῖται）。还有观点认为发出最高音的是月亮，发出最低音的是诸恒星，这很可能是出于一套用地球自转替代诸天的周日运动之后得到的理论。②

153. 事物像数

我们还要考虑一种有时被亚里士多德归给毕达哥拉斯学派的观点，即事物"像数"。他似乎并不认为这与事物是数的学说存在任何矛盾之处，尽

---

① 亚里士多德，《论天》B，9.290b12 以下（《希腊哲学史》82）。参见亚历山大，《形而上学注》第 39 页，24（源于亚里士多德论毕达哥拉斯学派的著作）τῶν γὰρ σωμάτων τῶν περὶ τὸ μέσον φερομένων ἐν ἀναλογίᾳ τὰς ἀποστάσεις ἐχόντων ...ποιούντων δὲ καὶ ψόφον ἐν τῷ κινεῖσθαι τῶν μὲν βραδυτέρων βαρύν, τῶν δὲ ταχυτέρων ὀξύν [因为绕中心旋转的诸天体按比例具有间隔……那些运动较慢的发出低沉的声音，较快的发出尖锐的声音]。这里在细节上存在着各种各样的困难。我们很难将认为七大行星（包括日、月）是七弦琴上琴弦的观点归给这一时期的毕达哥拉斯学派，因为水星和金星的平均角速度与太阳相同，我们必须还要算上恒星所在的天层。

② 关于诸种不同的体系，见伯克，《短篇集》，第三卷，第 169 页以下，以及扬，"诸天球的和谐"（《语文学》1893，第 13 页以下）。希思在他的《阿里斯塔库斯》第 107 页以下，对它们进行了充分的解释说明，在此他明确区分了绝对速率和相对速率，而这在亚当对《理想国》617b 的注释中（第二卷，第 452 页）并没有受到应有的重视，以致他虽然正确地认为诸恒星所在的天层发出 νήτη（最高的音调），却提出紧随其后的不是土星而是月亮——这是一种绝不可能的安排。后一种观点以弥尔顿《基督诞生赞美诗》（xiii.）"九重和谐"中的"天堂低音风琴的低音"为代表。在《威尼斯商人》第五幕的开头，莎士比亚让洛伦佐以一种真正的毕达哥拉斯学派的方式阐述了这一学说。根据他的说法，灵魂中的"和谐"应该与天体的和谐一致（"这种和谐存在于不朽的灵魂中"），但"泥制易朽的皮囊"妨碍了它们的完全一致。《蒂迈欧篇》中也有类似的观点，在《向莎士比亚致敬》一书中（第 58 页以下），我试图表明蒂迈欧的理论是如何对莎士比亚产生影响的。马丁看到，当一个八度音阶的所有音符同时发声时并不会产生和谐，但这并没有说服力。这里并不存在现代意义上的和谐问题，有的只是协调（ἁρμονία）成为完美音阶的问题。

管很难看出他究竟如何能够将二者协调起来。① 不过，阿里斯克塞努斯无疑将毕达哥拉斯学派所教导的学说描述为事物像数，② 此外还有其他线索试图表明，这正是最初的学说。在一封据称出自毕达哥拉斯的妻子提亚诺之手的信中，她宣称自己听说许多希腊人认为毕达哥拉斯主张事物由数构成，但事实上他说的是它们是根据数产生的。③

　　一旦完全接受了上述观点，亚里士多德便似乎发现柏拉图和毕达哥拉斯学派只在遣词造句上存在差异。"分有"这种比喻的说法仅仅是对"模仿"的替代。我们在这里并不适合对所谓"理念论"的意涵进行讨论；但必须指出的是，亚里士多德将"模仿"学说归给了毕达哥拉斯学派，这在《斐多篇》中得到了充分的证明。西米亚斯在被问及是否接受这套学说的时候，他并没有要求对这套学说做任何解释，而是立刻回答并强调他接受。根据这套学说，唯独"相等"本身是实在的，而我们所谓的相等之物不过是对它的并不完美的模仿，西米亚斯对此十分熟悉。④ 他之所以最终被说服相信灵魂是不朽的，正是因为苏格拉底使他明白了形式理论预示着这一点。

　　我们同样可以看到，苏格拉底并没有将这套理论作为某种新奇之物介绍给众人。这些"理念"的实在性乃是一种"我们一直在探讨的"实在性，它们通过某个学派的特定用语获得解释。这些术语用"我们说"这种表述被引入讨论当中。⑤ 这是谁的理论？通常它被认为是柏拉图自己的理论，尽管

---

① 参见，特别是《形而上学》A，6.787b10（《希腊哲学史》65d）。这和他在 A，5.985b23 以下（《希腊哲学史》同上）中所说的他们察觉到在事物中存在着很多和数的相似之处并不是同一件事。那指的是正义、机会等在数上的类比。

② 阿里斯克塞努斯，载于斯托拜乌斯，i. 导言 6（第 20 页），Πυθαγόρας ... πάντα τὰ πράγματα ἀπεικάζων τοῖς ἀριθμοῖς [毕达哥拉斯……将一切东西都呈现为数]。

③ 斯托拜乌斯，《自然哲学文选》i. 第 125 页，19（《希腊哲学史》65d）。

④ 柏拉图，《斐多篇》74a 以下。

⑤ 参见，特别是 ὃ θρυλοῦμεν ἀεί [我们总挂在嘴边的事情] 这段话（76d8）。αὐτὸ ὃ ἔστιν [本身所是]，αὐτὸ καθ' αὑτό [作为自身的自身]，以及此类的短语都被认为是世所周知的。"我们"通过问答来界定实在，在此过程中，"我们"对它的存在进行解释说明（ἧς λόγον δίδομεν τοῦ εἶναι，78d1，其中 λόγον ... τοῦ εἶναι 等同于 λόγον τῆς οὐσίας）。一旦完成这个任务，"我们"便在它上面盖上 αὐτὸ ὃ ἔστιν [本身所是] 的封印（75d2）。对特定术语的使用暗示了使用这一术语的学派。正如第尔斯所说（《元素》，第 20 页），正是在一个学派"明喻被压缩为一种比喻，而比喻又被浓缩为一个术语"。

有人将它称为柏拉图的"早期理念论",并宣称他在晚年对此进行了大刀阔斧的修订。但这种看法有着诸多严重困难。柏拉图特意告诉我们说,在《斐多篇》所记载的对话发生时他并不在场。有哪位哲学家会在阐发自己全新理论时,将它描述成一套已经为许多杰出的同时代者所熟知的理论呢?① 要相信这一点并不容易。另一方面,将这套理论的起源归给苏格拉底也过于轻率,似乎只能认为这套关于"形式"(εἴδη, ἰδέαι)的学说最初成形于毕达哥拉斯学派的圈子中,又经过苏格拉底获得了进一步的发展。这其实不足为奇。一个基本的史实是,西米亚斯和克贝不仅是毕达哥拉斯主义者,同时也是苏格拉底的学生,并且无疑存在着比我们一般所知道的更多的"理念之友"②。无论如何都可以肯定,εἴδη 和 ἰδέαι 这两个词在柏拉图之前就已经被用来表述终极实在了,并且似乎认为这种用法起源于毕达哥拉斯学派是最自然而然的。

通过不断追溯毕达哥拉斯主义的历史,直到它实际上变得与那套被柏拉图借苏格拉底之口阐发出来的理论难以区分时,我们已经真正超出了这项工作的极限;但这是极其必要的,唯此我们才能揭示权威记述中各种说法的真相。阿里斯克塞努斯不太可能弄错那些和他熟识之人的各种观点,亚里士多德的诸说法也必有所本。

---

① 在《巴门尼德篇》中,柏拉图安排苏格拉底对这套理论进行了详细的阐述,并特意指明这至少发生在他出生之前的二十年。

② 柏拉图,《智者篇》248a4。普罗克鲁斯宣称(《巴门尼德篇注》iv. 第149页,库辛)ἦν μὲν γὰρ καὶ παρὰ τοῖς Πυθαγορείοις ἡ περὶ τῶν εἰδῶν θεωρία, καὶ δηλοῖ καὶ αὐτὸς ἐν Σοφιστῇ τῶν εἰδῶν φίλους προσαγορεύων τοὺς ἐν Ἰταλίᾳ σοφούς, ἀλλ' ὅ γε μάλιστα πρεσβεύσας καὶ διαρρήδην ὑποθέμενος τὰ εἴδη Σωκράτης ἐστίν [因为关于形式的理论也为毕达哥拉斯学派所主张,而他本人在《智者篇》中也清楚地表明这一点,将形式之友称作意大利的智者,但苏格拉底是最年长的且清楚地主张形式的人]。这段话本身并不可靠,但确是关于这个问题流传至今的唯一说法,而普罗克鲁斯(他掌握有学园派的传统)似乎没有听说过有关这句话的任何其他解释。在后面的一段话中(v. 第4页,库辛),他说,巴门尼德很自然地会问苏格拉底这个理论是不是他自己想到的,因为他可能听过有关这一理论的某个报告。

第八章

小埃利亚学派

154. 同前代学者的关系

我们刚刚探讨过的若干体系究其根本皆为多元论的体系，它们之所以倡导多元论，是因为巴门尼德已经表明，倘若我们严肃地接受了某种物质一元论，就必须将一系列与多样性、运动和变化——这些都在经验世界中处处可见——相矛盾的断言归给实在（§97）。恩培多克勒的四"根"和阿那克萨戈拉的无数"种子"都在有意识地尝试解决巴门尼德所提出的问题（§§106，127）。诚然，没有任何证据表明毕达哥拉斯学派曾受到巴门尼德的直接影响，但我们已经表明（§147）其体系的后期形式是如何奠基于恩培多克勒的学说。芝诺从埃利亚学派的基本立场出发，所批评的正是这流行的多元论主张；他的论证特别针对毕达哥拉斯主义。麦里梭同样批评了毕达哥拉斯主义；但他试图通过坚持"实在是无限的"这一传统的伊奥尼亚学派观点来为他和他的对手寻求某种一致。

Ⅰ. 埃利亚的芝诺

155. 生平

根据阿波罗多洛斯的记载，[①]芝诺的盛年在第79届奥林匹亚赛会期间（公

---

① 第欧根尼，ix.29（《希腊哲学史》130a）。阿波罗多洛斯并没有明确提到芝诺的生辰；但他因为他父亲的名字而被提到（ix.25；《希腊哲学史》130），那么无疑他同样是有关芝诺盛年信息的来源。

310 元前 464—460 年）。这个时间是通过假定他比巴门尼德年轻四十岁得出的，但这直接与柏拉图的证言相抵牾。我们已经看到（§84），巴门尼德和芝诺同小苏格拉底的会面不太可能发生在公元前 449 年之前，并且柏拉图告诉我们，芝诺在那时"年近不惑"。① 因而他肯定出生于公元前 489 年前后，较巴门尼德年轻了二十五岁左右。他是特琉塔戈拉的儿子，而阿波罗多洛斯关于他曾为巴门尼德收养的说法可能只是对柏拉图《智者篇》中一段表述的误解。② 柏拉图还告诉我们，他形貌俊秀挺拔。③

和巴门尼德一样，芝诺也在其母邦的政治生活中发挥过一定的作用。斯特拉堡将埃利亚的政通人和部分地归功于他，并宣称他曾是一名毕达哥拉斯主义者，这无疑都是基于蒂迈欧的权威记载。④ 这种说法不难理解。我们已经看到，巴门尼德起初也是一名毕达哥拉斯主义者，于是埃利亚学派自然而然地曾被认为仅是这个具有更大规模的团体的一个分支。我们还听说芝诺曾密谋反对一位僭主，但关于这位僭主的名字众说纷纭；他不惧酷刑的故事常被反复称颂，尽管细节不尽相同。⑤

156. 著作

第欧根尼谈到了芝诺的"一些著作"，而索伊达斯则向我们提供了一些标题，后者可能通过米利都的赫西丘斯从亚历山大里亚的图书管理员那里获得的。⑥ 芝诺在《巴门尼德篇》中被柏拉图安排说道，自己最著名的作品完成于他的青年时代，它的问世却并非出于作者的意愿。⑦ 由于他被认为在对

311 话发生时已经四十岁了，这就意味着那部著作的成书时间一定早于公元前

---

① 柏拉图，《巴门尼德篇》127d（《希腊哲学史》111d）。普鲁塔克在《伯里克利》4（《希腊哲学史》130e）中确证了芝诺的雅典之行，在这段文本中我们被告知伯里克利"曾受教于"他和阿那克萨戈拉。这在《阿尔卡比亚德 I》119 a 中也被暗示，我们在这里被告知，伊索洛库斯之子皮托多洛斯和卡利亚德斯之子卡利亚斯各偿付他 100 迈纳，以求教导。

② 柏拉图，《智者篇》241d（《希腊哲学史》130a）。

③ 柏拉图，《巴门尼德篇》，见先前引文。

④ 斯特拉堡，vi. 第 252 页（《希腊哲学史》111c）。

⑤ 第欧根尼，ix.26, 27 以及《希腊哲学史》130c 提到的其他文本。在迪奥多罗斯著作第十卷给出的说明究其来源无疑是蒂迈欧。

⑥ 第欧根尼，ix.26（《希腊哲学史》130）；索伊达斯，参见该词条（《希腊哲学史》130d）。

⑦ 柏拉图，《巴门尼德篇》128d6（《希腊哲学史》130d）。

460 年，并且很可能在这之后他又完成了其他著作。① 如果他如索伊达斯所言确曾撰写过一部反对"爱智者们"的作品，那么它所针对的便必然是毕达哥拉斯学派，诚如我们所看到的，正是这些人用"爱智者"这一术语来称谓他们自己。②《论辩》（Ἔριδες）和《论自然》既可能是、也可能不是柏拉图在《巴门尼德篇》中描述的那部作品。

芝诺不太可能创作过对话作品，但亚里士多德的某些引文却被认为是在暗示他有过类似的著作。在《物理学》中，③ 我们了解到芝诺的一段论证——谷堆的任何一部分都能发出声响。辛普利丘通过援引一段芝诺和普罗泰戈拉的对话对此进行诠释。④ 如果我们的时间表是正确的，那么他们便很有可能确曾相见；但芝诺不太可能让自己成为他本人对话作品的主人公。那是一种较晚出现的写作方式。而在另一个地方，亚里士多德提到一段话，其中有"应答者与作为诘问者的芝诺"的表述，⑤ 这段引文最易于按照相同的方式理解。阿尔基达马斯似乎曾创作过一部以高尔吉亚为角色的对话作品，⑥ 人们也一定不断尝试用对话形式阐释芝诺的论证。

柏拉图为我们清楚地呈现了芝诺年轻时所写著作的结构。这部著作包含了不止一篇"论述"，这些论述被划分为若干章节，每一章节分别处理其　312

---

① 索伊达斯提供的最值得注意的标题是《对恩培多克勒的阐述》（Ἐξήγησις τῶν Ἐμπεδοκλέους）。当然芝诺并没有撰写一部恩培多克勒的评注，但第尔斯指出（《柏林科学院会议报告》1884，第 359 页）反驳哲人的论辩有时也被称作 ἐξηγήσεις。参见蓬图斯的赫拉克勒德斯的《对赫拉克利特的阐述》（Ἡρακλείτου ἐξηγήσεις），特别是他的《对德谟克利特的阐述》（Πρὸς τὸν Δημόκριτον ἐξηγήσεις）（第欧根尼，v.88）。

② 见前文，第 252 页，注释⑥。芝诺 πρὸς τοὺς φιλοσόφους [针对爱智者们] 的论战不太像是某个后代作家的安排，并且在亚历山大里亚人们给这部作品所起的标题必是由于其中包含有相应的内容。

③ 亚里士多德，《物理学》H，5.250a20（《希腊哲学史》131a）。

④ 辛普利丘，《物理学注》，第 1108 页，18（《希腊哲学史》131）。如果这正是亚里士多德的所指，那么将这段 κεγχρίτης λόγος [谷粒论证] 归给芝诺本人便并不确当。这部对话同样表明，芝诺到访雅典时正值一个能够与普罗泰戈拉进行对话的年纪，这和柏拉图就这一问题的描述完全一致。

⑤ 亚里士多德，《辩谬篇》170b22（《希腊哲学史》130b）。

⑥ 第五章，第 181 页，注释⑤。

论敌的某一个预设前提。① 芝诺关于一和多提出的一系列论证流传至今，这要归功于辛普利丘。② 那些和运动相关的论证通过亚里士多德被保存下来；③ 但他用自己的语言对它们进行了重新表述。

157. 辩证法

亚里士多德在他的《智者篇》④ 中将芝诺称作辩证法的发明者，无疑，这实质上是正确的，尽管该论证方法的开端至少和埃利亚学派的创建同属一个时代。关于芝诺著作的风格和写作目的，柏拉图借芝诺之口为我们提供了一个生动的说明：⑤

> 事实上，这部作品是对巴门尼德论证的某种巩固，针对那些试图奚落它的人——在后者看来，如果实在是一，那么这论证就将蕴含太多的荒诞和矛盾。这部作品反对那些支持"多"的人，并用同样好的，甚至更好的论证回应他们；它旨在表明，他们假设多会比假设单一牵涉更为可笑的事情，如果这种假设被充分考察的话。

芝诺的方法实际上是选取其论敌的一个基本预设，然后由此推导出两
313 个相互矛盾的结论。⑥ 这便是亚里士多德将其称作辩证法发明者的意思，所

---

① 柏拉图，《巴门尼德篇》127d。柏拉图谈到第一个 λόγος [论证] 所探讨的第一个 ὑπόθεσις [前提假设]，这表明整部著作确实被划分为不同的章节。普罗克鲁斯（在对这段话的评注中）宣称总共有四十段 λόγοι [λόγος 的复数形式，论证]。

② 辛普利丘在某处（第 140 页，30；《希腊哲学史》133）明确表示，他是在 κατὰ λέξιν [按照原话] 进行援引。我看不到任何质疑这一点的理由，因为学园中一定收藏有这部作品的抄本。在这种情况下，芝诺使用阿提卡方言这一事实便具有重大的意义。

③ 亚里士多德，《物理学》Z, 9.239b9 以下。

④ 参见第欧根尼，ix.25（《希腊哲学史》130）。

⑤ 柏拉图，《巴门尼德篇》128c（《希腊哲学史》130d）。如果哲学史家从柏拉图的这一审慎的表述出发，而不是亚里士多德相对随意的征引，那么他们便不会像在塔内里拨乱反正之前那样根本无法理解他的论证。

⑥ 柏拉图在《巴门尼德篇》中所使用的术语似乎可以追溯到芝诺本人。ὑπόθεσις 是对某个说法之真值的暂时假定，采用的形式是 εἰ πολλά ἐστι [如果多是（存在）] 或类似形式。这个词的意思并不是作为某物根据的假定，而是呈现在人们面前的关于某个说法的设定，该设定本身便是一个亟须解决的问题（伊奥尼亚方言中的 ὑποθέσθαι，阿提卡方言中的 προθέσθαι）。如果必然从 ὑπόθεσις 中得出的一系列结论（τά συμβαίνοντα）是不可能的，那么 ὑπόθεσις 也被一并"摧毁"（参见柏拉图，《理想国》533c8, τὰς ὑποθέσεις ἀναιροῦσα [通过摧毁这些假设]）。《论古代医学》(Περὶ ἀρχαίης ἰατρικῆς)（第一章）的作者在相近的意义上理解 ὑπόθεσις 这个词。

谓辩证法正是这种并非从正确的前提出发——而是从那些为对手所承认的诸前提出发——进行论辩的技艺。巴门尼德的理论带来了一系列同感觉明证相抵牾的结论，而芝诺的辩驳并不能为这一理论本身提供全新的证明，而是单纯表明反对者的观点将会导致一系列在本质上极为相似的矛盾。

158. 芝诺和毕达哥拉斯主义

柏拉图说芝诺的辩证法针对的是那些主张事物是"多"的巴门尼德的论敌们，这无疑是在暗示它主要针对的是毕达哥拉斯学派。[①] 的确，策勒认为芝诺着力反驳的只是那流行的认为事物是多的信念形式；[②] 但我们当然不能说一般人会笃信事物在这种特定的意义上是"多"。柏拉图告诉我们，芝诺论证所使用的前提是巴门尼德论敌的诸种信念，而引发了的诸种矛盾的假设是空间——因而物体同样地——由一定数量的彼此分离的点构成，这正是毕达哥拉斯学派的学说。我们从柏拉图那里了解到，芝诺的著作是他年轻时候的作品。[③] 这就意味着他一定是在意大利完成写作的，而在当时，在此地唯一能对巴门尼德观点进行批评的也便是毕达哥拉斯主义者了。[④]

如果我们接受柏拉图将他安排在一个相对通常所认为的更晚的时期，便会注意到芝诺在哲学史上的位置变得何等清晰。首先出场的是巴门尼德，而后是多元论者，再后则是芝诺的批评。无论如何，这似乎正是亚里士多德接受的历史演进的观点。[⑤]

159. 单元为何物?

芝诺的论辩首先明确针对一种关于单元的特定观念。欧德谟斯在他的《物理学》[⑥]中援引了芝诺的话说："如果有谁能告诉他什么是单元，他便能说明事物是什么。"由辛普利丘保存下来的亚历山大对这段话的评注十分恰切。

314

① 近来，塔内里（《希腊科学》，第249页以下）和博伊姆克（《质料的问题》，第60页以下）都提出了芝诺论证是针对毕达哥拉斯主义的观点。

② 策勒，第589页（英译本，第612页）。

③ 《巴门尼德篇》，见先前引文。

④ 有人认为是恩培多克勒。恩培多克勒确实与芝诺大约同岁（§98），并且他似乎对巴门尼德提出过批评（§106），但芝诺的论证并非特别适用于他的理论。相比之下阿那克萨戈拉更不可能。

⑤ 亚里士多德，《物理学》A，3.187a1（《希腊哲学史》134b）。参见下文，§173。

⑥ 辛普利丘，《物理学注》，第138页，32（《希腊哲学史》134a）。

"正如欧德谟斯所述，"他说，"巴门尼德的门徒芝诺试图表明，既然事物中没有单元，而多意味着一定数量的单元，那么事物就不可能是多。"① 我们看到，这里明确地提到了毕达哥拉斯学派的观点——万物都能被还原为若干单元的总和，这恰是芝诺竭力否认的。

160. 残篇

芝诺本人的残篇同样表明这正是他的论证思路。我依据第尔斯的编排将它们罗列出来。

(1)

如果是者没有大小，那么它甚至不会是……但是，如若它是，那么每一个必然都具有一定的大小和一定的厚薄，并且一定和另一个相距一定的距离。同样的论证也能够言说它前方的是者；因为它将同样具有大小，并且在它前方的也将是某物。② 只一次这么说和永远这么说是完全一样的；因为它没有任何一个部分将是最后一个这样的部分，也不会有一个事物不像另一个那样存在。③ 所以，如果事物是多，它们便必然既是小也是大，小得就像根本没有大小，大得就像是无限的。《希腊哲学史》134。

(2)

因为即便它被添加到任何其他东西上，它也不会使它变得更大，

---

① 辛普利丘，《物理学注》，第 99 页，13，ὡς γὰρ ἱστορεῖ, φησίν (Ἀλέξανδρος)，Εὔδημος，Ζήνων ὁ Παρμενίδου γνώριμος ἐπειρᾶτο δεικνύναι ὅτι μὴ οἷόν τε τὰ ὄντα πολλὰ εἶναι τῷ μηδὲν εἶναι ἐν τοῖς οὖσιν ἕν，τὰ δὲ πολλὰ πλῆθος εἶναι ἑνάδων（《希腊哲学史》134a）。这便是芝诺 ἀνήρει τὸ ἕν [取消一] 这个说法的意思，这个说法并非来自亚历山大（正如在《希腊哲学史》134a 中所暗示的），而至少可以被追溯到欧德谟斯的权威记载。它必须同 τὴν γὰρ στιγμὴν ὡς τὸ ἕν λέγει [因为他把点说成是一] 这句话联系着来理解（辛普利丘，《物理学注》，第 99 页，11）。

② 我之前翻译为"同样的论证同样能够言说那比它更小的东西，因为它也将具有大小，并且某物也将在微小而言超过它。"这是塔内里的翻译，但现在我赞成第尔斯认为 ἀπέχειν [移开] 指的是 μέγεθος [大小] 而 προέχειν [在……前方] 指的是 πάχος [厚薄]。芝诺是在表明，毕达哥拉斯学派的点一定是三维的。

③ 按照第尔斯和抄本的读法，读作 οὔτε ἕτερον πρὸς ἕτερον οὐκ ἔσται。贡珀茨的猜测（为《希腊哲学史》所接受）在我看来过于武断。

因为无物会由于添加了没有大小的东西而在大小方面有所增加，因此随即可以断定，那被添加的东西是无。① 但如果，当它被从另一个事物上去掉，那个东西并没有更小；而再如果，当它被添加到另一个事物之上，那东西也不增长，那么显然，被添加的东西是无，被去掉的东西也是无。《希腊哲学史》134。

（3）

如果事物是多，那么它们一定恰好是它们所是的那么多，既不多也不少。但如果它们是它们所是的那么多，那么它们就会在数量上是有限的。

如果事物是多，那么它们就会在数量上是无限的，因为在它们之间总有别的东西，而在这些之间又会有别的东西。这样事物就在数量上是无限的。《希腊哲学史》133。②

161. 单元

如果我们主张单元没有大小——这即是为亚里士多德所谓二分法论证所要求的③——那么一切便必定都无限小。因为由没有大小的单元构成的东西，它本身也不可能有任何大小。另一方面，如果我们坚持构成事物的单元是某物而不是无，那么我们便必须承认一切都无限大。线是无限可分的；依照这一观点，它将由无数的单元构成，每个单元都有一定大小。316

亚里士多德《形而上学》中一段颇具启发性的话④证实上述关于点的论证。我们在那里读到——

如果单元可分，那么根据芝诺的主张，它便是无。他说，那既不

---

① 策勒标记此处存在阙文。芝诺无疑已经表明去掉点不会使事物变小；但他可能在我们当前这段残篇之前已经说明了这一点。
② 这便是亚里士多德所谓的"二分法论证"（《物理学》A，3.187a2；《希腊哲学史》134b）。如果线由点构成，我们便应该能够回答这个问题，"在一条特定的线中有多少点？"另一方面，你永远能够将线或它的任意部分一分为二；于是，如果线由点构成，那么它们将永远比你所给出的任意数字还要多。
③ 见上一个注释。
④ 亚里士多德，《形而上学》B，4.1001b7。

能通过增添它而使任何东西变大，也不能通过去掉它而变小的东西，根本就不是一个实存的东西，因为显然，实存者一定具有大小。如果它是一个有大小的东西，那么它便是有形的，因为那存在于所有维度中的东西都是有形的。其他东西，例如面和线，如果按一种方式被添加，则会使事物增大，而按另一种被添加，它们将不会产生任何效果；但点和单元无论以何种方式都不能使事物更大。

似乎从所有这些中都无法得出任何其他的结论：芝诺所反对的"一"是那个用以构成"多"的数字"一"，这正是毕达哥拉斯学派的单元。

162. 空间

亚里士多德提到一段似乎直接针对毕达哥拉斯学派空间学说的论证，[①]而辛普利丘则用下面这种方式引述了这个论证：[②]

> 如果空间是，它便会是在某物之中，因为一切是者都在某物之中，而在某物之中的也在空间之中。于是空间将在空间之中，如此以至无穷，因此并没有空间。《希腊哲学史》135。

在这里，芝诺事实上反对的是将空间同占据空间的物体区别开来的企图。如果我们坚持物体一定要在空间之中，那么我们就必须进而追问空间自身在何者之中。这是对巴门尼德拒斥虚空的某种"强化"。或许有人曾论证说一切都必须在某物"之中"，或在它之外一定存有某物，藉此来反对巴门尼德那套有限球体之外别无他物的理论。

163. 运动

芝诺有关运动问题的论证被亚里士多德保存下来。巴门尼德的体系

---

① 亚里士多德，《物理学》Δ，1.209a23; 3.210b22（《希腊哲学史》135a）。

② 辛普利丘，《物理学注》，第 562 页，3（《希腊哲学史》135）。欧德谟斯的版本见辛普利丘，《物理学注》，第 563 页，26，ἀξιοῖ γὰρ πᾶν τὸ ὂν ποῦ εἶναι· εἰ δὲ ὁ τόπος τῶν ὄντων, ποῦ ἂν εἴη; οὐκοῦν ἐν ἄλλῳ τόπῳ κἀκεῖνος δὴ ἐν ἄλλῳ καὶ οὕτως εἰς τὸ πρόσω [因为所有是者都应该在某处；如果处所是某个是者，那么它会在何处? 一定不会在另外一个处所中，这样的话那里就会又在另一个处所中，并以此方式继续下去]。

排除了一切运动的可能性，而他的后继者们为了避免这一极端结果，被迫放弃了一元论的预设。芝诺并没有提出任何新的论证来证明运动是不可能的；他所做的一切皆是为了表明，诸如毕达哥拉斯学派的多元论理论和巴门尼德的理论一样，都无法对运动进行解释。从这个角度看，芝诺的论证绝不仅是诡辩，更在对量这一概念的理解上有了巨大的进步。其论证如下：

（1）你无法穿过跑道。① 你无法在有限的时间内穿过无数的点。在你穿过全部距离之前，你必须穿过任意某段距离的一半，而在你能穿过那段之前又要穿过它的一半。这将无限地继续下去，以致在任意特定空间中都有无数的点，而你却无法在有限的时间内一个接一个地经过无数的点。②

（2）阿基里斯将永远追不上龟。他必须首先到达龟的起点。那时龟将又会领先一点。于是阿基里斯必须再赶上那段距离，而龟将再一次领先。他将永远不断逼近，却永远无法赶上它。③

第二个论证的"前提"与第一个相同，即，线是一连串的点；但是这段推理由于引入了另外一个运动的物体而变得复杂。因此，它的差别不是每次减半，而是按某个固定的比例不断缩减。另外，第一个论证表明，基于这一假设，根本没有任何运动的物体能够通过丝毫距离，无论它多么迅疾；第二个论证则强调这样一个事实，无论它运动得多么缓慢，都将穿过无限的距离。④

318

---

① 亚里士多德，《论题篇》Θ，8.160b8，Ζήνωνος (λόγος)，ὅτι οὐκ ἐνδέχεται κινεῖσθαί οὐδὲ τὸ στάδιον διελθεῖν [芝诺（论证），即他既不相信运动，也不相信能够穿过体育场]。

② 亚里士多德，《物理学》Z，9，239b11（《希腊哲学史》136）。参见 Z，2.233a11；a21（《希腊哲学史》136a）。

③ 亚里士多德，《物理学》Z，9，239b14（《希腊哲学史》137）。

④ 正如茹尔丹所言（《心灵》，1916，第42页），"第一个论证表明运动永远无法开始；第二个论证表明较慢的运动和较快的运动一样快，"基于这样一个假设，即线能被无限地分割为作为其组成部分的点。

　　(3) 飞矢不动。因为，如果一切在占据与其自身等大的空间时是静止的，并且在任意特定时刻处于飞行状态中的东西总是占据与自身相等的空间，那么它便无法运动。①

　　此处问题变得更为复杂。运动的物体自身有了长度，它依次所处的位置不再是点而是线。前两个论证试图摧毁的假设是，线是由无数不可分者构成的；而这段论证以及接下来的论证处理的假设则是，线由一个有限②数目的不可分者构成。

　　(4) 一半的时间能与双倍的时间相等。让我们设想三行物体，③其中一行（A）静止，而另外两行（B 和 C）则按相同的速度朝相反的方向运动（图 1）。等到它们都位于跑道的相同位置时，B 所经过的 C 中物体的数量将是所经过 A 中物体数量的两倍（图 2）。

图1		图2
A　　● ● ●	A ● ● ●
B ● ● ● →	B ● ● ●
C ← ● ● ● ●	C ● ● ●

　　因此它用来经过 C 的时间是它经过 A 的时间的两倍。但 B 和 C 用以抵达 A 的位置的时间相同。因此双倍的时间与一半的时间

---

① 亚里士多德，《物理学》Z，9，239b30（《希腊哲学史》138）；同上，239b5（《希腊哲学史》138a）。后一段话有阙漏，尽管意思是清楚的。我翻译的是策勒的版本：εἰ γάρ, φησίν, ἠρεμεῖ πᾶν ὅταν ᾖ κατὰ τὸ ἴσον, ἔστι δ᾽ ἀεὶ τὸ φερόμενον ἐν τῷ νῦν κατὰ τὸ ἴσον, ἀκίνητον κ.τ.λ. 当然 ἀεί 的意思是"在任何时候"，而不是"永远"，κατὰ τὸ ἴσον 的字面意思是"在具有（和自身）等大空间的层面上"。关于其他读法，见策勒，第 598 页，注释 3；以及第尔斯，《前苏格拉底哲学家残篇》19A27。

② 见茹尔丹（见先前引用文本）。

③ 这个词是 ὄγκοι；参见第七章，第 264 页，注释④。毕达哥拉斯学派用此名称来称谓单元，而芝诺已经表明它具有长度、宽度和厚度（残篇 1）。

相等。①

在亚里士多德看来，这一悖论依据的前提是，以相同的速度运动经过相等的量，必然要耗费相等的时间。虽然确实如此，但我们不必认为该前提也为芝诺本人所接受。正如第二个论证与第一个论证相关，第四个论证事实上也和第三个论证相关。在第一个论证中只有唯一运动的点的基础上，被增加进来的阿基里斯成了第二个运动的点；在第三个论证中只有飞矢这一条运动线段的基础上，第四个论证还增加了第二条运动的线段。不过这些线段都代表着一连串的单元，正如毕达哥拉斯学派将它们描绘的那样；倘若线段确实是相互分离的单元的总和，类似的，时间是一连串彼此分离的时刻，那么除了每个单元所经过诸单元的数量之外，就真不可能有其他对运动的量度了。

与其他论证一样，第四个论证同样旨在通过假设一切量都相互分离，进而得出荒谬的结论，而芝诺的真正成果是，通过对其他前提进行归谬论证，确立了一个连续的量的概念。如果我们还记得巴门尼德曾断言一是连续的（残篇8，25），我们便会看到，柏拉图借苏格拉底之口对芝诺的方法所作的说明何其精准。

Ⅱ. 萨摩斯的麦里梭

164. 生平

普鲁塔克在他的《伯里克利传》中告诉我们，依照亚里士多德的权威记载，哲学家麦里梭——伊萨格奈斯之子——是萨摩斯的将军，他曾在公

---

① 亚里士多德，《物理学》Z，9，239b33（《希腊哲学史》139）。我不得已用我自己的方式将该论证呈现出来，因为没有任何一个权威材料曾将它完整地提供。图示实际上是亚历山大的（辛普利丘，《物理学注》，第1016页，14），但他用以表示ὄγκοι的是字母而不是点。结论被亚里士多德清楚地讲了出来（同上），συμβαίνειν οἴεται ἴσον εἶναι χρόνον τῷ διπλασίῳ τὸν ἥμισυν [他认为结论是，在时间上一半相等于两倍]，无论我们如何解释这个论证，它必须被呈现为能够得出如茹尔丹所说的这一结论（见先前引用文本），"物体以两倍速度运动。"

320　元前 441/0 年击败雅典舰队，① 这无疑正是阿波罗多洛斯将其盛年定在第 84 届奥林匹亚赛会（公元前 444—前 441 年）的原因。② 此外，我们对他的生平确实一无所知。相传，他和芝诺一样是巴门尼德的门徒；③ 但由于他是萨摩斯人，他便更有可能出身于伊奥尼亚学派，我们也将看到，他学说的某些特征便倾向于支持这种看法。另一方面，他无疑为埃利亚学派的辩证法所说服，并宣布放弃了伊奥尼亚学派学说中与之抵牾的部分。在这里，我们注意到了由东西方往来愈加便利所带来的影响，这是由雅典的霸权造成的。

165. 残篇

　　我们所掌握的残篇来自辛普利丘，这些残篇的文本除第一个之外皆由第尔斯提供。④

　　（1a）倘若无存在，那么何者能够像谓述实存之物一样谓述它？⑤

　　（1）曾是者永远曾是，并且永远将是。因为，如果它曾经被生成，
321　那么它必然在它被生成之前就已经是无；如果它曾是无，就绝不会有任何什么从无中产生。《希腊哲学史》142。

---

① 普鲁塔克，《伯里克利传》26（《希腊哲学史》141b），来自亚里士多德的《萨摩斯政制》（Σαμίων πολιτεία）。

② 第欧根尼，ix.24（《希腊哲学史》141）。当然，阿波罗多洛斯有可能是指这届奥林匹亚赛会的第一年而非第四年。那是他通常使用的年份，即图里建城的那一年。但总的来说他所指的更有可能是第四年，因为 ναυαρχία [指挥舰队] 的日期会被更准确地记录下来。见雅各比，第 270 页。

③ 第欧根尼，ix.24（《希腊哲学史》141）。

④ 我们已经没有必要去讨论曾被记载为残篇 1-5 的文本，正如帕布斯特所证明的那样，它们不过是对真正残篇的复述（《萨摩斯的麦里梭残篇》，波恩，1889）。近乎同时，我也独立地得出了同样的结论（见第一版，§138）。策勒和第尔斯都已经接受了帕布斯特的论证，而在最新一版的《希腊哲学史》中，这些所谓的残篇已经被降格到了注释部分。不过我仍然相信，被我标示为 1a 的残篇是真正的残篇，见下一个注释。

⑤ 这则残篇是一段长久以来被错误地当做一段对麦里梭原话的复述的开头（辛普利丘，《物理学注》，第 103 页，18；《希腊哲学史》142a），第尔斯将它连同这段话的其余部分一并移除。我相信它是一段真残篇，因为曾接触过原文的辛普利丘在援引它时说了这段话 ἄρχεται τοῦ συγγράμματος οὕτως [他著作的开头是这样的]，并且还因为它自始至终都带有埃利亚学派的特征。在释义之前先援引著作开篇的一段话，这是十分自然的。

（2）那么，既然它从未被生成，并且它现在是，过去始终是，也将永远是，那么它便没有始点或终点，而是没有界限的。因为，如果它曾被生成，那么它就会具有某个始点（因为它会在某个时候或其他时候开始生成）和某个终点（因为它会在某个时候或其他时候停止生成）；但如果它既不曾开始也未曾终结，并且它过去始终是，并将永远是，那么它便既没有始点也没有终点；因为如果不是全部是者，对任何事物来说都不可能永远是。《希腊哲学史》143。

（3）此外，正像它永远是的那样，因而它在大小上也必然永远是无限的。《希腊哲学史》143。

（4）但没有任何具有始点或终点的东西是永恒的和无限的。《希腊哲学史》143。

（5）倘若它不是一，它便会被其他某物束缚。《希腊哲学史》144a。

（6）因为如果它是（无限的），那么它就必然是一，因为倘若它是二，它就不可能是无限的，因为那样的话它们就会相互束缚。①《希腊哲学史》144。

（6a）（并且，既然它是一，它便处处相同，因为，倘若它不相同，它便是多而不是一。）②

（7）于是，它因而就是永恒的、无限的、单一的和处处相同的。而且它不会毁灭，也不会变得更大，也不会遭受苦痛和悲伤。因为，如果这些中的任意一种发生在它的身上，它便不再是一。因为倘若它改变的话，那么实存者便必然不是处处相同的了，而曾是者必然被毁灭，曾不是者必然被生成。确实，如果它在一万年里曾有丝毫改变，那么在整个时间中它将会被完全毁灭。

---

① 这个残篇为辛普利丘，《论天注》，第557页，16（《希腊哲学史》144）所援引。"无限"一词的插入可以通过对这句话的复述（《希腊哲学史》144a）以及《论麦利梭、克塞诺芬尼和高尔吉亚》974a11, πᾶν δὲ ἄπειρον ὂν <ἓν> εἶναι· εἰ γὰρ δύο ἢ πλείω εἴη, πέρατ' ἂν εἶναι ταῦτα πρὸς ἄλληλα [而作为全体和无限的，它是<一>，因为如果是二或更多，那么它们便会相互限制] 而被确证。
② 我大胆地插入这段话，尽管它本身在任何地方都未被援引，也没有出现在第尔斯的书中。而在转述（《希腊哲学史》145a）和《论麦利梭、克塞诺芬尼和高尔吉亚》974a13（《希腊哲学史》144a）中则有这段话。

此外，它的秩序同样不可能被改变，因为它先前具有的秩序不会被毁灭，先前没有的也不会被生成。但是，既然没有什么被增添到它上面，也没有什么被毁灭抑或被改变，怎么可能有任何实存的东西改变了自己的秩序呢？因为倘若任何东西变得不同，那就相当于它的秩序发生了改变。

它也不会遭受痛苦，因为不可能全部都是遭受痛苦的事物。因为遭受痛苦的东西不能永远都是，它也不像整体那样具有同样的能力。如果它遭受痛苦的话，它也不会是同样的；因为只有因某物的增添或去除，它才会感到痛苦，于是它将不再会是同样的。整全的东西也不会感到痛苦，因为那样的话，整全的东西和实存的东西就会被毁灭，而不曾是者的将会被生成。并且关于痛苦的论证也适用同样于悲伤。

也没有任何事物是空无的。因为空无的东西是无。无不能存在。

它也不运动，因为它不能向任何地方移动，而是充实的。因为如果在任何一处存在虚空，它就会向虚空中移动。但是，既然没有任何一处是虚空，它便没有任何使自己移动到的地方。

它也不能是稠密的和稀疏的，因为稀疏者不可能和致密者一样充实，而是稀疏者已经比稠密者有更多的虚空。

这便是我们必须用以将充实者和不充实者区分开来的方法。倘若某物具有留给任何其他事物的空间，并将它接受进来，它便不是充实的；但如果它没有留给任何事物的空间，也不会将它接受进来，它便是充实的。

所以它必然是充实的，如果没有任何一处是虚空的，并且如果它是充实的，它便不运动。《希腊哲学史》145。

(8) 于是，这一论证便是对它仅仅是一的最为有力的证明；然而，接下来的同样也是关于它的证明。倘若多存在，它们应当正像我说一存在那样存在。因为如果有土、水、气、铁、黄金和火，而且有的是活的，有的是死的，以及如果事物是黑的、白的和所有人们宣称它们真实所是的那样，——如果那便是如此，并且我们正确地看到和听到，那么这些中的每一个就应当如我们最初判断的那样，既不会变化也不会成为别样，而是每一个都必定正像它所是的那样。但实际上我们说我们正确地看到、听到和理解了，可是我们相信热的变成冷的，冷的变成热的；硬的变成软的，软的变成硬的；活的死了，又从不活的当中孕育而生；所有这些都在被改变，它们曾是的和它们现在所是的截然不同。我们认为坚硬的铁由于和手指接触而被磨损；[①] 同样的还有黄金、石头和其他一切看似坚硬的东西，并且土和石头从水中生成；这样结果是，我们既没有看到也没有认识到诸般实在。而这些东西并非相互一致。我们曾说有许多永恒的、具有各自形式和力量的东西，我们还认为它们全都经历着改变，并且它们从我们每次看到的样子而变化。于是显然，我们终究未曾正确地看，我们所相信的所有这些东西是多也并非正确。如果它们实存，它们便不会变化，每个事物都会恰如我们相信它所是的那样，因为没有什么比真正的实存更强大。但如果它发生了变化，曾是者就被毁灭，而不曾是者就被生成了。因此，这样，如果存在众多事物，它们便必然恰好具有和一相同的本性。《希腊哲学史》147。

323

（9）倘若它是，它就必然是一；但如果它是一，它便不会具有形体，因为，倘若它有形体，它就会有部分，继而不再是一了。《希腊哲学史》146。[②]

（10）如果实存者被分割，它便运动；但如果它运动，它就无法存在。《希腊哲学史》144a。[③]

166. 关于实在的理论

我们已经指出，麦里梭最初可能并不是埃利亚学派的成员；但除了唯一一个值得注意的例外，他无疑接受了巴门尼德关于实在之真实本性的全部观点。他似乎用巴门尼德"无不存在"的论断作为其著作的开篇（残篇1a）[译者按：参见巴门尼德残篇6]，而他借以支持这一观点的也是那

---

① 和贝克一样，读作 ὁμουρέων。第尔斯保留了抄本中的 ὁμοῦ ῥεων；策勒（第613页，注释1）推测是 ὑπ' ἰοῦ ῥέων。

② 我依照 EF 将 D 中的 εἰ μὲν ὂν εἴη 读作 εἰ μὲν οὖν εἴη。仍被《希腊哲学史》所采用的 ἐὸν 是这部著作编辑者自己的观点。而今第尔斯同样读作 οὖν。

③ 第尔斯现在按照 E 将 F 的 ἅμα 读作 ἀλλὰ，并将这个词放在下一句话中。

些我们早已十分熟悉的论证（残篇 1）。麦里梭和巴门尼德一样认为实在是永恒的，但他用自己的方式将这一点表述出来。他论证说，既然一切已经生成的东西都具有始点和终点，那么一切不曾生成的东西便没有始点或终点。因为这个对全称肯定命题的简单转换，亚里士多德对他进行了严厉的批评；① 但他的信念当然并非建筑在这之上。他对实在的全部理解使他不可避免地认为它是永恒的。② 亚里士多德相信麦里梭曾推断说——他也似乎确曾主张——是者在空间上必定是无限的，因为它在时间上既无始点又无终点。如果亚里士多德在这一方面是对的，那么这将是更需要被重视的。③ 然而，就像我们容许亚里士多德用这种方式对该残篇进行诠释一样（残篇 2），我们完全有权提出我们自己对它的理解，并且我看不到任何证据能够表明其中"没有界限"这句话——如亚里士多德所假设的那样——指的是在空间中没有界限。④

167. 实在在空间上无限

麦里梭确实因主张实在在空间和时间上无限而与巴门尼德不同；但他为此提出了绝妙的理由，而无须用这样一个不同寻常的论证来为这个信念提供依据。他的说法是，倘若实在是有限的，就会为空无一物的空

---

① 亚里士多德，《物理学》A，3.186a7（《希腊哲学史》143a）。这个错误的转换在《辩谬篇》168b35（《希腊哲学史》同上）也被提到。同样参见欧德谟斯，载于辛普利丘，《物理学注》，第 105 页，24，οὐ γάρ，εἰ τὸ γενόμενον ἀρχὴν ἔχει，τὸ μὴ γενόμενον ἀρχὴν οὐκ ἔχει，μᾶλλον δὲ τὸ μὴ ἔχον ἀρχὴν οὐκ ἐγένετο [因为并不是如果生成有开端，非生成者就没有开端，而是没有开端的就不被生成]。

② 它的真正原因由辛普利丘的转述给出，参见《物理学注》，第 103 页，21（《希腊哲学史》142a），συγχωρεῖται γὰρ καὶ τοῦτο ὑπὸ τῶν φυσικῶν [因为这同样为自然哲学家们所认同]，尽管麦里梭本人并没有用这种方式进行表述。他将自己视作一名 φυσικός [自然哲人]，和其他自然哲人一样；但自亚里士多德的时代以降，通常不将埃利亚学派视作 φυσικοί [自然哲人，φυσικός 的复数形式]，因为他们否认运动。

③ 尤其参见《辩谬篇》168b39，ὡς ἄμφω ταῦτα ὄντα τῷ ἀρχὴν ἔχειν，τότε γεγονὸς καὶ τὸ πεπαρασμένον [因为被生成和有界限这两者都具有始点]。同样的观点也在 167b13 和 181a27 被提出。

④ ἀλλ᾽ ἄπειρόν ἐστι 这句话的意思只是"但它是没有界限的"，并且这是对它既没有始点也没有终点这一说法的简单重复。该界限的本性只能通过语境来确定，并且因此，在麦里梭真地引入空间的无限性这一主题时，他谨慎地表述为 τὸ μέγεθος ἄπειρον [大小上的无限]（残篇 3）。

间所限制。这是我们从亚里士多德本人那里了解到的,[①] 它标志着对巴门尼德学说的真正发展。巴门尼德曾认为实在能够被看做是一个有限的球体,但对他来说,周详地考虑这一观点的各种细节将变得极为困难。他势必会说在球体之外是无;但没有人比他更清楚地知道,根本就没有"无"这种东西。麦里梭注意到,对于一个有限的球体,如果不认为它被无限的、空无一物的空间所包围,你就根本无法想象它的存在;[②] 并且,由于他像学派中其他人那样否认虚空(残篇 7),他便被迫主张实存在空间上是无限的(残篇 3)。在这方面,他可能受到了他在伊奥尼亚学派同侪的影响。

从实存的无限性出发,会得出它必定是一的结论,因为,倘若它不是一,它就会为其他某物所束缚(残篇 5)。并且,作为一,它必定是完全同质的(残篇 6a),因为那才是我们所谓的一。于是,实在是单一的、同质的、有形的充实,在空间中无限地延展开来,在时间上,无论是向前还是向后延伸也都是无限的。

168. 驳伊奥尼亚学派

埃利亚学派一直是具有批评性的。关于麦里梭对同时代诸种体系的看法,我们并非一无所知。他认为,伊奥尼亚学派各种理论的缺陷在于,它们无不假定"一"在某种程度上缺乏同质性,这是真正的自相矛盾。此外,它们全都承认变化的可能;但是,如果万物是一,那么变化必然是一种生成和毁灭。如果承认某物能够变化,便无法坚持认为它是永恒的。对实在各个部分的安排同样无法改变,例如阿那克西曼德便曾如此主张;任何这样的变化都必然伴随着生成和毁灭。

麦里梭接下来阐明的是个多少有些不同寻常的观点。他说,实在无法感受悲伤或苦痛,因为那总是由于某物的增添或去除,而这是不可能的。要确定这段话的所指并不容易。这或许是在回应阿那克萨戈拉用来解释感觉的

325

---

① 亚里士多德,《论生成和毁灭》A,8.325 a 14,ἓν καὶ ἀκίνητον τὸ πᾶν εἶναί φασι καὶ ἄπειρον ἔνιοι· τὸ γὰρ πέρας περαίνειν ἂν πρὸς τὸ κενόν [他们说整全是一和不动的,有些人还说是无限的,因为界限将会毗邻虚空]。策勒表明这段话指的是麦里梭(第 612 页,注释 2)。

② 注意芝诺的不同意见(§162)。

326　理论。①

　　一般的运动，②特别是疏散和凝聚，都是不可能的，因为二者都暗示有真空的存在。出于同样的原因，可分性也被认为是不可能的。这些论证与巴门尼德曾采用的论证如出一辙。

　　169. 驳毕达哥拉斯学派

　　在近乎所有对麦里梭哲学体系的解释中，我们都看到他否认了实存者的物质性——这个观点在残篇 9 中得到了支持，辛普利丘之所以援引这一残篇正是为了证明这一点。③然而，如果我们关于早期希腊哲学特征的一般看法是正确的，那么这个说法看上去必然难以置信。并且，当我们看到亚里士多德的说法时——他在《形而上学》中宣称，尽管巴门尼德的"一"看上去是观念性的，麦里梭的"一"却是物质的④——我们甚至会更为惊异。但正如残篇 9 在辛普利丘的抄本中所呈现的那样，⑤它被表述为一个纯粹的假言命题，并且会被最自然地理解成一个基于特定前提——倘若它存在，它将必然既是物质的又是一——对某物之存在的反驳。这里所指的不可能是那个为麦里梭所笃信的埃利亚学派的"一"；并且，由于该论

----

① 参见第 249 页。阿那克萨戈拉显然充分利用了痛觉（πόνος），相较于其遗存著作所呈现的样子，他的学说——被概括为 ἀεὶ πονεῖ τὸ ζῷον [生物一直在遭受]（亚里士多德，《尼各马可伦理学》H，15.1154b7）——很可能具有更为广泛的运用。亚里士多德（《论天》B，1.284a15）强调 οὐρανός [天] 是 ἄπονος [无劳的]。

② 博伊姆克认为麦里梭承认 ἀντιπερίστασις 或全体运动（《古典语文学年鉴》，1886，第 541 页；《质料的问题》，第 59 页），这一观点所依据的是辛普利丘的这句话（《物理学注》，第 104 页，13），οὐχ ὅτι μὴ δυνατὸν διὰ πλήρους κινεῖσθαι，ὡς ἐπὶ τῶν σωμάτων λέγομεν κτλ [并不是因为它无法运动穿过充盈之物，正如我们关于这些物体所说的，等等]。这段话被改写为伊奥尼亚方言，并作为麦里梭的残篇而流传。不过它们是辛普利丘自己用来反驳亚历山大的论证，和麦里梭没有任何关系。

③ 然而，参见博伊姆克，《质料的问题》，第 57 页以下，他评论说残篇 9 中的 ἐόν（或 ὄν）必然是谓词，因为它没有冠词。策勒在其著作的第五版中（第 611 页，注释 2）接受了此处所采用的观点。他正确地看到陈述它的假言形式 εἰ μὲν ὂν εἴη [如果它是一]，并且 εἴη 的主词必然是 ἕκαστον τῶν πολλῶν [多中的每一个]，就像芝诺所认为的那样。

④ 《形而上学》A，5.986b18（《希腊哲学史》101）。

⑤ 布兰迪斯将 εἴη 改为 ἔστι，但并没有正当理由进行这一改动。

证在表述上与芝诺的一个论证近乎相同，① 我们便很自然地认为它同样是针对毕达哥拉斯学派而提出的反对意见，反对他们关于存在有基础性的单元的假设。对此，唯一一个可能的反驳是，曾两次援引这则残篇的辛普利丘当然是按照通常对该残篇的解读来理解这段残篇的。② 但他会犯这个错误并不奇怪。"一"这个词在公元前五世纪中叶具有双重含义：它既指实在整体，又指作为一个占据一定空间的单元。为了坚持它的第一层含义，埃利亚学派便不得不通过论证反驳其第二层含义；因此，他们有时看上去确实是在谈论自己所主张的"一"，而实际上指的却是另外一种。我们已经看到，芝诺在否认作为点的"一"的时候已经感受到了完全相同的困难。③

170. 驳阿那克萨戈拉

麦里梭最引人注目的残篇大概是最后一则（残篇 8）了。这看上去是在直接反对阿那克萨戈拉；至少在措辞上，相较于其他任何人都更适用于他。阿那克萨戈拉承认（§137 最后），单就我们的各种感觉而言，他的理论与之并不一致，尽管他认为这单纯是由于这些感觉本身的不足。麦里梭对此加以利用，他竭力主张，如果我们放弃将感觉作为对实在的检验标准，便无权再去拒绝埃利亚学派的学说了。他极具洞察力地指出，如果我们准备像阿那克萨戈拉那样主张事物是多，便不得不同样主张它们中的每一个都将如埃利亚学派所断言的"一"那样存在。换言之，原子论是唯一自洽的多元论学说。

由于亚里士多德的批评，麦里梭长久以来一直被过度贬低；但正如我们所看到的，这些批评主要基于对他在论证开始阶段所做错误转换的某种迂腐的辩驳。麦里梭对转换的规则一无所知；但他却可以在不改变体系的前提下轻而易举地使其论证具备正确的形式。麦里梭是极其重要的，这不仅在于他是真正将埃利亚主义体系化的人，还在于他同样能够先于多元论者看到那唯

---

① 参见芝诺，残篇 1，尤其是这段话 εἰ δὲ ἔστιν, ἀνάγκη ἕκαστον μέγεθός τι ἔχειν καὶ πάχος [而如果它是，每个都必然具有某种大小和厚度]。

② 辛普利丘，《物理学注》，第 87 页，6，以及第 110 页，1。

③ 见上文，§159，第 286 页，注释①。

328　一的方法，据此能够自洽地提出一套主张事物是多的理论。^① 希波克拉底的
　　　外甥波利波斯批评那些宣称只存在一种首要实体的"智者"们"恢复了麦里
329　梭的学说"，^② 这一点十分重要。

---

①　博伊姆克，同上，第 58 页，注释 3："认为麦里梭无足轻重的观点只不过是流传在那个
　　重复亚里士多德牙慧的人们当中一个约定的谎言（a *fable convenue*）。亚里士多德并未能
　　从整体上理解埃利亚学派，他尤其严重地误解了麦里梭。"

②　《论人的本性》（Περὶ φύσιος ἀνθρώπου），第一章，ἀλλ' ἔμοιγε δοκέουσιν οἱ τοιοῦτοι ἄνθρωποι
　　αὐτοὶ ἑωυτοὺς καταβάλλειν ἐν τοῖσιν ὀνόμασι τῶν λόγων αὐτῶν ὑπὸ ἀσυνεσίης, τὸν δὲ
　　Μελίσσου λόγον ὀρθοῦν [但在我看来，这些人由于缺乏理解，在特定的讨论中推翻了他们
　　自己，并确立了麦里梭的学说]。这个比喻取自摔跤，在当时十分流行（参见普罗泰戈拉
　　的 καταβάλλοντες）。相比于亚里士多德，柏拉图暗示了对麦里梭一种更为慷慨的欣赏。在
　　《泰阿泰德篇》180e2 中，他将埃利亚学派称作 Μέλισσοί τε καὶ Παρμενίδαι [麦里梭主义者
　　和巴门尼德主义者]，而在 183e4，他几乎是在为赋予巴门尼德崇高地位而道歉。

第九章

米利都的留基波

171. 留基波与德谟克利特

我们已经看到（§§31,122），米利都学派并没有终止于阿那克西美尼，并且令人惊异的是，这个对泰勒斯率先提出的问题给出最全面回答的人同样来自米利都。[①] 诚然，是否确有留基波其人一直遭受质疑。相传，伊壁鸠鲁便曾矢口否认存在过这样一位哲学家，即便近来类似的观点仍不乏支持者。[②] 然而，亚里士多德和塞奥弗拉斯特言之凿凿地将他确定为原子论

[①] 塞奥弗拉斯特说他是埃利亚或米利都人（《希腊哲学史》185），而第欧根尼（ix.30）则宣称他是埃利亚人，或按某些人的说法是阿布德拉人。这些说法和我们已经提到的关于毕达哥拉斯学派发源地的各种说法一样，众说纷纭（第七章，第283页，注释1）。第欧根尼补充说，根据其他人的说法，留基波来自米洛斯岛，这是个常见的混淆。埃修斯（i.7.1）便说米洛斯的迪亚戈拉斯是一个米利都人（参见《希腊学述》，第14页）。有些人称德谟克利特来自米利都（第欧根尼，ix.34；《希腊哲学史》186），由于相同的原因，留基波被认为是埃利亚人。我们可以将这个问题同另一个疑问进行比较，即希罗多德究竟曾说自己是哈利卡那索斯人，还是图里人。

[②] 第欧根尼，x.13（《希腊哲学史》185b），ἀλλ' οὐδὲ Λεύκιππόν τινα γεγενῆσθαί φησι φιλόσοφον οὔτε αὐτὸς（sc.Ἐπίκουρος）οὔτε Ἕμαρχος [但无论是他（即伊壁鸠鲁）还是赫尔马库斯都说没有过一位哲学家留基波]。这使罗德坚持认为从未有过留基波这个人（《短篇》i.205），但这对伊壁鸠鲁主义的俏皮话给予了过度的重视。我认为伊壁鸠鲁说过类似 Λεύκιππον οὐδ' εἰ γέγονεν οἶδα [我完全无视留基波] 的话，这或许是希腊语中用来表达 "我（有意地）无视他""我拒绝谈论他" 的惯用语（参见，例如德摩斯梯尼《论王冠》§70，Σέρριον δὲ καὶ Δορίσκον καὶ τὴν Πεπαρήθου πόρθησιν ... οὐδ' εἰ γέγονεν οἶδα [塞里乌姆、多瑞斯库斯以及对皮帕瑞图斯的洗劫……我完全无视他们]。）那正像是伊壁鸠鲁的所为。

的鼻祖，他们几乎不可能在这一点上出错。亚里士多德对德谟克利特有特别的兴趣，他的故乡斯塔基拉距离原子论学派的所在地阿布德拉也并不

330 遥远。

这个问题与德谟克利特的生平密切相关。德谟克利特曾宣称自己在阿那克萨戈拉垂垂老矣时还是一个青年。按照这种说法，他便不太可能在公元前 420 年——阿波罗多洛斯将这一年确定为他的盛年——之前于阿布德拉创建自己的学派。[①] 塞奥弗拉斯特声称阿波罗尼亚的第欧根尼曾借用过阿那克萨戈拉和留基波的一些观点，[②] 这意味着他的作品中一定保留有原子论的印迹。此外，第欧根尼在阿里斯托芬于公元前 423 年创作的喜剧《云》中被夸张地模仿，因而留基波的作品一定在此之前便已为人所知。塞奥弗拉斯特甚至告诉了我们那部作品的名字，即通常被归在德谟克利特名下的《大宇宙系统》。[③] 这还意味着，后来那些被认为是由德谟克利特撰写的作品实际上是阿布德拉学派的著作，而其中当然也包括其创始人的作品。它们事实上共同构成了一个文集，就像那个以希波克拉底的名字命名并流传至今的文集一样，我们已经根本无法对这些论文的作者进行甄别了。

塞奥弗拉斯特发现，留基波在一些权威记载中被描述为埃利亚人，并

---

① 第欧根尼，ix.41（《希腊哲学史》187）。正如第尔斯所言，这个说法暗示阿那克萨戈拉在德谟克利特开始写作的时期去世。同样可能的是，阿波罗多洛斯正因此将他的盛年定在了阿那克萨戈拉盛年之后的第四十年上（雅各比，第 290 页）。我们并不能过分重视德谟克利特关于他在特洛伊城陷落的 750 年后写作了 Μικρὸς διάκοσμος [小宇宙系统] 这个说法，因为我们并不能确定他使用的是何种历史纪元。

② 塞奥弗拉斯特，载于辛普利丘，《物理学注》，第 25 页，1（《希腊哲学史》206a）。

③ 这被德拉西卢记录下来。他按照自己整理柏拉图著作的方式，将德谟克利特的著作整理为若干四联剧。他所提供的《四联剧》iii. 为：（1）《大宇宙系统》（被塞奥弗拉斯特学派归给留基波）[Μέγας διάκοσμος（ὃν οἱ περὶ Θεόφραστον Λευκίππου φασὶν εἶναι)]；（2）《小宇宙系统》（Μικρὸς διάκοσμος）；（3）《宇宙图像》（Κοσμογραφίη）；（4）《论行星》（Περὶ τῶν πλανήτων）。两部《宇宙系统》在被收入进同一部文集中时只通过 μέγας [大] 和 μικρός [小] 得到区分。一段来自留基波《论心灵》（Περὶ νοῦ）的摘录被保存在斯托拜乌斯，i.160 之中。《论麦里梭、克塞诺芬尼和高尔吉亚》980a8 的这个短语 ἐν τοῖς Λευκίππου καλουμένοις λόγοις [在据说是留基波的著作中] 似乎是指亚里士多德，《论生成和毁灭》A，8.325a24，Λεύκιππος δ' ἔχειν ᾠήθη λόγους κτλ. [而留基波认为他有论证等等]。参见第二章，第 114 页，注释①。

且如果我们接受类比法，这便意味着他早已在埃利亚定居。① 他移居此地可能与发生在公元前 450 年至前 449 年的米利都革命有关。② 不管怎样，塞奥弗拉斯特明确表示留基波曾是巴门尼德学派的成员，并暗示该学派的创始人当时依旧健在。③ 如果我们接受柏拉图的时间表，他便确乎如此。④ 塞奥弗拉斯特似乎还说到留基波曾"受教"于芝诺。这是十分可信的。我们将会看到，他的思想无疑受到了芝诺的影响。⑤

留基波同恩培多克勒、阿那克萨戈拉的关系更不容易被确定。这些人体系中原子论的痕迹已成为支持留基波在历史上确有其人的部分证据；但是即使没有这一假定，支持其存在的理由也已足够充分了。人们主要通过"孔道"学说来推断，认为留基波曾对恩培多克勒的思想产生影响；但我们已经看到该学说起源于阿尔克迈翁，因而留基波更有可能是从恩培多克勒那里将其接受过来的。⑥ 同样，阿那克萨戈拉根本不可能了解留基波的任何理论。他确曾否认过虚空的存在；但这并不意味着此前已经有人在原子论者的意义上主张过这一学说。早期的毕达哥拉斯学派也曾谈到虚空，尽管他们把它和大气混为一谈；而且，如果不是被用来直接反对毕达哥拉斯派理论的话，阿那克萨戈拉所进行的水钟以及膨胀皮囊的实验将没有任何意义。⑦ 倘

若阿那克萨戈拉真的是为了反驳留基波，那么他便会构建一套完全不同的论证。

---

① 见前文 301 页，注释①。

② 参见 [克塞诺芬尼]《雅典政制》3，11。时间由《阿提卡碑铭文集》i.22 a 确定。

③ 塞奥弗拉斯特，载于辛普利丘，《物理学注》第 28 页，4（《希腊哲学史》185）。注意 κοινωνήσας Παρμενίδη τῆς φιλοσοφίας [在通过巴门尼德接受了他的部分哲学之后] 和 κοινωνήσας τῆς Ἀναξιμένους φιλοσοφίας [在接受了阿那克西美尼的部分哲学之后] 的区别，后者为塞奥弗拉斯特谈论阿那克萨戈拉用的短语。短语中的与格似乎暗示了某种人物关系。例如，贡珀茨在《希腊思想家》第一卷，第 345 页将其理解为"熟悉巴门尼德的学说"，这是十分不可接受的。

④ 见 §84。

⑤ 参见第欧根尼，ix.30，οὗτος ἤκουσε Ζήνωνος [他曾受教于芝诺]（《希腊哲学史》185b）；以及希波吕特，《对各种异端的反驳》i.12，1，Λεύκιππος ... Ζήνωνος ἑταῖρος [留基波……是芝诺的伙伴]。

⑥ 见前文，第五章，第 176 页，注释④。

⑦ 见前文，第六章，§131；以及第七章，§145。

172. 塞奥弗拉斯特关于原子论的讨论

关于留基波，塞奥弗拉斯特在其《自然哲学观点》的第一卷中这样写道：

> 埃利亚或米利都的留基波（因为存在着两种关于他的说明）与巴门尼德一起从事哲学。然而，他在解释事物时并没有沿着与巴门尼德和克塞诺芬尼相同的路径，而显然是完全相反（《希腊哲学史》185）。他们认为整全是一，是不动的、不被生成的、有限的，并且甚至不允许我们去探寻**非是者**；他则假定了无数永恒运动的元素，即原子。并且他认为它们的形式在数量上是无限的，因为它们没有任何理由应该是这一种而非另一种，还因为他看到在事物中有永不停息的生成和变化。此外，他认为**是者**并不比**非是者**更是实在，并且二者同是生成之物的原因：因为他主张原子的本质是致密且充实的，他将它们称作**是者**，同时将它们在其中运动的虚空称作**非是者**，却断言它和**是者**一样实在。（《希腊哲学史》194）。

173. 留基波和埃利亚学派

我们将会看到，塞奥弗拉斯特虽然注意到了留基波与埃利亚学派的紧密联系，却还指出他的理论乍看上去与巴门尼德的主张截然相反。[1] 这一观点使一些学者彻底否认留基波的理论具有埃利亚学派的特征；但他们的这种否认事实上是基于这样一种观念，即巴门尼德的体系是"形而上学的"，并且他们极不愿意承认一个像原子理论这样科学的假说竟有一个"形而上学的"起源。这仅仅是一种偏见，我们一定不要认为塞奥弗拉斯特本人相信这两个理论如它们看上去的那样相去甚远。[2] 由于这确实是早期希腊哲学史上至关

333

---

[1] 短语 ὡς δοκεῖ 并不意味着作者赞同由这个短语引出的观点；该短语的确经常被用来引出那些并不为作者接受的看法。因此，贡珀茨在《希腊思想家》第一卷，第 345 页将它翻译为"在我看来"是最具误导性的，布里格认为（《赫尔墨斯》xxxvi，第 165 页）塞奥弗拉斯特并不赞成我们即将下文中援引的亚里士多德的观点，这个说法是没有任何依据的。

[2] 这种偏见明显贯穿在贡珀茨的《希腊思想家》中，这种偏见则严重损害了这部虽然有点天马行空却也引人入胜的作品的价值。有趣的是，布里格从相同的观点出发，将那种认为阿那克萨戈拉是最后一位前苏格拉底哲学家的通常看法当做是神学偏见的结果（《赫尔墨斯》，xxxvi. 第 185 页）。

重要的一点，并且因为它——在被正确理解的情况下——还构成了整个发展
过程的关键一环，因而我们有必要将亚里士多德的一段话①抄录下来，在这
段话中，亚里士多德充分地阐明了上述两个理论的历史关联。

　　留基波和德谟克利特几乎采用了相同的方法、基于相同的理论对
万物作出判断，他们都将按其本性首先要考虑的事物作为出发点。古
代一些人曾认为，实在必然是一，且是不动的，他们说，因为虚空并
非实在，没有了与质料分离的真空，运动也就不再可能；再者，如果没
有什么使事物离散，实存也就不会是多。如果有人认为整全不是连续
的而是离散的，它的各个部分相互接触（**毕达哥拉斯派的观点**），而不
是主张实存是多而非一、并且存在真空，那么这也没有任何区别。因
为，倘若在每一点上都是可分的，便没有了一，因此也就没有了多，
而整体也便是空无（**芝诺**）；但如果我们说在此处是可分的，而在彼处
却不可，那么这就像是一个任意的虚构，因为，整体的部分将在多大
程度上、出于何种原因能处于这种状态并保持完整，而其余的却是可
分的呢？再者，出于相同的原因，他们进一步主张不可能有运动。于
是，基于这些理由，他们越过感觉，在我们应当遵从论证的这个信念
中将其忽视，主张整全是一和不动的（**巴门尼德**），他们中的有些人还
主张整全是无限的（**麦里梭**），因为任何界限都将被真空所束缚。于是，
这便是他们所表达的关于真理的意见，而这些则是使他们如此主张的
理由。但就这些论证来看，似乎的确能够得出这个结论；但是，如果我
们诉诸事实，那么相信这种观点便胜似疯癫。没有任何一个疯癫者会
疯癫到基于他的感觉认为火和冰对他来说是同一个东西的程度；疯癫
只会让某些人无法看到正确的事物与那些因习惯而显得正确的事物的
不同。

　　然而，留基波认为他有一套与感觉一致的理论，既不取消生成和
毁灭，也不取消运动，也不取消事物的多样性。他根据感觉经验承认
这一点，但在另一方面又认同那些虚构一的人，承认没有虚空就不可

334

---

①　亚里士多德，《论生成和毁灭》A，8.324b35（《希腊哲学史》193）。

能有运动，而虚空并不实存，没有任何实存者并不实存。"因为"，他说，"严格来说实存者是绝对的**充实**；但这**充实**不只一个。相反，它们在数量上是无限的，并且由于它们体积的微小而是不可见的。它们在虚空中运动（因为虚空存在）；通过聚集造成生成；通过分离造成毁灭。"

这段话中虽没有出现芝诺和麦里梭的名字，却无疑提到了他们。芝诺用以反驳毕达哥拉斯学派的论证被清楚地给出；麦里梭则是唯一一个主张实在无限的埃利亚学派哲学家，这一点也被明确地提到。于是，根据亚里士多德的这段话，我们有理由对原子论的出现以及它同埃利亚学派的关系做如下解释。芝诺已经表明，所有已知的多元论体系——特别是毕达哥拉斯主义——都在他提出的那些关于无限可分性的论证面前无法成立。麦里梭曾使用相同的论证反对阿那克萨戈拉，并采用归谬法补充说，如果存在多，那么它们中的每一个都必然像埃利亚学派所主张的"一"那样存在。对此，留基波回应道，"为什么不是这样呢？"他通过设定可分性的界限，承认了芝诺论证的效力，也由此得到了"原子"［译者按："原子"（ἄτομος）在希腊文中即意为"不可分者"］。他将埃利亚学派主张的"一"所具有的全部谓词都归给了每一个"原子"，因为巴门尼德已经表明，如果它是，便必然以某种方式具有这些谓词。在亚里士多德《物理学》中的一段话中也暗示了相同的观点。① 在那里我们读到，"一些人屈服于这两个论证。他们通过断言
335 非是者实在，屈服于第一个论证，即，如果是这个词只在一种意义上被使用（巴门尼德），那么一切是一；又通过引入不可分的大小，屈服于第二个根据二分法得到的论证（芝诺）。"最后，唯有按这种方式看待质料，我们才能理解亚里士多德的另一段陈述：留基波和德谟克利特同毕达哥拉斯学派一样，事实上认为万物都来自数。② 而实际上，留基波将毕达哥拉斯主义的单

---

① 亚里士多德，《物理学》A，3.187a1（《希腊哲学史》134b）。
② 亚里士多德，《论天》Γ，4.303a8，τρόπον γάρ τινα καὶ οὗτοι（Λεύκιππος καὶ Δημόκριτος）πάντα τὰ ὄντα ποιοῦσιν ἀριθμοὺς καὶ ἐξ ἀριθμῶν［因为这些（留基波和德谟克利特）以某种方式同样认为所有的存在者都是数，并由数构成］。这也有助于解释赫拉克勒德斯将有形的ὄγκοι的理论归给毕达哥拉斯学派中的叙拉古的埃克范托斯的说法（前文，第264页，注释④）。

子（monads）赋予了巴门尼德的"一"的特质。

174. 原子

我们必须注意到，原子在数学上并不是不可分的，因为它具有大小；不过它在物理上是不可分的，因为和巴门尼德的"一"一样，它并不含有任何真空。[①] 每个原子都具有广延，所有原子就本质而言都是完全相同的。[②] 因此，事物的各种区别都必须通过原子的不同形状或排列次序来解释。留基波似乎已经对造成差异的三种原因——形状、位置和排列次序——进行了区分，因为亚里士多德将这三种原因同他的名字联系在一起。[③] 这同样解释了原子为什么被称为"形式"或"形状"，这种说法明显来自毕达哥拉斯学派。[④] 它们还被称作 φύσις，[⑤] 如果我们还记得《导言》中的话（§VII），那么这便是非常易于理解的。刚刚提到的这些在形状、位置和排列次序上的差异被用来解释"相反者"，亦即元素——后者在以阿那克萨戈拉为代表的哲学家那里却

336

---

① 伊壁鸠鲁主义者们误解了这一点，或者他们为了放大自己的原创性而对此进行了不实的叙述（见策勒，第857页，注释3）。

② 亚里士多德，《论天》Α，7.275b32，τὴν δὲ φύσιν εἶναί φασιν αὐτῶν μίαν [他说他们的本性同一]。此处 φύσις 只能是一种意思。参见《物理学》Γ，4.203a34，αὐτῷ（Δημοκρίτῳ）τὸ κοινὸν σῶμα πάντων ἐστὶν ἀρχή [对他（德谟克利特）来说，为万物所共有的物体是本原]。

③ 亚里士多德，《形而上学》Α，4.985b13（《希腊哲学史》192）；参见《论生成和毁灭》Α，2.315b6。正如第尔斯所提出的，用字母来进行说明可能应归功于德谟克利特。但无论如何，它表明 στοιχεῖον 这个词是如何逐步被用来表示"元素"的。我们必须和维拉莫维茨一样，将 τὸ δὲ Ζ τοῦ Ν θέσει 读作 τὸ δὲ Ζ τοῦ Η θέσει，先前字母 Ζ 正是字母 Η 横过来的样子（第尔斯，《论元素》，第13页，注释1）。

④ 德谟克利特曾撰写过一部《论形式》（Περὶ ἰδεῶν）（塞克斯都，《反学问家》vii.137；《希腊哲学史》204），第尔斯认为它和德拉苏卢《四联剧》v.3 中《论不同的形状》（Περὶ τῶν διαφερόντων ῥυσμῶν）是同一部著作。塞奥弗拉斯特提到了德谟克利特，ἐν τοῖς περὶ τῶν εἰδῶν [在《论形式》中]（《论感觉》，§51）。普鲁塔克，《驳克罗泰斯》1111a，εἶναι δὲ πάντα τὰς ἀτόμους, ἰδέας ὑπ' αὐτοῦ καλουμένας [而一切都是原子，被他们称作形式]（同样在抄本中：ἰδίως，维滕巴赫；<ἢ> ἰδέας 第尔斯）。希罗狄安写有 ἰδέα ... τὸ ἐλάχιστον σῶμα [形式……是最小的物体]（第尔斯，《前苏格拉底哲学家残篇》55 B 141）。同样，亚里士多德，《物理学》Γ，4.203a21，（Δημόκριτος）ἐκ τῆς πανσπερμίας τῶν σχημάτων（ἄπειρα ποιεῖ τὰ στοιχεῖα）[（德谟克利特认为元素是无限的）是由诸形式的泛种构成的]。参见《论生成和毁灭》Α，2.315b（《希腊哲学史》196）。

⑤ 亚里士多德，《物理学》Θ，9.265b25；辛普利丘，《物理学注》，第1318页，33，ταῦτα γὰρ（τὰ ἄτομα σώματα）ἐκεῖνοι φύσιν ἐκάλουν [因为将这些（不可分的）物体）称作自然本性]。

被认为是泛种（πανσπερμίαι）的聚合物。①

175. 虚空

留基波可能借用了麦里梭的术语，断言充实与空无都存在。② 为了使他对物体自然本性的解释成为可能，他便必然要预设为埃利亚学派拒斥的真空的存在。在这一点上，他再次发展了毕达哥拉斯学派的观点。毕达哥拉斯学派曾谈到使诸单元相互分离的虚空；但是他们并没有将虚空同大气区别开来（§53），而恩培多克勒已经表明，气是一种有形的实体（§107）。的确，巴门尼德发展出一种更为清晰的空间概念，但这只是为了否定它的实在性。留基波却从此处出发。他承认，空间确实并非实在，也就是说它并不是物质的；但他坚持认为它同样存在。诚然，他很难找到能够用来表述这一发现的语词，因为"是"这个动词在此之前一直只被哲学家们用于物体。但他尽其所能，通过指出（传统物质主义者所理解的）"非是者"正如"是者"一样（在另一种意义上）"是"，把自己的观点清楚地表达出来：虚空和物体一样实在。

176. 宇宙论

人们通常将留基波的宇宙论等同于德谟克利特的宇宙论，将二者区别开来似乎是一件不可能完成的任务；但这一事实本身向我们提供了一条有价值的线索。在塞奥弗拉斯特之后，就已经没有人能够对他们两人的学说进行区分了，因此，后世作家所有关于留基波的确切说法最终都一定能追溯到塞奥弗拉斯特。如果我们将这一思路贯彻下去，便能够对该体系作出一个十分清晰的说明，甚至会在无意中发现一些留基波特有的、未被德谟克利特接受的观点。③

由第欧根尼保存下来的那段相对完整的学述是对塞奥弗拉斯特的摘录，④ 内容如下：

---

① 辛普利丘，《物理学注》，第 36 页，1（第尔斯，《前苏格拉底哲学家残篇》54A14），以及《希腊哲学史》196a。

② 亚里士多德，《论天》A，4.985b4（《希腊哲学史》192）。参见麦里梭，残篇 7 最后。

③ 参见策勒，《论留基波》（《哲学史档案》xv. 第 138 页）。

④ 第欧根尼，ix.31 以下。（《希腊哲学史》197，197c）。这段话明确地是在讨论留基波，而不是德谟克利特或"留基波和德谟克利特"。关于第欧根尼书中的学述被区分为"概要"和"具体讨论"，见"文献材料来源"，§15。

　　他说，整全是无限的，它部分是充实，部分是空无。他说，这些（充实和空无）是元素。无数世界从它们中产生，并且又分解为它们。这些世界是这样生成的。许多有着各种形状的物体"从无限中脱落之后"被带入到"巨大的虚空之中"，它们聚集起来产生出一个涡流。在涡流中，随着它们相互碰撞，并以各种方式旋转，那些相似者被分离出来，并与它们的相似者相聚。但是，随着它们因其大小不再能够均衡地旋转，其中的精微之物便进入外部的虚空，就像过筛子一般；其余的则待在一起，相互缠绕，一起停止运转，形成第一个球形结构。就其本质而言，这类似于一个在自身中包含有各种物体的薄膜或表皮。当这些物体在涡流中旋转时，周围的薄膜由于中间的阻力变得细薄，那些与之相接的物体由于和涡流接触而一起流动。当被带到中间的那些东西留在那里时，就这样形成了大地。此外，包含一切的薄膜也由于外部进一步分离出的物体而不断增厚；并且，在本身被涡流带着旋转的同时，它在更大范围内将与之接触的一切据为己有。其中一些纠缠在一起的产生了一个结构，起初潮湿而泥泞；但当它们干透并随着整个涡流一起旋转时，接着便被点燃，产生出诸天体的实体。太阳的圆形轨道位于最外层，月亮的圆形轨道最靠近大地，其他的圆形轨道处在它们中间。所有的天体都因它们运动的迅疾而被点燃；太阳也被星辰点燃。但月亮只接受了一小份火。太阳和月亮发生蚀……（黄道的倾斜是）由于大地向南方倾斜；其北部持续降雪，天寒地冻。太阳很少发生蚀，月亮却反复发生，因为它们的圆形轨道大小不等。正由于存在着世界的生成，因而存在着按照某种必然性的增长、衰退和毁灭，但他没有清楚地说明这种必然性的本性。

338

　　这段话基本来自塞奥弗拉斯特，因而能够对留基波的宇宙论学说提供有力的证明，这也能通过某些伊壁鸠鲁主义者对《大宇宙系统》所做的摘录得到确证。[①] 不过，这些摘录对一些学说做了某种特殊的基于伊壁鸠鲁主义

---

① 见埃修斯，i.4（《希腊学述》第289页；《前苏格拉底哲学家残篇》54A24；乌泽纳，《伊壁鸠鲁学》，残篇308）。伊壁鸠鲁本人在第二封信（第欧根尼，x.88；乌泽纳，第37页，7）中援引了 ἀποτομὴν ἔχουσα ἀπὸ τοῦ ἀπείρου [从无限中脱落] 这个短语。

立场的修改，因此我们在采用时务必小心。

177. 同伊奥尼亚宇宙论的关系

我们从留基波的宇宙论中得到的一般印象是，他要么无视了晚期毕达哥拉斯学派在对世界一般看法上所取得的巨大进步，要么对此根本就未曾听说。他在其详尽的宇宙论学说中表现出来的极端保守，在程度上堪比他在其一般自然理论中表现出来的大胆。面对留基波的宇宙论，我们似乎是在重新阅读阿那克西美尼或阿那克西曼德的那些推测，尽管其中还有恩培多克勒以及阿那克萨戈拉的印迹。原因不难看出。留基波是不会从他埃利亚学派的老师们那里学到任何一种宇宙论学说的；而且，即使他发现了不摒弃巴门尼德有关实在的看法，仍可以构造一套宇宙论学说，他还是回退到伊奥尼亚的传统理论体系中去了。结果令人遗憾。德谟克利特的天文学仍具有这种稚嫩的特征。他相信大地是平的，停留在大气之上。

上述事实使贡珀茨的说法变得可信，他将原子论称作"成熟于传统伊奥尼亚质料学说之树——它一直由伊奥尼亚的生理学家们照料——的果实。"[①] 这套详尽的宇宙论学说当然是这样一个果实，它或许成熟得有些过头了；但原子论按其本源来说根本上属于埃利亚学派，而留基波的真正过人之处也正是在这个理论中彰显出来的。尽管如此，他的这套宇宙论学说还是值得我们详加考察，因为这将有助于揭示它从中产生出来的历史进程的本质。

178. 永恒运动

留基波声称，原子无往不在地运动。亚里士多德用自己的方式表达了这个观点。他说，原子论者"怠惰地"回避了对运动来源的解释，并没有说明它究竟是何种运动。换言之，他们并没有确定这种运动究竟是某种"自然运动"，还是"有悖于其本性"而强加在它们之上的运动。[②] 他甚至说，他们认为这种运动是"自发的"。正是亚里士多德的这一言论引发了其他人的错误观点，即认为原子论者主张这种运动是出于偶然的。[③] 不过亚里士多德

---

① 贡珀茨，《希腊思想家》，第一卷，第 323 页。

② 亚里士多德，《物理学》Θ，1.252a32（《希腊哲学史》195a）；《论天》Γ，2.300b8（《希腊哲学史》195）；《形而上学》A，4.985b19（《希腊哲学史》同上）。

③ 亚里士多德，《物理学》B，4.196a24（《希腊哲学史》195d）。西塞罗，《论神性》i.66（《希腊哲学史》同上）。后一段话是"偶然麇集"（concurrere=συντρέχειν）这个表述的来源。

本人并没有这么说过；原子论者只不过未曾像解释元素运动那样，对原子运动进行解释。他们既没有将原子运动归为某种自然运动，就像诸天的圆周运动以及月下世界中四元素的直线运动；也没有强加给它们一种有悖于其本性的受迫运动，就像可能强加给重元素的上升运动以及轻元素的下降运动。仅存的一段留基波的残篇正是在否认偶然。他说，"没有什么平白无故地发生，一切都出于某种原因和必然性。"[①]

340

从历史的角度来看，上述材料的意思是，留基波并不像恩培多克勒和阿那克萨戈拉那样认为我们必须假定某种使运动发生的力量。他并不需要友爱和争斗，抑或心灵。原因很清楚。尽管恩培多克勒和阿那克萨戈拉尝试对多样性和运动作出解释，但他们并没有像留基波那样与巴门尼德的"一"彻底决裂。他们两人的出发点都是某种质料状态，在这种状态下，"根"或"种子"相互混合以致"全都在一起"，因此他们需要某种力量打破这种统一性。而留基波的出发点可以说是无数个巴门尼德的"一"，因而不需要任何外在力量使之分离。他所要做的恰恰相反。他需要解释它们的集聚，到目前为止，没有任何理由能够阻止他重新回归一个古老观念，即根本不需要对运动进行任何解释。[②]

于是，这似乎就是从亚里士多德的上述批评的本质而来的必然推论；但这与策勒的观点并不一致，在他看来，原子的原初运动是在无限空间中的下落，正如伊壁鸠鲁在他的体系中所描绘的那样。当然，这一看法还有赖于另一个的信念，即原子具有重量，并且重量是物体下落的趋势，因此我们还须考虑重量是否，以及在何种意义上是原子的一种性质。

179. 原子的重量

众所周知，伊壁鸠鲁认为原子按其自然本性是重的，因而在无限的虚空中会不断地下落。不过，学派的传统认为，原子的"自然重量"是伊壁鸠鲁本人对最初的原子论体系的补充。据说，德谟克利特将大小和形式确定为

---

① 埃修斯，i.25，4（《希腊学述》第 321 页），Λεύκιππος πάντα κατ' ἀνάγκην, τὴν δ' αὐτὴν ὑπάρχειν εἱμαρμένην.λέγει γὰρ ἐν τῷ Περὶ νοῦ· Οὐδὲν χρῆμα μάτην γίγνεται, ἀλλὰ πάντα ἐκ λόγου τε καὶ ὑπ' ἀνάγκης [留基波认为一切都按照必然性，必然性和命运是一个东西。因为他在《论心灵》中说，没有什么平白无故地发生，一切都出于某种原因和必然性]。

② 导言，§Ⅷ。

341　原子的两个性质，伊壁鸠鲁又提出了第三个，重量。① 另一方面，亚里士多德明确表示，德谟克利特认为原子的重量"与它们超出的大小成正比"，这似乎能够用塞奥弗拉斯特的说法来解释，即重量对德谟克利特来说取决于大小。② 即便如此，重量也没有在和大小一样的意义上被描述为原子的首要性质。

如果不对古希腊有关重量观念的历史进行简要的梳理，便根本无法解释这个明显的矛盾。轻和重显然在最先被明确认识到的物体性质之列。人们一定很早便由于提举重物的必要性而对轻和重进行区分，尽管这无疑是以某种不成熟的方式完成的，二者双双会被认作是存在于物体之中的某种东西。不过早期希腊哲学一个值得注意的特点是，它从一开始就能够使自己摆脱这种观念。重从没有像例如热和冷那样被称作"东西"；据我们所知，在我们研究过的所有思想家中，此前没有一位思想家认为有对此作出任何解释的必

---

① 埃修斯，i.3, 18 (of Epicurus)，συμβεβηκέναι δὲ τοῖς σώμασι τρία ταῦτα, σχῆμα, μέγεθος, βάρος.Δημόκριτος μὲν γὰρ ἔλεγε δύο, μέγεθός τε καὶ σχῆμα, ὁ δὲ Ἐπίκουρος τούτοις καὶ τρίτον βάρος προσέθηκεν· ἀνάγκη γάρ, φησί, κινεῖσθαι, τὰ σώματα τῇ τοῦ βάρους πληγῇ· ἐπεὶ ("or else") οὐ κινηθήσεται [（对伊壁鸠鲁来说)，物体伴随着三种性质，形状，大小，重量。因为德谟克利特曾说有两种，大小和形状，而伊壁鸠鲁在这些之上又补充了第三个，重量。他说，因为物体必须是由于重的冲击而运动的，因为（否则）它们将不会运动]；同上 12, 6, Δημόκριτος τὰ πρῶτά φησι σώματα, ταῦτα δ᾽ ἦν τὰ ναστά, βάρος μὲν οὐκ ἔχειν, κινεῖσθαι δὲ κατ᾽ ἀλληλοτυπίαν ἐν τῷ ἀπείρῳ [德谟克利特说，这些首要的物体——它们都是致密者——都没有重量，因为在无限中的相互撞击而运动]。西塞罗，《论命运》20，"vim motus habebant (atomi) a Democrito impulsionis quam plagam ille appellat, a te, Epicure, gravitatis et ponderis [德谟克利特认为原子具有冲动的动力，即你，伊壁鸠鲁称为重量的那个压力]。"这段话表明了伊壁鸠鲁学派的传统，这不大可能在如此重要的问题上错误地呈现德谟克利特的观点。他的作品是仍可理解的。在《论至善和至恶》i.17 中，学园传统向我们确认德谟克利特曾教导说原子在"in infinito inani, in quo nihil nec summum nec infimum nec medium nec extremum sit [既没有顶部、底部和中部，又没有中心或四周的无限真空中]"运动。我们被正确地先知，伊壁鸠鲁"败坏了"这种学说。

② 亚里士多德，《论生成和毁灭》A, 8.326a9，καίτοι βαρύτερόν γε κατὰ τὴν ὑπεροχήν φησιν εἶναι Δημόκριτος ἕκαστον τῶν ἀδιαιρέτων [事实上德谟克利特断言，每一个不可分者都由于它超出的大小而更重]。我无法相信这句话的意思不是塞奥弗拉斯特在他讨论感觉的残篇中所说的，§ 67 （《希腊哲学史》199），βαρὺ μὲν οὖν καὶ κοῦφον τῷ μεγέθει διαιρεῖ Δημόκριτος [德谟克利特用大小来区分重和轻]。

要，甚至都未曾发表过任何看法。① 那些在流行的理论中被归因于重的各种
运动和阻力全都通过另外的某种方式得到了解释。亚里士多德明确宣称，他
的前代学者中没有任何一个人曾提到过绝对的重和轻，他们只讨论过相对的
轻和重。②

　　在柏拉图的《蒂迈欧篇》中，这种看待重和轻的方式首次得到清楚
的表达。③ 在那里我们被告知，世界中根本不存在诸如"上方"或"下方"
的东西。世界的中央并不是"下方"，而是"正中央"，并且没有任何理
由将圆周上的任何一点说成是在另一点"上方"或"下方"。实际上，使
我们将落下的物体称作重，并将它下落的方向称为"下方"的是物体趋
向于它们同类的倾向。柏拉图在这里提出的观点事实上也是他的前辈们
或多或少有意持有的观点，直到亚里士多德的时代，它才经受质疑。④ 出
于某些原因——我们并不需要对此详加考察——亚里士多德将诸天的外
圈等同于"上方"，将世界的中心等同于"下方"，并赋予诸元素以自然的
重和轻，使它们能够在上下之间进行直线运动。不过，由于亚里士多德
相信只存在一个世界，并且没有将重归给诸天，这套与历史发展方向背道
而驰的理论并没有给他的宇宙系统带来多大影响；直到伊壁鸠鲁尝试将它
同无限的虚空结合起来时，它的真正特点才显露出来。在我看来，只有在
这样一个假设下——即亚里士多德关于"轻和重"的学说被生搬硬套进某
个实际上与之抵牾的理论之中——伊壁鸠鲁原子论的梦魇这样才能够获得

342

343

---

① 在埃修斯，i.12 中给出了关于轻和重的学说，但没有提到任何一个柏拉图之前的哲学家。
巴门尼德（残篇 8，59）谈到黑暗元素是 ἐμβριθές [沉重的]。恩培多克勒（残篇 17）使
用了 ἀτάλαντον [在重上相等] 一词。在早期哲学家残篇中，我并不认为重在其他地方还
曾被提到。

② 亚里士多德，《论天》Δ，1.308a9，περὶ μὲν οὖν τῶν ἁπλῶς λεγομένων (βαρέων καὶ κούφων)
οὐδὲν εἴρηται παρὰ τῶν πρότερον [而我们的前辈们关于所谓绝对的(重和轻) 什么都没说]。

③ 柏拉图，《蒂迈欧篇》，61c3 以下。

④ 策勒说（第 876 页），在古代从没有任何人将"重"理解为使物体向下运动的性质之外
的任何东西；除了在那些体系中——按照它们的描述，各式各样的质料被包含在一个球
体——"上方"被等同于圆周，"下方"被等同于中心。对此我只能说，在早期哲学家的
残篇中，或是在任何被归给他们的地方，都不存在这种关于"重"的理论，同时柏拉图
明确地拒斥了这种理论。

解释。① 这一理论已经与我们在早期看到的任何理论都截然不同了。

这立刻意味着，原子只有在涡流中才具有轻和重，② 而所谓的轻和重，终究只是若干事实的通俗名称，我们还能对它们做进一步的分析。据说，留基波认为，涡流的一个作用便是使相似的原子聚集在一起。③ 在这里，我们似乎看到了恩培多克勒的影响，尽管他的体系中有着对"相似性"的另一种理解。被迫到达周围的是更为精微的原子，那些较大的原子则趋向中心。我们可以这样说，较大的原子是重的，较小的原子是轻的，这足以充分地解释亚里士多德和塞奥弗拉斯特的全部说法，因为没有任何一段话明确表明原子在旋涡之外仍是重的或是轻的。④

在我们前面援引过的原子论者的宇宙论学说中，有惊人的证据证实了上述观点。⑤ 在那里我们被告知，较大原子之所以同较小原子分离，是它们"因其大小不再能够均衡旋转"的缘故，这意味着它们先前处于一种"均衡"

344 或"均势"状态。ίσορροπία 一词在希腊语中并不一定是重的意思。ροπή 只是一种朝向某个特定方向的倾向或趋势，它是重的原因而非结果。因而 ίσορροπία 是一种特殊的状态，在这种状态下，朝向某个方向的趋势与朝向其他任意方向的趋势恰好相等，这种状态会更自然地被描述为重的缺失，而不是存在着一对相互抵消的相反的重。

如果我们不再认为存在于宇宙形成之前和宇宙之外的原子之重是它们

---

① 亚里士多德主义这些可能对伊壁鸠鲁产生影响的批评正如我们在《论天》A，7.275b29 以下中发现的那样。亚里士多德认为，因为留基波和德谟克利特认为原子的 φύσις 是一，他们就不得不给它们某种单一的运动。这正是伊壁鸠鲁所做的，但亚里士多德的论证暗示，留基波和德谟克利特并没有这样做。虽然伊壁鸠鲁认为原子有重量，但他也不能接受亚里士多德有些物体按其本性是轻的观点。之所以会表现为轻，是由于 ἔκθλιψις，即较小的原子被较大的弹出。

② 在讨论恩培多克勒的时候，亚里士多德明确作出了这一区分。参见《论天》B，13，特别是 295a32 以下，他在这里指出，恩培多克勒并没有对大地之上的物体的重量作出解释（οὐ γὰρ ἤ γε δίνη πλησιάζει πρὸς ἡμᾶς），也没有说明在涡流产生之前的物体的重量（πρὶν γενέσθαι τὴν δίνην）。

③ 第欧根尼，参见先前引文（第 309 页）。

④ 这似乎是迪罗夫在《德谟克利特研究》（1899）第 31 页以下的主要观点，尽管我可能不会说轻和重只有在同构成大地的原子相关联时才会产生（第 35 页）。如果我们将"大地"替换为"世界"便会更贴近事实。

⑤ 见上文，第 309 页。

"永恒运动"的原因，那么便没有理由将这运动描述为一种下落运动。事实上，并没有任何一个权威记载曾做过这样的描述，它们也未曾以任何方式告知我们这种运动究竟是什么。最稳妥的说法是，它不过是某种这样或那样的杂乱运动。[1] 亚里士多德说，德谟克利特曾将那些构成灵魂的原子的运动比作照进窗子的阳光中飘浮的尘埃。[2] 这个比喻实际上很可能是为了对那些仍存在于灵魂之中的原子的原始运动进行说明。事实上，毕达哥拉斯学派同样使用过这样的比喻，[3] 这在某种程度上确证了上述观点，因为我们已经看到，在毕达哥拉斯学派的单子与原子之间存在着真正的联系。这个比喻的关键似乎在于，阳光中的尘埃即便在没有风的时候依旧运动，所以这将是对诸原子中——除那些由它们相互冲击、碰撞所产生的次生运动之外——固有运动的一个非常恰切、形象的说明，这一点同样重要。

345

180. 涡流

但关于产生这些结果的涡流本身，我们要说些什么呢？贡珀茨注意到，它们似乎"与物理法则所规定的完全相反"，因为，"正如所有离心机所显示的那样，被甩到最远处的是最重的东西。"[4] 难道我们要假定留基波并不知晓这个为恩培多克勒和阿那克萨戈拉所熟知的事实吗？[5] 我们从亚里士多德那里了解到，所有那些通过旋涡来说明大地位于世界中心的哲学家们，都诉诸

---

[1]　这一观点是由布里格（《留基波和德谟克利特论原子运动及世界的产生》，1884）和利普曼（《留基波—德谟克利特主义的原子力学》，1885）独立提出的，他们两人都毫无必要地通过承认重是原子的原初性质而削弱了自己的立场。另一方面，布里格否认原子的重是其原初运动的原因，而利普曼则认为，在旋涡形成之前以及在旋涡之外，只存在着潜在的重——一种 Pseudoschwere［伪重］，它只在世界中才会发挥作用。既然它还没有任何影响，我们当然可以简单地说这种重尚不存在。策勒对布里格和利普曼的反驳是正确的。他说，倘若原子具有重，它们就一定下落；但就我所看到的来说，他所说的并不能反驳他们的理论，正如我重申过的。贡珀茨采用了布里格—利普曼的解释。也参见洛青，《布尔西安年刊》，1903，第 136 页以下。

[2]　亚里士多德，《论灵魂》A，2.403b28 以下（《希腊哲学史》200）。

[3]　同上，A，2，404a17（《希腊哲学史》86a）。

[4]　贡珀茨，《希腊思想家》，i. 第 339 页。

[5]　关于恩培多克勒，见第五章，第 216 页；关于阿那克萨戈拉，见第六章，第 245 页。

风中或水中旋涡的类比，^①贡珀茨据此推测，整个理论都是对这一观察的错误推论。但如果对这个问题进行更审慎的思考，那么在我看来，我们将会看到其中根本没有任何错误。

我们一定记得，涡流中的所有部分都相互接触，正是通过接触（ἐπίψ-αυσις），最外层的运动才得以传递到中间的各个部分。相比于较小的物体，较大的物体更能够抵制这种传递来的运动，这样，它们便会进入运动最为和缓的中心，并将较小的物体挤出去。这种抵制一定正是在留基波学述中提到的 ἀντέρεισις τοῦ μέσου [中心的阻力]，^②与之完全吻合的是，按照原子论者的理论，距离中心越近的天体，其旋转速度越慢。^③正如我们所看到的，^④这正是阿那克西曼德似乎未曾注意到的一点。因而根本就不存在"离心力"的问题，它同风中或水中旋涡的类比实际上是令人满意的。

181. 大地与诸天体

当我们着手探讨原子论者宇宙论的具体内容时，其反向发展的特征便异常明显了。大地状如铃鼓，飘浮在气上；^⑤它朝南方倾斜，因为那个区域的热使大气变得相对稀薄，而北方的冰和冷使之相对浓密，更能支撑大地。^⑥这就解释了黄道的倾斜。与阿那克西曼德一样（§19），留基波认为太阳相较于

---

① 亚里士多德，《论天》B，13.295a10，ταύτην γὰρ τὴν αἰτίαν（sc.τὴν δίνησιν）πάντες λέγουσιν ἐκ τῶν ἐν τοῖς ὑγροῖς καὶ περὶ τὸν ἀέρα συμβαινόντων· ἐν τούτοις γὰρ ἀεὶ φέρεται τὰ μείζω καὶ τὰ βαρύτερα πρὸς τὸ μέσον τῆς δίνης [因为所有人都基于在水和气中发生的而主张这种原因（即旋涡），因为在这些情况下，物体越大和越重，总会越趋向于旋涡的中心]。

② 第欧根尼，ix.32。参见，特别是 ὧν κατὰ τὴν τοῦ μέσου ἀντέρεισιν περιδινουμένων, συμμενόντων ἀεὶ τῶν συνεχῶν κατ' ἐπίψαυσιν τῆς δίνης [在它们由于中心的阻力而旋转时，邻近的物体由于旋涡的接触而不断聚在一起]，以及 συμμενόντων τῶν ἐνεχθέντων ἐπὶ τὸ μέσον [被带向中心聚集]。

③ 参见卢克莱修，v.621 以下。

④ 见第 61 页。

⑤ 埃修斯，iii.3, 10，已在前文第 71 页注释①援引。

⑥ 埃修斯，iii.12, 1，Λεύκιππος παρεκπεσεῖν τὴν γῆν εἰς τὰ μεσημβρινὰ μέρη διὰ τὴν ἐν τοῖς μεσημβρινοῖς ἀραιότητα, ἅτε δὴ πεπηγότων τῶν βορείων διὰ τὸ κατεψῦχθαι τοῖς κρυμοῖς, τῶν δὲ ἀντιθέτων πεπυρωμένων [留基波说，大地由于那些南部的稀薄而向南部倾斜，因为北部由于霜冻而坚固，而相反的则被灼烧]。

星辰更为遥远，尽管他同样认为星辰比月亮更远。① 在他生活的时代，人们一定已经观测到了月亮对诸行星的掩星现象。而在行星和恒星之间，看上去并不存在十分明确的界限。留基波似乎已经知晓了阿那克萨戈拉关于日食和月食的理论。② 其他一些流传下来的记载主要由此引人关注，即它们表明，留基波与后来德谟克利特所教导的学说在一些重要的问题上不尽相同。③

182. 知觉

有人认为，感知觉的对象是"按照律法"而不是按照自然本性存在的；埃修斯明确地将这一学说归给留基波。④ 埃修斯的这种说法一定来自塞奥弗拉斯特，因为正如我们已经看到的，所有塞奥弗拉斯特之后的作家们都只引述了德谟克利特。进一步支持该说法正确的证据是，我们看到这一学说还被归给了阿波罗尼亚的第欧根尼——塞奥弗拉斯特告诉我们，他的某些观点来自留基波。这并不奇怪。巴门尼德已经宣布了感官具有欺骗性，并声称颜色以及类似的东西不过是"名称"而已，⑤ 而恩培多克勒同样谈到生成和毁灭都只是名称。⑥ 留基波不太可能比这走得更远。德谟克利特明确区分了"嫡

347

---

① 第欧根尼，ix.33，εἶναι δὲ τὸν τοῦ ἡλίου κύκλον ἐξώτατον, τὸν δὲ τῆς σελήνης προσγειότατον, <τοὺς δὲ> τῶν ἄλλων μεταξὺ τούτων [太阳的圆是最为遥远的，月亮的圆是最近的，其他〈的圆〉位于这些中间]。

② 依据第欧根尼，先前引用文本（上文，第309页），似乎他曾探讨过月食相较于日食更频繁的问题。

③ 第尔斯指出，留基波对雷电的解释（πυρὸς ἐναποληφθέντος νέφεσι παχυτάτοις ἔκπτωσιν ἰσχυρὰν βροντὴν ἀποτελεῖν ἀποφαίνεται [他表明，雷是由被囚禁在浓密的云中火的有力喷发造成的]，埃修斯，iii.3, 10）与德谟克利特的解释（βροντὴν ...ἐκ συγκρίματος ἀνωμάλου τὸ περιειληφὸς αὐτὸ νέφος πρὸς τὴν κάτω φορὰν ἐκβιαζομένου [雷……来自某种使包围着它的云被迫进行向下运动的不规则聚集物]，同上，11）十分不同。留基波所给出的解释来自阿那克西曼德，而德谟克利特则受到了阿那克萨戈拉的影响。见第尔斯，35《前苏格拉底哲学家残篇》，97，7。

④ 埃修斯，iv.9, 8，οἱ μὲν ἄλλοι φύσει τὰ αἰσθητά, Λεύκιππος δὲ Δημόκριτος καὶ Διογένης νόμῳ [其他人认为，可感物是由于自然本性，而留基波、德谟克利特和第欧根尼认为，可感物是由于律法]。见策勒，《哲学史档案》v. 第444页。

⑤ 第四章，第160页。因此，相应的那句值得注意的被贡珀茨援引（第321页）的伽利略话——大意是味道、气味和色彩 non sieno altro che puri nomi [只是名称而已]——应该被用来说明的是巴门尼德而不是德谟克利特。

⑥ 见第187页，残篇9。

出的"和"私生的"知识，或质料的第一性质和第二性质，[①] 但要是将这些区分归给留基波可能就错了。上述区分预设了一套明确的知识理论，我们最多能够说，在留基波以及他前辈的著作中已经能够发现它的萌芽。当然，这些并没有使留基波相较于恩培多克勒或阿那克萨戈拉更像是一个怀疑论者，据说德谟克利特曾援引过阿那克萨戈拉有关这一问题的言论（残篇 21a），并深表赞同。[②]

我们似乎有充分的理由将主张人们通过 simulacra 或 εἴδωλα [映像] 进行感知的理论归给留基波——simulacra 或 εἴδωλα 在德谟克利特和伊壁鸠鲁的理论体系中所发挥的就是这样的作用。[③] 这是对恩培多克勒"流射"理论（§118）自然而然的发展。然而，留基波似乎并没有深入这个问题的各种细节之中，因而将对这一理论的具体阐发归功于德谟克利特更为稳妥。

183. 留基波的重要性

我们在前面顺便提到，近来学者们对原子论在希腊思想中的位置有较大的意见分歧。争议的焦点实际上是，留基波究竟是基于所谓"形而上学的原因"——亦即某种对埃利亚学派关于实在的理论的思考——提出了自己的理论，还是相反的，他的理论单纯是对伊奥尼亚科学的发展。前面的论述将给出真正的答案。在我看来，他有关世界物质构成的一般理论已经表明，这一理论究其根本来源于埃利亚学派和毕达哥拉斯学派，而他具体的宇宙论学说则在大体上成功地将传统的伊奥尼亚信条纳入到这套全新的自然理论之中。无论如何，他的伟大之处都在于，他是第一个意识到如果我们将物体看作终极实在，那么它究竟该被如何看待这一问题的人。在阿那克西美尼的体系中，传统米利都学派的理论得到了最充分的阐释（§31），但除非我们假设分子或原子是在空间之中聚合或相互疏离的，否则疏散和凝聚当然便无法被清楚地描绘出来。这在巴门尼德那里已被看得十分清楚了（残篇 2），而

---

① 关于这些见塞克斯都，《反学问家》vii.135（《希腊哲学史》204）。

② 塞克斯都 vii.140，"ὄψις γὰρ ἀδήλων τὰ φαινόμενα"ὥς φησιν Ἀναξαγόρας, ὃν ἐπὶ τούτῳ Δημόκριτος ἐπαινεῖ. ["因为那些明显的事物是那些不明显事物的现象"，正如阿那克萨戈拉所说，德谟克利特也因此称赞他]。

③ 见策勒，《论留基波》（《哲学史档案》xv. 第 138 页）。该学说在埃修斯，iv.13,1（《希腊学述》第 403 页）中被归给了他；亚历山大也在《论感觉》第 24 页，14 以及第 56 页，10 将他的名字和这个学说一起提到。这个说法一定来自塞奥弗拉斯特。

正是埃利亚学派的批评，才迫使留基波如此这般地建构了自己的体系。事实上，阿那克萨戈拉同样考虑了芝诺关于可分性的论证（§128），他关于在性质上彼此殊异的"种子"的理论体系尽管在某些方面进行了更为深入的探索，却缺乏原子论的简洁性——这一直是原子论魅力的核心所在。　　　349

第十章

折中主义及其反动

184.“科学的破产”

讲完留基波，我们的故事也渐至尾声，因为他已经回答了最初由泰勒斯提出的问题。然而我们已经看到，尽管他的质料理论是最具原创性且最为大胆的一个，但他并没有在建构一套宇宙论学说的尝试中获得同样的成功，这似乎也阻碍了原子论关于究竟什么才是真正存在的认识。我们已经注意到医学的影响力在不断扩大，随即，进行细节的研究的兴趣取代了早期对更为宏大的宇宙论的兴趣，《希波克拉底文集》中的几篇著作使我们清楚地认识到当时这一兴趣的普遍。[①] 留基波已经表明，那看起来使一切科学都成为不可能的“麦里梭的学说”[②]，并不是从埃利亚学派一系列前提出发所能得出的唯一结论，他进而提出了一套在本质上无异于传统伊奥尼亚学派的宇宙论。随之而来的首先只是所有传统学派的复兴，它们在很短的一段时间内重新活跃起来，与此同时又出现一些新的学派，它们或试图使传统观点同留基波的观点相适应，或通过折中主义的方式使传统观点相互融合，进而更能服务于科学目的。在所有这些尝试中，没有一种具有持久的重要性和影响力。我们在本章所要考虑的实际上是一个周期性的“科学的破产”，它标志着科学史上一个篇章的终结，同时也宣告了一个全新的开始。

350

---

① 参见我们在第四章第 137 页注释②中对《论生活方式》的讨论。《论人的本性》和《论古代医学》都是关于这一时期哲人们对各种宇宙论学说所持看法的弥足珍贵的文献。

② 参见第八章，第 300 页，注释②。

Ⅰ.萨摩斯的希彭

185. 潮湿

萨摩斯或克罗同或瑞吉翁的希彭是意大利医学学派的成员。[①] 我们除了知道他和伯里克利生活在同一时代之外，对他确实知之甚少。从一位对阿里斯托芬作品进行评注的注释家那里，[②] 我们了解到克拉提努斯曾在他的《全视者》中对希彭进行过嘲讽；亚里士多德在《形而上学》第一卷列举早期哲学家时也提到了他，[③] 虽然只是说他智力低下，没有资格被视作一位哲学家。

至于希彭的观点，最确切的说法来自亚历山大，后者无疑遵从了塞奥弗拉斯特的记载。大意是说，他认为首要实体是潮湿，但没有确定它究竟是水还是气。[④] 我们可以说这个理论受到当时普遍存在的一系列生理学论证的支持，这有亚里士多德[⑤] 以及由希波吕托斯所呈现的塞奥弗拉斯特[⑥] 的权威记载为依据，那段被亚里士多德尝试着归给泰勒斯的论证就属此类。他的其他观点则属于医学史的范畴。

时至今日，从关于《荷马史诗》的《日内瓦评注》中发现的一段话仍是希彭已知的唯一残篇。[⑦] 这段残篇直接针对一个古老的假设，即"大地之下的水"是潮湿的一个独立来源。其表述如下：

351

---

① 阿里斯托克塞努斯宣称他是萨摩斯人（《希腊哲学史》219a）。在梅农的《伊阿特里卡》中，他被称作克罗同人，其他人认为他来自瑞吉翁（希波吕特，《对各种异端的反驳》i.16）或麦塔彭（岑索里努斯，《论生日》5，2）。这种差异意味着他起初属于毕达哥拉斯学派。阿里斯托克塞努斯的证据在这个问题上更有价值。在扬布里科的毕达哥拉斯主义者名录（《毕达哥拉斯传》267）中，希彭和麦里梭一起被提到是萨摩斯人。

② 对《云》的评注，94 以下。

③ 亚里士多德，《形而上学》A，3.984a3（《希腊哲学史》219a）。

④ 亚历山大，《形而上学注》，第 26 页，21（《希腊哲学史》219）。

⑤ 亚里士多德，《论灵魂》A，2.405b2（《希腊哲学史》220）。

⑥ 希波吕特，《对各种异端的反驳》i.16（《希腊哲学史》221）。

⑦ 《日内瓦评注》，第 197 页，19。参见第尔斯，《哲学史档案》iv. 第 653 页。这段摘录来自马洛斯的克拉底的《荷马体》(Ὁμηρικά)。

我们所饮用的水都来自大海，因为倘若泉源比大海更深，那么它无疑不是来自我们所饮用的大海，因为那样的话水便不是来自大海，而来自别的源头。但实际上大海相比于其他的水更深，因此在大海上方的水都是由之而来的。《希腊哲学史》219b。

我们在此看到了这个一般预设：水倾向于从大地中涌出，而非渗入其中。

西麦拉的伊代奥斯可能和希彭一起被提到。塞克斯都说他认为气是首要实体，[①] 此外我们对他一无所知。不过他是西西里人，这一事实确实让人浮想联翩。

Ⅱ.阿波罗尼亚的第欧根尼[②]

186. 生平

在讨论完米利都学派最具代表性的三人之后，塞奥弗拉斯特继续说道：

阿波罗尼亚的第欧根尼近乎是那些将自己奉献给这些研究的人中最年轻的一个，他同样以一种折中主义的方式撰写了他的绝大部分著作，部分观点与阿那克萨戈拉一致，另一些则与留基波一致。他同样宣称宇宙的首要实体是气，无限且永恒，通过它的凝聚、疏散以及在状态上的改变，产生了其他一切的形式。《希腊哲学史》206a。[③]

352

---

① 塞克斯都，《反学问家》ix.360。

② 拜占庭的斯特方努斯在 Ἀπολλωνία 这个词条下说它是克里特的阿波罗尼亚，但这似乎不太可能。策勒基于第欧根尼用伊奥尼亚方言写作理由质疑了这一点，但伊奥尼亚方言是通常用来进行科学写作的方言，因而我们并不能以此为据。另一方面，他更有可能来自蓬图斯的阿波罗尼亚。这是一块米利都的殖民地，阿那克西曼德被认为是这块殖民地创建者（第45页，注释⑤）。埃里安（《杂史》ii.31）将他称作 Διογένης ὁ Φρύξ [弗利吉亚人第欧根尼]，这表明他接受了这种观点。

③ 关于这段话，参见第尔斯，《留基波和阿波罗尼亚的第欧根尼》（《莱茵语文学博物馆》xlii，第1页以下）。纳托尔普认为这段话仅出自辛普丘之口（同上，第349页以下），这种观点很难被坚持。

拉尔修曾宣称第欧根尼和阿那克萨戈拉是同时代人。① 上面这段话则表明，比起拉尔修的说法会使我们认为的那样，这个阿波罗尼亚人的出生时间要更迟一些，阿里斯托芬在《云》中对其观点的讽刺也说明了这一点。②

187. 著作

辛普利丘断言第欧根尼曾撰写过数部作品，但他承认，流传到他生活年代的只有一部，即《论自然》(Περὶ φύσεως)。③ 这个说法所依据的是那部流传下来的著作本身，因而并不能被轻率地否定。需要特别指出的是，他很可能曾撰写过一部名为《反智者》——也就是当时那些多元论者——的小册子。④ 同样他也很可能撰写过一部《气象学》以及那部被冠名为《人的本性》的著作。这或许是一部生理学或医学著作，那段关于血管的著名残篇可能来源于此。⑤

188. 残篇

柏拉图学园似乎一直收藏有第欧根尼的著作；实际上，我们还能看到的这些数目可观的残篇全都来自辛普利丘。我按照第尔斯对它们的编排将其呈现如下：

(1) 在任何论述的开端，在我看来，人们都必须使起点无可辩驳，使其表述简明且庄重。《希腊哲学史》207。

(2) 总而言之，我的观点是，万物都是从同一个东西分化而来的，并且都是这同一个东西。这是明显的，因为，倘若现在存在于这个世界之中的这些事物——土和水，气和火，以及其他那些我们看到存在 353

① 第欧根尼，ix.57（《希腊哲学史》206）。《师承录》的作者安提斯塞奈斯说他曾“受教”于阿那克西美尼，这种说法源于一种常见的混淆。他无疑和阿那克萨戈拉一样，是“阿那克西美尼哲学的伙伴。”参见第六章，§122。

② 阿里斯托芬，《云》，227 以下，在这里苏格拉底谈到“把他轻巧的思想与同样轻巧的气混合”，尤其是 ἡ γῆ βίᾳ ἕλκει πρὸς αὑτὴν τὴν ἰκμάδα τῆς φροντίδος [土被迫 / 使自己趋近思想的潮湿] 这段话。关于 ἰκμάς，见比尔，第 259 页。

③ 辛普利丘，《物理学注》，第 151 页，24（《希腊哲学史》207a）。

④ 辛普利丘说是《驳自然哲人》(Πρὸς φυσιολόγους)，但他补充说第欧根尼将他们称作 σοφισταί [智者]，并且这是原来的词。到目前为止，这支持了这部作品的真实性。

⑤ 第尔斯将其作为残篇 6 提供出来（《前苏格拉底哲学家残篇》51B6）。我将其略去，因为它实际上属于医学史的范畴。

于这个世界之中的事物——倘若这些事物中的任何一个，我是说，都与另一个不同，也就是说，由于具有自己特殊的实体，并且倘若时常变化和分化的不是相同的事物，那么事物就绝不能够相互混合，它们也不能相互助益，抑或相互伤害。植物也不可能从土中生长出来，动物或任何别的什么也不可能生成，除非事物是以这样一种成为相同事物的方式构成的。因而所有这些都是由相同的事物产生的；它们在不同的时间分化而来，获得不同的形式，并再一次复归于这相同的事物。《希腊哲学史》208。

（3）因为如果没有理智，它便不可能被这样地切分，就像是在遵守一切事物的尺度，冬天的和夏天的尺度，夜晚的和白昼的尺度，雨的、风的和晴天的尺度。而且任何一个想要认真思考的人，都会发现其他所有东西也都按照这样一种最佳的方式得到安排。《希腊哲学史》210。

（4）再者，除此之外，还有下面这些有力的证明。人和其他所有动物都是靠呼吸空气生存的，而气既是它们的灵魂又是它们的理智，正如在这部著作中将要清楚表明的那样；然而，一旦它被夺走，它们便死亡，它们的理智也随之衰退。《希腊哲学史》210。

（5）而我的观点是，具有理智的就是人们所谓的气，万物的进程皆为它所驾驭，它具有统御万物的力量，因为这个东西在我看来就是神，[①]它无所不至，安排一切，并内在于一切之中；而且没有任何东西不分有它。但是没有一个东西按照与另一个相同的方式分有它；无论气还是理智都有多种样式。因为它经历着许多转变，变得更热和更冷，更干和更湿，更为稳固和进行更为迅捷的运动。其中还有许多其他的分化，以及在数量上无限的色彩和味道。所有生物的灵魂都是一样的，也就是那种气——比在我们之外并且我们身处其中的气更温暖，

---

① 辛普利丘的抄本中写的是 ἔθος，而非 θεός；但是我采用了乌泽纳的修正。这通过塞奥弗拉斯特的说法——第欧根尼将我们体内气称作"神的一小部分"——获得了确证（《论感觉》42）；还从费罗德姆斯（《希腊学述》，第536页）那里得到了支持，此处我们读到第欧根尼赞扬荷马，τὸν ἀέρα γὰρ αὐτὸν Δία νομίζειν φησίν, ἐπειδὴ πᾶν εἰδέναι τὸν Δία λέγει［因为他宣称他认为气是宙斯，因为他说宙斯知晓万物］（参见西塞罗，《论神性》i.12，29）。

但比太阳附近的气寒冷许多。这种温暖在任何两种生物中都不是类似
的，任何两个人在这一点上也不类似；但是并没有太大不同，只在与它
们的相似性兼容的范围内存在差异。与此同时，任何一个被分化出来
的事物，在它们重新变成同一个之前，都不可能是彼此完全相同的。

（6）于是，既然分化出来的多种多样，动物也是多样的，并有很
多，而它们无论是在外观上还是在理智上彼此都不相像，因为分化出
来的数量众多。与此同时，它们全都由于相同的事物活着、看和听，
全都从相同的来源获得了它们的理智。《希腊哲学史》211。

（7）而这本身是一个永恒且不死的物体，但在那些事物中，[1] 一些
生成，一些消亡。

（8）但是这在我看来同样是显然的，它是巨大的、有力的、永恒
的、不死的、具有伟大的知识的。《希腊哲学史》209。

第欧根尼的主要兴趣在生理学上，这一点从他对血管的详尽阐释——
由亚里士多德保存下来的——可以清楚地看出。[2] 同样值得注意的是，他
关于所有实体根本统一性的一个论证是，如果没有这种统一性，我们
便无法理解一个事物何以能够帮助或伤害另一个事物（残篇2）。事实
上，第欧根尼的著作本质上与很多伪希波克拉底文献具有相同的特点，有
充分理由认为，文集中这些古怪短文的作者采用了很多第欧根尼的观
点，正如他们大量采用阿那克萨戈拉和赫拉克利特的观点一样。[3]

189. 宇宙论

和阿那克西美尼一样，第欧根尼将气视作首要实体；但是，我们从他的
论证中看到，他生活在一个其他观点已广泛流传的时代。他明确地谈到了恩
培多克勒的四元素（残篇2），也谨慎地将阿那克萨戈拉所教导的心灵的性

354

355

---

① 辛普利丘的抄本中写的是 τῷ δέ，但阿尔丁版中 τῶν δέ 无疑是正确的。

② 亚里士多德，《动物志》Γ，2.511b30。

③ 见魏高特，《论阿波罗尼亚的第欧根尼》（《哲学史档案》i，第161页以下）。希波克拉底
　本人就代表了同那些作家相反的趋向。他的伟大成就是将医学从哲学中分离出来，这种
　分离对双方都有裨益（赛尔苏斯，第一卷，前言）。因此，在《希波克拉底文集》中，有
　些作品对"智者"进行了激烈的批评，有些作品则对他们的著作进行剽窃。《论生活方式》
　和《论自然本性》（Περὶ φυσῶν）属于后一类作品；《论古代医学》属于前一类作品。

质归给了气（残篇4）。关于他宇宙论观点的学述传统被很好地保存了下来：

> 阿波罗尼亚人第欧根尼认为气是元素，并主张万物都在运动，且存在着无数个世界。他这样描述世界的起源。当万物运动，在一处变得稀薄，而在另一处变得稠密的时候，稠密的地方聚集起来，形成了一大块物质，随后其余的东西也按照同样的方式产生出来，最轻的部分占据了最高的位置，并孕育出太阳。[普鲁塔克]《汇编》，残篇12(《希腊哲学史》215)。

> 没有任何东西从非是者中生成，抑或消逝成为非是者。大地是圆的，在中央保持平衡，它通过由温暖引发的旋转以及由寒冷引发的凝固获得了它的形状。第欧根尼，ix.57 (《希腊哲学史》215)。

> 诸天体像浮石。他认为它们是世界的呼吸孔，而且它们是红热的。埃修斯，ii.13，5 = 斯托拜乌斯，i.508 (《希腊哲学史》215)。

> 太阳就像一块浮石，来自以太的光线将自己固定在它上面。埃修斯，ii.20，10。月亮是一场像浮石一样的大火。同上，ii.25，10。

> 不可见的石头——它们正是由于这个原因而没有名字——与可见的诸天体一起旋转；但是它们时常坠落并在地上熄灭，就像坠落在埃戈斯河中的火一般的石头星体一样。① 同上，ii.13，9。

我们在这里只看到了传统的伊奥尼亚学说以及一些相对晚近的补充。凝聚和疏散仍被用来解释相反者——暖和冷，干和湿，稳固和易变（残篇5）。正如阿那克萨戈拉所教导的，气能够分化成为的相反者在数量上是无限的；但是它们全部能被还原为稀疏和凝聚这对首要的相反者。我们同样可以从岑索里努斯那里获悉，② 第欧根尼并没有像阿那克西美尼那样谈到土和水是气通过凝聚产生的，他却谈到了血、肉和骨。在这个问题上，他追随了阿那克萨戈拉（§130），事实上他理当如此。另一方面，被疏散了的那部分气变成了火，并产生了太阳以及诸天体。世界之所以进行圆周运动，是由于气

356

---

① 见第六章，第229页，注释⑦。
② 岑索里努斯，《论生日》6，1（《希腊学述》第190页）。

的理智；同样由于这种理智，万物被分割为具有不同形式的物体，我们也通过这些形式观察到各种"尺度"。[①]

第欧根尼和阿那克西曼德（§20）一样，认为大海是原初潮湿状态的剩余。这种原初的潮湿状态因太阳被部分地蒸发出去，以致同剩余的土分离。[②]大地本身是圆形的，换言之，它像一个圆盘：因为学述作家们的措辞并未表明大地是球形。[③]它之所以会因冷而凝固，是因为冷是凝聚的形式。

第欧根尼并没有像早期宇宙论者那样主张诸天体是由气或火构成的，也没有追随阿那克萨戈拉，认为它们是石头。他说它们类似于浮石。我们可以在这种观点中探察出留基波的影响。它们确实是土质的，但却不是实心的，有天火弥漫在它们的孔洞之中。这也解释了我们为什么无法看到那些黑色的物体——他和阿那克萨戈拉一样认为这些黑色的物体与星辰一起旋转。这些物体确实是实心的石头，因此不能为火所渗透。坠入埃戈斯河的正是其中一块。同阿那克萨戈拉一样，第欧根尼也断言大地的倾斜发生在动物出现之后。[④]

我们已准备好去发现第欧根尼主张存在无数世界的学说，因为这是米利都学派的传统信念，并且不久前才通过阿那克萨戈拉和留基波获得复兴。在《学说》中，他和其他人被一起提到；如果辛普利丘认为他和阿那克西美尼都与赫拉克利特为伍，都主张那套某个单一世界不断相继生成和毁灭的学说，那么他便很可能是受到了"调和者"的误导。[⑤]

357

190. 动物和植物

生物无疑是在热的作用下从土中产生的。当然，它们的灵魂是气，彼此不同是由于气进行了不同程度的疏散或凝聚（残篇5）。灵魂并没有被安排在特定的位置上，例如心脏或大脑；它不过是与血液一起在血管中循环的温暖的气。

---

① 关于"尺度"，见第三章，§72。

② 塞奥弗拉斯特，载于亚历山大，《气象学注》，第67页，1（《希腊学述》第494页）。

③ 第欧根尼，ix.57（《希腊哲学史》215）。

④ 埃修斯，ii.8，1（《希腊哲学史》215）。

⑤ 辛普利丘，《物理学注》，第1121页，21。见第一章，第52页。

第欧根尼关于繁衍、呼吸和血液的观点属于医学史的范畴；[1] 他的感觉理论同样如此，正如塞奥弗拉斯特所描述的那样，[2] 只需一带而过。简而言之，它相当于是说，所有的感觉都应归于气施加在大脑以及其他器官上的作用，而快乐是血液的充气。至于该理论的具体细节，只有结合希波克拉底学派的著作才能被充分的研究，因为第欧根尼所真正代表的并非传统的宇宙论传统，而是对一套反动哲学观点的全新发展，其中包含着对研精究微与积累事实的全新热情。

Ⅲ. 雅典的阿凯劳斯

191. 阿那克萨戈拉主义者

最后一位早期宇宙论者是雅典的阿凯劳斯，他曾是阿那克萨戈拉的门徒。[3] 据阿里斯托克塞努斯和塞奥弗拉斯特所言，他曾是苏格拉底的老师，

358 而我们没有任何理由去怀疑这一点。[4] 同样毋庸置疑的传统观点是，阿凯劳斯继承了阿那克萨戈拉在兰普萨克斯所创建的学派。[5] 我们确实听说过阿那克萨戈拉主义者，[6] 尽管他们不久便由于我们所谓智者学派的兴起而鲜为人知。

---

[1] 见岑索里努斯，引于《希腊学述》第 191 页以下。

[2] 塞奥弗拉斯特，《论感觉》，39 以下（《希腊哲学史》213，214）。对该理论的完整说明，见比尔，第 41 页以下，105，140，169，209，258。正如比尔教授所评价的，第欧根尼"是前柏拉图时代最有吸引力的几个生理学家之一"（第 258）。

[3] 第欧根尼，ii.16（《希腊哲学史》216）。

[4] 见基亚佩利在《哲学史档案》iv. 第 369 页以下。基俄斯的伊翁宣称苏格拉底曾陪同阿凯劳斯前往萨摩斯（残篇 73 克普克）。如果这指的是萨摩斯之围，那么想想年轻的苏格拉底曾与麦里梭指挥的部队作战，便会觉得十分有趣。

[5] 尤塞比乌斯，《福音预备》504，c3，ὁ δὲ Ἀρχέλαος ἐν Λαμψάκῳ διεδέξατο τὴν σχολὴν τοῦ Ἀναξαγόρου [而阿凯劳斯在兰普萨克斯继承了阿那克萨戈拉的学派]。

[6] 柏拉图曾提到 Ἀναξαγόρειοι（《克拉底鲁篇》409b6），在 Δισσοὶ λόγοι（参见第 25 页，注释[3]）也有提及。同样值得注意的是，柏拉图（《巴门尼德篇》126a，b）将某些来自克拉佐美奈的 φιλόσοφοι [哲学家] 描绘为在苏格拉底死后，为了获得对发生在巴门尼德与小苏格拉底之间著名对话的准确解释而来访雅典（§84）。

192. 宇宙论

关于阿凯劳斯的宇宙论学说，希波吕特这样写道：①

> 阿凯劳斯按出生地来说是雅典人，是阿波罗多洛斯的儿子。他用一种和阿那克萨戈拉相似的方式谈论质料的混合，并同样地谈到了第一本原。不过，他认为有某种混合物甚至内在于心灵之中。他认为存在着两种相互分离的动力因，亦即，热和冷。前者处于运动之中，后者静止。水在变成液态之后流向中心，在那里被烧灼成土和气，后者被带向上方，前者占据其下方的位置。于是，这些便是土静止并被生成的原因。它位于中心，实际上并不是宇宙的很大一部分。（但气统御万物），② 由火的燃烧产生，从它最初的烧灼中产生了诸天体的实体。这些之中最大的是太阳，月亮次之；其余的大小各不相同。他说诸天是倾斜的，因此太阳把光洒在大地上，使空气透明，使大地干燥，因为它起初是一块池塘，周围隆起，中央凹陷。他还举例来证明这种凹陷，即，太阳并不同时对所有人升起和落下；倘若它是平的，则应该如此。关于动物，他说，当大地最初在热与冷混合的低洼处变暖时，许多生物便出现了，特别是人类，它们全都具有相同的生活方式，并从软泥中获得营养；它们并不会活很久，随后便开始了代代相传。人类从其他生物中被区别开来，设立了领袖、法律、技艺、城邦以及其他。他说，一切动物都同样地被赋予了心灵。因为每一个动物——人也一样——都要使用心灵，只不过有些相对机敏，有些较为迟缓。

359

从这段话可以清楚地看出，正如第欧根尼尝试将阿那克萨戈拉的某种观点添加到阿那克西美尼的哲学中，阿凯劳斯同样试图使阿那克萨戈拉主义更接近传统伊奥尼亚的观点，为此他一方面用热和冷、疏散和稠密的对立来对阿那克萨戈拉主义进行补充；另一方面，又剥夺了心灵在他老师体系中区

---

① 希波吕特，《对各种异端的反驳》i.9（《希腊哲学史》218）。

② 根据勒佩尔，插入了 τὸν δ' ἀέρα κρατεῖν τοῦ παντός。

别于其他"东西"的单纯性。很可能同样由于这个原因，心灵不再被视为世界的创造者。①留基波已经取消了这种力量存在的必要。可以补充的一点是，阿凯劳斯同这两派前代学者的关系使我们相信——正如埃修斯告诉我们的那样②——他相信有无数世界的存在；无论是阿那克萨戈拉还是传统的伊奥尼亚学派，都支持这一学说。

193. 结论

阿凯劳斯的宇宙论和第欧根尼的宇宙论一样具有所属时代的全部特征——这是一个反向发展、折中主义和研精究微的时代。③萨摩斯的希彭和西麦拉的伊代奥斯呈现出来的不过是这样一种感觉，即哲学已走进了一条死胡同，尝试回到原点才是唯一的出路。爱菲索斯的赫拉克利特主义者们顽固地将自己包裹在自己的体系中，除了肆意夸大种种悖论，并将这些悖论演绎得愈加异想天开之外，无所用心。④对克拉底鲁来说，像赫拉克利特那样主张（残篇84）人不能两次踏入同一条河是不够的；你甚至都无法涉足一次。⑤事实上，只要哲学还秉持其传统的预设，那它就没有别的什么可说了，因为留基波的学说实际上已经是对泰勒斯之问的最终回答。

我们可以看到，所有这些不同的体系都来到了雅典，正是在那里，也只有在那里，伊奥尼亚和西方的不同理论才得以相遇。在公元前5世纪中叶的雅典一定有过关于诸如大地究竟是球体还是平的、"我们用以思想"的究竟是气还是血液等问题的激烈争论，那时的苏格拉底还是少年。无论依据他的何种观点，他在当时对这些争论毫无兴趣都是令人难以置信的，不管这些争论对他后来的人生来说显得多么遥远。在《斐多篇》中，柏拉图安排苏格

---

① 埃修斯，i.7，14＝斯托拜乌斯，i.56（《希腊哲学史》217a）。

② 埃修斯，ii.1，3。

③ 文德尔班，§25。弗雷德里希在《希波克拉底研究》，第130页以下，对这一时期有很好的描述。它只有在同智者学派的联系中才能被完整地看待。

④ 柏拉图在《泰阿泰德》179e中为赫拉克利特主义者们描绘了一幅妙趣横生的画面。对修辞学的研究激发了人们对语言的新的兴趣，这种兴趣同时带来了幻想的、武断的词源解释，正如柏拉图的《克拉底鲁篇》中所讽刺的那样。

⑤ 亚里士多德，《形而上学》Γ，5.1010a12。据说他甚至都拒绝言说，只动动自己的手指而已。

拉底进行了一段自传性的陈述，他在那里告诉我们事实确实如此，[①] 而且在那段话中所罗列的也都是只有在那时的雅典才会引人关注的问题。[②] 所有的科学学派都终结于雅典，正是雅典人苏格拉底看到，唯有从另一个角度重新开始，他们所提出的问题才能获得令人满意的回答。

361

① 柏拉图，《斐多篇》，96a 以下。
② 我在我所编辑的《斐多篇》（牛津，1911）中对这段话进行了注释，试图借机对此进行详细的讨论。柏拉图的历史感的一个很好的证据是，他能够对自己出生二十五年前雅典的科学研究情况进行说明，据我所知，他的说明并没有任何时序错乱。

附 录

论 Φύσις 的意义

　　海德尔教授在他的论文《Περὶ φύσεως，前苏格拉底哲学家有关自然概念的研究》中，针对我所提出的对 φύσις 这一术语在早期希腊哲学中意义的解释（第9页以下）提出了批评。[①] 这是一篇极具价值的论文，而我在其中并没有发现任何与我观点相抵牾的内容，尽管作者显然并不以为然。在我看来唯一构成问题的一点是，海德尔教授认为 φύσις 一词的最初意思是"生长"，这在我看来却十分可疑。具有长元音的动词 φύομαι（即 φυίομαι）无疑意为"我生长"，但词根 φυ 与拉丁语语中的 *fu* 以及英语中的 be 等同，并不一定具有这种衍生含义。

　　洛夫乔伊教授发表于《哲学评论》第18卷，第369页以下的一篇饶有趣味的文章支持了我的观点，近来，比尔兹利在他的博士论文（芝加哥大学出版社，1918）中考查了公元前五世纪希腊作家们对 φύσις 一词的使用。再回到海德尔教授的论文，尽管我坦承这项研究的价值，但我只能认为其结论与我所提出的解释并无矛盾之处。我从未质疑过 φύσις 一词有过一段发展的历史，并且它所发展出来的诸种意涵与先前某个伊奥尼亚人所理解的意思截

[①] 《美国文理科学院学报》，第45卷，第4期。

然不同，这是个显而易见的事实。

在第 10 页所引用的欧里庇得斯的残篇中，修饰语 ἀθάνατος καὶ ἀγήρως 被归给了 φύσις。我本应乐于以此为据，但在此罗列一些我同样依据的文本可能会更好。

1. 柏拉图，《法篇》891c1，κινδυνεύει γὰρ ὁ λέγων ταῦτα πῦρ καὶ ὕδωρ καὶ γῆν καὶ ἀέρα πρῶτα ἡγεῖσθαι τῶν πάντων εἶναι, καὶ τὴν φύσιν ὀνομάζειν ταῦτα αὐτά [因为那个宣称火、水、土、气是万物中首要的，并将这些事物命名为自然的人是冒险的]。892c2，φύσιν βούλονται λέγειν γένεσιν τὴν περὶ τὰ πρῶτα· εἰ δὲ φανήσεται ψυχὴ πρῶτον, οὐ πῦρ οὐδὲ ἀήρ, ψυχὴ δ' ἐν πρώτοις γεγενημένη, σχεδὸν ὀρθότατα λέγοιτ' ἂν εἶναι διαφερόντως φύσει [他们打算用自然表示那种关于首要东西的生成；如果灵魂可以被表明是最先出现的话，既不是火，也不是气，而灵魂已经在首要之物中生成了，那么说它尤其是出于自然的，就几乎是最正确的了]。

363

在 891c7 中，被批评的 φύσις 的用法显然是 ὁπόσοι πώποτε τῶν περὶ φύσεως ἐφήψαντο ζητημάτων [所有那些曾致力于探究自然的人们] 所使用的用法。

2. 亚里士多德，《物理学》B，1.193a9，δοκεῖ δ' ἡ φύσις καὶ ἡ οὐσία τῶν φύσει ὄντων ἐνίοις εἶναι τὸ πρῶτον ἐνυπάρχον ἑκάστῳ, ἀρρύθμιστον <ὂν> καθ' ἑαυτό, οἷον κλίνης φύσις τὸ ξύλον, ἀνδριάντος δ' ὁ χαλκός. σημεῖον δέ φησιν Ἀντιφῶν ὅτι, εἴ τις κατορύξειε κλίνην καὶ λάβοι δύναμιν ἡ σηπεδὼν ὥστε ἀνεῖναι βλαστόν, οὐκ ἂν γενέσθαι κλίνην ἀλλὰ ξύλον [有些人认为自然本性或自然物的实体是在每个事物中就其自身而言尚未成形的原始材料，例如床的自然本性是木头，雕像的自然本性是铜。就像安提丰所说，如果有人种下一张床，而它在腐烂后还能够抽枝发芽，那么生成的将不是床，而是树]。

智者安提丰和苏格拉底生活在同一个时代。

3. 亚里士多德，《物理学》A，6.189b2，οἱ μίαν τινὰ φύσιν εἶναι λέγοντες τὸ πᾶν, οἷον ὕδωρ ἢ πῦρ ἢ τὸ μεταξὺ τούτων [那些主张整全具有某种单一自然本性的人们，例如水或火或它们的中间者]。B，1.193a21，οἱ μὲν πῦρ, οἱ δὲ γῆν, οἱ δ' ἀέρα φασίν, οἱ δὲ ὕδωρ, οἱ δ' ἔνια τούτων, οἱ δὲ πάντα ταῦτα τὴν φύσιν εἶναι τὴν τῶν ὄντων [有些人说是火，有些人说是土，有些人说是

气，有些人说是水，有些人说是其中的一些，有些人说是全部这些都是存在者的自然]。Γ，4.203a16，οἱ δὲ περὶ φύσεως πάντες ἀεὶ ὑποτιθέασιν ἑτέραν τινὰ φύσιν τῷ ἀπείρῳ τῶν λεγομένων στοιχείων, οἷον ὕδωρ ἢ ἀέρα ἢ τὸ μεταξὺ τούτων [那些自然哲学家都总是认为有某种其他的自然本性——被称作元素的东西，例如水或气或它们的中间者——作为无限的基体]。

4. 亚里士多德，《形而上学》Δ，4.1014b16，φύσις λέγεται ἕνα μὲν τρόπον ἡ τῶν φυομένων γένεσις, οἷον εἴ τις ἐπεκτείνας λέγοι τὸ ῡ [自然在一种意义上被说成是生长之物的生成，例如，如果 ῡ 发长音的话，就是这个意思]。这无疑意味着，对亚里士多德来说，φύσις 并没有直接暗指动词 φύομαι，后者有长音 υ，而 φύσις 只有短音 υ。我们并不需要探讨亚里士多德所面对的是否是一个真正的困难，我们关心的是他确实认为如此。

5. 亚里士多德，《劝勉篇》(Προτρεπτικός)，残篇52，罗斯（Rose）（载于扬布里柯，《劝勉篇》，第38页，22，皮斯泰利），ὁμοίως δὲ καὶ τῶν περὶ φύσως (ἐστί τις ἐπιμέλεια καὶ τέχνη) · πολὺ γὰρ πρότερον ἀναγκαῖον τῶν αἰτιῶν καὶ τῶν στοιχείων εἶναι φρόνησιν ἢ τῶν ὑστερον.οὐ γὰρ ταῦτα τῶν ἄκρων οὐδ' ἐκ τούτων τὰ πρῶτα πέφυκεν, ἀλλ' ἐκ ἐκείνων καὶ δι' ἐκείνων τἄλλα γίγνεται καὶ συνίσταται φανερῶς. εἴτε γὰρ πῦρ εἴτ' ἀὴρ εἴτ' ἀριθμὸς εἴτ' ἄλλαι τινὲς φύσεις αἴτιαι καὶ πρῶται τῶν ἄλλων, ἀδύνατον τῶν ἄλλων τι γιγνώσκειν ἐκείνας ἀγνοοῦντας· πῶς γὰρ ἄν τις ἢ λόγον γνωρίζοι συλλαβὰς ἀγνοῶν, ἢ ταύτας ἐπίσταιτο μηδὲν τῶν στοιχείων εἰδώς; [关于自然也同样（是某种照料和技艺）：因为必要的是，关于原因和元素的明智远远优先于关于后面之物的明智。因为这些东西既不是最高的，首要之物也不是自然地出于它们，而是出于前者，而由于后者其他事物被生成，并明显地被构成。因为无论优先于其他事物并作为其原因的是火、气、数、抑或任何其他的自然本性，如果没有理解它们，就不能理解其他事物：因为一个对音节无知的人如何知晓话语，不知道它们的任何元素怎么会知道这些?]

对我们来说，这段话的重要性在于它来自一部流行的作品，其中的措辞带有明显的学园派特征（例如，用 φρόνησις [明智] 来指代被亚里士多德自己称作 σοφία [智慧] 的东西）。

塞奥弗拉斯特采用了相同的用法，但他当然只是对亚里士多德的重复。

364

334

索 引^①

Ⅰ. 英 文

365

367

369

371

II. 希腊文

375

中外文对照表

古代神名中外文对照[①]

A

阿波罗，Apollo

阿佛洛狄忒，Aphrodite

阿瑞斯，Ares

阿忒，Ate

埃冬纽斯，Aidoneus

埃舍尔，Aischre

奥西里斯，Osiris

B

波塞冬，Poseidon

D

德莫斯，Deimos

狄俄尼索斯，Dionysos

E

俄耳甫斯，Orpheus

俄刻阿诺斯，Okeanos

厄罗斯，Eros

F

丰饶女神，Demeter

弗伯斯，Phobos

G

该亚，Gaia

H

哈得斯，Hades

亥伯龙神，Hyperion

赫菲斯托斯，Hephaistos

赫拉，Hera

赫利欧庇，Heliope

K

卡俄斯，Chaos

卡里斯，Charis

卡利斯托，Kallisto

---

① 本对照表收录有书中出现的所有神名，按中译名拼音在字母表中顺序排序。

克洛诺斯，Kronos

克托尼亚，Chthonie

库多摩斯，Kydoimos

库普里斯，Kypris

N

奈斯提斯，Nestis

纽墨菲，Nymphs

T

特提斯，Tethys

W

乌拉诺斯，Ouranos

Y

伊里斯，Iris

依理逆司，Erinyes

伊西斯，Isis

Z

宙斯，Zeus

古代人名中外文对照①

A

阿巴里斯，Abaris

阿波罗多洛斯，Apollodoros

罗德的阿波罗尼奥斯，Apollonios Rhodios

泰安那的阿波罗尼奥斯，Apollonios of Tyana

阿德拉斯托，Adrastos

阿尔基达马斯，Alkidamas

阿尔基洛库斯，Archilochos

阿尔克迈翁，Alkmaion

阿尔西普斯，Archippos

阿耳忒弥斯，Artemis

阿伽门农，Agamemnon

阿伽通，Agathon

阿高厄，Agaue

阿格诺尔，Agenor

阿古希劳斯，Akousilaos

阿基里斯，Achilles

阿凯劳斯，Archelaos

阿库塔斯，Archytas

阿莱克西斯，Alexis

阿里斯塔库斯，Aristarchos

阿里斯忒阿斯，Aristeas

阿里斯托芬，Aristophanes

阿里斯托丰，Aristophon

阿里斯托克塞努斯，Aristoxenos

阿里乌斯·狄都谟斯，Areios Didymos

阿利亚特，Alyattes

阿美尼亚斯，Ameinias

阿摩尼乌斯，Ammonios

阿那哈尔西斯，Anacharsis

阿那克里翁，Anakreon

阿那克萨戈拉，Anaxagoras

① 本对照表收录有书中出现的所有古代人名，按人名或姓氏中译名的拼音在字母表中顺序排序。

阿那克西曼德，Anaximander

阿那克西美尼，Anaximenes

阿诺比乌斯，Arnobius

阿塞纳戈拉斯，Athenagoras

阿斯克勒庇亚德，Asklepiads

阿特柔斯，Atreus

阿西勒斯·塔修斯，Achilles Tatius

埃庇哈尔谟斯，Epicharmos

埃庇美尼德斯，Epimenides

埃冬纽斯，Aidoneus

埃佛罗斯，Ephoros

叙拉古的埃克范托斯，Ekphantos of Syra-
cuse

凯瑞恩的埃拉托斯塞奈斯，Eratosthenes of
Kyrene

埃里安，Aelian

埃奈西德姆 Ainesidemos

埃帕美农达斯，Epameinondas

埃斯库罗斯，Aischylos

埃修斯，Aetios

艾阿斯，Aias

艾克萨姆阿斯，Examyes

艾刻克拉底，Echekrates

艾瑞克索斯，Erichthonios

艾亚哥斯，Aiakos

爱菲斯的安德隆，Andron of Ephesos

安德罗基德斯，Androkydes

安吉特斯，Anchitos

安提法奈斯，Antiphanes

安提斯塞奈斯，Antisthenes

安条克，Antiochos

奥德修斯，Odysseus

奥古斯丁，Augustine

奥利金，Origen

奥林匹奥多罗斯，Olympiodoros

奥托诺厄，Autonoe

基俄斯的奥伊诺庇得斯，Oinopides of Chios

B

巴门尼德，Parmenides

巴苏劳斯，Bathylaos

巴苏罗斯，Bathyllos

巴以阿斯，Bias

鲍萨尼亚斯，Pausanias

贝希特尔，Bechtel

毕达哥拉斯，Pythagoras

波菲利，Porphyry

波里比阿，Polybios

波利波斯，Polybos

波利克拉底，Polykrates

波鲁姆纳斯托斯，Polymnastos

波塞冬纽斯，Poseidonios

波桑，Pausan

波斯王赛瑟斯，Xerxes

伯里克利，Perikles

布朗提诺斯，Brontinos

布罗提诺斯，Brotinos

布洛松，Bloson

布吕松，Blyson

C

岑索里努斯，Censorinus

赫尔谟多罗斯，Hermodoros

赫尔谟克拉底，Hermokrates

赫卡泰奥斯，Hekataios

勒姆波斯的赫拉克勒德斯，Herakleides of Lembos

蓬图斯的赫拉克勒德斯，Herakleides of Pontos

赫拉克勒斯，Herakles

赫拉克利特，Herakleitos

赫伦，Heron

赫斯提，Hestia

赫西俄德，Hesiod

赫西丘斯，Hesychios

J

居鲁士 Cyrus

居亚克萨雷斯，Cyaxares

K

卡德摩斯，Kadmos

卡德沃斯，Cudworth

卡利马科斯，Kallimachos

卡利亚德斯，Kalliades

卡利亚斯，Kallias

卡尼阿德斯，Karneades

凯登努斯，Cedrenus

科利茨，Collitz

科尼多斯，Knidos

科斯，Kos

克贝，Kebes

马洛斯的克拉底，Krates of Mallos

克拉底鲁，Kratylos

克拉提努斯，Kratinos

克莱门特，Clement

克莱托马库斯，Kleitomachos

柯里班特，Korybantes

克里提亚，Kritias

克洛伊索斯，Croesus

克吕西波，Chrysippos

克塞诺菲罗斯，Xenophilos

克塞诺芬尼，Xenophanes

克苏托斯，Xouthos

库隆，Kylon

阿里斯提得斯·昆提利安，Aristides Quintilianus

L

第欧根尼·拉尔修，Diogenes Laertios

莱翁，Leon

雷欧提斯，Laertes

利诺斯，Linus

留基波，Leukippos

琉科忒亚，Leukothea

琉善，Lucian

卢克莱修，Lucretius

洛邦，Lobon

吕西斯，Lysis

M

马可·奥勒留，Marcus Aurelius

麦里梭，Melissos

梅农，Menon

美尔姆纳达伊，Mermnadai

米尔提亚德斯，Miltiades

现代人名中外文对照①

A

阿尔丁，Aldine

阿尔弗雷德，Alfred

阿尼姆，Arnim

阿佩，Apelt

艾森洛尔，Eisenlohr

B

巴伊，Bailly

拜沃特，Bywater

贝克，Bergk

贝克 ，Bekker

贝克曼，Beckmann

比德兹，Bidez

比尔，Beare

比尔兹利，Beardslee

波萨，Brochard

伯克，Boeckh

伯奈斯，Bernays

柏奈特，Burnet

伯尼茨，Bonitz

博尔，Boll

博伊姆克，Bäumker

布彻，Butcher

布克纳，Brckner

布拉斯，Blass

布兰迪斯，Brandis

布里格，Brieger

布鲁格曼，Brugmann

C

凯登努斯，Cedrenus

D

德林，Döring

德纳，Doehner

迪布内，Dübner

迪尔，Diehl

迪罗夫，Dyroff

F

法尔克纳，Valckenaer

法内尔，Farnell

菲伦博恩，Fülleborn

卡尔·弗雷德里希，Carl Fredrich

弗利德莱因，Friedlein

弗罗伊登塔尔，Freudenthal

G

冈，Gand

高，Gow

哥白尼，Copernicus

格里姆，Grimm

格罗特，Grote

贡德曼，Gundermann

---

① 本对照表收录有书中出现的所有现代人名，按人名或姓氏中译名的拼音在字母表中顺序。

贡珀茨，Comperz

贡珀茨，Gomperz

H

哈里森，Harrison

伦德尔·哈里斯，Rendel Harris

哈维，Harvey

海伯格，Heiberg

海茨，Heitz

W.A. 海德尔，W. A. Heidel

赫罗诺维厄斯，Gronovius

O. 霍夫曼，O. Hoffmann

霍格思，Hogarth

霍赫，Hoche

J

A. 贝里代尔·基思，A. Berriedale Keith

基亚佩利，Chiapelli

吉尔伯特，Gilbert

金策尔，Ginzel

K

卡德沃思，Cudworth

卡斯滕，Karsten

卡索邦，Casaubon

凯贝尔，Kaibel

坎贝尔，Campbell

坎托，Cantor

康福德，Cornford

科克，Kock

克纳茨，Knatz

克普克，Köpke

库格勒，Kugler

库辛，Cousin

L

拉贝，Rabe

拉德，Radet

拉萨尔，Lassalle

勒佩尔，Roeper

雷姆，Rehm

里奇维，Ridgeway

利德尔，Liddell

利普曼，Liepmann

利特雷，Littré

罗德，Rohde

罗森贝格，Rosenberg

罗斯，Ross

罗斯塔尼，Rostagni

罗泽，Rose

洛贝克，Lobeck

洛迪，Rodet

洛夫乔伊，Lovejoy

洛里亚，Loria

洛伦佐，Lorenzo

洛青，Lortzing

M

马斯，Maass

迈尔斯，Myres

迈耶，Meyer

门罗，Monro

蒙蒂克拉，Montucla

弥尔顿，Milton

米勒，Miller

约翰内斯·米勒，Johannes Müller

克拉拉·E. 米勒德，Clara E. Millerd

米约，Milhaud

莫里，Murray

N

纳托尔普，Natorp

纽博尔德，Newbold

诺克，Nauck

诺文，Norvin

P

帕布斯特，Pabst

培根，Bacon

皮尔逊，Pearson

皮斯泰利，Pistelli

R

茹尔丹，Jourdain

S

绍巴赫，Schaubach

施莱尔马赫，Schleiermacher

施特林，Stählin

舒斯特，Schuster

朔恩，Schorn

斯基亚帕雷利，Schiaparelli

斯卡利杰尔，Scaliger

斯科特，Scott

W.T. 斯泰斯，W. T. Stace

斯坦因，Stein

斯特方努斯，Stephanus

斯图尔特，Stewart

J.L. 斯托克斯，J. L. Stocks

L. 冯·施罗德，L. von Schroeder

乔治·史密斯，George Smith

马克斯·C.P. 施密特，Max C. P. Schmidt

T

塔内里，Tannery

A.E. 泰勒，A. E. Taylor

泰希米勒，Teichmüller

R.C. 汤姆森，R. C. Thomson

达西·汤普森，D'Arcy Thompson

托里拆利，Torricelli

托伊布纳，Teubner

W

瓦赫特勒，Wachtler

瓦伦，Vahlen

M. 韦尔曼，M. Wellmann

维甘德，Wiegand

维拉莫维茨，Wilamowitz

维滕巴赫，Wyttenbach

魏高特，Weygoldt

文德尔班，Windelband

M. 卡拉·德·沃，M. Carra de Vaux

乌泽纳，Usener

X

T.L. 希思，T. L. Heath

西勒尔，Hiller

Y

雅各比，Jacoby

亚瑟·伊万斯，Arthur Evans

扬，Jan

地名中外文对照

A

阿波罗尼亚，Apollonia

阿布德拉，Abdera

阿尔戈斯，Argos

阿弗洛狄希亚，Aphrodisias

阿克拉加斯，Akragas

埃戈斯河，Aigospotamos

埃及，Egypt

埃利斯，Elis

埃利亚，Elea

埃塞俄比亚人，Ethiopian

埃托利亚，Aitolia

艾雷索斯，Eresos

爱菲斯，Ephesos

安纳托利亚，Anatolia

奥林波斯，Olympos

B

拜布鲁斯，Byblos

波凯亚，Phokaia

波塞冬尼亚，Poseidonia

伯罗奔尼撒，Peloponnesos

博奥蒂亚，Boiotia

布雷斯劳，Breslau

D

德罗斯，Delos

第勒尼安人，Tyrrhenians

多多纳，Dodona

多里亚，Doria

F

法莱隆，Phaleron

菲利士，Philistia

腓尼基，Phoenicia

弗雷乌斯，Phleious

G

格拉萨，Gerasa

格雷斯人，Graes

H

哈尔基德人，Chalkidian

哈利卡那索斯，Halicarnassus

哈吕斯河，Halys

赫库兰尼姆，Herculaneum

赫勒斯滂，Hellespont

J

基俄斯，Chios

杰拉城，Gela

K

卡尔基斯，Chalcis

卡利斯托斯，Karystos

卡萨斯河，Kasas

卡塔纳，Kanata

科林斯，Corinth

科洛封，Kolophon

科尼多斯，Knidos

科斯，Kos

克拉佐美奈，Klazomenai

克里特，Crete

克罗同，Kroton

库迈，Cumae

库云吉克，Kouyunjik

L

拉特莫斯湾，the Gulf of Latmos

莱比锡，Leipzig

兰普萨克斯，Lampsakos

列姆诺斯，Lemnos

卢卡尼亚，Lucania

罗德岛，Rhodes

洛克里斯人，Lokrian

吕底亚，Lydia

M

马耳他，Malta

马里湾，the Malian Gulf

麦西尼 Messene

麦塔彭，Metapontion

米底，Medes

米拉都，Milatos

米利都，Miletos

N

瑙克拉提斯，Naukratis

尼琉斯，Neleus

O

欧音诺特利亚，Oinotria

P

帕罗斯，Paros

佩拉斯吉人，Pelasgian

蓬图斯，Pontos

皮斯特里，Pistelli

普罗孔涅索斯，Prokonnesos

普铁里亚，Pteria

帕加马 Pergamene

R

瑞吉翁，Rhegion

S

萨尔迪斯城，Sardeis

萨摩斯，Samos

色雷斯，Thrace

斯基泰人，Scythian

T

塔拉斯，Taras

泰安那，Tyana

陶洛美尼翁，Tauromenion

特里亚达修道院，Hagia Triada

提奥斯，Teos

提尔人，Tyrian

图里，Thourioi

忒拜，Thebes

W

韦利亚，Velia

X

西巴里斯，Sybaris

西麦拉，Himera

西锡安，Sikyon

锡罗斯岛，Syros

叙埃雷，Hyele

叙拉古，Syracuse

Y

亚得里亚海 Adriatic

亚该亚，Achaia

亚历山大里亚，Alexandria

伊奥尼亚，Ionia

伊姆布罗斯，Imbros

伊特鲁里亚人，Etrurian

Z

赞克尔，Zankle

专著名中外文对照①

古代专著名中外文对照

A

《阿尔卡比亚德 I》Alc. I.

《阿拉托斯〈物象〉评注》Schol. Arat.

《阿里斯塔库斯》Aristarchus

《埃修斯的〈学说〉》Aetii Placita

《奥德赛》Od.

《奥林匹亚赛会优胜者》Olympic Victors

B

《巴拉丁选集》Palatine

《毕达哥拉斯传》Life of Pythagoras

《伯里克利》Per

《驳斥书》Philosophoumena

《柏拉图学派的论题》，Plat. q.

《驳克罗泰斯》Adv. Col.

《布西里斯》Bousiris

D

《大希庇阿斯篇》Hipp. ma.

《大宇宙系统》Great Diakosmos

《德尔菲的字母 E》De E apud Delphos

《蒂迈欧篇》Tim.

《对各种异端的反驳》Refutation of all Heresies

《对有助于阅读柏拉图的数学事实的阐述》
　　Expositio

F

《法篇》Laws

《反学问家》Math.

《反异端》C. haer.

《反智者》Against the Sophists

《斐多篇》Phaed.

《斐多篇注》in Phaed.

《福音预备》Praeparatio Evangelica

G

《高卢战记》B. G.

《给阿提库斯的信》Epp. ad Att.

H

《海伦颂》Hel.

《和平》Pax

《荷尔顿西乌斯》Hortensius

---

① 本对照表收录有书中出现的所有古代著作名和现代著作名，古代专著中外文对照表和现
代专著中外文对照表分别按照著作中译名拼音在字母表中的顺序排序。

P

《帕里西那佚事》*An. Par.*

《帕罗斯编年史》*Marmor Parium*

《普罗泰戈拉篇》*Prot.*

Q

《七贤的晚餐》*Conv. sept. sap.*

《气象学》*Meteorology*

《乞援人》，*Suppl.*

《前学园派》*Acad. pr.*

《全视者》*Panoptai*

R

《人的本性》*The Nature of Man*

S

《萨摩斯的麦里梭残篇》*De Melissi Samii fragmentis*

《三脚鼎》*Tripod*

《上帝之城》*Civ. Dei*

《神谱》*Theog.*

《四联剧》*Tetr.*

《苏达》*Souidas*

《算术入门》*Introd.*

《算术神学》*Theologumena arithmetica*

T

《太北奇说》*Marvels from beyond Thule*

《泰阿泰德篇》*Theaet.*

《图斯库路姆论辩集》*Tusc.*

W

《为禁欲辩》*Defence of Abstinence*

《问题篇》*Probl.*

《物理学》*Phys.*

X

《希腊人疾病的治疗》*Gr. aff. cur.*

《谢隆》*Hieron*

《席间闲谈》*Q. conv.*

《现象》*Phaenomena*

《形而上学》*Met.*

《学说》*Placita*

Y

《雅典政制》Ἀθ. πολ

《伊阿特里卡》*Iatrika*

《伊利亚特》*Il.*

《医术》*Meth. Med.*

《寓意诠释》*Leg. all.*

Z

《摘录》*Florilegium*

《哲学师承录》*Successions of Philosophers*

《哲学史》*History of Philosophy*

《真实故事》*Vera Historia*

《执政官名录》*Register of Archons*

《植物志》*Hist. Plant.*

《致阿瑞斯的诗颂》*Hymn to Ares*

《智者篇》*Soph.*

《自然问题》*Q. N.*

《自然哲学观点》*Phys. Op.*

《自然哲学文选》*Eclogae Physicae*

现代专著名中外文对照

A

《阿波罗多洛斯的编年史》*Apollodors Chronik*

《阿拉图斯文存评注》*Commentariorum in Aratum reliquiae*

《阿里斯提得斯·昆提利安的思想来源》*De Aristidis Quint. fontibus*

《阿那克萨戈拉档案》*Arch. Anx.*

《阿提卡碑铭文集》*C.I.A.*

《爱菲斯的赫拉克利特》*Herakleitos von Ephesos*

B

《巴比伦的星相学和占星师》*Sternkunde und Sterndienst in Babel*

《巴门尼德的教诲诗》*Parmenides Lehrgedicht*

《柏拉图的神话》*Myths of Plato*

《柏拉图关于地球转动的学说》*Plato's Doctrine respecting the Rotation of the Earth*

《碑碣》*Tab.*

《碑铭方言》*Dialekt-Inschriften*

《毕达哥拉斯与印度人》*Pythagoras und die Inder*

C

《从宗教到哲学》*From Religion to Philosophy*

D

《德谟克利特研究》*Demokritstudien*

《短篇》*Kl. Schr.*

《短篇集》*Kleine Schriften*

E

《恩培多克勒传》*La Biographie d'Empedocle*

F

《费洛劳斯》*Philolaos*

G

《古代认识问题史研究》*Forschungen*

《古代史》*Gesch. des Altert.*

《古希腊的基本认知理论》*Greek Theories of Elementary Cognition*

《古希腊气象理论》*Die memeorologischen Theorien des griechischen Altertums*

H

《赫拉克利特书简》*Die heraklitischen Briefe*

《荷马史诗方言语法》*H.Gr.*

J

《几何学家哲学家》*Philosophes géomètres*

《讲解者》*The Expositor*

K

《科学》*Scientia*

《科学的起源》*Lettres sur l'origine des sciences*

《科学论文》*Mém. scient.*

《克拉佐美奈的阿那克萨戈拉残篇》*An. Claz. Fragm.*

《克利俄》*Kilo*

《克罗同的阿尔克迈翁》*De Alcmaeone Crotoniata*

《克塞诺芬尼的神学》*Die Theologie des Xenophanes*

L

《灵魂》*Psyche*

《留基波—德谟克利特主义的原子力学》*Die*

Mechanik der Leucipp-Demokritschen Atome

《留基波和德谟克利特论原子运动及世界的产生》Die Urbewegung der Atome und die Weltentstehung bei Leucipp und Demokrit

《论斯特拉托的自然体系》Über das phys. System des Straton

《论希波克拉底和柏拉图的学说》De Hipp. et Plat.

《论希腊方言》Gr. Dial.

《论希腊智慧》Some Aspects of the Greek Genius

《论元素》Elementum

M

《梅尔莫纳德时代的吕底亚和希腊世界》La Lydie et le monde grec au temps des Mermnades

N

《尼尼微与巴比伦魔法师与占星师的报告》Reports of the Magicians and Astrologers of Nineveh and Babylon

O

《欧几里德的几何原本》Euclid's Elements of Geometry

P

《批评的希腊哲学史》A Critical History of Greek Philosophy

Q

《诠释恩培多克勒》On the Interpretation of Empedocles

S

《塞奥弗拉斯特论虔敬》Theophrastos' Schrift über Frömmigkeit

《塞奥弗拉斯特文集》Analecta Theophrastea

《失乐园》Paradise Lost

《诗人们的哲学残篇》P. Ph. Fr.

《世界体系》Système du monde

《数学史讲座》Vorlesungen über Geschichte der Mathematik

W

《文化史稿》Kulturhistorische Beiträge

X

《希波克拉底研究》Hippokratische Untersuchungen

《希腊城邦的宗教》Cults of the Greek States

《希腊读本》Lesebuch

《希腊科学》La Science grecque

《希腊科学》Science hellène

《希腊历史学家残篇》F. H. G.

《希腊数学简史》Short History of Greek Mathematics

《希腊思想家》Greek Thinkers

《希腊文学》Griechische Literatur

《希腊文学史》Litteraturgesch.

《希腊学述》Doxographi Graeci

《希腊医学家残篇集》Fragmentsammlung der Griechischen Ärtzte

《献给赫尔曼·乌泽纳的古典语文学论文》Schedae Philologicae Hermanno Usenero oblatae

《向莎士比亚致敬》Book of Homage to Shakespeare

《心灵》*Mind*

Y

《亚里士多德与雅典》*Aristoteles and Athen*

《亚述人的发现》*Assyrian Discoveries*

《伊奥尼亚与东方》*Ionia and the East*

《伊壁鸠鲁学》*Epicurea*

《印欧语系研究》*Idg. Forsch.*

《由毕达哥拉斯所建立的政治团体的目标》 *De societatis a Pythagora conditae scopo politico*

《语文学家论争文集 35》*Verhandl. d.35 Philologenversamml.*

Z

《早期希腊》*Early Age of Greece*

《哲学家学说》*Placita Philosophorum*

《哲学史讲演录》*Gesch. d. Phil.*

《真正的科学》*Scienze esatte*

《质料的问题》*Das Problem der Materie*

《植物学史》*Gesch. d. Bot.*

论文名中外文对照①

A

《阿那克西美尼和阿那克西曼德的 δίνη》 "The δίνη in Anaximenes and Anaximander"

B

《巴门尼德是者的一》"Die Einheit des Parmenideischen Seiendes"

"柏拉图与三分的灵魂""Plato and the Tripartite Soul"

"毕达哥拉斯与蒂迈欧笔下的毕达哥拉斯学派""Pitagora e i Pitagorici in Timeo"

"毕达哥拉斯与轮回转世学说""Pythagoras and the Doctrine of Transmigration"

C

"从周围巨大世界的呼气孔""per magni circum spiracula mundi"

E

"恩培多克勒和高尔吉亚""Empedokles und Gorgias"

G

"古巴比伦天文学的开端""I primordi dell' Astronomia presso i Babilonesi"

L

"留基波和阿波罗尼亚的第欧根尼""Leukippos and Diogenes von Apollonia"

"论《圣约翰福音》开篇的起源""The Origin of the Prologue to St. John's Gospel"

"论阿波罗尼亚的第欧根尼""Zu Diogenes von Apollonia"

"论阿那克西曼德的宇宙""Ueber Anaximanders Kosmos"

"论巴门尼德的诗歌样式""Über die po-

---

① 本对照表收录有书中出现的所有论文篇名，按论文中译名拼音在字母表中的顺序排序。

etischen Vorbilder des Parmenides"

"论恩培多克勒的诗""Über die Gedichte des Empedokles"

《论留基波》"Zu Leukippos"

"论泰勒斯的出身""Zu Thales Abkunft"

"论扬布里柯《毕达哥拉斯传》的材料来源""Die Quellen des Iamblichos in seiner Biographie des Pythagoras"

P

"普罗泰戈拉与德谟克利特""Protagoras et Démocrite"

Q

"前苏格拉底哲学中的性质改变""Qualitative Change in Pre-Socratic Philosophy"

S

"苏格拉底的灵魂学说""The Socratic Doctrine of the Soul"

T

"泰勒斯是一个闪米特人？""Thales ein Semite？"

X

"希腊科学的背景""The Background of Greek Science"

"希腊人的科学和技术""Wissenschaft und Technik bei den Hellenen"

"希腊人的忧郁""The Melancholy of the Greeks"

"希腊生活中的克里特和迈锡尼元素""The Minoan and Mycenean Element in Hellenic Life"

Y

"亚里士多德论角鲨""Ueber den glatten Hai des Aristoteles"

"一部毕达哥拉斯的伪著""Ein gefälschtes Pythagorasbuch"

"一个关于阿那克西曼德的新假说""Une nouvelle hypothèse sur Anaximandre"

Z

"诸天球的和谐""Die Harmonie der Sphären"

期刊名中外文对照[①]

《柏林科学院会议报告》*Berl. Sitzungsber.*

《不列颠科学院学报》*Proceedings of the British Academy*

《布尔西安年刊》*Bursians Jahresber.*

《都灵皇家科学院院刊》*Atti della R. Academia delle Scienze di Torino*

《古典学季刊》*Classicial Quarterly*

《古典语文学》*Classical Philology*

《古典语文学年鉴》*Jahrb. f. kl. Phil.*

《古典语文学杂志》*Journ. Phil*

《赫尔玛塞纳》*Hermathena*

《赫尔墨斯》*Hermes*

《皇家亚洲学会》*Journal of the Royal Asiatic Society*

---

① 本对照表收录有全书出现的所有期刊名，按期刊中译名的拼音在字母表中的顺序排序。

《莱茵语文学博物馆》*Rhein. Mus.*

《美国科学院院刊》*Proceedings of the American Academy*

《美国文理科学院学报》*Proceedings of the American Academy of Arts and Sciences*

《普鲁士科学院学报》*Abh. der Berl. Akad.*

《普鲁士科学院学报》*K. Preuss. Akad.*

《日内瓦评注》*Schol. Genav.*

《数学学会论文》*Bulletin de la Société Mathématique*

《希腊研究杂志》*J.H.S*

《心灵·新系列》*Mind N.S.*

《新年鉴》*Neue Jahrb.*

《语文学》*philologus*

《语文学评论》*Rev. de Phil.*

《语文学杂志》*J. Phil.*

《哲学史档案》*Arch.*

《芝加哥大学编年》*University of Chicago Chronicle*

责任编辑：毕于慧

封面设计：石笑梦

图书在版编目（CIP）数据

早期希腊哲学 /（英）约翰·柏奈特 著；张家昱 译 . —北京：人民出版社，
  2024.6

（古希腊哲学基本学术经典译丛 / 聂敏里主编）

ISBN 978 - 7 - 01 - 024284 - 2

I. ①早… II. ①约… ②张… III. ①古希腊罗马哲学 - 研究 IV. ① B502

中国版本图书馆 CIP 数据核字（2021）第 241388 号

早期希腊哲学

ZAOQI XILA ZHEXUE

[英]约翰·柏奈特 著 张家昱 译

人民出版社 出版发行

（100706 北京市东城区隆福寺街 99 号）

中煤（北京）印务有限公司印刷 新华书店经销

2024 年 6 月第 1 版 2024 年 6 月北京第 1 次印刷
开本：710 毫米 × 1000 毫米 1/16 印张：24.75
字数：388 千字

ISBN 978 - 7 - 01 - 024284 - 2 定价：108.00 元

邮购地址 100706 北京市东城区隆福寺街 99 号
人民东方图书销售中心 电话（010）65250042 65289539

本书根据 Early Greek Philosophy, London: Adam & Charles Black, 1930. 翻译。

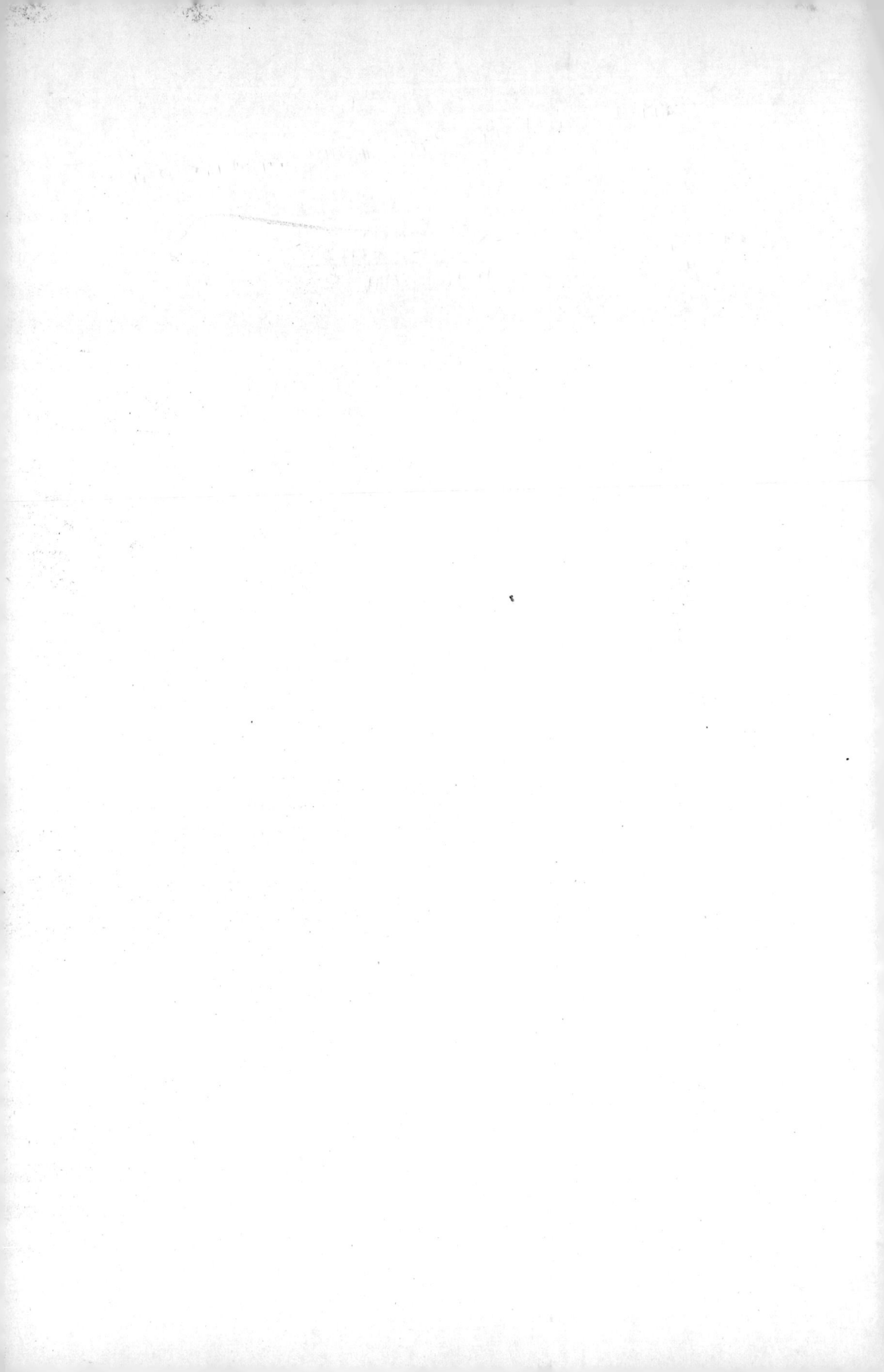